KB124210

학교사용설명서

학교사용설명서

초판발행 2023. 1. 10.

2쇄발행 2024. 2. 5.

공 저 자 송수연 · 최순돌 · 구영모

펴 낸 이 박 용

펴 낸 곳 (주)박문각출판

표지디자인 박문각 디자인팀 현경애

등   록 2015. 4. 29. 제2015-000104호

주   소 06654 서울특별시 서초구 효령로 283 서경빌딩

전   화 02. 6466. 7202

저자와의
협의하에
인지생략

ISBN 979-11-6704-959-9

정가 27,000원

아무도
알려주지 않았던
**학교 사용법
100**

예비교사와
신규교사를 위한
**슬기로운
학교생활**

임용 면접
만점 답안을 위한
**학교 현장의
이야기**

학교 사용설명서

송수연 최순흘 구영모 함께 엮음

교사다움
미래교육
학생상담
생활지도
학급 운영
수업 활동
학부모 대응
교직 생활
학교와 교육정책

학교를 사랑하는 사람들을 위한 친절한 설명서

《학교사용설명서》는 학교를 현명하게 잘 사용하고 싶은 사람들을 위한 책입니다. 학교를 사랑하는 사람들이 학교를 더, 혹은 꾸준히 사랑하게 되는 데에 도움이 되고자 만들었습니다. 아마 '학교사용설명서'라는 다소 딱딱한 제목에도 이 책과 만나게 된 여러분들은, 학교에 따뜻한 애정을 갖고 학교를 더욱 알고 싶은 분들이라 생각합니다.

학교를 사랑하는 사람들 중 우선 예비 선생님을 떠올렸습니다. 나의 학생들과 동료 선생님들과 함께하는 학교에서의 삶이 그 누구보다 간절한 분들에게 힘이 되고 싶었습니다. 보다 현실적인 조언을 드리고 싶어, 지난 교원 임용 2차 시험의 심층면접 기출 문항을 바탕으로 책을 구성하였습니다. 학교에 대한 100가지 주요 주제의 맥락과 배경까지 다루어 학교라는 교육 공간을 궁극적으로 잘 이해할 수 있도록 한 편의 글로 완성하여 편제하였습니다. 술술 읽히는 글 속에서 학교의 매력을 깊게 알아갈 수 있는 시간이 되기를 바랍니다.

그리고 저경력 선생님을 떠올렸습니다. 학교에서 겪을 수 있는 크고 작은 문제 상황이 발생했을 때, 어떻게 하면 해결할 수 있을지 도무지 알 수 없을 때, 어디에 일일이 물어보기도 겸연쩍을 때, 당황스러웠을 선생님에게 힘이 되고 싶었습니다. 이에 실제적인 문제 상황 해결 방법 및 각종 업무 매뉴얼을 바탕으로 내용을 구성하였습니다. 이 책에 담긴 100가지 주제의 글들이 선생님이 마주한 어려움을 객관적으로 인식하고 체계적으로 해결하는 단초로서 기능할 수 있었으면 좋겠습니다.

그러다가 모든 선후배 선생님들이 떠올랐습니다. 갑작스럽게 찾아온 코로나19뿐만 아니라, 예측할 수 없는 학교 현장의 변화 속에서 그간의 경력이 무색해지는 느낌이 들 때가 많았습니다. 지치고 소진된 교사들에게 힘이 되고 싶었습니다. 상처를 치유하는 궁극적인 방법은 문제를 용기 있게 대면하여 원인부터 차근히 해결해 나가는 데 있다고 생각합니다. 이 책에서 다룬 100가지 주제들에 대한 공감과 연대로, 함께할 수 있는 용기를 불어넣고자 합니다.

《학교사용설명서》는 100가지 주제에 대한 선생님들의 가상 질문에 대해 현직 동료교사가 조언하는 형태로 구성되어 있습니다. 답변의 상당수는 각종 공문서와 다양한 교사 단체 및 모임에 계신 훌륭한 선생님들의 사례에 빚지고 있습니다. 나눔과 공유를 통한 함께 성장을 꿈꾸는 여러 교육 공동체 구성원분들 덕택에 이 책이 나올 수 있었습니다. 고맙습니다.

이 책이 선생님의 학교생활에 유의미한 쓰임이 되었으면 합니다. 우리 모두 함께 학교를 사랑하는 계기로서의 역할을 한다면 더할 나위 없겠습니다. 예비 선생님들의 임용 시험과 선생님들의 학교생활에 도움이 되기를 바랍니다. 부족한 역량이지만 최선을 다해 엮었습니다. 여러 사정으로 이 책에 담아내지 못한 내용은 여러 방법으로 만나 나눌 수 있으면 좋겠습니다.

송수연, 최순돌, 구영모

《학교사용설명서》는 선생님들에게 일어날 수 있는, 혹은 일어났던 문제 상황 100가지에 대한 보다 실제적인 해결 방안을 담고 있습니다. 이 책은 모두 9장으로 구성되어 있습니다.

1장 교사다움 설명서입니다. 나만의 교직관에 대한 고민부터 시작하여 교사와 학생에게 필요한 역량 등을 직접 고민해 나갈 수 있도록 다양한 읽기자료를 담고 있습니다.

2장은 미래교육 설명서입니다. 4차 산업혁명과 코로나19를 계기로 급격하게 변화할 수밖에 없었던 학교 상황에서, 새로운 교육의 패러다임을 이해하고 그것을 학교 현장에서 구체적으로 실천하는 데 도움이 되는 내용을 담았습니다.

3장은 학생상담 설명서입니다. 다양한 어려움을 겪는 학생들을 대면했을 때, 상담과 더불어 문제를 해결해 가는 데 도움이 되는 내용을 수록하였습니다.

4장은 생활지도 설명서입니다. 주로 학교폭력 및 생활교육 관련 사례에 대한 대처 방법을 통해, 폭력 없는 건강한 학교를 만드는 데 도움이 되는 내용을 담고 있습니다.

5장은 학급 운영 설명서입니다. 우리 반 아이들을 마주하며 발생할 수 있는 다양한 문제 상황과 그에 대한 현실적인 대응 방안을 함께 모색하고자 하였습니다.

6장은 수업 활동 설명서입니다. 교실에 30명의 학생이 앉아있다면, 30개의 교육과정이 존재하는 셈이라고 합니다. 학생 개개인 모두가 행복한 수업 시간을 만들기 위해 생각해 볼 이야기를 담았습니다.

7장은 학부모 대응 설명서입니다. 학생의 삶을 위해 반드시 협력해야 할 또 다른 교육 주체인 학부모와 어떻게 발맞춰 나갈지에 대한 고민을 담고 있습니다.

8장은 교직 생활 설명서입니다. 학교는 선생님의 직장이기도 하지요. 슬기로운 교직 생활의 A부터 Z를 담아내고자 노력하였습니다.

9장은 학교와 교육정책 설명서입니다. 앞에서 다루지 못한 남은 이야기들과 학교와 교육에 관련한 정책 소개를 통해, 학교를 둘러싼 교육적 패러다임을 이해하는 데 도움이 되는 내용들을 담았습니다.

9개의 장에 해당하는 100가지 주제의 제목 하단에는 글의 키워드가 될 수 있는 해시태그와 해당 주제의 임용 2차 시험 기출 연도 및 지역을 함께 부기하였습니다. 이 밖에 학교생활의 꿀팁이 될 수 있는 내용들은 '학교생활 Tip'으로, 현장에서 활용되는 다양한 예시자료들은 '자료샘'으로 묶어 따로 구성했습니다. '읽기자료'에는 해당 주제와 관련되어 생각해 볼만한 거리들을 실어 두었습니다.

차례

Part 01 _ 교사다움 설명서

Part 02 _ 미래교육 설명서

Part 03 _ 학생상담 설명서

Part 04 _ 생활지도 설명서

Part 08 _ 교직 생활 설명서

Part 09 _ 학교와 교육정책 설명서

특급 자료샘 ✎

학교사용설명서

교사다움 설명서

교직을 선택한 당신의 이유 찾기

#교육관 #교직관 #교사관 #교사다움

20초등경기 20비교과서울 19초등인천 19초등서울 18초등인천 17초등경기 17초등서울

Q

신규교사가 되기 위해 꾸준히 임용 시험을 준비해 왔습니다. 그런데 어느 순간 내가 교사가 되기 위해 임용을 준비하고 있는 것인지, 그저 시험 합격을 위해 준비하고 있는 것인지 헷갈리기 시작했습니다. 교사가 되고 싶은 것은 확실한데, 이 슬럼프를 어떻게 극복하면 좋을까요?

어렵게 발령받아 학교에서 근무한 지 어느덧 4년이 지났습니다. 학생과 관리자, 업무 등에 치여 온종일 바쁘게 지내고 나면, 과연 나에게 '교직'이 맞는 것인지 회의감이 들 때가 있습니다. 교사를 관두고 싶은 것은 분명히 아닌데, 어떻게 하면 좋을까요?

A 왜 교사가 되려고 했는지, 당신만의 이유를 떠올려 보세요.

오랜 시간 임용을 준비하다 보면 충분히 그런 생각이 들 수 있습니다. 또 힘든 교사 생활 중에는 위로받고 싶어질 때가 있지요. 그럴 때는 반드시 시간을 내어 왜 교사가 되고자 했었는지를 떠올리고 정리하는 기회를 가져 보는 것을 추천합니다.

임용을 준비하는 예비교사들은 오로지 합격이라는 외길만을 바라보며 불안정한 시간을 보냈을 것입니다. 방대한 전공 시험 범위를 소화하는 1차 시험에 이어 수업과 면접을 통해 교사로서의 전문성을 시험하는 2차 시험까지 치러야 하지요. 길어지는 수험기간 동안 '교사'라는 꿈에서 오히려 멀어지는 것 같은 역설적인 기분. 임용이라는 지난한 과정을 겪은 사람이라면, 다들 한 번쯤은 경험했을 것입니다.

바쁜 학교 현장에서 여러 관계로부터, 혹은 제도로부터 상처를 받고 소진돼 가는 교사도 있습니다. 어렵게 학교 현장에 나섰지만, 수업과 교실, 학교에 관해 지녀왔던 기대와 마주하게 된 실제가 크게 다르다는 것을 직시하고 좌절하게 되는 것이지요. 선생님들은 갈등과 혼란 속에서 교사로서의 자존감이 점점 낮아지는 것을 경험합니다. 최근 어렵게 도달한 교직을 내려놓고 '의원면직'을 선택하는 교사들이 많아지는 것은 이 때문입니다.

이럴 때 도움이 되는 것이 바로 '초심'을 찾는 것입니다. 즉, '교사가 되고자 하는 나만의 이유'를 떠올려 보는 것입니다. 이때 교사란 어떤 존재인지, 나는 왜 교사가 되고 싶었는지, 내가 교사로서 가질 수 있는 강점은 무엇인지 등을 함께 고민해 보는 것이 필요합니다.

미국의 교육 지도자 파커 파머(Parker J. Pamer)는 교사는 '가르칠 수 있는 용기'를 잃지 않는 것이 중요하다고 강조했습니다. 덧붙여 교사들의 좋은 가르침의 원천인 자아의식을 되찾기 위해서는 자신을 교직으로 밀어붙인 '힘'들을 검토할 수 있어야 한다고 말했지요. 다음의 질문들은 선생님을 교직으로 밀어붙인 힘들을 찾아내는 질문입니다. 하나씩 답해 보며, 교사를 선택한 나만의 이유를 정리해 봅시다.

- 교사는 학생들에게 어떤 존재라고 생각하십니까?
- 선생님은 그러한 교사가 왜 되고 싶으셨습니까?
- 선생님은 어떤 교사가 되고 싶습니까?
- 원하는 교사상에 비춰 봤을 때, 선생님이 가진 교사로서의 강점과 약점은 무엇입니까?
- 선생님에게 교사로서의 영감을 준 스승 혹은 롤모델은 누구입니까?
- 선생님의 전공(과목)에 매혹당했던 순간은 언제입니까?

이러한 질문들은 교사가 지녀야만 하는 '교육관'과도 연계됩니다. 교육에 대한 자신의 신념이 확고한 교사와 그렇지 않은 교사의 차이는 매우 큽니다. 나만의 교육 목적과 교육관에 대한 충분한 고찰이 있어야지만, 교육과정을 주체적으로 해석하고 자신이 지닌 교육관·학생관에 적절하게끔 수업과 평가를 계획할 수 있습니다. 그런데 무작정 '나의 교육관은 무엇인가'를 이야기하기는 쉽지 않습니다. 그 전에, '교사란 어떤 존재인가?', '나는 왜 교사가 되고 싶은가?'라는 질문을 통해 교사로서의 자신만의 정체성을 찾고 자아의식을 정립한다면 큰 도움이 될 것입니다.

예컨대, 저의 경우는 교사였던 아버지를 롤모델로 삼고 교직의 길을 결정하게 됐습니다. 이에 누군가가 저에게 왜 교사가 되고 싶었냐고 물으면 저는 다음과 같이 대답합니다.

"전 교사이신 아버지를 본받고 싶었습니다. 역사 교사이셨던 아버지는 방학 때마다 저희 남매를 산과 들, 온갖 국내외 유적지에 데리고 다니셨습니다. 그러한 경험 덕분에 저는 역사를 더욱 친근하게 여길 수 있었습니다. 아버지께서는 방학 중 답사 여행을 가셨을 때도 다음 학기 중에 활용할 학습 활동지나 교구를 미리 제작하셨습니다. 교사는 학생들에게 양질의 수업을 전달하기 위해 늘 준비하는 마음을 지니고 있어야 한다고 하셨지요. 저는 그러한 아버지를 닮은 교사가 되고 싶습니다. 이에 저 역시 여유가 생길 때마다 학생들을 위한 활동 교재를 제작해 두고, 주말에는 학생들과 함께하는 체험학습 프로그램을 기획하고 실행합니다. 앞으로도 항상 준비하고 실천하는 교사가 되기 위해 꾸준히 노력할 것입니다."

교사가 되고자 하는 나만의 이유는 교육관의 밑바탕이 됩니다. 선생님에게도 특별한 계기가 있을 것입니다. 교사가 돼야 할 선생님을 만들어 온 경험을 떠올려 보세요. 나만의 진심 어린 이야기는 다른 교사와는 차별화되는 '교사'로서의 정체성의 근간이 될 것입니다.

집을 나서는 아침, 나는 출근한다는 말보다
"학교 다녀오겠습니다."라는 말로 인사하는 것을 좋아한다.
'학교'라는 말은, 그것이 무엇이든 배우며 성장할 것이라는 설렘을 주기 때문이다.

학생, 학부모, 수업, 학급운영, 교육 …
멈추어서는 안 될 교사 생활이 절대 쉬운 일이 아니라는 것을 안다.
하지만 세상에 두 발로 서기까지 수천 번 넘어졌던 순수한 용기를 잊지 않으며,
어렵게 주어진 고귀한 이 사명에 책임감을 지니고,
함께하는 동료들에게 한없는 존경과 응원을 보내며,
아이들과의 더 나은 내일을 고민할 수 있는 오늘에 더욱 감사하면서,

나는 오늘도 학교로 또박또박 걸어간다.

"학교 다녀오겠습니다."

002

교육 전문가인 교사가 갖춰야 할 전문성

#교사 전문성 #수업 전문성 #학생 전문성 #교직 전문성 #교사의 역량

23중등경기 23비교과평가원 22초등경기 22중등경기 22중등서울 20중등서울 20중등인천
19초등인천 19초등강원 19초등평가원 19중등세종 19중등평가원 18초등평가원 18비교과평가원
17중등평가원 17비교과평가원

Q

👩 교사가 되기 위해 몇 해 동안 쉼 없이 달려 왔는데, 막상 교사가 되고 난 뒤 만난 학교는 지금까지의 임용 공부와는 성격이 다른 전문성과 역량을 요구하는 것 같습니다. 교사로서 제가 갖춰야 할 전문성에는 어떤 것들이 있을까요?

A 교사에게는 다양한 전문성이 필요합니다.

미래 세대인 학생들을 교육하는 교사는 다양한 역량을 갖추고 있어야 합니다. '교육 전문가'로서 교사가 갖춰야 할 전문성은 다방면의 능력을 함의하는 개념입니다. 전통적으로 교사의 전문성은 크게 3가지 차원으로 구분해 논의됩니다.

❶ 첫째, 수업 전문성입니다. 수업 전문성은 단순히 수업을 잘하는 것만을 뜻하는 것이 아닙니다. 먼저 교육과정 문해력을 갖춰야 하지요. 즉, 학생의 상황과 교과의 목표에 맞게 교육과정을 재구성할 줄 알아야 합니다. 또한 학생들이 주도적으로 배움을 구성해 나갈

수 있는 학생중심수업을 운영할 수 있어야 합니다. 탄탄한 교과 전문성을 기반으로 해 월 단위, 주 단위, 차시 단위의 수업 목표와 계획을 세운 뒤 수업을 구조화해서 운영하도록 합니다. 이때 수업은 과정중심평가와 연계돼야 합니다. 다양한 방법으로 평가를 시행하도록 노력하되, 평가에 대한 피드백을 통해 학생들의 성장을 독려해야 합니다.

아울러 자신의 수업을 끊임없이 성찰하고 보완하는 과정도 반드시 이뤄져야 합니다. 주변 교사들에게 수업을 공개하고, 그에 대해 나누고 비평하며 성장해 나갈 때 진정한 수업 전문성 신장을 이룰 수 있습니다. 이때 수업 전문성을 키우기 위한 꾸준한 교재 연구는 필수적입니다. 간혹 수업 준비를 제대로 하지 않으면서 임기응변과 현란한 말솜씨로 대충 시간을 보내는 교사들도 있습니다. 하지만 이는 사상누각이나 마찬가지입니다. 따라서 교사로서의 책무를 지니고, 교과 수업 전문성을 키우기 위한 노력을 게을리해서는 안 됩니다.

❷ 둘째, 학생 지원 전문성입니다. 여기에는 생활 지도, 상담 지도, 학급 운영, 진로 지도 등 학생과 함께하는 전문성이 포함됩니다. 최근에는 학생을 '지도'하는 것에서 '지원'하는 전문성으로 패러다임이 변화하고 있는데요. 이는 학생들에게 정답이 무엇인지 알려주기보다는, 학생의 자발성을 독려하고 자신만의 올바른 가치관을 찾아가는 길을 지원해 주는 전문성이 중요해졌기 때문입니다.

학생을 지원하기 위한 모든 맥락은 '관계 맺기'에서 시작돼야 합니다. 학생과의 관계를 단단하게 구축하기 위해, 교사에게는 학생의 이야기를 이끌어내고, 경청하고, 이해하며, 공감해 주는 열린 태도와 사고가 필요합니다. 선생님과 학생 사이의 '라포(rapport)'를 잘 형성해 두면 학생 지원의 효과가 배로 상승합니다. 따라서 관계를 맺는 데 유효한 ▷학생에 대한 꾸준한 애정과 관찰 ▷학생에 대한 이해 ▷학생에 대한 친화력 등의 역량은 학생 지원 전문성의 핵심적인 항목이라 할 수 있습니다.

❸ 셋째, 교직 전문성입니다. 이는 교사가 지녀야 할 '교사로서의 덕목'을 갖추고 있는지에 관한 전문성이라고 생각하면 좋을 것 같습니다. 최근의 경향은 전통적으로 강조돼 왔던 교사의 헌신·사명·소명 의식보다는 ▷교육자로서 지녀야 할 확고한 교육적 가치관 ▷교육적 능력을 제고하기 위한 끊임없는 자기 연찬 노력 ▷교육 공동체와의 협업 역량 등에 주목하고 있는 것으로 보입니다.

교사로서 갖춘 자신만의 교육관은 교육 생활의 나침반, 정향(定向)이 됩니다. 그리고 교육관이 지향하는 교사가 되기 위해 노력하는 '교사로서의 자신'의 위치를 설명하는 지표가 돼주기도 하지요. 이러한 교육관의 정립은 교사가 지녀야 할 덕목의 방향성을 결정하기 때문에, '나는 어떤 교사가 되고 싶은가'를 꾸준히 검토할 필요가 있습니다.

또한 교직 전문성에는 수업 전문성, 학생 지원 전문성, 업무 역량에 대한 전문성 등을 함양하기 위한 지속적인 자기 연찬 노력도 포함됩니다. 예컨대 교육 독서 모임, 수업 성찰 모임 등 다양한 교사 모임에 참여한다거나, 각종 연수를 듣고 대학원에 진학하는 등의 노력들이 이에 해당합니다. 지속적인 자기 장학을 바탕으로 탄탄하게 갖춰진 교과 및 교육 역량은 교사의 자존감을 높이는 데 큰 도움이 됩니다.

무엇보다 중요한 것은 동료교사, 관리자, 교육청, 학부모, 학생 등 교육 공동체와의 협업 역량입니다. 수업 개선을 위한 나눔이나 성찰 없이 혼자서 교재 연구만 한다든지, 동료교사를 이해하거나 배려하지 못하고 갈등만 빚는다든지, 다른 교사와의 협력 없이 그저 자신만 생각하며 학교생활에 임하고 있다면, 그 교사는 교직 전문성을 갖췄다고 보기 어렵습니다. 최근 개인주의의 확산과 코로나 19 등의 생태적 위기로 인해 공동체의 가치가 강조되고 있는 분위기인데요. 교사 역시 그러한 가치를 존중하고 관련된 역량을 지닐 수 있도록 노력해야겠습니다.

그럼 이 3가지 전문성 중 가장 우선시해야 할 것은 무엇일까요? 모두 교육 전문가로서의 교사가 꼭 갖춰야 할 전문성이기 때문에 우열을 가리긴 어렵습니다. 다만 그 어떤 것보다 중시해야 할 가치는 명확합니다. 바로 '학생의 행복'입니다. 교사는 학생의 이야기를 경청하며 소통하고, 학생에게 필요한 배움을 적재적소에 제공해 학생에게 안정감과 신뢰를 주는 가장 가까운 어른이어야 합니다. 따라서 교과 전문성을 신장한다는 목표로 시작한 대학원 수업 때문에 학급 운영에 소홀하거나, 수업에만 몰두해 우리 반 아이들의 상담을 제때 해주지 않는 것은 교사로서 해야 할 직무를 소홀히 한 것이라 볼 수 있습니다. 이곳은 교육이 이뤄지는 학교이고, 학교에서는 '학생의 행복한 배움'이 가장 중요하기 때문입니다.

003

전문성 신장을 통해 발전하는 교사 되기

#전문성 신장 #실천적 지식 #교사 성장 #연수 #교사 공동체
23중등서울 22초등충북 20초등서울 19초등인천 18중등평가원

Q

제가 발령받은 학교는 시골에 소재한 작은 학교입니다. 그래서인지 주변에 여쭤보고 배울 만한 선배교사를 찾기 어렵습니다. 일과가 끝나고 학교에서 제공한 관사에 들어와도, 아직 하루의 반나절이나 남아 있습니다. 그런데도 무엇을 해야 할지, 무엇을 하면 교사로서의 나에게 도움이 될지 잘 모르겠습니다. 이대로 도태되는 것이 아닐까 두렵기도 합니다.

A 교사는 가르쳐야 하기에 꾸준히 배우고 실천하며 반성해야 합니다.

사실 신규교사가 근무하게 되는 첫 지역과 첫 학교는 선호 지역이나 학교이기는 어렵습니다. 각 교육청의 교원 발령 순서가 현직교사 우선으로 정해져 있기 때문입니다. 가뜩이나 처음 학교생활을 시작하는데, 익숙지 않은 삶의 양식에까지 적응해야 하니 혼란할 수밖에 없겠지요.

하지만 교사는 전문가입니다. 따라서 수업, 생활 지도, 학생 상담, 교직 생활 등 다양한 분야에서 전문성을 신장시키기 위해 꾸준히 노력하

는 태도를 견지해야 합니다. 끊임없이 자기 연찬을 지속하고 그만큼 앞으로 나아가야 하지요. 이는 또 다른 교육 주체인 학생들이 계속 성장하고, 그들이 살아갈 세상도 변화하기 때문입니다. '교육의 질은 교사의 질을 능가할 수 없다'는 말이 있습니다. 그만큼 학교교육에서 교사의 역할은 매우 중요합니다. 선생님이 제대로 배우지 않으면 제대로 가르칠 수 없고, 아이들도 제대로 배울 수 없다는 사실을 명심해야 합니다.

교사에게는 이론적 지식(formal knowledge)뿐만 아니라, 교사의 경험에 기반한 실천적 지식(practical knowledge)이 필요합니다. 교육학자 프리마 엘바즈(Freema Elbaz)가 정의한 바에 따르면 실천적 지식이란 '교사 개인이 자신이 갖고 있는 지식을 교실 상황과 실천 맥락에 맞도록, 자신의 신념과 교육관을 바탕으로 종합하고 재구성한 지식'을 말합니다. 교사는 교육을 실천하는 실천가입니다. 다양하고도 불확정적인 교실 상황에 적절히 적응하며 지속적으로 지식을 종합하고 재구성할 줄 아는 역량이 필요합니다.

예컨대, 코로나19로 인해 교사는 기존의 방식과는 다른 새로운 영역으로의 실천 지식을 습득해야만 했습니다. 즉, 교사와 학생 간의 언택트 상황을 긴밀히 연결하기 위한 IT 기기 작동에 능숙해져야 했고, 구글(Google), 미리캔버스(Miricanvas), 줌(Zoom), 영상 제작 툴 등 각종 인터넷 플랫폼을 활용한 온라인 수업과 학급 활동을 고민해야 했습니다. 이는 단순히 일반 지식으로 보기 어렵습니다. 학교 현장이라는 경험을 통해 재구성된 지식이기 때문입니다. 따라서 이러한 실천적 지식은 이미 경험한 선배교사들로부터의 배움을 통해 얻는 것이 가장 이상적입니다. 그렇다면, 교사는 어떻게 실천적 지식을 학습할 수 있을까요?

❶ 다양한 '연수'를 찾아 들어보는 것을 추천합니다. 요즘에는 직무연수(이수 학점을 인정하는 연수)와 자율연수(이수 학점을 인정하지는 않지만 교사들에게 필요한 내용을 전달하는 연수)를 막론하고 훌륭한 연수 강좌들이 많이 개설돼 있습니다. 온라인 원격연수 사이트도 여러 곳 운영되고 있고, 유튜브와 같이 접근이 용이한 플랫폼을 통해 수업·상담·학생 지도에 관한 질 좋은 연수 영상들도 제공되고 있습니다. 시도 교육청에서 직접 운영하는 교사 연수 시스템도 있는데, 다양한 무료 직무연수를 제공하고 있습니다. K-에듀파인에 접속해 학교 전 교직원에게 발송되는 공문들도 꼼꼼히 살펴보세요. 여러 연구기관에서 시행하는 직무연수·자율연수와 연수 할인 등의 정보가 공문을 통해 안내되기도 합니다.

❷ 교사들이 모이는 연구회나 공동체 모임에 참여해 보는 것도 추천합니다. 모일수록 배움이 커지기 때문입니다. 학내에서 교원 공동체를 구성해 배움을 지속해 나가는 것이 제일 좋겠지만, 상황이 여의치 않다면 일과 후나 주말을 이용해 교사 모임 활동에 참여할 수 있습니다. 지역 교육청에 기반한 교육청 소속 연구회도 있고, 자발적으로 구성된 교사 연구 모임도 많습니다. 오픈 채팅방이나 페이스북(Facebook), 네이버 밴드(Naver Band) 등을 활용한 온라인 기반의 인터넷 모임도 있고요. '교사' 혹은 '교육', '수업'과 같은 키워드를 검색해 보면 다양하고 알찬 모임들을 안내받을 수 있을 것입니다.

❸ 여기서 가장 중요한 것은, 연수와 모임 등을 통해 얻은 타인의 실천 지식을 자신의 교육 행위로 실천하고 꾸준히 성찰·발전시킴으

로써 나의 '실천적 지식'으로 바꿔 나가야 한다는 것입니다. 선생님의 배움은 학생들이나 동료 선생님들에게 공유될 때 그 의미가 배가됩니다. 다양한 연수를 찾아 들으며 자기 계발에 노력을 기울이면서도 정작 나의 수업과 평가로 실천하는 것을 두려워하는 교사가 생각보다 많습니다. 하지만 교사가 자신의 전문성을 신장하려는 이유는 전문가로서의 자기 역량을 키우기 위함일 것입니다. 실패할 것을 각오하고 도전해 나갈 수 있어야 합니다. 또한 그렇게 실행한 수업과 평가 및 교육과정 운영, 학생의 성장에 관한 관찰, 학부모와 동료교사와의 관계 등의 교육적인 실천 노력들을 반성적으로 '성찰'하는 습관을 들이는 것도 중요합니다. 예컨대 수업 일기, 학급 운영 기록, 교단에서 일어난 다양한 상황과 생각을 정리하는 블로그 운영 등을 통해 매일의 교육 행위를 성찰할 수 있습니다. 지속적인 성찰은 자신의 실천적 지식을 단단하게 만들 뿐만 아니라, 교육 전문가로서의 교사에게 필요한 교육적 역량을 키우는 데 큰 도움이 될 것입니다.

그리고 또 하나, 자신이 쌓은 실천적 지식을 우리 학교에 전파해 보세요. 교내 교사 공동체, 동아리 등의 교사 모임을 만들어 교육에 대한 다양한 이야기를 나누다 보면 분명 선생님처럼 배움에 목말라 있던 분들을 발견할 수 있을 것입니다. 그들은 교직 인생의 동료이자 벗이 되어줄 거예요. 그리고 그렇게 선생님이 뿌린 교육 변혁의 씨앗이 널리 퍼져 학교 문화를 혁신해 나갈 것입니다. 학생들과 함께할 교육 활동을 풍부하게 만들기 위해 끊임없이 노력하고 '실천'하는 교사가 될 수 있기를 응원합니다!

004

학생의 개별적 성장을 지원하는 교사 되기

#개별적 성장 지원 #학생 성장 속도 #배움이 느린 학생 #또래 교수

23중등평가원 18초등인천 17중등서울

Q

저는 학생의 잘못된 행동은 빠르게 바로잡아야 한다고 생각해서 주도적으로 개입하려는 편입니다. 그런데 동료 선생님께서 모든 학생이 저의 속도에 맞출 수는 없으니, 점진적으로 고쳐갈 수 있도록 단계를 설정하는 것이 필요하다고 조언하셨습니다. 제가 어떻게 하는 것이 좋을까요?

A 학생의 개별적인 성장 속도에 발맞춰 주세요.

학생의 행동에 대해 교사의 주도적인 개입이 필요한 때도 있습니다. 학교폭력 및 음주·흡연과 같이 시급한 사안이거나, 혹은 학생이 도움을 요청한 경우 등에는 교사의 적극적인 움직임이 중요하지요. 그런데 그런 때가 아니라면 학생들의 속도에 맞춰 기다려주는 것도 필요합니다.

학생들은 개개인 모두 한 명의 완성된 인격체입니다. 우리 학급 30명 모두 다른 개인들이지요. 그러니 저마다 개별적인 속도로 성장해 가는 것이 당연합니다. 학생들에게 맞는 교육 방법도 각기 다를 수밖에 없고요. 따라서 '100명의 학생이 있다면, 100개의 답이 있다.'는 말처럼 학생의 개별적 특성을 인정하고, 그에 맞춰 적절하게 지원하도록 노력해야 합니다.

예컨대 수학을 어려워하는 학생일지라도 사회는 잘할 수 있습니다. 보통의 수업 시간에는 많이 피곤해하더라도 단기적인 집중력이 좋아 퀴즈 등 활동적인 수업 장면에서는 활기를 띠는 학생도 있지요. 따라서 못하는 것을 혼내고 교정하는 데 집중하기보다는, 학생이 잘하고 자신 있어 하는 분야를 찾아내어 시도할 기회를 꾸준히 제공하는 것이 필요합니다.

최근의 교육과정 개정 역시 학생의 개성과 다양성을 존중하는 '학습자 맞춤형 교육'을 강화하는 방향성을 지니고 있습니다. 학습자 개개인의 진로 및 특성에 적합한 학습 내용을 적절한 시기에 적절한 속도로 학습할 수 있게 하는 개별화 맞춤 학습 지원체제를 구축하는 것을 중시하고 있지요. 학생의 삶과 연계된 깊이 있는 학습과 개인에게 적합한 교육적 성장이 일어나기 위해서는, 학생 개개인에 따라 다른 개별적인 성장 속도에 발맞춰 줄 수 있어야 한다는 것입니다.

어떤 학생은 빠르게 성장해 나갈 수 있지만, 어떤 학생은 더 많은 노력과 시간을 필요로 할 수 있습니다. 특히 배움이 느린 학생들에게는 의도적으로 더 많은 기회를 부여할 수 있어야 합니다. 틀렸다고 해서 바로 비판하고 고치기를 강조하기보다는, 학생이 스스로 잘못을 인식하고 수정해 나갈 수 있도록 도움을 주세요. 나태주의 「풀꽃」이라는 시에는 "자세히 보아야 예쁘다. 오래 보아야 사랑스럽다. 너도 그렇다."라는 구절이 있습니다. 우리 학생들은 오래오래 볼수록 사랑스러운 아이들입니다. 급하게 보면 아이가 지닌 따뜻한 씨앗을 미처 보지 못해 놓칠 수 있습니다.

작은 단계를 설정해 한 계단 한 계단씩 밟아 나갈 수 있도록 도와주고, 그 계단을 오를 때마다 무한히 칭찬해 주세요. 그 학생에게는 그 한 걸음이 천 리 길 같을 수 있으니까요.

한편, 아이의 성장을 지원하는 가장 좋은 선생님은 바로 옆에 있는 친구들이 될 수 있습니다. 수업 중 학습 속도가 더딘 학생이 있다면 모둠 내 또래 교수를 활용하고, 학생의 잘못된 습관을 개선하는 데에도 학급 친구들이 도움을 줄 수 있도록 조치해 보세요. 친구들과 함께 더불어 나아가다 보면, 학생들은 자신의 속도에 맞춰 최선을 다해 성장해 나갈 수 있을 것입니다.

읽기자료 **개별화 수업(differentiated instruction)**

개별화 수업은 학생들 개개인에게 적합한 교육을 통해, 각자의 출발점에서부터 꾸준히 나아갈 수 있도록 하는 지도 방안을 말합니다. 마가렛 비처와 쉴라 스위니(Margaret Beecher & Sheelah Sweeny)가 진행한 경험 연구는 이러한 개별화 수업의 중요성을 보여 줍니다. 즉, 학생 구성이 다양했던 한 초등학교가 교내 학력 편차를 해결하기 위해 '개별화 지도'를 선택한 결과 성취도 격차를 줄일 수 있었다는 것입니다. 이는 풍성한 개별화된 교육과정을 마련하고, 학생 맞춤형 지도를 제공한 결과였습니다. 핀란드 역시 국가 교육과정을 통해 개별화된 수업으로 학생들이 각자에게 적절한 도전 과제를 성공적으로 학습하고, 자신의 강점 그 자체를 활용해 발전, 학습할 기회를 갖도록 하고 있습니다. 개별화 수업에서는 학습 결과가 좋지 않은 학생에 대한 보충 수업을 제공하는 보정식 교육이 아닌, 한 명 한 명의 강점에 기반한 심화 학습으로 패러다임 자체를 바꿔 나가는 것이 중요하다고 말합니다. 개별화 수업의 개념 창안자로 알려진 캐롤 앤 톰린슨(Carol Ann Tomlinson)의 『개별화 수업』(교육을 바꾸는 사람들, 2021)이 번역 출판돼 있으니 참고해 보세요.

005

학생의 자존감을 높여 주는 교사 되기

#자존감 #자신감 #자기애 #자율성 # 자기효능감

23중등평가원 21중등평가원 20중등서울 19초등서울

Q

우리 반 아이들이 최근 들어 유독 자존감이 낮아진 것 같습니다. 어느 선생님께서 "너희 반이 이번 중간고사에서 꼴등을 했구나. 수업 태도가 좋지 않더니 당연한 결과지. 너희 반 수업이 제일 힘들다."라고 말씀하신 이후로 학생들이 더 그렇게 된 것 같습니다. 높은 학업 성취도를 달성하지는 못했지만, 제가 볼 때는 사랑스러운 면이 많은 아이들이라서 속상합니다. 어떻게 하면 우리 반 아이들의 자존감을 높여 줄 수 있을까요?

A Love Myself! 나는 소중합니다.

대한민국 아이돌 그룹 '방탄소년단(BTS)'이 2018년 UN 총회에서 'Love Myself'라는 주제로 펼친 연설을 들어 보셨나요? 해당 연설은 그 내용이 매우 훌륭해 학교 현장 수업에서 꾸준히 활용되고 있습니다. 특히 이 연설에서 그룹의 리더인 RM은 이러한 이야기를 합니다.

"어제 저는 실수를 했을지도 모릅니다. 하지만 어제의 저도 여전히 저입니다. 오늘의 저는 과거의 실수들이 모여서 만들어졌습니다. 내일 저는 지금보다 조금 더 현명할지도 모릅니다. 이 또한 저입니다. 그 실수들은 제가 누구인지를 얘기해 주며, 제 인생의

우주를 가장 밝게 빛내는 별자리입니다. 내가 누구인지, 내가 누구였는지, 내가 누구이고 싶은지를 모두 포함해 나를 사랑하세요."

– BTS, UN 총회 연설 中

학생들은, 아니 성인을 포함한 모든 인간은 하루에도 수십 번 실수를 반복합니다. 그리고 그 실수들이 모여 내일의 나를 만들어 가지요. 실수는 경험이 되고, 그 경험은 축적돼 인생의 지혜가 됩니다. 아직 배움의 과정에 있고 경험이 부족한 학생들은 실수할 확률이 높기 마련입니다. 이때 계속해서 실수를 지적하고 부정적인 자극을 주게 되면 아이들은 자신의 실수를 후회하고 자책하게 됩니다. 이러한 자책이 지속되면 자신의 능력과 가치에 대한 전반적인 평가 태도인 자아존중감, 즉 자존감이 저하되며 이는 학생을 불행하게 만들 수 있습니다. 특히나 자신이 속한 집단에 가해지는 부정적인 낙인은 더욱 위험합니다. 우리 반이 그저 못하는 학급이라면, 그에 속한 나 역시 아무것도 잘하는 것이 없는 사람이 돼 버리거든요.

특히 학생들이 살아갈 미래 시대는 더 외롭고 복잡한 사회입니다. 급변하는 미래 환경은 인간과 인간 사이에 '차이'를 증대시키고 있습니다. 이에 따라 사람들은 끊임없이 나와 남을 비교하며 열등감에 빠지기도 하고, 자신을 불행하게 만들기도 합니다. 건강한 자존감은 이와 같은 사회에서 초래되는 부정적인 관념과 우울 등을 방어하는 무기가 될 수 있습니다.

때문에 많은 학자들은 학생들의 자존감을 높일 수 있는 방법을 고민했습니다. 에드워드 데시(Edward Deci)와 리차드 라이언(Richard Ryan)의 자기 결정성 이론(SDT)에 따르면 인간은 유능성·관계성·자율성에 대한 기본 심리 욕구가 만족될 때, 내재적인 동기가 증진되고 행복감을 느낀다고 합니다. 『자존감수업』(심플라이트, 2016)의 저자 윤홍균은 자존감의 기본 축으로 자기 효능감, 자기 조절감, 자기 안전감을 제시하기도 했습니다. 이러한 자존감의 조건을 고려할 때, 교사는 학생들의 행복한 성장을 위해 어떤 노력을 해야 할까요?

❶ 먼저 교사에게는 학생들의 실수를 지적하기보다는 작은 성취에도 격려해 주려는 태도가 필요합니다. '그깟 중간고사, 못 보면 어떠냐? 너희들은 체육을 잘하고 단합이 끝내주지 않니?', '우리 학년에서 우리 반이 교실이 깨끗한 것으로는 1등이다.' 등 학급의 긍정적인 측면을 계속해서 칭찬해 주세요. 이는 자신이 얼마나 쓸모 있는 사람인지를 느끼는 유능감, 혹은 자기 효능감을 충족시켜줍니다. 여기서 자기 효능감이란 어떤 문제를 자기 능력으로 성공적으로 해결할 수 있다는 스스로에 대한 신념 혹은 기대감을 뜻합니다. 학생들이 잘하는 것을 계속 칭찬하고 스스로 성취할 수 있는 기회를 꾸준히 제공한다면, 학급원으로서의 학생들의 유능감과 효능감도 더불어 증대될 것입니다. '나는 잘하는 것이 있다.', '우리는 쓸모 있고 소중하다.'는 것을 느끼게 될 때, 학생들의 자존감은 높아집니다.

❷ 또한 학생들에게 자신의 앞날을 스스로 통제할 수 있는 결정권을 줘야 합니다. 이는 자기 조절감, 즉 자율성을 충족시켜 주는 것입니다. 자기 조절감은 스스로 자신의 행동과 감정을 통제할 수 있는 감각입니다. 이러한 자기 조절감을 함양하는 데에는, 아이들 스스로 우리 학급의 공부 방법에 대해 토의를 진행하도록 하고 교사는 그 결론을 최대한 지지해 주거나, 자신들이 지킬 학급 규칙을 제정하게 하거나, 1인 1역을 통해 제 역량을 발휘할 기회를 주는 등의

교사의 노력이 유효합니다. 중요한 것은 학생들이 하나하나 의견을 낼 때마다 응원해 주고, 지지해 줘야 한다는 것입니다.

처음에는 어려울 수 있습니다. 이미 자존감이 낮아진 아이들에게는 긍정적인 방향으로 자율성을 발휘하는 것 자체가 또 하나의 과제가 됩니다. 이때는 학생 한 명 한 명과의 면담을 통해 '너는 해낼 수 있어.', '네게는 충분히 이 일을 해낼 수 있는 능력이 있단다.'라며 교사의 공고한 신뢰를 전하는 과정이 필요합니다. 특히 선생님과 라포가 충분히 쌓인 학생들이 있다면 그 아이들을 중심으로 교실 분위기를 긍정적으로 이끌도록 하는 것도 방법입니다. 제 역할에 열심인 학생들을 꾸준히 칭찬해 주는 것도 잊지 말아야 합니다. 이를 통해 궁극적으로 학급 내 모든 학생들이 자율성을 신장할 수 있도록 교실 풍토를 개선해 주는 것이 필요합니다.

❸ 그리고 자신을 알아가도록, 또 서로에게 알려주도록 해 주세요. 아이들에게는 '나는 어떤 사람이고 무엇을 좋아하는지', '나는 어떤 가치를 지닌 사람인지'를 깨닫는 기회가 필요합니다. 그리고 '나'에 대해 외부에 알리고 외치는 시간도 제공해 주면 좋습니다. 아침 조회 시간마다 '나 알기' 프로젝트를 시행하거나, '나와 너, 우리의 장점 찾아 칭찬하기' 시간을 가져보는 것도 좋습니다. '칭찬 일기 쓰기'나 '감사 일기 쓰기'와 같은 프로그램을 학급에서 진행하는 것도 이러한 이유에서입니다.

학생들이 스스로를 소중히 여길 수 있도록, 자신이 얼마나 사랑스러운 사람인지를 알도록 해주세요. 그리고 이를 반드시 '관계'를 통해 나눌 수 있도록 기회를 마련해 주세요. 관계에 대한 신뢰가 확보되면 아이들은 안전감과 안정을 느낍니다. 즉, '나는 사랑받는 것이 마땅한 사람이다. 너도 사랑스러운 사람이다. 우리 모두는 서로를 존중하고 배려하며 협동해야 한다.'를 느끼고, 속한 공동체로부터 안전감을 제공받게 됩니다. 이를 통해 자연스럽게 건강하고 단단한 공동체가 형성될 수 있습니다.

자존감이 저하되면 자기 삶의 미래를 비관하게 되고, 학습된 패배감이 심화될 수 있습니다. 적어도 교육 공간만큼은 자라나는 학생들에게 이러한 부정적인 자기 인식을 심어주는 곳이 돼서는 안 됩니다. 학생의 자존감을 지켜 주세요. 학생들은 모두 존중받아 마땅한 존재입니다. 나를 사랑할 수 있어야 타인을 사랑할 수 있습니다. 우리 학생들이 꾸려갈 미래 시대 역시 존중과 배려, 사랑으로 가득 찬 곳이 돼야 합니다. 학교는 학생들이 자기애와 자신감, 자기존중을 바탕으로 삶을 가치 있게 영위해 나가도록 지원하는 공간이 돼야 합니다.

006

학생의 성적 향상, 그렇게 중요한 문제인가요?

#대학 #입시 #성적 #공교육의 목적 #행복한 배움

18중등평가원 18비교과평가원

Q

얼마 전 교직원 회의가 있었는데, 한 선생님께서 학생 성적을 향상시킨 교사에게 성과급을 더 지급할 수 있도록 지표를 수정하자는 제안을 하시더군요. 모두 아연실색했지만, 학생의 성적 향상이야말로 인문계 고등학교에서 가장 중요한 성과가 아니겠느냐는 말씀에 수긍이 가기도 했습니다. 학부모들께서도 외부 교육 관련 특강을 듣고 전문가가 그렇게 얘기했다면서, 담임교사인 저에게 입시를 위한 지도 방향을 조언하시더라고요. 학생의 성적 향상, 그렇게나 중요한 일인가요? 이 역시 교사로서 제가 해야 할 일인 걸까요?

A 학생의 성적은 그저 학생을 설명하는 하나의 지표일 뿐입니다.

'공교육의 천국'으로 일컬어지는 네덜란드는 학업 성취도가 저조한 학생의 비율이 낮고, 튼튼한 직업교육 시스템까지 갖추고 있습니다. 그래서인지 전 세계 청소년 행복지수에서 항상 상위권을 차지하지요. 이는 그만큼 학생들이 행복하고 즐겁게 배움을 누린다는 이야기입니다. 그런데 이러한 네덜란드의 대학 진학률은 전체 국민 중 15%에 불과합니다.

우리나라는 어떨까요? 청소년 행복지수에서는 항상 최하위권을 기록하는데도, 대학 진학률은 71.5%에 이릅니다(2021년 취학률 기준). 프랑스 시사지 『르몽드 디플로마티크』가 "한국 아이들은 성적은 우수하지만 세상에서 가장 불행한 학생들"로, 한국의 교육 시스템을 "세상에서 가장 경쟁적이고 고통스러운 교육"이라고 표현한 이유가 여기에 있지요.

우리나라의 교육 구조는 피라미드 형태를 띠고 있습니다. 마치 '공부'만이 정답인 것처럼, '대학'을 가는 것이 삶의 전부인 것처럼 여겨지기도 합니다. 특히 중등학교의 커리큘럼은 대학을 가기 위한 도구처럼 곡해되고 있습니다. 그러나 학교에서 학생들이 배워야 하는 것은 단순한 지식만이 아닙니다. 아이들은 사회 속에서 어떻게 어울리는지를 배워야 합니다. 대학 입시를 위한 '성적'은 그저 학생을 설명하는 하나의 지표일 뿐입니다. 만약 성과급 지표에 성적 향상도가 추가된다면 학생의 행복, 배움의 즐거움, 성적 이외의 정의적인 교육 목표는 모두 도외시될 우려가 있습니다. '등급'과 '입시'라는 단어는 학생들의 경쟁을 전제하는데, 경쟁에서 성공하려면 다른 것들보다 성적을 우선시하게 만들 테니까요.

또 모든 학생들은 자기 삶의 주인공입니다. 각기 재능과 실력이 다르고, 각 개인마다 추구하는 지향점도 다릅니다. 누군가는 대학에 진학하고 싶을 수 있지만, 누군가는 원하는 꿈을 이루기 위한 도전을 하고 싶을 수도 있지요. 따라서 아이들 모두가 대학에 가야 한다며 성적 향상을 압박하는 것은 일종의 폭력이 될 수 있습니다.

> "우리는 그들이 있는 곳에 가서 그들을 만나고 그들이 그들 자신일 수 있게 해야 한다. 그리고 성공에는 오로지 한 가지 올바른 길이 있을 뿐이라는 신화를 거부해야 한다."
> – 토드 로즈(Todd Rose), 『평균의 종말』

토드 로즈(Todd Rose)의 지적처럼, 우리는 그동안의 교육에서 학생들이 '표준'과 '평균' 성적으로 지표화되는 '우수함'을 추구하도록 만들어 왔습니다. 그러나 아이들이 살아갈 미래 시대는 '다름'을 요구합니다. 학교는 자신이 잘할 수 있는 분야에서 능력을 발휘할 수 있도록 지원하는 곳이 돼야 합니다. 그럼에도 현재의 우리나라 교육 구조는 여전히 학생에게 '높은 성적'을 요구하고 있지요. 물론 점진적으로 변화하고는 있지만, 대학과 성적을 제외하고 미래 사회의 행복을 꿈꾸기는 쉽지 않은 것도 현실입니다. 그렇다면 교사는 어떻게 해야 할까요?

　결국 성적은 학생을 표현하는 지표일 뿐입니다. 하지만 성적이 학생의 인생에 미치는 영향력도 무시할 수 없지요. 허나 교사의 역할은 학생이 자신의 삶을 가치 있게 만들어 가는 것을 돕는 것이지 성적을 잘 받게 하는 것이 아닙니다. 이를 위해서는 다른 어떤 것들보다 현재 학생의 행복이 배제되는 것을 경계해야 합니다. 미래의 삶을 위해 현재를 희생할 수 있어야 한다는 이야기는 학생들의 삶을 피폐하게 만들기 때문입니다.

　교사는 학생들이 지금, 여기에서 행복한 배움을 통해 꿈과 끼를 실현해 나갈 수 있도록 돕는 조력자가 돼야 합니다. 그리고 진심을 다해 아이들을 어루만져 줄 수 있어야 합니다. 그것이 성적 지원이든, 정서적인 지원이든, 협력과 조화를 가르치는 것이든 모든 상황에서 학생을 중심에 둘 수 있어야 합니다. 학생의 행복한 삶을 지지하겠다는 교육의 목적을 뚜렷하게 지켜 나간다면, 반드시 학생들은 선생님의 진심을 알아줄 것입니다.

(007)

진정한 교육 평등이란 무엇인가요?

#교육 출발선 #교육 평등 #갈등론 #기능론 #정의로운 차등 #교육 공공성
23초등강원 19중등강원 19중등경기 19중등서울 18중등서울 17초등인천

Q

토끼와 거북이 우화를 빗댄 아래의 그림을 아시나요? (가)는 토끼와 거북이가 같은 출발선에 서 있는 모습, (나)는 거북이가 토끼보다 앞서 있는 모습, (다)는 토끼와 거북이가 같이 결승선을 통과하는 모습을 담고 있습니다. 교사는 이 가운데 어떤 모습을 지향해야 할까요?

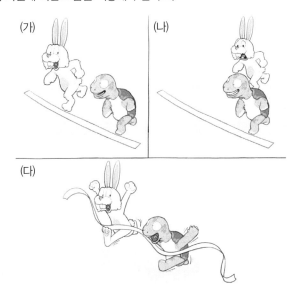

A 교사는 교육 공공성을 지향해야 합니다.

교육을 보는 관점에는 기능론적 관점과 갈등론적 관점이 있습니다. 기능론적 관점에서는 교육이 사회화와 선발, 배치의 기능을 하고 이를 통해 사회의 질서를 유지한다고 봅니다. 반면 갈등론에서는 학교와 교육이 차별적 사회화를 통해 불평등을 재생산하고 있다고 비판합니다. 그동안 우리 사회는 기능론적 시각에서 학교의 역할을 바라보는 경향이 강했습니다.

그러나 최근의 교육 불신 풍조는 갈등론적인 관점에서 학교를 바라볼 필요가 있음을 시사합니다. 사회화 기관인 학교에 부모의 경제나 문화자본이 부정의한 영향을 끼치고 있었다는 것을 인정하고 교육에 가해진 불평등성을 반성해야 한다는 것이죠. 이를 바탕으로 교육의 평등, 교육 공공성에 대한 논의기 끊임없이 이뤄지고 있습니다.

그림의 (가)는 허용적 평등관에 가깝습니다. 이는 출발선을 같게 했다면, 교육의 평등 조건이 갖춰졌다고 보는 시선입니다. 출발 이후에 토끼가 거북이를 추월하는 것은 토끼의 능력이며, 그 능력에 따른 보상을 해주는 것이 당연하다고 보는 교육관입니다. (나)는 출발선을 조정했다는 데서 보장적인 평등관에 입각한 것으로 보입니다. 그러나 이 또한 과정에서 나타날 사회·경제적인 차이 때문에 거북이는 자신의 능력과 노력만으로는 토끼를 결코 이길 수 없는 결과가 나타날 수 있습니다. (다)는 결과적 평등관입니다. 토끼든 거북이든 누구나 동일한 교육의 결과가 보장될 수 있도록 사회와 국가가 혜택을 제공하고 제도적으로 지원해 줘야 한다는 것입니다.

교사는 이 가운데 어떠한 평등관을 지향해야 할까요? '교육을 받을 권리'는 모두가 정당하게 누려야 하는 보편적인 권리입니다. 공교육은 누구나 배워야 할 것을 제대로 배우도록 해야 할 책임과 의무가 있습니다. 배움의 과정에서 격차가 발생해서는 안 되며, 결과에서의 차이가 당연하게 여겨져서도 안 됩니다. 교육은 희망의 통로가 돼야 하며, 불평등을 제거하는 기능을 해야 합니다. 그렇기에 우리는 '과정으로서의 평등'과 '결과로서의 평등'을 함께 추구해야 합니다.

'정의로운 차등'이라는 말이 있습니다. 이는 단순히 사회·경제 논리로만 파악될 것이 아닙니다. 교육에 있어 현실적으로 불평등한 구조가 존재한다는 것을 인정하고, 이를 적극적으로 완화하기 위한 차등이 필요하다는 이야기입니다. 국가는 교육 공공성을 확보해야 합니다. 교육 공공성이란 어떤 누구도 성별, 종교, 장애, 국적, 계층에 관계없이 동등하게 교육을 받을 권리를 갖고 있으며 그렇기 때문에 국가는 이를 보장해야 한다는 의미입니다. 따라서 권리를 온전히 누리지 못하는 교육 소외계층이 발생하지 않도록 정의로운 차등 정책을 시행할 필요가 있습니다.

특히 개인의 취약성이 커지고 공동체가 와해돼 가는 사회적 현실에서 학생들에 관한 교육 공공성은 매우 중요한 사회적 과제가 됐습니다. 태어나고 자라는 환경이 다르더라도 받는 교육은 동일해야 하며, 교육이 동일하다면 그 결과 역시 같아야 합니다. 이미 발생된, 혹은 발생 우려가 있는 교육·학습격차를 좁히기 위해 심도 있게 고민하고, 제도적으로 이를 보완하고자 하는 정책적 노력이 수반돼야 합니다. 즉, 우리는 과정적인 공정성과 결과적인 공평성을 함께 지향해야 합니다. 이를 위해 보편적인 복지와 선별적 복지를 통합해 한정된 자원과 교육 기회를 공정하게 분배할 수 있어야 합니다.

그렇다면 교사는 어떤 노력을 해야 할까요? 교사는 '교육 공공성'을 지향해야 합니다. 교사에게는 모든 학생에게 양질의 교육을 보편적 수준으로 제공할 사회적 책임이 있습니다. 교사는 공정한 태도를 견지하며, 전문성을 신장하고, 책무성을 강화해야 합니다. 학생들 간의 차이를 존중하는 것이 차별로 인식되지 않도록 민주시민교육 활동을 전개해야 합니다. 또한 정의로운 차등을 실현하기 위해 마련된 교육 정책을 파악하고 활용할 수 있도록 준비하는 것도 필요합니다. 특히 우리 아이들이 살아갈 미래에는 흙수저이거나 금수저이기 때문에 받게 되는 차별을 당연하게 인식하지 않도록 노력해야 합니다. 결과로서의 평등을 실현하고 교육 공공성을 확대해, 희망과 평등은 물론 공존과 상생을 추구하는 세상을 만들어 가야 합니다.

[예시 자료] 교육 공공성 확보를 위한 정책과 제도들

- 무상교육 확대(고교 무상교육 시행)
- 국공립 유아 교육기관 확충
- 돌봄 시간 다양화와 돌봄 서비스 내실화
- 기초학력 보장과 맞춤형 교육 강화
- 방과후과정 확대 및 방과후학교 활성화
- 누리과정 예산 전액 국고 편성
- 교육비 및 대학 등록금 인하
- K-MOOC 확대, 평생 학습의 활성화
- AI 기반 맞춤형 교육 진단 플랫폼을 활용하여 개별 맞춤형 학습 지원

정부와 교육부가 추진하는 교육 공공성 확보 정책 이외에도 각 시도 교육청에서는 '정의로운 차별', '교육 복지 우선 지원 사업' 등의 정책과 제도를 지역에 맞게 운용하고 있습니다. 소속 교육청의 정책을 꼭 확인해 교육에 반영하길 바랍니다.

008

학급의 또 다른 일원, 담임교사

#규칙 준수 #교사의 생활 태도 #조회 시간 #담임교사 #학급 특색활동

19중등세종 17초등경기

Q

올해 처음 담임교사를 맡았습니다. 제가 아침잠이 많다 보니 지각을 해서 조회를 제대로 하지 못하는 일이 많았어요. 그러다 보니 수업 때가 아니면 아이들을 만나기 어려웠고, 수업과 업무에 치이는 터에 담임 학급에 크게 신경을 쓰지 못했습니다. 그러다 얼마 전 교원능력개발평가 결과지가 나왔는데, 학생들의 답변에 큰 충격을 받았습니다. 아이들 대부분이 '담임 선생님이 뭘 하시는지 모르겠다.'라는 등의 부정적인 이야기를 남겨 놓았더군요. 사실 마음은 그런 게 아니었는데, 그 순간 정신이 확 들더라고요. 제가 어떻게 해야 아이들의 신뢰를 회복할 수 있을까요?

A 조회 시간을 활용해 보세요.

학교는 '사회화 공간' 중 하나입니다. 사회생활에 필요한 규범이나 가치 등을 내면화하도록 기회를 제공해야 합니다. 교사가 솔선해 사회적 규칙을 준수해야 하는 이유가 여기에 있습니다. '교사는 학생의 거울'이라는 말처럼 학생들은 그만큼 교사의 모습에 동화되기 쉽기 때문입니다. 그런데 모델링의 대상이 되는 교사가 지각이 잦고 약속을 제대로 지키지 못하고 있다면, 학생들 역시 부정적인 생활 태도를 지니게 될 확률이 높습다. 그러므로 교사는 학생의 본보기가 되고, 아이들에게 긍정적인 영향을 미치는 사람이 될 수 있어야 합니다. 아울러 교직 윤리와 도덕성 측면에 있어서도 교사는 예민하게 본인을 성찰할 수 있어야 합니다. 품행을 방정하게 유지하는 것은 공무원 윤리강령에 해당하기 때문입니다.

특히 현재 가장 경계해야 하는 상황은, 담임교사인 선생님이 이 학급에서 배제되고 있다는 것입니다. 담임교사는 담임 학급의 일원이 될 수 있어야 합니다. 우선 학급 토의를 민주적으로 진행하고, 규칙을 준수하지 않을 경우 받아야 하는 벌칙도 결정하는 것이 좋겠습니다. 그리고 교사 역시 아이들과 함께 만든 학급 규칙을 지키도록 노력해야 합니다. 하나의 공동체 속에서 동등하게 상벌을 받고, 공동의 규칙과 문화 공유를 통해 단체의식과 친밀감, 신뢰감을 형성해 학급의 일원이 되도록 하는 것입니다.

나아가 학생들과 꾸준한 협업을 통해 함께하는 시간을 만들어 나가 보세요. 아침맞이를 해야 하는 조회 시간을 포함해 학급 아이들과 함께하는 시간을 소홀히 한다면, 학급 내에서 일어나는 일들을 파악하기 어려운 것은 물론, 학생들은 자신들이 존중받지 못하고 있다고 여기게 돼 선생님에게 마음의 문을 닫아버릴 수 있습니다.

예컨대 '아침 일기 쓰기', '스트레칭하기', '매일 나의 꿈 발표하기' 등의 간단한 프로그램을 준비해 보면 어떨까요? 2주에 한 번씩 교칙 준수에 대해 깊이 논의하고 개선해 가는 활동을 진행하는 것도 좋겠습니다. 아침에 진행할 학급 특색활동을 학생들이 직접 주도해 기획할 수 있게 기회를 마련하는 것도 필요하겠고요. 기획과 준비, 실행의 모든 시간 동안 교사는 학생과 함께할 수 있어야 합니다. 이러한 활동은 아이들의 자율성을 신장하고 자존감을 높이며, 교사와 학생 사이에 라포를 형성하는 데에도 도움을 줍니다. 이처럼 실천하는 민주시민교육을 시행함으로써 선생님 역시 시민의 한 사람이자, 아이들과 현재를 함께하고 있다는 동질 감을 느끼도록 해 주세요. 그렇게 한다면 학생과의 관계성은 금세 회복될 수 있을 것입니다.

 학교생활 Tip 아침 조회 시간을 활용한 소소한 학급 활동 모음

글쓰기

- 학습 플래너 쓰기
- 아침 일기, 감사 일기 쓰기
- 오늘의 명언 쓰기
- 생각하게 하는 질문 던지기
- 창의력을 증진하는 글쓰기

학급자치 프로그램

- 우리 반 친구들이 돌아가면서 직접 학급 조회 운영하기(자치 조회)
- 아침 토의 및 토론 진행하기
- 매일 1회 학급회의하기

학습 증진 프로그램

- 영단어, 혹은 한자 공부하기
- 뉴스, 사설, 시사상식 학습하기
- 역사 속 '오늘' 찾기
- 하루 논술 1지문 독해하기
- 어휘력 증진을 위한 어원 찾기

인성교육 프로그램

- 아침 체조와 스트레칭하기
- 짧은 영상 보고 느낀 점 쓰기 혹은 발표하기
- 하루 10분 독서하기
- 친구의 어제를 인터뷰하기

진로 연계 프로그램

- 하루 3분 나의 꿈 스피치하기
- 진로 에세이 쓰기
- 롤 모델의 활동 찾기
- 진로 관련 독후 활동 및 꿈 그리기
- 매일 진로 탐색 활동(진로 포트폴리오)하기

자존감 높이기 프로그램

- 오늘의 수상자(학급 친구들이 돌아가면서 다른 친구에게 '상'을 수여) 선정하기
- 매일 축하 파티(매일 축하할 내용을 찾아 파티하기)
- 오늘의 칭찬 친구 선정·발표하기

009

학부모 총회를 위한 나만의 교육 안내자료 만들기

#학부모 총회 #교육 안내자료 #학부모와 라포 쌓기
23비교과경기 19초등강원 19초등세종 19초등인천 17초등서울

Q

🙂 올해 발령을 받은 신규교사입니다. 발령과 함께 바로 담임교사를 맡게 됐는데, 아이들은 정말 예쁘지만 하루가 어떻게 흘러가는지 모를 정도로 정신없는 날의 연속입니다. 이제서야 '우리 교실이 어디에 있구나' 정도를 알아갈 즈음인데, 곧 학부모 총회가 있다는 것을 알게 됐습니다. 순간 앞이 캄캄해지면서 총회 때 무엇을 해야 할지 혼란에 빠졌습니다. 저는 어떻게 해야 할까요?

A 나만의 교육관을 정리한 교육 안내자료를 만들어 두세요.

학교는 보통 3월 중순에서 말경(약 3주차)에 학부모 총회를 개최합니다. 학부모 총회는 당해 연도 총 학부모회와 학급 학부모회를 조직하기 위한 자리로, 학부모들이 학교에 방문해 학교교육 방침을 이해하고 이를 바탕으로 담임교사와 면담하는 형태로 마련됩니다. 학교 입장에서는 외부에 학교 공간을 공개하고 학교의 교육 활동을 소개하면서, 앞으로 귀댁의 자녀와 행복한 성장을 도모하겠다고 인사하는 자리라고 할 수 있지요. 학교와 학부모가 공식적으로 만나는 첫 자리이자, 비교적 큰 규모의

행사입니다. 총회와 수업 공개가 함께 이뤄지는 경우도 많기 때문에, 교직원들 모두에게 꽤 부담스러운 자리이기도 합니다.

이제 막 발령을 받아 겨우 학교생활을 익혀 가는 신규 담임교사에게 학부모 총회와 같은 낯선 자리는 혼란스러울 것입니다. 아직 아이들 얼굴이며 특성도 제대로 파악하지 못했는데, 학부모를 만난다고 하니 도대체 뭘 어떻게 해야 할지 난감할 수 있지요. 이때 교사로서의 나만의 교육관을 잘 정리한 '교육 안내자료'를 만들어 두면 큰 도움이 됩니다.

예시자료 **총회 때 활용할 교육 안내자료에 포함될 내용**

1. **자기소개**

① **이름과 별명, 과목과 시간표, 연락처 등 학부모에게 공개 가능한 개인정보**
  - 저는 열혈 교사 김쌤입니다. ○○과목과 ○○학년을 맡고 있습니다.
  - 저의 시간표입니다. 제 이메일과 학교 직통 전화번호는 다음과 같습니다.

② **나만의 교육관과 이를 반영해 실천하고픈 교육 활동 소개**
  제 교육관을 한 문장으로 말하면, '학생은 학교에서 행복해야 한다.'입니다. 하루 중 대부분을 학교에서 보내는 아이들은 행복해야 마땅하기 때문입니다. 저는 이를 위해서 첫째, 모둠 일기를 쓰도록 합니다. 이는 관계에서 오는 행복을 누리도록 하기 위해서입니다. 둘째, 서로에게 감사하는 시간을 갖도록 합니다. 누군가에게 자신이 보탬이 됐을 때의 행복을 누리게 하고 싶기 때문입니다. 셋째, 자신의 꿈과 연계된 1인 1역을 설정해 활용하고 있습니다. 이를 통해 아이들이 꿈에 다가갈 때의 행복을 느끼게 하고 싶습니다.

③ **학급 운영과 관련된 철학**
  - **중요하게 여기는 것**: 저는 정직과 배려, 예의를 중요하게 여깁니다. 특히 예의는 타인에 대한 존중입니다. 모두가 배려하는 교실을 만들기 위해 노력하겠습니다.
  - **가장 엄격하게 지도하는 것**: 저는 거짓말을 가장 싫어합니다. 거짓말은 습관이 되기 때문에, 아주 사소한 거짓말이라도 엄격하게 지도합니다.

2. 학급 운영 안내

① 학생들과 꼭 지키기로 약속한 내용 및 우리 반 학급 규칙

(3월 첫째 주에 학생들과 정해 두는 것이 좋습니다. 반드시 지켜야 할 기본 규칙 3가지 정도를 나열합니다.)

② 학교의 교육과정 소개

- 학교의 주요 학사 일정(평가 일정, 체험학습 일정 등)
- 교칙, 체험학습 규정, 출석과 결석 규정 등
- 진로 활동, 동아리 활동, 봉사 활동 등 창의적 체험 활동 안내

③ 학습 지도 측면에 대한 학급 운영 계획 소개

- 우리 학급은 기본적으로 모둠으로 구성돼 있습니다. 모둠은 2주에 한 번씩 변동됩니다. 타인을 배려하며 상호 간 협력하는 방법을 배우고, 모둠 내 역할을 부여받아 제 역할을 다했을 때의 성취감도 느낄 수 있습니다.
- 매주 월요일 아침, 어휘력을 키우기 위한 받아쓰기 시간을 운영합니다.

④ 생활 지도 측면에 대한 학급 운영 계획 소개

- 모둠 감사 일기 쓰기를 통해 서로의 관계를 돈독히 하도록 노력합니다.
- 매일 아침 인권과 평화에 관련된 짤막한 영상을 함께 시청하고, 영상에 대한 소감을 발표하는 시간을 갖고 있습니다.
- 쪽지함을 설치해 학생 간 혹은 교사·학생 간 서로 편지를 주고받거나 상담을 자유롭게 요청하도록 하고 있습니다.

⑤ 안전과 위생수칙 등

(학생의 건강과 안전한 학교생활을 위한 중요 안전·위생 정보를 기술합니다. 특히 코로나19 이후 학교에서의 안전과 건강을 염려하는 학부모가 많아졌습니다. 학교에서 철저하게 학생 안전을 관리하고 있음을 안내하면 학부모의 우려와 불안을 완화할 수 있습니다.)

3. 교과 운영 안내

① 각 교과에 대한 간단한 안내

- 학교에서 공부하게 될 과목과 교과군에 대한 간단한 안내
- 선택 중심 교육과정을 앞둔 고등학생의 경우, 선택과목에 대한 안내 제공
- 중등교사라면 본인의 과목과 수업 철학 및 목표, 수업 활동 규칙 안내

② 교과 이수 관련 안내

- 학업성적 관리지침, 상급 학교 진학 관련 자료, 학업 관리에 관한 다양한 정보
- 방과후학교 수업, 각종 특강 등 주요 안내 사항 정리

4. 기타 특색 자료

① 교사의 교육관을 담은 시 한 편

② 학부모들에 대한 부탁

- 교사와 소통하는 학부모가 돼주시길 부탁드립니다. 제 이메일 주소를 동봉하니, 이메일로 편하게 연락 주셔도 좋습니다.
- 저녁 6시 이후에는 핸드폰으로 오는 연락을 받기 어렵습니다. 급하신 사항은 학부모 밴드 소통을 활용해 주십시오.

③ 우리 반 아이들의 한 해 목표(교과 학급도 가능)

(미리 학생들에게 한 해 목표를 받아 총회 자료 마지막에 추가합니다. 공언 효과를 노릴 수도 있고, 학부모와의 신뢰를 쌓는 데에도 유용합니다.)

교육 안내자료는 담임교사가 아니더라도, 나의 교육관을 정리해 본다는 의미에서 꼭 만들어 보는 것을 추천합니다. 교육 안내자료에 들어갈 내용을 3월 초부터 차근차근 정리하다 보면 스스로의 교육적 가치관을 고민하고, 학생들과 눈을 맞추며 이야기하며, 나의 전공과목(교과)의 의미를 찾을 기회를 얻을 수 있습니다.

 학부모 총회 준비에 유용한 꿀팁

안녕하세요. (　　　　) 학부모님. 학생을 지도할 때 제가 꼭 알아야 할 사항이 있다면 자유롭게 적어 주십시오. 가족 및 교우 관계, 성격 및 성향, 공부, 진로 등 무엇이든 좋습니다.

▲ 총회 자료 마지막 장

○학년 ○반 학생들의 1년을 보내는 각오 한마디

번호	이름	각오
1	최돌순	포기하지 말고 끝까지 노력하기
2	김승용	채널 10만 구독자 달성!
3	송수영	공부를 열심히 하자

▲ 학생들의 1년을 보내는 각오 한마디

1. 학부모 총회 준비 자료를 만들 때, 표지에는 '우리 학급 첫 단체사진'을 넣습니다. 물론 사진을 찍을 때 아이들에게 학부모 총회 등 다양한 자료에 쓰일 수 있음을 미리 명시하고, 반드시 동의를 구해야 합니다.

2. 학생의 1년 각오, 1년 다짐 등을 도표로 정리해 총회 자료에 첨부합니다. 학생이 가입한 동아리나, 학생의 꿈 등을 정리해서 첨부해도 좋습니다. 학급 기초 설문조사 때 미리 이 내용을 받아두거나, 학생과 기초 상담을 진행하며 작성해도 좋습니다. 이러한 자료를 만들기 위해 우리 반 학생들과 3월 내내 마주하다 보면, 학기 초 교사와 학생 관계 다지기에도 효과적입니다.

3. 학부모님께서 가장 궁금해 하실 자료는 반드시 첨부합니다. 학생 지도 방침이나 중요한 교칙, 상급학교 입시 자료, 진로 탐색 및 진로 활동 자료, 돌봄이나 방과후교실 관련 자료, 행사나 주요 학사 일정, 수업과 평가 활동, 학교 공간 안내도 등은 반드시 제공해야 합니다. 학교 교육과정에서 기 안내됐다 하더라도 학급 교육과정 차원에서 다시 정리해 주는 것도 필요합니다.

4. 마지막 장에는 항상 '교사에게 전하고 싶으신 말씀'을 적을 수 있는 메모란을 제공합니다. 걱정되는 바가 있어 글로 쓰는 것을 꺼려하신다면 구글 폼이나 네이버 폼, 이메일 등을 이용해 모바일로 받아도 좋습니다. 이렇게 수집된 이야기들은 개별 학생을 상담할 때 큰 도움이 됩니다. 한 학생을 키우기 위해 학부모와 교사가 진정한 협력을 이루는 토대가 되는 셈입니다.

5. 학부모 총회를 '서클' 활동으로 운영하는 방법도 있습니다. 서클 활동은 또 다른 공동체를 형성합니다. 교사의 일방적인 '보고'가 아닌 '대화'를 하는 데에도 용이합니다. '우리 아이 소개하기' 혹은 '담임교사에게 기대하는 것' 등 너무 무겁지 않은 주제부터 서클을 진행해 보세요.

010

학생에게 필요한 미래 핵심역량이란 무엇인가요?

#학생의 역량 #미래 핵심역량 #OECD #변혁적 역량 #역량 중심 교육과정 #6C

23초등경기 23중등대구 22초등강원 22중등서울 21초등강원 19초등서울
17중등경기 17중등서울 17중등인천

Q

미래 사회가 요구하는 핵심역량을 기르기 위한 교육 활동이 필요하다고 합니다. 그런데 핵심역량의 정의를 정확하게 이해하기 어렵습니다. 미래 세대인 학생들에게 필요한 역량에는 어떤 것들이 있을까요?

A 교육과정이 제시하는 핵심역량에서부터 시작해 보세요.

역량(competency)은 원래 직무를 성공적으로 수행하는 데 필요한 능력 혹은 기술이라는 의미로, 경제와 직업 분야에서 주로 사용되던 용어였습니다. 이러한 개념이 삶과 관련된 능력으로 의미가 확대된 것은 OECD의 DeSeCo 프로젝트가 제안한 역량 개념이 널리 수용되면서부터입니다. OECD는 역량을 "인간의 심리사회적 특성을 활용해 복잡한 사회적 요구들에 적절히 대처해 나가는 능력"으로 정의하고 있습니다. 특히 미래 사회를 살아가는 데 있어 주요한 핵심역량(key competency)을 선정, 제시해 교육에 활용하도록 권고했지요.

여기서 핵심역량은 개인의 삶과 사회에 공헌할 수 있는 능력으로, 삶의 다양한 상황에서 문제를 해결하는 데 쓰이는 역량을 말합니다. 아울러 보편적인 모든 개인에게 필요한 능력이기 때문에, 교육을 통해 학생들에게 함양될 수 있어야 합니다.

최근 국내외 교육 논의에서는 학생이 자신의 삶을 유의미하게 구성해 나갈 수 있는 '역량'을 중시하는 것이 중론으로 보입니다. 실제 할 수 있는 능력을 강조하는 역량 개념이 기존의 지식과 암기 위주로 치중됐던 교과 교육의 문제점을 극복하는 데 유효하다는 믿음이 널리 공유되고 있지요. 이에 OECD가 제안한 핵심역량을 기반으로 교육과정의 핵심역량을 개발해 교육적으로 적용·확장하는 데 힘을 기울이고 있습니다.

다가올 미래 사회는 기존의 사회보다 빠른 속도로 변화하고, 불안정한 것이 특징입니다. 여기다 코로나19의 팬데믹으로 인한 고립은 물론이거니와 기후변화, 천연자원의 고갈로 인한 대응책 마련이 시급한 상황입니다. 인공지능(AI)의 발전은 인간의 역할에 대한 근본적인 물음을 제기하고 있지요. 세계 각지에서는 생활 수준과 삶의 기회 불평등이 확대되고, 인류는 전쟁과 테러의 위협에 직면하고 있습니다. 이러한 미래 시대를 살아갈 학생들에게는 더욱 다양하고 역동적인 역량이 필요합니다. 그렇다면 학생들에게 필요한 미래 핵심역량에는 어떤 것들이 있을까요?

OECD는 급변한 세계 상황을 고려해 역량에 대한 논의를 더욱 구체적으로 실천하기 위한 새로운 프로젝트인 'OECD Education 2030' 프로젝트를 진행했습니다. 이는 미래 사회에서 학생들에게 교육할 지향점을 '총체적 잘 살기(well-being)'라 하고, 이에 도달하기 위한 '학습 나침반'을 제시해 미래 핵심역량을 재개념화했습니다.

또한 미래 사회에서 자신의 목표를 달성하고 행복한 삶을 영위하기 위해 필요한 역량의 기초를 '변혁적 역량(transformative competencies)'으로 제시하고, 역량 함양을 위한 교육은 '학생 주도성(행위주체성, student agency)'을 토대로 해야 함을 강조했습니다. 이어 변혁적 역량의 하위 역량을 28개 제시했는데, 이는 학생에게 필요한 미래역량을 고민할 때 참고할 만한 자료입니다.

OECD Education 2030이 제시한 미래 사회 핵심역량

범주	역량	내용
핵심 개념	학생 주도성	목적성 있는 주도권을 쟁취하는 능력과 성향. 삶에서 원하는 것을 달성하기 위해 의미를 찾고 목적을 지니고 행동하는 경향. 목표를 달성하기 위해 계획, 행동, 피드백과 조언 수용, 행동에 대한 책임을 지는 것을 포함하는 역량
	협력적 주도성	학생이 가치 있는 목표를 향해 나아갈 수 있도록 돕는 상호 협력적인 관계를 의미. 학생은 협력적 주도성을 함양하기 위해 동료, 교사, 가족, 지역 사회 등을 동료 학습자로 인식하게 됨
변혁적 역량과 역량 개발	새로운 가치 창조	창의적인 해결 방안과 제품, 서비스, 직업, 생활 방식 등 미래 사회를 대비하는 새로운 성장 동력을 파악해 사회적 가치를 제고하는 역량
	책임감	개인과 집단의 웰빙을 위해 공공의 이익과 대의, 원칙과 청렴함 등에 대해 책임감 있게 행동하는 역량
	긴장과 딜레마 조정	긴장과 딜레마, 복잡하고 모호한 과정을 건설적이고 미래 지향적인 방식으로 문제를 해결하는 능력. 장기적이고 평화적인 관점으로 문제를 조정하고 갈등을 해소하는 역량
	예측	타인의 의도와 행동, 감정을 이해하고 장·단기적으로 결과를 예측하는 것뿐만 아니라 미래에 영향을 미치고 나아가 미래를 창조할 수 있는 넓은 시야와 준비성 등을 포함해, 세상에 도전할 기회에 대처할 수 있는 역량
	행동(실행)	특정한 목적을 위해 의지와 능력을 갖고 행동(실행)하는 역량
	성찰	의사결정과 행동 이전에 다양한 관점과 출처를 비교해, 행동과 사고를 비판적으로 판단할 수 있는 역량

기초 필수 소양	리터러시 (문해력)	문자와 음성, 시각 등 다중의 텍스트를 사용하고 평가할 줄 아는 역량. 의사소통의 기초능력	
	수리력	수학적 정보와 아이디어에 접근·활용·해석·소통하는 역량. 학교 안팎의 삶에 필요한 수학적 이해와 기술을 적용할 줄 아는 역량	
	디지털 리터러시	학교 안팎의 정보와 커뮤니케이션 기술을 효과적이고 적절하게 활용할 줄 아는 역량. 변화하는 기술에 적응하고 기술을 통해 목적을 달성하며 타인과 의사소통할 줄 아는 능력 포함	
	데이터 리터러시	통계와 관련해 데이터에서 의미 있는 정보를 획득하고, 데이터 분석 및 비판적 해석, 데이터 생성과 활용을 포함한 역량	
	신체/건강 리터러시	건강하고 활동적인 삶을 위해 신체적, 심리적, 인지적, 사회적 역량을 통합할 줄 아는 능력과 동기. 체력 및 운동 기술 습득, 운동에 대한 긍정적인 태도를 포함	
복합 역량	글로벌 역량	지역과 국가, 문화 간의 글로벌 문제를 조사하고, 타인의 관점과 세계관을 이해하고 존중하며, 효과적인 상호작용을 통해 공공의 웰빙을 위해 행동하는 역량	
	미디어 리터러시	소셜 미디어 및 뉴스 사이트를 포함한 다양한 미디어에서 읽은 내용을 비판적으로 사고하고 분석하는 역량. 특히 '가짜 뉴스'를 인식하거나 진실/거짓의 구별, 그에 대한 윤리적 판단을 내리기 위해 제공된 정보를 평가, 반영할 수 있는 능력 포함	
	지속 가능한 발전 리터러시	지속 가능한 발전을 촉진하는 데 필요한 지식과 기술, 태도 및 가치. 사회, 경제 및 환경 시스템의 상호작용과 그에 대한 다양한 관점을 이해해 이를 지원하는 활동에 참여하는 역량	
	컴퓨터 사고력 (프로그래밍/ 코딩)	문제를 구조화하고, 컴퓨터 기반의 기술로 수행할 수 있는 해결 방안을 개발할 줄 아는 역량으로 컴퓨터나 로봇을 제작, 지시하는 프로세스와 시스템에 대한 이해, 기술 등을 포함	
	금융 리터러시	금융 문제 및 결정과 관련된 실제 상황에 지식과 기술을 적용하는 역량. 금융 개념에 대한 지식·이해·적용·자신감 등을 포함	
	기업가 정신	상황 평가 및 자원 조직, 가치를 더할 수 있는 기회를 창출하는 역량	

기능, 태도 및 가치관	비판적 사고	아이디어와 해결 방안에 대해 질문하고 평가할 수 있는 역량. 보다 높은 수준의 인지능력으로, 메타인지와 귀납·연역적 추론을 포함하며, 정확한 분석과 추론, 평가를 포함
	문제해결력	어렵거나 복잡한 문제에 대한 해결책을 찾는 과정. 다면적이고 다차원적인 문제 상황에 대한 해결력을 포함
	협력/협업(협동)	그룹이나 팀의 일원으로서 자신의 몫을 다하는 능력
	자기조절/자기통제(자제력)	즉각적인 만족보다는 충동과 감정 표현을 절제하는 것을 지향하는 역량
	공감	타인을 배려하고 이해하며 반응하는 역량. 정서적인 공감능력뿐만 아니라 인지적인 관점도 포함
	존중	자신과 타인, 우리가 속한 환경을 소중히 여기고 존중하는 것
	끈기와 복원력(회복탄력성)	직면하게 된 어려움에 대응하는 데 필요한 성향. 다양한 스트레스 요인과 역경, 비극 등에 직면해 잘 적응해 가는 과정
	신뢰	기존에 조직이나 집단이 취했던 조치에 대한 신뢰를 기반으로 형성된 태도로, 개인과 사회적 웰빙의 척도는 커뮤니티 내에 유지되는 신뢰 수준과 밀접한 관계를 맺음
	학습에 관한 학습(메타 학습)	학습 자체 현상에 대한 인식 및 이해. 학생들은 이를 통해 자신의 학습을 통제할 수 있음. 학습을 개선하기 위해 자기 스스로를 통제, 조절하고 분석하며 조치를 취하고 조정할 줄 아는 역량

출처: OECD(2020: 18-25)에서 재구성

이 밖에도 다양한 연구자에 의해 미래 사회에 유용한 핵심역량이 개발됐습니다. 『최고의 교육』(예문아카이브, 2018)의 저자 로베르타 골린코프(Roberta Golinkoff)와 캐시 허시-파섹(Kathy Hirsh-Pasek)은 4차 산업혁명 시대에는 전통적인 성적표에 기재되는 '하드 스킬(수학, 언어, 작문 등 시험으로 측정 가능한 지식)'을 넘어 '소프트 스킬(타인과의 협업능력, 리더십, 회복 탄력성, 자기 제어성, 문제해결능력, 실행기능능력 등 무형적인 기량)' 교육의 필요성이 강조된다고 주장했습니다. 또 이러한 하드 스킬과 소프트 스킬을 포괄해 학생들이 가져야 할 핵심역량을 '6C'로 제시했습니다.

'6C'와 역량 함양을 위한 방안

협력(collaboration)	팀 스포츠, 공동체, 모둠 구성, 모둠 문제 해결
의사소통(communication)	협의하기, 발표하기, 글쓰기, 경청하기
콘텐츠(content)	지식 적용, 삶에 연계, 배운 것 바탕으로 설득하기
비판적 사고(critical thinking)	규칙 수정하기, 가짜뉴스 비판하기, 토론하기
창의적 혁신 (creative innovation)	다른 시각으로 접근하기, 새로운 시도하기
자신감(confidence)	성공만 칭찬하지 말고 노력 과정 자체를 칭찬하기

미래 사회를 살아갈 학생들에게 어떤 역량이 필요한지에 관해서는 학자나 집단, 기관이 지닌 관점과 목적에 따라 이견이 분분합니다. 그러나 공통적으로 지적되는 역량들이 있습니다. 급변하는 사회에 대응하는 융합적 문제해결력과 스스로 자기 삶과 연계해 학습을 주도할 수 있는 학생 주도성과 책임감, 그리고 공동체 속에서 타인의 삶을 포용할 수 있는 시민성(배려, 소통, 협력, 공감, 공동체 의식) 등입니다.

상기 예시된 다양한 역량들을 검토해, 선생님은 학생들이 어떤 역량을 함양하기를 바라는지, 그 이유는 무엇인지를 스스로 정리해 보기를 바랍니다. 이는 선생님의 학생상과 교사상, 교육관의 토대가 될 것입니다.

011

학생의 주도성(행위주체성)을 독려하는 교사 되기

#학생 행위주체성 #학생 주도성 #student agency #2022 개정 교육과정 #고교학점제
23초등강원 22초등강원 22중등세종 21초등인천 20초등경기 20중등평가원 20비교과평가원
19중등경기 18초등인천 17중등경기 17중등서울

Q

🙂 최근 한 연수를 통해 학교교육은 이제 학생 주도성(학생의 행위주체성)을 지원할 수 있어야 한다는 내용의 강의를 들었습니다. 그런데 아이들에게 수업 주도권을 넘겨주게 되면, 교사는 어떤 역할을 해야 하는지 잘 모르겠더라고요. 학생 주도성, 어떤 의미인가요?

A 학생 주도성(학생 행위주체성) 함양 교육은 세상을 변혁시키는 주체로서의 학생을 지원하는 것입니다.

예측할 수 없었던 감염병의 확산은 기후변화, 생태 위기 등과 함께 인류의 불확실한 미래에 대한 불안을 안겨주었습니다. 이에 미래 사회에 대응할 수 있도록 하는 기본 역량과 변화 대응력을 키워주는 교육체제의 필요성이 강화되고 있지요.

미증유의 위기를 극복하기 위해, 「2022 개정 교육과정」은 새로운 교육환경 변화에 능동적으로 대응할 수 있는 역량으로 학생 주도성(학생의 행위주체성, student agency)을 중시하고 있습니다. OECD Education

2030 프로젝트에서 강조함에 따라 국내외의 주목을 받고 있는 학생 주도성 역량은 '학생이 스스로 자기 삶의 목표를 설정하고, 그것을 달성하기 위해 학습 계획을 세워 학습하며, 전 과정에서 책임 있게 결정하고 행동하는 역량'을 말합니다. 학생 주도성을 개념으로 구체화한 연구자 리드비터(Charles Leadbeater)에 따르면, 학생 주도성은 '학생 스스로 학습의 목적을 설정해 학습하고, 끈기와 노력을 발휘해 학습의 전 과정에 능동적이며, 자신의 학습 과정을 반성적으로 성찰하고 책임질 수 있는 능력'입니다.

즉, 학생 주도성은 배움의 전 과정에서 학생이 주체적·적극적·능동적으로 행위할 수 있는 능력을 말합니다. 말을 물가로 끌고 갈 수는 있지만, 억지로 물을 먹일 수는 없습니다. 결국 말이 스스로 물을 먹을 수 있도록 해 줘야 합니다. 아무리 교사가 좋은 수업을 하더라도, 결국 학생이 주체적이고 능동적으로 학습하지 않으면, 배움 효과는 저하될 수밖에 없는 것입니다. 「2022 개정 교육과정」의 핵심으로 여겨지는 고교학점제는 이러한 학생 주도성을 중시하고, 배움에 있어 학생의 선택과 책임을 강조하는 관념이 두드러지게 반영된 사례라고 볼 수 있습니다.

그렇다면 미래 사회를 살아가는 데 있어 왜 학생 주도성이 중요한 것일까요? 많은 학자들은 미래 사회를 지금보다 훨씬 더 복잡하고 도전적인 시대로 예견했습니다. 덧붙여 학교는 이런 시대를 살아갈 학생들을 위해 현재 존재하지 않는 직업, 발견되지 않은 재료, 발명되지 않은 기술, 경험해 보지 않은 위기, 고립된 인간관계와 타자 혐오 및 소외 현상 등에 대비한 미래 사회 준비 교육을 해야 한다고 보았습니다.

이에 OECD는 학생들이 복잡한 사회 문제를 실제적인 삶의 맥락에서 주체적으로 해결하는 역량인 학생 주도성(행위주체성)을 가질 수 있어야 한다고 제안했습니다. 이는 학생 주도성이 지닌 사회 변혁 역량적 특성에 주목한 것입니다. 학생 주도성은 그 자체로 학생의 주체성을 강조하면서도, '사회적 책임'을 함의하는 개념입니다. 주도적(행위주체적)이라는 것은, 스스로 정한 학습과 삶의 목표를 성취하기 위해 적극적이고 능동적으로 행동하는 데서 나아가, 주체적인 자신의 결정이 다른 사람과 사회에 미치는 영향에 책임을 지는 것입니다.

따라서 학생 주도성에서의 자율과 선택은 나와 다른 사람의 삶 모두에 유의미해야 하며, 공공을 위한 선함(common good)을 추구하고 교육 생태계의 다른 사람들과의 상호적 배움을 전제하고 있어야 합니다. 복잡하고 다단한 사회의 구조적인 문제를 해결하고 발전해 나가는 데 기여하며 타인의 의도와 행동, 감정을 이해해 그들과 주변의 환경에 긍정적인 영향을 주려는 역량인 것입니다. 그렇다면 여기서 교사는 어떤 존재가 돼야 할까요?

학생 주도성을 함양하기 위해서는 교사중심수업을 극복하고 학생 주도 학습의 구조로 나아가는 것이 필요합니다. 이때 교사는 학생의 학습 설계와 진취적이고 능동적인 학습을 지원하는 조력자이자 촉진자 역할을 해야 합니다. 또한 학생에게 학습의 선택권과 스스로 학습의 목적 및 계획을 설계할 수 있도록 충분한 권한을 부여하고, 능동적으로 참여할 수 있는 열린 환경을 제공합니다. 학생이 설정한 학습 계획이 보다 명료하게 이뤄질 수 있도록 돕고, 학습 과정에서 자신의 성장에 효능감을 가질 수 있도록 독려할 수 있어야 합니다.

여기서 학생 주도성을 보장하는 것이 수업 전 과정을 학생 혼자서 독단적으로 이끌어간다는 뜻은 아닙니다. 학생이 혼자 밤길을 걸어가고 있으면 교사는 그 길을 비추는 달빛이 돼 줘야 합니다. 이는 주도성을 독려하는 것이기도 하지만, 학생이 고립되지 않고 사회를 개선하며 다른 사람과 더불어 잘 살기로 나아갈 수 있도록 지원하는 것이기도 합니다. 교사와 학생은 협력적으로 배움 활동을 함께 설계하고, 운영해 가는 동료 학습자가 돼야 합니다.

 학생의 주도성을 Up! 다양한 교육 활동 사례

스스로 무언가를 해낼 수 있고 자신의 주도권이 존중받고 있다는 느낌이 들 때, 학생들의 자존감과 자신감은 함께 높아집니다. 다양한 교육 활동을 통해 학생 주도성을 길러줄 수 있는 노력이 필요합니다.

▶️ '학생'이 주체가 되는 다양한 활동들

학급자치 프로그램	• 학생들이 직접 조회를 진행 • 정기적으로 학급자치회의 실시 • 생일 파티, 100일 파티, 학급 쫑파티 등 다양한 학급 행사를 직접 운영
학생자치 프로그램	• 학생자치 동아리 활동 운영 • 역사 및 사회 관련 캠페인 운영 • 또래 상담 활동 진행
독서교육 프로그램	• 자존감 고양에 도움이 되는 도서를 읽고, 독후 활동 기획 및 운영 • 청소년 소설 등을 읽고 주인공에게 편지 쓰기 대회 개최 • 학교 도서관에서 독서의 밤 활동(학생 도우미와 함께 기획 및 운영)
체험교육 프로그램	• 현장 체험학습, 수련 활동 등 단체 체험학습의 세부 계획을 세워 운영(대회도 가능) • 학교 친구들이나 선생님께 고마움 등을 표현하는 행사 운영(예 칭찬day, 사과day, 감사day)

012

교사는 교육관을 반드시 갖추고 있어야 하나요?

#교직관 #교사관 #학생관 #교육관 #교육 명언 #교육 멘토

23초등서울 23중등평가원 22초등경기 22중등서울 21초등서울 21중등평가원 21비교과평가원
20중등인천 19초등강원 19초등서울 19비교과평가원 18초등서울 17중등평가원 17비교과평가원

Q

사립학교의 정교사 면접에서 교무부장 선생님이 저에게 "선생님의 교육관은 무엇입니까?"라고 물으셨습니다. 갑자기 말문이 턱 막혔습니다. 어떻게 대답해야 할지 잘 모르겠더군요. 교사에게 교육관이 필요한 이유는 무엇인가요?

A 나의 정체성, 교사 및 학생의 역량, 나만의 경험을 정리해 보세요.

교사는 학생의 삶에 중요하고도 유의미한 존재입니다. 학생은 미래를 준비하는 데 가장 중요한 시기의 대부분을 학교에서 보냅니다. 이에 따라 교사는 학령기에 가장 가까운 어른이자 역할 모델로서 '바로 옆'에서 학생의 성장을 지원하는 존재가 됩니다. 교사는 학생의 학업능력뿐만 아니라 생각과 행동, 사고방식, 자아존중감, 역량과 미래에 대한 기대까지 모든 삶에 영향을 미친다고 할 수 있습니다.

미국의 시인 테일러 말리(Taylor M. Mali) 또한 교사 역할의 중요성을 강조했습니다. 그는 교사였던 자신의 경험을 바탕으로 「What Teachers

Part 01 _ 교사다움 설명서

65

Make」라는 시(Slam-Poetry)를 발표했는데요(https://youtu.be/RGKm201n-U4). 이 시는 세계적인 인기를 얻었고, 2012년 출판된 『What Teachers Make-세계에서 가장 위대한 직업에 대한 찬사』라는 동명의 에세이집의 기초가 됐습니다.

테일러 말리에 따르면 교사는 아이들이 호기심을 갖게도, 비판적으로 사고하게도, 진심으로 사과할 수 있게도 만드는 사람입니다. 이를 통해 학생에게 대단한 '차이'를 만들어내는 존재입니다. 교육 이전과 이후를 가르는 이 '차이'는 긍정적일 수도, 부정적일 수도 있습니다. 교사는 그러한 차이가 학생의 삶에서 '성장'으로 치환될 수 있도록 노력하는 존재입니다. 때문에, 학생에게 필요한 것이 무엇인지를 파악해 제공할 수 있어야 하며, 학생이 어떤 길을 걸어가도록 해야 하는지를 제시할 수 있어야 합니다.

당신의 교직관은 무엇인가요? 어떤 교사가 되고 싶으신가요?
선생님의 교육관을 묻는 이 철학적인 질문은 그래서 의미가 있습니다. 교사 스스로 목적과 방향성을 충분히 고민해 두지 않는다면, 교사가 지닌 엄청난 영향력이 제 기능을 하기 어려워지기 때문입니다. 학생의 성장을 제대로 독려하기 위해서는 교사가 제 교육관에 따라 교육할 수 있어야 합니다.

따라서 '교육관'은 면접 준비 때문이 아니라 하더라도, 나라는 교사가 갖춰야만 하는 '철학'이라는 관점에서 반드시 마련해 놓을 필요가 있습니다. 아직 교직관과 학생관에 대해 고민해 보지 않았다면, 저는 선생님만의 정체성과 교사로서 가져야 하는 덕목, 그리고 선생님만의 특별한 경험에 대한 자신의 생각을 정리해 볼 것을 권합니다.

❶ 먼저 교사로서의 정체성을 세우는 것이 중요합니다. '나는 ～한 교사이다.'와 같은 문장으로 교사로서의 나를 정의해 보는 것입니다. 이때 가르쳐야 할 내용(교과), 지향하는 가치 등을 주로 고민합니다. 즉, 교사인 나의 교육 목적에 관해 생각해 보는 것이 필요합니다.

 교사로서의 나의 정체성 세우기

- 내가 가르쳐야 하는 내용은 무엇인가?
- 나의 교육이 지향하고자 하는 가치는 무엇인가?

= 나는 ____(목적)____ 하기 위해 ____(내용)____ 을 가르치는 교사이다.

❷ 다음에는 '나는 어떤 덕목을 지닌 교사가 돼 학생에게 어떠한 역량을 키워주고 싶은가?', 다시 말해 교사라면 갖춰야 할 역량과 학생이 함양해야 할 역량 등에 대해 생각할 수 있어야 합니다. 학생에게 필요한 역량과 교사가 갖춰야 할 역량을 고민하다 보면, 자신이 바람직하게 여기는 교육적 관점과 그 상(象)이 그려지게 됩니다.

 교사와 학생은 어떤 덕목을 갖춰야 하는가?

- 교사가 갖춰야 하는 가장 중요한 역량 3가지와 그 이유는 무엇인가? 이를 함양하기 위해서는 어떤 노력이 필요한가?
- 미래 세대인 학생들이 행복한 삶을 살아가기 위해서는 학생에게 어떠한 역량이 필요한가? 그 이유는 무엇인가?
- 그러한 역량을 함양시키기 위해서는 어떤 교육이 필요한가?

❸ 마지막으로 자신만의 이야기를 포함합니다. 이는 '당신만의 특별한 경험'을 반영하는 것입니다. 교직을 선택한 나만의 이유나, 자신의 교육 경험 중 기억에 남았던 것을 떠올려 보세요.

자신만의 교사로서의 가치관과 학생관, 교육관을 구축하고 정리해 둔 교사는 그리 많지 않습니다. 오히려 고민조차 해 본 적 없는 교사들이 더 많을 것입니다. 그러나 교육은 신념이자 철학에 기반할 때, 그 힘이 강해집니다. 가르치고자 하는 것이 무엇인지도 잘 모른 채, 학생들에게 필요한 역량에 대해 고민해 보지 않은 채, 나는 어떠한 교육을 하고 싶은지 생각하지 않은 채 학생들을 마주하는 것은, '교육'이 아니라 그저 '전달'하는 행위로 전락할 확률이 높습니다.

 교육 명언과 교육 멘토를 통해 나만의 교육관 고민해 보기

개별화 교육의 중요성

- 100명이 있다면 100개의 답이 있다.
- 귀가 작은 바늘은 천천히 꿰어야 한다.
- 너는 다르지 않지만 특별한 꽃이다.
- 동시에 씨앗을 뿌리더라도 꽃이 피는 시기가 다를 수 있다.

학생의 자발성과 주도성

- 교육이란 들통을 채우는 일이 아니라 불을 지피는 일이다.
- 교육은 고기를 잡아서 먹여 주기보다 잡는 방법을 가르쳐 주는 것이다.
- 교육은 학생의 머릿속에 씨앗을 심어 주는 것이 아니라, 그 씨앗들이 자라나게 해주는 것이다.
- 아이들이 배워야 하는 것은 그 무엇도 아이들에게 부담을 주거나 임무처럼 강요돼서는 안 된다. 지나치게 강요되는 것이 무엇이든, 머지않아 귀찮아지게 된다. 전에는 그것이 즐거운 일이었을지라도 마음은 그것에 대한 반감으로 채워질 수 있다(로크).

협력의 필요성

- 우리는 나보다 지혜롭다.
- 세 사람이 걸어가면 반드시 그중 한 명은 나의 스승이 될 수 있다.

- 모든 사람에게는 배울 점이 있다. 그런 의미에서 나는 모든 사람의 제자다.
- 혼자 가면 빨리 가지만 함께 가면 멀리 갈 수 있다. 혼자 꾸면 꿈이지만, 함께 꾸면 실현할 수 있다.

경험과 실천, 행동의 중요성
- 길을 아는 것과 그 길을 걷는 것은 다르다.
- 하나의 배움에는 그것을 응용하기 위한 10가지 상식이 필요하다.
- 눈과 귀로만 들어오는 가르침은 꿈꾸며 먹는 음식과 같다.
- 시민이 교육받지 못하고 적극적인 목소리를 내지 못한다면 그 어떤 민주주의도 지속 가능하지 않다(호레이스 만).
- 학교는 학생이 세상으로부터 도망가는 자가 아니라, 세상에 나가 참여하는 사람이 되도록 가르쳐야 한다(존 시알디).
- 교육이란 알지 못하는 바를 알도록 가르치는 것이 아니라, 행동하지 않을 때 행동하도록 가르치는 것이다(마크 트웨인).

미래교육의 필요성
- 교육은 더는 지식 전달에 주력할 게 아니라 새로운 길을 택해 인간 잠재력을 발산하게 해야 한다(마리아 몬테소리).
- 우리 학생들은 근본적으로 달라졌다. 오늘날 학생들은 더 이상 우리의 교육 시스템이 가르치려 했던 그 아이들이 아니다(마크 프렌스키).

교사의 역할
- 교육의 매우 중요한 요소는 공감과 사랑이다(페스탈로치).
- 방법을 가르치지 말고 방향을 가리켜라. 가르치면 모범생을 길러낼 수 있지만, 가리키면 모험생을 길러낼 수 있다(데이브 버제스).
- 창조적 표현과 지식에 대한 기쁨에 눈뜨게 해주는 것이야말로 교사의 최고의 기술이다(아인슈타인).
- 우리는 아이들에게 미래의 주인으로서의 의무는 강요하지만, 오늘의 주인으로서 누릴 권리는 무시하는 경우가 많다. 어린이는 미래의 사람이 아니라 현재의 사람이다. 어린이는 중요한 존재로 대접받을 자격이 있다(야누시 코르차크).

학교사용설명서

미래교육 설명서

PART

02

013

사회의 변화와 교육의 변화

#교사의 변화 #학생의 변화 #학부모의 변화 #민관학의 변화

22중등세종 20중등인천 19중등평가원 19비교과평가원 18초등인천 18비교과세종

Q

🙂 코로나19 이후 학교의 소중함을 절감했다는 의견이 제기된 반면, 학교와 교사의 무용론도 대두됐다는 이야기를 들었습니다. 교사 입장에서 매우 씁쓸하지만, 한편으로는 교육의 본질에 대해 다시 생각해 보는 계기가 됐습니다. 앞으로 새로운 시대에서의 교육은 어떤 변화를 겪게 될까요?

A '교육'의 본질은 그대로이지만, '학교교육'은 사회의 변화에 따라 늘 달라질 수밖에 없습니다.

'교육(education)'은 라틴어 'educo'에서 파생된 것으로 '안에서 밖으로 이끌어 내다'라는 의미를 갖고 있습니다. 한자로도 마찬가지입니다. '교육(敎育)'은 '가르침(敎)'과 '자람(育)'이 함께 이뤄져야 한다는 것을 글자에서 살펴볼 수 있습니다. 이에 따르면, 교육의 역사는 곧 인간의 역사라고도 할 수 있습니다. 형식적인 학교나 직업적인 교사가 없었던 시절에도 교육은 존재했습니다. 인간이 지닌 타고난 소질과 적성이 일정한 계기를 만나 인격이 도야되고 더욱 더 자질을 갖춰 인간다운 삶을 살 수 있게 됐다면, 이것을 모두 교육이라고 할 수 있습니다.

핵심은 '인간다움'입니다. 인간다움을 위한 과정이자 수단으로서의 교육의 본질은 변화하지 않습니다. 그런데 인간다움은 시대의 변화에 따라 그 의미가 다양하게 변화했습니다. 종교, 국가, 사회, 정치, 경제의 역사가 변화하면서 인간다움에 찍히는 방점이 시대별로 달라졌기 때문입니다. 따라서 '인간다움을 위한 교육'의 구체적 수단이 되는 학교의 역할도 달라질 수밖에 없습니다. 2016년 클라우스 슈밥(Klaus Schwab)은 '4차 산업혁명'을 선언했습니다. 이제 '4차 산업혁명'에 맞는 인간다움을 위해 학교교육이 변할 때가 된 것입니다.

컴퓨터와 인터넷이라는 '3차 산업혁명'의 결과를 바탕으로, '4차 산업혁명'의 발전 이후 인간은 기존의 시공간 영역을 더욱 초월할 수 있게 됐습니다. 빅데이터와 연계된 소셜 미디어, 사물인터넷, 그리고 인공지능은 지금까지 인간이 영위하던 생활을 또 한 번 크게 뒤바꿔 놓았습니다. 특히 인공지능은, 인간이 지닌 가장 중요한 가치이자 교육의 목표가 되는 '인간다움'마저 기술로 대체할 수 있음을 보여주고 있습니다. 여기에 코로나19 상황이 발생하면서, 'MOOC(Massive Open Online Course)'나 '칸 아카데미(Khan Academy)'와 같은 온라인 교육 중심의 교육기관과 시스템이 각광을 받게 됐습니다. 이에 따라 전통적인 학교의 효용에 의문을 제기하는 것은 어쩌면 당연한 이치라고도 할 수 있습니다. 이제 사회의 변화 속에서, '학교교육'의 당사자이자 주체인 '교사', '학생', '학부모'와 '마을', '유관기관', '전문가'가 총체적으로 혁신하는 노력을 통해 새로운 시대에 맞는 '학교교육'을 이룩할 때입니다.

❶ 먼저 '교사'의 측면입니다. '촉진자(facillitator)'라는 새로운 역할을 부여받은 교사는 수업에서 학생들 사이의 주도적인 만남을 촉진해

야 합니다. 로저스(Carl Rogers)의 상담 이론에서 제시된 개념에 따르면, 촉진자는 단순히 권위를 뺀 지도자가 아닙니다. 집단 구성원에 대한 개별적 특성을 섬세하고도 정확히 파악하는 것을 바탕으로, 모두를 존중하면서도 최종적으로는 집단 구성원 모두의 성장을 도울 수 있는 적극적 역할을 수행할 수 있어야 합니다. 촉진자로서의 교사는 이를 위해, 수업에서 소통이 자유롭고도 진실하게 이뤄질 수 있도록 하며, 안전한 분위기가 이어질 수 있도록 해야 합니다. 그러면서도 수업에서 성취해야 할 것들을 달성할 수 있도록 끊임없이 안내하고 피드백을 하며, 적절한 선에서 학생들에게 수업 주도권을 넘겨줄 수 있는 세심한 노력을 해야 합니다.

❷ 교사의 역할 변화 노력은 교사의 '교육과정 운영' 측면에서도 구체적으로 나타나야 합니다. 학생들의 역량을 촉진할 수 있도록 교과 간의 경계를 허물고 교육과정을 재구성해 융합 수업의 방향을 모색할 수 있습니다. 또한 수업의 제재 선택과 수업 방법도 전통과 모범으로서의 지식의 전수보다는 학생들의 참여를 촉진할 수 있는 실제 맥락 중심으로 운영해야 합니다. 평가는 결과 중심이 아닌 과정중심평가를 통해 평가가 학생의 개별적인 성장에 도움이 되는 방향으로 전환돼야 합니다. 생활기록부에 학생에 대한 세부능력 및 특기 사항을 기록할 때도 마찬가지입니다. 학습의 성취 결과에 대한 공통적인 기준의 기록에 천착하기보다는, 학생 주도적으로 학업을 이어나가는 데 도움이 될 수 있는 개별적인 피드백을 위한 기록이 이뤄질 수 있어야 합니다. 그리고 이 모든 것들이 일체화돼야 할 것입니다.

❸ 다음으로 '학생'의 측면입니다. 새로운 교육은 '학생'이 교육의 내용을 개인의 관심사와 실제 사회와 연관 짓도록 함으로써 학업 흥미도를 높이도록 하며, 이를 바탕으로 다른 학생들과 소통하고 협력하는 교류가 이뤄져야 합니다. 학업에 대한 동기 없이, 의무교육이라는 이유로 학교에 가서 교실에 앉아 있기만 하는 무기력한 학생들 상황이 계속 이어져서는 안 됩니다. 학교교육이 학생에게 미래의 삶을 위한 준비과정으로만 존재하는 것이 아니라, 지금 그 자체로서도 현재의 삶의 문제를 해결하면서 해결에 필요한 자질을 키우게 하는 데에 필요한 것이라는 인식을 가질 수 있게 해야 합니다. 그리고 이를 통해 직접적으로 세상과 만날 수 있는 기회에 적극적으로 참여할 수 있어야 합니다.

❹ 교육에 대한 '학부모'의 인식을 전환하고, 새로운 교육의 방향성을 가정에서도 똑같이 갖춰 학교와 함께 실천하는 노력을 하는 것도 중요합니다. 학교교육을 대입 진학의 수단이나 돌봄기관으로만 보아서는 안 됩니다. 또한 자녀들이 경쟁에서 살아남을 수 있도록 투쟁심을 일깨우는 것에 주력할 것이 아니라, 다른 사람이나 사회와 협력하면서 살아갈 수 있도록 긍정적인 품성과 자기주도적인 능력, 그리고 학생의 꿈과 끼와 관련한 역량을 길러주는 데에 주력해야 합니다. 이를 위해 자녀들과 꾸준히 질문하고 소통하는 가정의 긍정적인 분위기가 형성되는 것이 중요합니다. 그리고 학교의 여러 교육적인 노력들에 관심을 갖고 신뢰하며, 함께 참여하고 실천함으로써 학교교육과 가정교육의 조화를 이루려는 자세가 필요합니다.

❺ 마지막으로 국민 및 관청과 전문가가 모두 포함된 조직의 측면에서, 민관학(民官學) 각각이 본연의 기능을 충실히 수행하면서도 혁신적인 변화를 꾀할 수 있도록 거버넌스를 조직해 상호 네트워킹을 지속해 나가야 할 필요가 있습니다. 변화하는 시대의 인식을 바탕으로 교육도 변화해야 한다는 것이 자명해진 이상, 혁신의 필요성에 대한 인식을 넘어서 실제적으로 교육 환경이 변화할 수 있는 여건을 마련해야 합니다. 아무리 교사와 학생과 학부모가 변화하고자 해도 학교교육을 위한 다양한 지원과 각종 제도 등이 개선되지 않으면 진정한 변화가 일어나기 어렵습니다. 학교교육은 공공성을 가지고 있습니다. 이를 구체적으로 실현하기 위해서는 각 기관의 이해관계를 넘어서, 협치를 통해 교육의 혁신을 이룩해 나가는 과정이 있을 때 미래 세대를 교육하는 학교의 역할이 제대로 수행될 수 있을 것입니다.

독일의 시인인 라이너 마리아 릴케(Rainer Maria Rilke)는 자신의 책 『젊은 시인에게 보내는 편지』에서 "미래는 우리 안에서 변화하기 위해 훨씬 전부터 우리 내부에 들어와 있다."라고 이야기합니다. 미래교육도 우리 안에 이미 들어와 있습니다. 다만 그것이 어떻게 피어날 수 있을지에 관한 노력이 계속 이어져야 할 따름입니다.

014

미래 교사에게 필요한 역량

#4C #creative #critical thinking #communication #collaboration #메타인지 #품성

22초등경기 22중등경기 21중등세종 21중등인천 21비교과평가원 20초등대구
20초등인천 20초등평가원 19중등평가원 19비교과평가원 18초등평가원 17초등경기
17초등서울 17중등인천 17중등평가원 17비교과평가원

Q

앞으로의 학교는 학생들이 지식을 소유하는 것에서 벗어나 학생들의 역량을 키워줄 수 있어야 한다고 합니다. 교육과정에서도 역량이 중시되는 상황에서, 이제 교사의 역량 또한 중요하다는 생각이 듭니다. 학생들의 역량을 함양시키기 위해, 교사에게는 어떤 역량이 필요할까요?

A 교사도 미래 인재의 역량으로 알려진 '4C 역량'과 이 역량을 계속 키워나가기 위한 '메타인지' 및 '품성'을 지니는 것이 중요합니다.

바야흐로 역량의 시대가 왔습니다. 급변하는 시대 상황에서는, 시대가 가져오는 여러 문제들을 단순한 과거의 지식만으로는 해결할 수 없다는 것이 확인되고 있습니다. 따라서 이제 교사는 문제를 해결하는 지식과 방법을 가르쳐 주는 것이 아니라, 문제를 해결할 수 있는 힘 자체를 길러 줘야 합니다. 그래서 교사도 지식 중심의 전문성을 신장하기 위해 노력하기보다는, 역량 중심의 전문성을 키움으로써 학생의 역량을 함양할 수 있도록 해야 합니다. 특히 앞으로 교사에게 필요한 역량으로는 대표적인 미래역량인 4C, 즉 창의성(creativity), 비판적 사고(critical thinking), 협업(collaboration), 의사소통(communication) 역량이 주목되고 있습니다.

❶ 먼저 'creativity'라는 창의성 역량은 단순한 독창성을 넘어 문제를 해결할 수 있는 실용적인 능력입니다. 앞으로의 교육 내용은 시대가 필요로 하는 다양한 문제 상황 그 자체라고 할 수 있습니다. 교사는 체계적인 지식을 다루는 것을 넘어, 예측 불가능한 문제 상황 자체를 다룰 수 있어야 하고 이를 학생들에게 보여줄 수 있어야 할 것입니다. 따라서 교사는 교과의 안과 밖의 경계를 벗어나, 새로운 시대에서 겪을 수 있는 다양한 경험을 바탕으로 복잡한 상황에서 문제를 해결할 수 있는 인간 고유의 능력을 신장시키는 데에 주력할 필요가 있습니다.

❷ 다음으로 'critical thinking'이라는 비판적 사고 역량은 기존의 모범적 선례를 무조건적으로 따르지 않고 항상 논리적으로 살펴보는 능력입니다. 정보의 양과 그 소유 여부가 중요했던 과거와 달리, 앞으로는 이미 존재하는 수없이 많은 정보를 분석하고 평가해 이용하는 능력이 중요해졌습니다. 특히 지식을 자신의 기호에 맞게 선택·취사해 이용하는 경우가 빈번해지면서, 객관성을 가장한 주관성이 확대되고 있는 상황입니다. 이에 대해 교사는 항상 비판적인 사고를 견지함으로써, 감정보다는 논리적인 균형이 잡힌 교육을 할 수 있는 역량이 있어야 할 것입니다.

❸ 'collaboration'이라고 하는 협업 역량은 혼자가 아닌 협업을 통해 효율을 극대화할 수 있는 능력입니다. 실제로 학습 효율의 측면에 있어서도 혼자서 학습하는 것보다 남을 가르치는 활동 등 다른 사

람과 함께할 때 그 효율이 극대화된다는 연구 결과가 있습니다. 그리고 모든 사람이 전문가가 되는 시대를 맞이해, 교사는 학교 안팎의 모든 교육적 존재들과의 협업을 실천할 수 있어야 합니다. 이러한 과정을 바탕으로 학생에게도 협업하는 방법을 알려주면서 협업의 기회까지 제공할 때, 학생으로 하여금 복잡한 미래 사회를 살아갈 수 있는 힘을 길러줄 수 있을 것입니다.

❹ 이어서 'communication'은 앞서의 협업이 잘 이뤄질 수 있게 하는 소통능력입니다. 여기서 중요한 것은 소통이 단순한 '표현'과 '이해'만을 의미하는 것이 아니라는 점입니다. 진정으로 소통이 잘 되기 위해서는 '표현'과 '이해'를 둘러싼 소통하는 주체들의 관계나 존재 양식, 소통 내용의 적절성, 상황 맥락과 사회문화적인 맥락까지 섬세하게 고려하는 능력을 갖춰야 합니다. 그래야 미래를 준비하는 교사로 발돋움할 수 있습니다.

이러한 4C 역량과 더불어, 교사로서 자신에 대해 항상 관찰하고 해석하며 평가하고 조절하는 것을 게을리하지 않는 메타인지적인 역량은 밑바탕 역량으로서 중요합니다. 배운 것을 그대로 오래도록 써 먹는 형태의 교육 활동은 계속해서 지식의 위상이 변화하는 미래 사회에서는 무모한 행위에 불과합니다. 빠른 속도로 변화하는 시대에 맞춰 미래 인재로 거듭나야 하는 학생들을 잘 가르치려면, 결국 교사도 항상 잘 배우는 자세가 중요합니다. 그리고 잘 배우려면 교사의 수업 활동에 대한 비평을 아끼지 않는 메타적인 역량이 뒷받침될 때 미래 교사로 인정을 받을 수 있습니다.

마지막으로 아무리 미래 시대라고 해도, 교사가 인간으로서 올바른 품성을 가져야 한다는 기본은 변하지 않습니다. 교사는 미성숙한 학생들

앞에 서는 존재이니만큼, 학생들에게 모범이 되는 품성을 지니고 있어야 합니다. 자기 자신뿐만 아니라 타인을 존중하고 사랑하고, 법과 규칙을 준수하면서도 건전한 비판과 늘 새롭게 시도하는 용기의 자세는 잃지 않으며, 부단히 미래 사회를 살아가기 위한 노력을 아끼지 않는 성품과 마음가짐은 교사의 중요한 역량입니다.

모름지기 앞으로의 교사는 학생과 함께 배우며 함께 힘을 길러나가는 진정한 교학상장(敎學相長)을 실천할 수 있어야 합니다. 이것이 앞으로의 교사가 갖춰야 할 역량입니다.

읽기 자료 **성공적인 교직 수행을 위해 교사에게 요구되는 역량**

2016년 독일 베를린에서는 제6차 교직정상회의(International Summit on the Teaching Profession)가 개최됐습니다. 여기에서는 21세기 교사에게 필요한 역량이 제시됐는데요. 다음은 해당 회의의 보고서에 제시된 교사의 우수성 제고 및 성공적인 교직 수행을 위해 교사에게 요구되는 역량들입니다.

- 교사가 교육과정을 주도해 나가면서도 학생들이 학습에서 적극적인 역할을 하도록 지원하는 역량
- 개별 학생의 강점과 약점을 관찰, 진단하고 그에 따라 학생 및 학부모를 지도할 수 있는 역량
- 평가의 활용 및 결과를 학생 성취도 진단과 그에 따른 교육과정에 활용할 수 있는 역량
- 적절한 교실 관리 기술과 문화적 지식을 적용해 다문화 및 다양한 종교적 배경을 가진 학생으로 구성된 학급의 결속력을 강화하는 역량
- 다른 교사 및 직원과 협력하고 팀으로 업무하기 위해 공동의 목표를 설정하고 모니터링하는 사회적 역량 및 관리 역량
- 학교 개선을 위해 자체 평가 및 외부 평가 등을 통한 데이터 수집·분석 및 데이터를 바탕으로 학부모와 의사소통할 수 있는 역량
- 수업과 행정역량 제고를 위한 ICT 개발·응용 역량

015

에듀테크를 활용한 교육의 장점과 단점

#에듀테크 #AI #미래교육

23초등강원 23초등경기 23중등경기 23중등서울 23중등대구 23중등평가원 23비교과경기 22초등충북
21초등강원 21초등인천 21중등세종 21비교과세종 21중등인천 20초등대구 20초등평가원

Q

요즘 학교에서는 에듀테크를 활용한 디지털 교육이 강화되는 추세인 것으로 보입니다. 예비 교사로서 에듀테크를 활용한 교육 활동에 대해 공부해야겠다는 생각이 드는데요. 에듀테크를 활용한 수업의 장점과 단점은 무엇인가요?

A 무엇보다 중요한 것은 교육의 본질입니다.

코로나19를 지나오며, 전국 대부분의 교육청은 교육의 공공성 보장과 미래교육의 실현을 위해 학교의 디지털화에 적극적으로 나섰습니다. 학생 개개인에게 스마트 기기가 제공되고 있으며, 스쿨넷 사업 등을 통해 학교 곳곳에 무선망이 보급됐습니다. 이처럼 디지털 교육에 대한 접근성이 크게 향상되면서, 이제 에듀테크(Edutech)는 원격 수업 등 교수 학습 보조의 역할을 넘어 학생 맞춤형 교육을 위한 다양한 분야에서 활용되며 일상화되고 있습니다.

에듀테크란 교육(education)과 기술(technology)의 합성어로, 고도화된 정보 기술을 활용하는 차세대 교육을 의미합니다. 기존의 교육 방식에 인공지능(AI), 빅데이터, 네트워크, 가상현실(VR), 증강현실(AR) 등 정보통신기술을 접목해 새로운 학습 경험을 제공하는 것인데, 온라인 강의, 상호작용이 가능한 학습 앱, 챗GPT와 같은 생성형 인공지능 등 다양한 형태의 기술을 포함합니다. 에듀테크를 활용한 수업 활동 역시 스마트폰이나 태블릿 등 스마트 기기를 사용한 수업 참여 활동, 줌이나 구글 미트 등 화상강의 지원 시스템을 활용한 온라인 수업 활동, AI를 활용하거나 이에 기반한 수업 설계 등을 총칭하고 있습니다.

에듀테크를 활용한 수업에는 여러 장점이 있습니다.

❶ 학생 맞춤형 수업 활동을 제공할 수 있습니다. 학생들은 에듀테크를 활용하여 자신의 수준, 학습 속도, 흥미 등에 적합한 학습을 선택해 경험할 수 있습니다. 예를 들어, AI 기반 코스웨어를 통해 진단 학습을 시행하면, AI 기반 맞춤형 교수학습 플랫폼이 학생에게 개별 최적화된 학습 계획을 수립하도록 제시합니다. 또한, 학생들이 자기 학습을 개선할 수 있는 기회를 제공해 학생들의 계속된 성장을 촉진하고 있습니다.

❷ 이러한 장점은 학생들의 적극적인 참여를 유도하고, 나아가 학생들이 주체가 돼 스스로 학습을 이끌어 나갈 수 있는 환경을 제공합니다. 학생들은 자신의 관심사와 학습 양상, 학습 수준을 고려해 맞춤형으로 제공된 콘텐츠를 활용해 자신의 속도에 맞춰 학습할 수 있습니다. 이는 학생이 학습의 주도권을 쥐고 자기 주도적으로 학습 경로를 설정할 수 있도록 돕습니다.

❸ 에듀테크는 시간과 장소의 제약을 해소하고, 유연하고 효율적인 학습을 가능하게 합니다. 학생들은 온라인 강의와 인터넷 학습 플랫폼, 클라우드를 활용해 언제 어디서나 학습 자원에 접근할 수 있습니다. 이는 매우 효율적이고, 비용 절감도 이룰 수 있습니다.

❹ 교사는 에듀테크를 통해 교수·학습을 다양하게 구성할 수 있습니다. 에듀테크는 최신 정보와 자료에의 접근성이 높고, 게임이나 시청각적인 자료를 활용할 수 있어 흥미롭고 재미있기까지 합니다. 디지털 세대로 분류되는 우리 학생들은 활자 기반의 교육보다는 에듀테크를 활용한 수업에 더욱 친숙함을 느낄 수 있습니다.

❺ 에듀테크는 학생 간, 혹은 학생과 교사 간 상호작용을 촉진할 수 있습니다. 온라인 협업 도구를 통해 협력적인 프로젝트를 진행하거나, 토론 및 댓글 기능을 활용해 서로의 의견을 즉시적으로 교환할 수 있습니다. 온라인 도구를 활용한 토론 활동은 장소와 시간의 제약이 없어 모두가 공평하게 참여할 수 있는 편안한 환경이 제공될 뿐만 아니라, 다양한 자료를 검색해 소통에 임할 수 있어 토론의 질도 제고될 수 있습니다.

그러나 단점도 존재합니다. 교사는 그러한 단점을 보완하기 위해 다음과 같은 사항을 유의해야 합니다.

❶ 디지털 기술에의 접근성에는 격차가 존재한다는 것입니다. 학생들중 일부는 디지털 기기 활용에 어려움을 느낄 수 있습니다. 이에교사는 기술적 자원이 덜 발달된 지역이나 가정의 학생들에게 발

생할 수 있는 문제, 예를 들어 인터넷 연결의 불안정이나 기기적인 결함 등을 해결할 수 있는 역량을 갖출 수 있어야 합니다.

❷ 에듀테크는 분명 자기주도학습을 독려하는 효과적인 교육 도구가 될 수 있지만, 일부 학생에게는 학습을 방해하는 도구로 전락할 수도 있습니다. 학생들의 주의를 산만하게 하고, 학생들이 이를 오용할 가능성도 높습니다. 따라서 에듀테크는 체계적인 수업 계획 및 학생 지원 계획에 의해 활용될 수 있어야 합니다.

❸ 에듀테크는 상호작용을 활성화할 수 있는 도구이지만, 한편으로는 인간적인 상호작용을 감소시킬 수도 있습니다. 온라인에서의 소통 경험은 대면 상호작용에서 얻을 수 있는 사회적인 경험과는 분명한 차이가 있습니다. 아울러 사람과 사람 사이 관계에서 발생하는 정서적인 안정은 에듀테크가 제공할 수 없는 가장 인간적인 요소이기도 합니다. 따라서 교사는 학생들에게 실제적인 대화와 소통의 장을 지속적으로 제공해 이러한 문제점을 보완할 필요가 있습니다.

❹ 과도하게 제공되는 정보 때문에 외려 학습에 방해를 받을 수 있습니다. 학생들은 범람하는 인터넷 미디어들 사이에서 자신에게 필요한 정보를 취사선택하는 데 어려움을 겪을 수 있습니다. 특히 유튜브와 같은 미디어 플랫폼을 통해 가짜 뉴스가 확산되고 있어, 이를 비판적으로 읽어내는 역량이 그 어느 때보다 중요해지고 있습니다. 따라서 교사는 학생들이 적절한 정보를 주도적으로 선택하고 비판적으로 탐색할 수 있도록 학생의 디지털 리터러시를 함양하는 교육을 제공할 수 있어야 합니다.

⑤ 이에 최근 디지털 시민 교육이 중요한 이슈로 떠오르고 있습니다. 디지털 시민 교육은 디지털 기술과 인터넷 사용에 관련된 도덕적이고 책임감 있는 행동을 강조하는 교육입니다. 또한, 온라인에서 정보를 적절히 검색하고 평가할 수 있도록 하며, 나아가 디지털 콘텐츠를 창의적으로 생산할 수 있는 기회를 제공하는 데 중점을 둡니다. 교사는 이러한 교육을 통해 학생들이 건강한 디지털 시민으로서 에듀테크를 활용할 수 있도록 지도할 수 있어야겠습니다.

결국, 에듀테크는 교육의 미래를 열어주는 중요한 도구이지만 사용 방법과 활용 방식에 따라 그 효과가 달라질 수 있습니다. 이러한 상황에서 우리가 잊어서는 안 될 것은 교육의 본질입니다. 교육의 궁극적인 목적은 학생들의 전반적인 성장과 발전을 도모하고, 그들이 사회에서 책임감 있는 시민으로서 능동적으로 행동할 수 있는 능력을 길러주는 것입니다. 이를 위해서는 기술적인 발전만을 추구하는 것이 아니라, 그 기술이 학생들에게 어떠한 가치를 제공하고, 어떻게 그들의 학습을 돕는지를 지속적으로 고민하고 탐색해야 합니다. 기술과 교육의 조화는 이러한 교육의 본질 위에서 이루어져야 하며, 그렇게 함으로써 기술과 교육이 조화롭게 결합된 미래를 만들어 나갈 수 있을 것입니다.

016

에듀테크를 활용한 학급 특색활동

#에듀테크 활용 #온라인 학급 특색활동 #루틴 활용 #학급 특색활동 사례 #온라인 프로젝트

23초등대구 22중등경기 21초등경기 21초등서울 21초등세종 21중등서울

Q 🧑 학급의 학생들이 옆 반에서는 온라인으로 신문 만들기를 한다면서, 우리는 왜 안 하냐고 푸념을 늘어놓았습니다. 저도 나름대로 학생들에게 신경을 많이 쓰고 있다고 생각했는데, 다른 학급과 비교하면서 불평해 기분이 나쁩니다. 그래도 무시할 수는 없어서 뭔가를 해 보려고 하는데, 떠오르는 것이 없습니다 어떤 것을 할 수 있을까요?

A 선생님이 가진 좋은 온라인 루틴이 있다면 학생들과 오래오래 함께 수행해 보세요. 어느 상황에서도 함께 있다는 소속감을 줄 수 있는 온라인 학급 특색활동이 될 것입니다.

지난 학창시절을 돌이켜보면, 교과 수업보다 더 기억에 남는 것은 담임 선생님과 무엇을 꾸준히 한 경험입니다. 예를 들어, 학급에서 함께 교환 일기를 쓰는 것과 같은 학급 특색활동은 남들이 하지 않는 우리 학급만의 활동으로 소중한 추억을 공유하게 함으로써 학급에 대한 소속감을 고양할 수 있습니다. 그리고 한 가지 활동에 꾸준히 참여함으로써 학교생활을 통해 내가 성장을 하고 있다는 자신감을 얻을 수 있습니다. 또

한 혼자는 하지 않게 되는 것을 함께하면 꾸준히 하게 되기 때문에 자신의 삶에 긍정적인 루틴을 형성하는 계기도 됩니다. 그리고 무엇보다 학교생활에 활력이 생기고 재미를 느낄 수 있습니다.

때로, 학급 특색활동은 생각보다 많은 준비가 필요해서 담임교사에게는 큰 부담이 되기도 합니다. 하지만 이제는 풀, 가위, 도화지, 책 따위의 준비물을 따로 챙길 필요가 없는 시대가 왔습니다. 휴대전화 하나만으로도 모든 준비가 끝나며, 즐겁고 꾸준하게 온라인 특색활동을 할 수 있는 좋은 여건이 마련된 것입니다.

이러한 특색활동의 긍정적인 면을 그대로 유지하려면, 우선 선생님부터 좋아하고 잘하며, 오래할 수 있는지를 고려해 특색활동을 결정하는 것이 좋습니다. 물론 특색활동은 민주적으로 선정하는 것이 이상적이지만, 요즘 학생들은 정말 다양한 소질과 적성을 가지고 있기 때문에 모두가 만족할 만한 하나의 특색활동을 선정하기가 쉽지 않습니다. 따라서 학급 특색활동만큼은 가장 구심점이 돼 줄 수 있는 선생님의 의견이 매우 중요합니다. 다른 학급의 활동이 아무리 좋아 보인다고 해도, 선생님에게 맞지 않으면 오래 할 수가 없습니다. 특히 온라인 특색활동은 더욱 그러합니다. 선생님의 손에 익은 에듀테크를 활용해 선생님이 페이스메이커로 늘 함께 할 수 있는 활동을 선정해야 합니다.

이러한 측면에서 선생님이 이미 가지고 계신 온라인상의 긍정적인 '루틴'에 주목하라는 말씀을 드립니다. 루틴(routine)이란 본래 '운동선수들이 최고의 운동 수행능력을 발휘하기 위해 습관적으로 하는 동작이나 절차'를 의미하지만, 요즘에는 '습관적으로 하는 동작이나 절차'라는 의미로 넓게 사용되고 있습니다. 학급 특색활동은 아무리 사소한 활동이라도 1년 단위로 꾸준히 지속하는 것이 중요합니다. 예를 들어, 아침마다 자신의 감정 상태를 한 문장으로 표현한다든지, 어제 학교에서 배운 것에 대해 질문을 하나씩 만들어 공유하게 하는 등의 활동을 통해 학생들에게 긍정적인 습관을 함양할 수 있는 특색활동을 진행하는 것입니다. 어떤 활동도 처음부터 쉬울 순 없습니다. 하지만 초반의 고비를 넘기고 나면 학생들의 일상으로 자연스럽게 스며드는 모습을 발견할 수 있을 것입니다.

온라인 특색활동을 운영하면서 또 한 가지 고려할 것은 학생들마다 특색을 갖출 수 있도록 피드백을 해야 한다는 것입니다. 모든 학생들이 똑같은 활동을 동일한 장소에서 동일한 시간에 동일하게 수행하는 것처럼 보여도 학생 개개인의 소질과 적성이 나름으로 발휘될 수 있도록 학생 관찰, 기록 및 조언을 아끼지 않아야 합니다. 또한 특색활동의 결과를 학생들 간에 상시 공유하게 하면 더 성공적인 특색활동 실천이 될 것입니다. 온라인은 이런 피드백을 훨씬 더 신속하고도 편하게 할 수 있게 해 줍니다.

좀 더 내실 있는 특색활동을 운영하기 위해서 교육청 및 유관기관에서 마련한 각종 교육 사업에 대한 정보에 관심을 가지고 과감히 신청도 해 보길 바랍니다. 예산을 비롯한 각종 행정적 지원이 뒷받침된다면, 훨씬 더 양질의 특색 사업을 체계적으로 운영할 수 있을 것입니다. 또한 이러한 지원 사업들은 이미 그 취지와 목적이 검증된 것이기 때문에 학급 단위의 특색활동이 주는 소속감이나 자신감과 같은 효과와 더불어, 마련된 사업이 가진 특수한 기대 효과도 함께 얻을 수 있을 것입니다.

그리고 모든 학교의 교육계획서에는 학교 수준의 특색 사업이 명시돼 있습니다. 혹시 아무리 생각해도 별다른 학급 특색활동이 떠오르지 않는다면, 교육계획서에 제시된 학생들과 함께 할 수 있는 특색 사업을 학급만의 온라인 특색활동으로 최적화하는 과정을 통해 더 적극적으로 이용해 보시기 바랍니다. 학교 수준의 특색 사업을 운영하는 해당 부서의 지원을 받으면서, 교내 특색 사업을 선도하는 학급으로 발돋움하며 자부심을 가지게 될 수 있을 것입니다.

코로나19가 가져온 전염병에 대한 불안과 인간관계의 단절로 인한 답답함과 외로움은 사람들을 우울하게 만들었습니다. '코로나19'와 '우울'을 뜻하는 '블루'가 합쳐져 '코로나 블루'라는 신조어가 생길 정도로 코로나19 이후의 우울은 전 세계적인 문제로 떠올랐습니다. '코로나 블루'는 또래 집단을 중시하기 시작하는 청소년기의 학생에게 특히 치명적입니다.

인간관계의 단절로 인한 문제의 궁극적인 해결책은 결국 만남입니다. 차라리 이번 코로나19 상황을 계기로 인간관계를 단절시키는 것으로 지적된 스마트폰과 같은 수단이 오명을 벗고 진정한 만남의 장을 열 수 있게 하는 것 또한 새로운 시대의 교육 과제라고 할 수 있습니다. 학급 특색활동은 이러한 과제를 꾸준히 실천해 볼 수 있는 좋은 계기가 돼 줄 것입니다.

온라인 학급 특색활동 사례 - 온라인 아침 안부 프로젝트

아주 일상적인 활동일지라도, 유익한 온라인 학급 특색활동이 될 수 있습니다. 흔한 '아침 교문 맞이'도 온라인 학급 특색활동으로 바꿀 수 있습니다. 온라인 플랫폼을 이용해, 매일 안부를 나누고 서로 질문도 주고받으면서 학급의 단합을 도모할 수 있으니까요. 모두의 꾸준한 활동 참여를 위해서는 간단한 활동부터 시도해 보는 것이 중요합니다.

1. 학생과 소통하는 블로그 운영
2. 학생에게 필요한 프로젝트 제안 및 학생이 제안한 의견 수렴
3. 글, 그림, 영상 등의 다양한 멀티미디어적 요소로 구성
4. 정해진 활동은 꾸준하게 실시
5. 상시 꾸준한 상호 피드백 실시

- **새뜻**: '새롭고 산뜻하게'라는 뜻의 순우리말
- **새뜻이 아침**: 새뜻한 아침을 위해, 온라인으로 소통하는 자율 참여 프로젝트
- **어제의 새뜻했던 질문**: 좋아하는 날씨를 묘사해 주세요.
- **어제의 새뜻했던 답변**: 17도, 눈, 바람, 시원, 맑은 등
- **오늘의 새뜻한 질문**: 환경을 위해 작게라도 하고 있는 일이 있나요?

017

원격 수업 시의 문제점과 예방책

#원격 수업 규칙 #원격 수업 동기유발 #원격 수업 소통 #원격 수업 피드백 #원격 수업 비평

22초등평가원 22중등세종 21초등서울 21초등세종 21초등평가원 21중등강원 21중등서울

Q

우리 학교는 코로나19 상황과 관계없이 창체교육이나 각종 행사에 원격 수업 형태를 도입해, 학교의 미래교육 적응력을 높이기로 했습니다. 그런데 저는 저경력 교사로서 코로나19 상황에서 원격 수업을 겪지 않아서 그런지 원격 수업이 두렵고 돌발 상황이 발생할까봐 마음이 조마조마합니다. 원격 수업과 관련한 문제 상황에는 어떤 것들이 있으며, 어떤 준비를 해야 할까요?

A 온라인으로 인해 등한시하기 쉬운, 수업에 대한 섬세한 관찰과 적극적인 대응이 필요합니다.

이제 언제 어느 때에 다시 원격 수업을 하게 될지 모르는 시대가 왔습니다. 그리고 학생의 적극적인 참여나 개별화 수업의 측면에서, 온라인으로 실시하는 원격 수업이 대면 수업에 비해 오히려 효과가 있다는 수업 사례들도 많이 발굴되고 있습니다. 이런 점에서 원격 수업은 앞으로 미래 수업 형태의 하나로 일상에 자리매김할 것으로 보입니다.

하지만 원격 수업은 학생들로 하여금 온라인 수업에 적응하게 하는 과정을 필요로 합니다. 따라서 먼저 오랜 시간 동안 경험으로 습득된 대면 수업 규칙만큼이나 온라인 수업 규칙도 섬세하게 점검해, 교사와 학생이 함께 규칙을 수립하고 지킬 수 있도록 경험하는 과정이 필요합니다. 대면 수업에서는 제자리에 앉아만 있어도 교사와 학생이 수업 맥락을 직접 공유하고 있기에 크게 문제가 되지 않았지만, 온라인 수업에서는 문제가 될 수 있습니다. 출석 체크 방법이나 수업 중 미참여 및 이와 관련한 결과 처리 문제, 과제 제출 문제 등이 그러한 사례입니다.

이와 관련해 교사가 개별적으로 대응해 수업마다 다른 규칙이 생겨버리면 학생들이 혼란에 빠질 수 있습니다. 따라서 학교가 전체적으로 공통적인 규칙을 설정하되, 이를 적용하는 과정에서 교사와 학생들 사이의 소통을 통해 더욱 바람직한 방향으로 규칙을 바꿔가며 교사의 온라인 수업권과 학생의 온라인 학습권이 함께 존중을 받을 수 있게 하는 것이 중요합니다.

그리고 온라인 수업은 동기유발에 더 큰 노력을 쏟아야 합니다. 대면 수업과 달리, 온라인 수업은 학생이 수업 상황을 피부로 느끼기가 어렵다 보니, 수업에 대한 집중력이 저하되기 쉽습니다. 게다가 교사의 수업 장악력이 직접적인 영향을 미치지 못하면서 같은 노력에 비해 동기가 떨어지기 쉽습니다. 따라서 대면 수업과는 다른 온라인 수업만의 동기유발 노력이 필요합니다. 온라인 수업을 받는 학생들을 위한 건강 체조나 온라인 이벤트 활동과 같이 온라인이라는 수단만이 가진 장점을 이용한 수업 전 활동도 원격 수업에 큰 도움이 될 것입니다. 또한 각종 에듀테크를 이용해서 지난 수업의 내용을 온라인 퀴즈 활동으로 확인한다든지,

온라인 소집단을 구성한 뒤 동기유발 미션을 제시하는 방법 등으로 온라인에서도 활발하게 동기를 유발할 수 있습니다. 이 역시 접속한 학생들에 대한 섬세한 관찰이 밑바탕 돼야 합니다.

교사와 학생들의 적극적인 소통과 피드백은 원격 수업의 최대 장점으로 탈바꿈할 수 있는 부분입니다. 대면 수업에서는 다른 학생들의 시선과 같은 대면 상황의 부담 때문에 소통과 피드백에 적극적으로 참여하지 못할 수 있습니다. 물론 온라인 수업에서도 유사한 어려움이 이어질 수 있습니다. 하지만 일대일 채팅이나 게시판 기능을 잘 활성화하면 대면 상황에서 소극적이었던 학생들이 수업에 적극적으로 참여할 수 있는 기회를 제공할 수 있습니다. 수업 참여가 적극적인 학생에 대해서는 그것을 계속 유지할 수 있도록 유도하고, 수업 참여가 소극적인 학생에 대해서는 온라인 수업만이 지닌 특성을 이용해 더 적극적일 수 있게 만드는 꾸준한 소통과 피드백이 필요합니다.

원격 수업의 어려움을 극복하기 위해서는 교사 스스로 대면수업일 때보다 더 세심하게 자기 수업을 비평하는 과정을 지속할 수 있어야 합니다. 온라인 수업이야말로 수업 비평의 여건이 대면 수업에 비해 훨씬 좋은 편입니다. 온라인 기기를 이용해 쉽고 빠르게 수업지도안을 준비할 수 있고, 또 지도안을 누적해 자료화하거나 수업 이후 자기 수업을 분석하고 성찰하는 데에 이용할 수 있습니다. 그리고 온라인 상황에 대한 캡처나 녹음 및 녹화로 별다른 준비 없이 수업 상황을 기록할 수 있습니다. 그리고 이렇게 얻어진 객관적인 수업 상황을 쉽게 다른 교사나 학생과 나눌 수 있습니다. 수업에 대한 평가나 공개 수업도 에듀테크를 이용해 매시간 손쉽게 할 수 있습니다.

무엇이든 새롭다는 것은 일정 부분 두려움을 주기 마련입니다. 어떤 수업이든지 해보지 않은 수업에 대해서는 적응의 시간이 필요합니다. 하지만 원격 수업은 미래 세대에게 더욱 도움을 주는 수업이 될 수 있습니다. 더불어 교사의 전반적인 수업 역량을 한 단계 끌어올릴 수 있는 좋은 계기가 될 것입니다. 원격 수업이 노출하는 문제점에 주목하고 그것을 극복해 나갈 때, 미래 교사로서의 성장 역시 도모해 갈 수 있습니다.

원격 수업에서 활용할 수 있는 개별화된 피드백 설계하기

- 교사 피드백 / 동료 피드백
  - 예 패들렛에 공유된 친구들의 과제물에 댓글 달기
- 자기 자신에 대한 피드백
  - 예 수업 중 글쓰기 과정과 결과에 대한 자기 평가
- 전체 피드백 / 개별 피드백
  - 예 구글 클래스룸에 제출된 학생 과제물에 개별적으로 댓글 달기
- 소통 방식의 피드백: 댓글, 체크리스트, 대화 등
  - 예 수업 중 이뤄진 과정중심평가 제출물에 댓글 달기
- 콘텐츠 제시 방식의 피드백: 제출 과제 및 평가에 관련된 콘텐츠를 안내해 심화된 배움이 지속될 수 있도록 독려하는 피드백
  - 예 친구의 과제물에 관련된 영상을 찾아 링크를 제공하는 동료 피드백
- 과제 제시 방식의 피드백: 수준별 과제 제시, 하위 전략에 대한 지속적인 피드백, 관련된 후속 과제 안내 등
  - 예 학생의 질문에 대한 답변과 함께 점프 퀴즈를 제시해 심화학습 지원

018

수업 결손의 예방과 보충

#수업 결손 #코로나19 대응 #업무연속성 계획 #BCP #비상학사 운영 #교육 책무성 강화

23중등대구 22중등세종 21초등서울 21초등평가원 21중등강원 21중등서울

Q 독감 등 법정감염병으로 등교 중지를 권고받은 학생이 있습니다. 결석 기간이 출석으로 인정될 수 있다고 하지만, 평소 학업에 관심이 많은 학생이 어서인지 학교 수업을 듣지 못하는 것을 속상해합니다. 교사로서 마음이 쓰이는데요. 제가 어떤 도움을 줄 수 있을까요?

A 온라인 수업에 관해 학교에 축적된 노하우를 총동원하세요.

코로나19를 겪는 동안 바뀐 것 중 하나는 학생의 출결에 대한 인식입니다. 코로나19 이전에는 출결의 이상(異狀) 사유들이 개인적인 차원의 일이었고, 그래서 학업적 결손 보충도 개인적으로 해결해야 했습니다. 그런데 코로나19라는 전 사회적인 문제로 말미암아, 출결 이상과 그에 따른 결손 보충은 사회적으로 책임져야 할 것으로 받아들여지게 됐습니다.

학교 수업 자체를 사랑하는 학생이 있기도 하지만, 대부분의 격리 대상 학생이 수업을 듣고자 하는 이유는 결국 평가와 관련될 것입니다. 등교를 하지 못한 채 자가 격리가 끝나기까지 하염없이 시간을 보내야 하는

학생과, 그것을 애타게 지켜보는 학부모의 마음을 생각해 보면 학생들의 학습권을 보장하기 위한 특별한 노력을 하지 않을 수 없습니다.

이에 교육부는 '오미크론 대응 2022학년도 1학기 방역 및 학사 운영 방안'에서 '업무연속성 계획(BCP)'을 수립했는데, 그 내용은 '비상조직체계 구성 및 역할 분담, 학교 핵심업무 정의 및 연속성 계획 수립, 사용할 수 있는 인적·물적 자원(가용자원) 현황 파악과 필요자원 구비, 소통체계 구축, 비상 상황별 학사운영 방안 마련, 회복 등 조치'를 골자로 합니다. 교사는 이러한 '업무연속성 계획'에 따라 체계적인 지원 속에서 구체적인 실천들을 해야 할 것입니다.

❶ 우선 어떤 상황에서 어떤 의사결정이 내려지더라도 기민하게 대응할 수 있는 교육 계획(사업 계획, 수업 계획, 진도 계획, 평가 계획)을 수립해야 합니다. 학교는 그간 준비한 가용자원을 바탕으로 온라인과 오프라인 수업 형태가 혼합돼 나타날 수 있음을 전제하고, 유동적인 교육 계획을 세워야 합니다. 그리고 교육 혁신의 측면에서, 실제 온라인이 더 효율적이었던 경우에는 과감히 온라인으로의 전환을 통한 교육 실천도 필요합니다. 특히 예민할 수 있는 평가와 관련해서는 법정감염병 발생 시의 평가 지침을 살펴보고, 학년 초 세워놓은 구체적인 평가 기준과 평가 수준을 면밀하게 파악해 모든 학생에게 공정하게 시행될 수 있도록 해야 합니다. 위기를 기회로 맞이하는 자세도 중요합니다. 그간 지필평가 중심으로 평가를 진행했다면, 이번 기회에 과정중심평가의 비중을 높이는 방향으로 변화를 꾀해 한순간의 평가보다는 오랫동안 성장을 지원할 수 있는 평가 계획을 세우는 것을 추천합니다.

❷ 계획 이후 실제 등교 중지 학생이 발생했다면, 소통체계를 갖춰 꾸준히 소통하는 것이 중요합니다. 담임교사가 교과교사에게 학생의 등교 중지 상황을 전하는 것만으로 대처가 끝났다고 생각해서는 안 됩니다. 담임교사는 교과교사가 아니기 때문입니다. 교과교사로서의 사명감을 가지고 교과와 관련된 대체 학습과 평가 관련 안내를 해 줄 수 있어야 합니다. 물론 비상조직체계를 마련한 부서에 제안해, 소통과 관련한 더 효율적이고 체계적인 방법을 마련하는 것도 중요합니다. 예를 들어, 학년별로 결손 보충을 위한 공동의 통일된 플랫폼을 만들어 사용하면, 일원적인 소통 창구를 통해 교과교사, 담임교사, 학생, 학부모 모두 보다 체계적이고 편하게 소통할 수 있습니다.

❸ 다음으로, 소통에서 더 나아가 실제 수업에 준하는 학습 결손 보충이 이뤄져야 합니다. 가장 추천하는 결손 보충 프로그램은 교실 수업을 동시 제공하는 것입니다. 교육부에서는 '영상송출 장비 등을 이용해 대면·비대면 수업을 동시에 진행하는 방식 등'을 '혼합 수업'으로 정의하고 적극적인 이용을 권고했습니다. 교사의 입장에서는 대면 수업과 비대면 원격 수업을 동시에 진행하는 것이 부담이 될 수 있겠지만, 어느 정도 혼합 수업 시스템에 적응이 되면 오히려 결손 보충을 위한 수업 준비를 따로 하지 않아도 된다는 장점도 있습니다. 물론 학생의 수업 참여나 판서 이해도 등의 측면에서 해결하기 어려운 점도 일부 존재하겠지만, 학생의 수업 결손을 상당 부분 해결할 수 있습니다. 그리고 앞서 말한 학생의 수업 참여나 판서 이해도의 측면에서는 여러 가지 방법으로 보완될 필요가 있습니다. 대면한 학생들과 최대한 동일한 질문과 피드백 등으로

소통을 해야 합니다. 또한 수업자료와 판서 사진 등을 비대면 학생에게 추가적으로 제공하는 식으로 신경을 써야 합니다. 비대면 혼합 수업이 어려운 상황에서는 교실 수업을 동시에 제공하는 것 대신에 대체 학습 자료를 제공하기도 합니다. 하지만 대체 학습 자료가 곧 수업이 될 수는 없습니다. 대체 학습 자료를 제공할 때에는 관련한 추가 설명이 꼭 곁들여져야 합니다.

❹ 마지막으로, 등교 재개 이후 개별 피드백이 빠져서는 안 됩니다. 교과교사로서의 상담을 통해 학생의 결손 상태를 구체적으로 파악해 개별적인 보충 수업이 이뤄져야 합니다. 이것을 위해서는 교사가 수업과 관련한 기록을 상세하고도 체계적으로 해 둬야 합니다. 전체 수업 진도와 반별 진도 및 해당 차시의 수업 불참 학생을 정확히 파악해 소통과 혼합 수업 및 그에 준하는 방법으로도 해결하지 못한 결손을 추수 지도로 보충할 수 있어야 합니다.

역사는 반복된다고 합니다. 앞으로도 혼란한 역사는 반복되겠지만, 어떤 혼란이 생길지라도 그것을 무릅쓰며 학생들을 포기하지 않는 교육의 열기도 영원히 반복될 것입니다.

019

에듀테크 활용 교육 활동과 교사의 협력

#에듀테크 진단 #에듀테크 활용 수업 역량 #학교문화 혁신 #교사 공동체
22초등평가원 22중등서울 21중등강원 21중등세종 21비교과세종 21중등평가원
21비교과평가원 20초등대구 20초등인천 20중등평가원 18초등평가원
18중등인천 17비교과평가원

Q

학교에서 어린 축에 속하기는 하지만, 에듀테크에는 무지한 교사입니다. 그런데 다른 선생님들은 제가 어리다는 이유로 온라인 수업 및 각종 에듀테크에 대해서 계속 물어보십니다. 저도 사실 잘 모르는 분야이다 보니 일일이 대답하는 데 스트레스가 쌓입니다. 하지만 에듀테크 활용과 관련된 혁신적인 학교문화가 조성되길 바라는 마음은 간절합니다. 제가 어떻게 하면 좋을까요?

A 학교문화의 혁신을 위한 교사 간 협력을 도모해 보세요.

우선 교육의 혁신과 변화에 대한 선배 교사들의 열린 마음과 적극적인 자세는 매우 칭찬받을 만한 점이라는 것을 말씀드리고 싶습니다. 교사 간의 협력과 소통은 교육 현장에서 매우 중요한 부분입니다. 그러나 그 과정에서 개인의 부담과 스트레스가 과도하게 증가한다면, 이는 건강한 협력 관계를 유지하는 데 방해가 될 수 있습니다. 그러니 동료 선생님들에게 에듀테크에 대한 지식이나 경험이 모든 젊은 선생님들에게 공통적으로 있지 않다는 것을 이해시키는 것이 중요합니다. 이를 위해, 개인

적으로 어려움을 겪고 있는 상황과 그 이유를 솔직하게 공유하시는 것을 권장합니다.

다음으로, 에듀테크 활용과 관련된 혁신적인 학교문화를 만들어 가기 위해 필요한 노력에 대해 말씀드리겠습니다. 우선, 학교의 역량과 개인의 역량을 깊이 있게 점검하고 성찰해 출발점을 확인해 두는 것이 필요합니다. 문제가 생겼을 때마다 간단한 질의응답 수준으로 문제를 해결하는 것은 빠르고 쉽게 문제를 해결할 수 있어서 좋은 방법 같지만, 근본적인 역량을 기르는 데에는 크게 도움이 되지 않을뿐더러 누적·중복되는 과정으로 교사가 지쳐 버릴 수 있습니다. 우선 각 교사가 개인적인 역량을 진단해 도움을 줄 수 있는 부분과 도움을 받을 수 있는 부분을 명확히해야 합니다. 그리고 학교는 이러한 교사들의 필요 사항을 전반적으로 파악하고, 학교 차원에서 해결 방안을 강구해 공유하도록 체계적으로 준비합니다. 정확한 진단을 통해 자신의 수준을 명확하게 정하지 못하면 같은 문제 상황과 질문이 반복될 수 있습니다.

다음으로는 에듀테크 활용 수업을 위한 학습 및 연구 공동체의 활동을 활성화하고 적극적으로 참여하는 것을 추천합니다. 특히 온라인에 기반한 원격 수업이나 메타버스를 활용한 교육 활동 등은 학교 전체에서 관련된 플랫폼을 활용하는 데 얼마나 적극적으로 지원해 줄 수 있는지 시스템적으로 접근할 문제입니다. 각 교육청은 이미 에듀테크의 활용에 대해 적극적인 예산 배정을 진행하고 있으므로, 이러한 지원을 최대한 활용해 교사 공동체 단위에서 교육 혁신을 추진한다면 학교문화를 혁신하는 데 큰 도움이 될 것입니다. 교사는 자기만 잘할 수 있는 것을 하는 것이 아니라, 모두가 함께 잘할 수 있는 것을 학습하고 연구하는 것이 중요합니다. 그리고 혹시 모두에게 필요한 것이 자신이 이미 잘할 수 있는 것일지라도 나눔의 기회를 통해 자신이 가진 역량을 더 정교화하고 학생의 시각에 맞출 수 있습니다.

학습 및 연구 공동체의 측면에서는 학년별·교과별·업무별 등으로 소규모 공동체의 활동을 활성화하고, 공동체 구성원의 역할 분담을 통해 부담을 줄이면서도 책임감 있게 협력하는 문화가 조성돼야 합니다. 협력 집단의 규모가 너무 크면, 결국 능동적인 교사와 수동적인 교사의 관계가 형성될 가능성이 높습니다. 비교적 규모가 작은 공동체 안에서 여러 역할이 유사한 규모로 분담될 때, 참여하는 모든 인원은 적절한 책임감을 가질 수 있게 됩니다. 이는 단순히 혼합 수업뿐만 아니라 새로운 혁신으로 나아갈 수 있는 밑거름이 될 것입니다.

특히 에듀테크와 관련된 학교문화를 확산시키기 위해서는 선생님 본인이 평소에도 에듀테크를 적극적으로 활용해 자연스러운 학교 풍토를 조성하는 데 기여할 수 있어야 합니다. 각종 새로운 기술의 집합체인 에듀테크 활용 수업에서 과거의 수단인 말과 글로만 설명한다는 것은 이치에 맞지 않습니다. 음식의 맛을 알게 할 때는 백 마디 말과 글로 설명하는 것보다 한 번 먹어보게 하는 것이 효과적인 것처럼, 주변 선생님들과 한 번이라도 더 활용해 보는 것이 중요합니다. 동료 간 형식화된 질의와 응답에 만족하지 말고, 직접 활용해 보고 경험한다면, 개인의 에듀테크 활용 역량 수준과 관계없이 저마다 배우고 성찰하는 부분이 반드시 더 생겨날 것입니다.

한편, 학교문화를 바꿔 나가기 위해 동료교사와의 관계에서 가장 중요한 것은 서로 존경할 수 있는 전문가 집단으로 맺어져야 한다는 것입니다. 수석교사와 신규교사가 수업 나눔을 하는 자리에 참석한 적이 있습니다. 우연하게도 교과뿐만 아니라, 나눔을 하는 수업의 성취기준도, 사용하는 교과서와 그 쪽수도 똑같이 겹쳤습니다. 하지만 두 교사의 수업은 크게 달랐습니다. 그리고 무엇이 '좋다', '나쁘다'라는 가치판단은 함부로 할 수 없었습니다. 수석교사의 수업에서도, 신규교사의 수업에서도 배울 점이 있었습니다.

학교교육은 개별적 교사의 지식이나 기술에 의존하는 것이 아니라 교사들 간의 존중과 협력, 지속적인 학습을 통해 이루어집니다. 에듀테크와 같은 새로운 교육 도구의 도입과 활용은 단순히 신기술을 사용하는 것이 아니라, 교사들이 서로의 지식과 경험을 공유하고, 서로를 존중하며 새로운 방법을 배우는 문화를 형성하는 데 중요한 역할을 합니다. 수석교사의 경험과 지혜, 신규교사의 창의적인 접근법, 이 모든 것이 학교문화를 혁신하는 하나하나의 자산일 것입니다.

020

메타버스의 교육적 이용

#메타버스 #메타버스 개념 #메타버스 교육 사례 #AR #VR #MR #XR
23중등평가원 22중등경기 21초등인천 21중등서울 20초등경기

Q

교육청에서 학생들을 대상으로 행사를 개최한다는 공문을 받았습니다. 그런데 공문을 살펴보니, '메타버스' 플랫폼 중 하나를 이용해 행사를 개최한다는 내용이었습니다. 요즘 갈수록 '메타버스'라는 말이 많이 들려옵니다. 학교에서도 메타버스를 활용할 수 있을까요?

A

이젠 아이돌 그룹도 저마다의 세계관을 가지고 데뷔하는 시대입니다. 메타버스의 교육적 이용을 적극 검토하기 바랍니다.

'메타버스(metaverse)'라는 용어는 '메타(meta)'와 '유니버스(universe)'의 합성어로서, 미국의 소설가인 닐 스티븐슨(Neal Stephenson)이 1992년 출간한 『스노 크래시(Snow Crash)』에서 처음 등장했습니다. 메타버스는 '초월'이라는 뜻을 가진 '메타'와 '세계'를 뜻하는 '유니버스'가 합쳐져서, 글자 그대로 '초월적인 세계'를 뜻한다고 할 수 있습니다. 등장 당시에만 해도, 메타버스는 소설에나 나오는 상상의 공간이었습니다. 그러나 디지털 기술의 발달로 메타버스는 이제 우리의 또 다른 현실이 됐습니다.

특히 코로나19로 기존 형태의 수업이 어렵게 되면서, 메타버스를 이용한 새로운 세계에서의 교육이 생각보다 더 빨리 필요해졌습니다.

메타버스에 대한 구체적인 개념에 대해서는 아직도 의견이 분분한 상황입니다. 그리고 앞으로도 메타버스를 하나의 개념으로 합의하기는 힘들 것입니다. 메타버스는 세계를 어떤 식으로 초월하느냐에 따라 다양한 모습이 존재할 수 있기 때문입니다. 따라서 메타버스의 정의를 내리는 것은 어려울지라도, '디지털 기술'을 이용해 조성된 '현실을 초월한 세계'라는 넓은 의미를 마음에 새기고, 다양한 측면에서 교육적 이용이 가능하다는 것을 염두에 둬야 합니다.

메타버스의 교육적 이용에서 가장 중요한 것은 단순한 온라인 세계와 메타버스를 구별하는 것입니다. 혹자는 '현실이 아닌 가상의 세계'라는 측면에서 기존에 인터넷을 이용한 온라인 게임도 결국 '메타버스'가 아니냐는 생각을 하기도 합니다. 하지만 온라인 게임 세계와 메타버스 세계는 '만들어진 것'이냐, '만들 수 있는 것'이냐의 측면에서 큰 차이가 있습니다. 온라인 게임과 메타버스를 비교해 보면, 온라인 게임에서의 '캐릭터'는 이미 종류가 정해진 것으로 참여자는 이를 선택하게 됩니다. 물론 캐릭터를 꾸미고 발전시켜 나갈 수 있지만, 그 범위는 이미 게임 제작자가 만들어 놓은 틀 안에서 이뤄집니다. 하지만 메타버스에서는 '아바타'라는 나의 또 다른 분신의 개념이 적용돼, 자율적으로 수정하고 변화시킬 수 있습니다. 기존에 주어진 것에 대한 선택이 아닌 주체적인 창조가 이뤄질 수 있는 것입니다. 세계의 모습도 마찬가지입니다. 온라인 게임은 정해진 스토리에 따라 세계의 시작과 끝이 존재합니다. 하지만 메타버스의 세계에서는 모든 스토리와 세계가 정해진 바 없이 만들어질 수 있습니다.

이러한 면에서 메타버스를 이용하면, 시공간의 제약을 벗어날 수 있을 뿐만 아니라 학생들의 흥미도와 집중도를 제고할 수 있습니다. 또한 스스로 세계를 구축해 갈 수 있다는 점에서 주체성을 함양시킬 수도 있습니다. 다만, 고도의 체계적인 준비를 거친 후 교육으로 구현될 수 있어야 합니다. 자칫 잘못하면 단순한 흥미 위주의 게임적 속성만을 교육에 이용하게 되기 때문입니다.

이러한 메타버스는 다양한 방식으로 교육적 이용이 가능합니다. 우선 '시간 체험'적 교육입니다. 메타버스에서는 시간적 제약에서 벗어날 수 있기 때문에 과거의 모습이나 미래의 모습을 세계로 구현할 수 있습니다. 과거나 미래를 상상만 하기보다는, 실제로 과거와 미래의 세계를 구현하면서 자연스럽게 느낄 수 있는 교육이 가능합니다.

또한 '진로 체험'적 교육도 가능합니다. 현실의 제약 때문에 바로 이루기 어려운 꿈을, 메타버스의 세계에서는 바로 이룰 수 있습니다. 자신의 진로와 관련된 세계를 학생이 꾸며 나가게 하고 이를 서로 교류하게 하면 생생한 진로교육의 터전이 될 것입니다. 각종 사회, 문화와 예술적 체험도 메타버스가 가능하게 해 줄 것입니다. 메타버스는 시간적 제약뿐만 아니라 공간적 제약도 해결해 줍니다. 현실에서의 사회, 문화, 예술에 대한 전 세계적인 접근을 할 수 있을뿐더러, 아예 현실에서 독립된 디지털 사회, 문화, 예술 활동도 할 수 있게 됩니다.

이러한 측면에서 자연스럽게 메타버스를 이용한 '민주시민교육'이 이뤄질 수 있습니다. 메타버스의 다양한 세계에서 주체성을 가지고 세계에 참여하고 다른 참여자와 더욱 적극적으로 소통하고 회의하게 함으로써 미래 인재의 역량을 키울 수 있습니다. 그리고 자연스럽게 학생이 진정으로 주인이 되는 각종 '학생 주도적 교육 행사'를 메타버스에서 열어볼 수도 있을 것입니다.

　'메타버스'는 영화 〈매트릭스〉(1999)에서 매우 암울한 내용으로 구현됩니다. '메타버스'의 가치는 엄청나지만, 이것으로 인한 새로운 세계가 내재하는 문제점도 반드시 있을 것입니다. 따라서 '메타버스'에 대한 기술적인 이용뿐만이 아니라 윤리적인 교육도 반드시 병행해 조화로운 세계를 만들 수 있어야 합니다. 2022년에 들어, 메타버스상에서의 아바타 간 성범죄도 처벌할 수 있는 내용을 골자로 하는 법안이 발의됐습니다. 이는 메타버스에 대한 달라진 인식을 보여 줍니다. 메타버스에 대한 실제적인 제도 정비와 더불어, 학생들이 건전하고도 책임감 있게 메타버스를 이용할 수 있는 역량을 키워주는 노력이 필요합니다.

021

미디어 리터러시의 교육적 접근

#리터러시 #미디어 리터러시 #접근 #비판적 이해 #소통 #창조
21중등경기 20초등강원 20중등세종 19초등경기

Q

😊 학생들이 과도하게 유튜버 흉내를 냅니다. 특히 유튜버들이 사용하는 비속어까지 무분별하게 따라 하고 있으며, 책은 읽으려고 하지도 않습니다. 학생들을 내버려 둬도 될까요?

A 억지로 유튜브를 못 보게 하고 책만 읽히는 시대는 지났습니다.

'미디어 리터러시'라는 용어는 이제 누구에게나 친숙한 말이 됐습니다. 하지만 이것의 개념을 정확히 꼬집어 이야기하기는 어렵습니다. 그것은 '미디어'와 '리터러시'라는 말 모두 인류 역사의 변천에 따라 끊임없이 변화해 왔기 때문입니다. 사전적으로 '미디어'의 의미는 '어떤 작용을 한쪽에서 다른 쪽으로 전달하는 역할을 하는 것'입니다. 넓은 의미로 보면 '수단'으로서 너무나 많은 것들이 미디어가 될 수 있습니다. 예를 들어 디지털도 미디어의 한 유형이 됩니다.

인류 역사상 가장 파격적인 미디어를 하나 꼽으라면, 그것은 '문자'입니다. 근거리에서 즉시적인 소통만 가능했던 인류에게 '문자'라는 미디어는 시간과 공간을 초월한 전달 수단이 됐습니다. 한 개인이 가지고 있던 꿈을 다음 세대의 꿈으로 이어나갈 수 있게 된 것입니다. 게다가 활자 기술의 발전에 따라, 문자로 된 수없이 많은 지식과 정보들이 쏟아져 나오기 시작했습니다.

이런 문자 중심의 미디어 세상에서의 '미디어 리터러시'란, 문자 습득을 바탕으로 지식과 정보를 이해하고 세상과 소통하며 문제를 해결하는 능력이었습니다. 예를 들어, '한자'와 같이 어려운 문자 미디어가 중심이 된 시대에서는 '한자'를 외워 읽고 쓸 줄 알게 교육하는 것만도 굉장한 '미디어(한자) 리터러시' 교육이었습니다. 그리고 이것은 주어진 지식과 정보를 얼마나 많이 소유할 수 있는지가 중심이 되는 교육이었습니다. 미국을 교육한다고 하면, 미국에 대한 지식과 정보가 문자로 집약된 '책'을 읽히고 잘 이해할 수 있게 하는 것이 대표적인 교육의 형태였지요. 사실 지금도 이런 방법의 교육이 주를 이루고 있습니다. 그런데 이제는 시대가 달라지고 있습니다.

과학기술의 발전에 따라 지금도 계속해서 새롭게 생겨나고 있는 새로운 전달 매체인 이른바 '뉴미디어'의 출현으로 책보다는 다른 매체들의 중요성이 커졌습니다. 미국에 대한 관광 정보가 담긴 책은 한 달만 지나도 이미 많은 정보들이 바뀌어서 쓸모없는 책이 돼 버립니다. 미국의 한 상점을 가고자 한다면, 'turn left', 'turn right'와 같은 문자의 나열을 이해하는 것보다는 구글을 이용해 실제 거리를 눈으로 확인할 수 있는 디지털 시대가 된 것입니다. 그런데 여기에서 강조하고 싶은 것이 있습니다. 아무리 뛰어난 기술을 이용한다고 해도 기본적인 문자 문해력 없이는 그것을 이용할 수 없다는 것입니다.

결국 미디어 리터러시는 어느 미디어를 선택해야 하는지에 대한 문제가 아닙니다. 또한 각 리터러시 사이에 대립적인 관계가 성립하는 것도 아닙니다. 과거로부터 이어져 온 수많은 미디어들과 미래의 미디어들을 학생들이 조화롭게 쓸 수 있도록 해야 한다는 것입니다. 뛰어난 전문가 집단인 교사들의 리터러시를 학생에게 전수하는 것에 그쳐서는 안 됩니다. 이것은 어쩌면 기성세대의 거대한 리터러시 권력에 학생들을 굴복하게 하는 미디어 리터러시의 역행이 될 수 있기 때문입니다.

미디어 리터리시의 교육은 '접근', '비판적 이해', '소통', '창조'라는 4가지 측면에서 살펴볼 수 있습니다. 우선 '접근'과 관련해 학생들의 개별 미디어 능력을 진단하면서 미디어 소외 계층이 있는지 파악해야 합니다. 이제는 교과 시험 성적의 높고 낮음으로 학생들의 능력과 수준을 파악해서는 안 됩니다. 미디어 시대에 맞게, 학생들의 다양한 미디어 접근을 살필 수 있어야 합니다. 또한 길어진 미디어 사용 시간에 비해서 학생들의 미디어 사용 스펙트럼은 폭넓지 못한 경우가 많습니다. 학생들이 컴퓨터 게임을 잘한다고 해서, 컴퓨터 미디어를 잘 다룰 것이라고 생각해서는 안 됩니다. 편협하고 단편적으로 미디어에 접근하는 학생들에게 다양한 미디어에 주체적으로 접근하는 방법을 체계적으로 교육할 수 있어야 합니다.

다음으로 '비판적 이해'와 같은 경우에는 교묘하게 존재하는 미디어들의 본심을 놓치지 않고 파악할 수 있도록 항상 비판의 감수성을 일깨우는 미디어 리터러시 교육이 이뤄져야 합니다. 비난과 비판은 다릅니다. 근거 없이 부정적인 표현을 일삼는 비난과 달리, 비판은 정확한 근거를 들어 옳고 그름을 따질 수 있는 논리적인 능력입니다. 미디어는 진실과

거짓이 매우 치밀하게 혼재돼 있는 경우가 많습니다. 또 겉으로 드러난 것과는 다른 의도가 미디어 안에 숨어 있기도 합니다. 이런 상황에서 미디어에 담긴 지식과 정보를 양적으로 소화하는 데에 주력하기보다는 하나의 미디어 속, 하나의 지식과 정보를 소화하더라도 그것을 섬세하게 따져가며 이해할 수 있는 '팩트체크'의 역량을 키워줄 수 있어야 합니다.

그리고 미디어 리터러시에 대한 '비판적 이해'를 바탕으로 세상과 '소통'까지 할 수 있는 교육이 실천돼야 합니다. 소통을 통한 타인의 리터러시 이해를 바탕으로 자신의 지식과 정보를 정제하고, 정제된 지식과 정보가 삶의 차원에서 사용될 수 있게 하는 힘인 '역량'이 곧 학생들이 갖춰야 할 미디어 리터러시의 핵심입니다. 이런 상황에서 미디어나 지식과 정보는 갈수록 많아지는데 '소통'을 통한 '역량 증진'의 기회 없이 마치 과거 문자의 시대를 살 듯 미디어를 다루는 것은 이치에 맞지 않습니다. 오히려 깊어지는 자신의 삶만큼 상대의 삶을 존중하지 못하게 돼 이것이 혐오로 이어지게 되는 것입니다. 이런 점에서 미디어 리터러시 관련 '소통' 교육은 단순히 미디어 에티켓 차원이 아니라, 미래 사회를 사는 데에 필수적인 역량을 기르는 것입니다.

끝으로 다시 새로운 '창조'를 할 수 있게 하는 미디어 리터러시 교육이 필요합니다. 이제 우리 학생들의 시대가 옵니다. 기존의 미디어를 바탕으로 새로운 미디어를 익힌 학생들은 이른바 미래 인재로서 더 멋진 세상을 열어줄 것입니다. 그간 인류는 창조를 통해 발전해 왔습니다. 옛것을 본받아 새로운 것을 창조한다는 '법고창신(法古創新)'의 관점은 미디어 리터러시에도 매우 중요하게 적용됩니다.

요즘 아이들의 문해력을 걱정하는 사람이 많습니다. 학생 문해력의 판단기준이 구시대적인 것은 아닌지 되물어 볼 필요가 있습니다. 예를 들어, 대학수학능력시험의 국어영역에 나오는 소위 '킬러문항'의 정답을 맞힌다고 해서 무조건 문해력이 높은 학생이라고 볼 수 있을까요? 현재 우리가 생각하는 리터러시는 결국 기성세대들만의 리터러시는 아닌지 성찰할 필요가 있습니다.

 학급 단위의 미디어 리터러시 교육 방안

개념에 따른 사례
- **접근에 대한 교육**: 학급 미디어센터 구축 및 교육
- **비판적 이해 교육**: 가짜 뉴스 사례 포착 발표 활동
- **올바른 소통 교육**: 학생 주도적 학급 플랫폼 운영
- **창조에 대한 교육**: 희곡을 읽고, 협력적으로 자신들만의 책(희곡 대본)을 쓰며, 쓴 대본을 바탕으로 연극제 및 북콘서트 실시

미디어의 종류에 따른 사례
- **라디오**: 생일 축하 팟캐스트 활동
- **유튜브**: 금손 유튜버 무작정 따라 하기
- **잡지**: 월간 카드 잡지 발간
- **포스터**: 학급 축제 포스터 공모
- **신문**: 지역 신문 활용 교육
- **영상**: 감사와 사과의 UCC 제작
- **그림**: 학급 마스코트 만들기
- **사진**: 학교 사진 콘테스트
- **텍스트**: 매일 아침 텍스트 산책
- **뉴스**: 학급 활동 기자단 운영
- **웹사이트**: 유용한 웹사이트 공유

022

미래교육을 위한 환경 조성과 활용

#1인 1기기 #미디어센터 #학생 사용자 #공평한 환경 #디지털 소통과 협력 #디지털 민주시민

21중등세종 21비교과세종 20초등경기 20비교과경기 17초등서울

Q

제가 근무하는 학교가 '미디어센터' 구축 지원 사업의 대상 학교로 선정 됐습니다. 이번 기회에 동료교사들과 학교의 미래교육 역량을 기르기 위해서 는 환경적으로 어떤 것들이 필요한지 이야기를 나누게 됐습니다. 어떤 점에 유의하면서 미래교육을 위한 환경을 조성해야 할까요?

A 학생들의 수업 주도성과 역량을 기르기 위해서는, 학생들의 사용을 적극적으로 배려하는 방향으로 환경이 준비되어야 합니다.

시대의 변화에 따라 다양한 기자재가 학교에 도입이 되는 것은 비단 요 즘만의 일은 아닙니다. 새로운 기자재가 출현할 때마다 학교는 학생들의 교육을 위해서 그 기자재를 도입해 이용하는 과정을 거듭해 왔습니다. 그 러나 그간의 교육 환경 개선은 사용자가 누구냐는 측면에서 그 한계점이 명확했습니다. 아무리 새로운 기자재들을 도입해도 기자재의 주 사용자 는 교사들이었으며, 따라서 학생들의 이해에는 도움을 주는 수단이었는 지 모르지만 학생들이 능동적으로 사용할 수는 없었다는 것입니다.

이제 학교는 단순한 지식의 전수 공간이 아닙니다. 학생들이 주도적으로 수업에 참여해 수업을 구성해 나갈 수 있는 공간이 됐습니다. 따라서 이러한 미래교육을 위해서는 모든 학생이 공평하게 각종 환경을 능동적으로 이용해 수업에 참여할 수 있도록 유도하는 것이 밑바탕이 돼야 할 것입니다. 코로나19 이후의 디지털 기기 보급 사업에 있어 모든 학생들에게 1인 1기기를 도입하려는 측면도 이러한 상황 때문입니다. 아무리 교사가 뛰어난 환경을 보유하고 있다고 하더라도, 학생이 함께하지 않으면 의미가 없습니다. 물론 종이와 펜보다는 당연히 비싼 것들이기 때문에 사용과 관리에 있어 더 부담이 되는 것이 사실입니다. 그러나 이제 더 이상 훼손, 파손, 그리고 일부 학생들의 잘못된 이용에 대한 걱정으로 미래교육 환경이 전시품이나 일부만의 권력으로 존재해서는 안 됩니다. 이런 의미에서 미래교육의 성패는 얼마나 새로운 환경을 조성하느냐보다, 얼마나 학생들의 문제 상황을 품어 안으며 환경의 순기능을 이용할 수 있는지에 달려 있다고 할 수 있습니다.

이렇듯 학생들이 공평하게 이용할 수 있는 환경의 조성을 바탕으로 해 상호 소통하고 협력할 수 있는 환경이 추가로 갖춰져야 할 것입니다. 이것은 온라인과 오프라인 모두에 해당됩니다. 미래 역량을 키우기 위해서는 수업 내외로 학생들 간의 상호작용이 매우 중요합니다. 학생들은 이러한 상호작용을 통해 배운 내용을 자신들의 현실에 접목해 보고, 자신들의 현실 속 문제를 해결하며 역량을 키우고, 더 나은 방향의 새로운 세상을 또래들과 창조해 나갈 수 있습니다. 이제 교사의 수업을 학생들이 조용히 경청하는 일방적인 수업의 시대는 지났습니다. 수업과 관계된 모든 소통이 협력의 계기가 되고 피드백의 과정이 됩니다. 이를 위해서는 학생들이 수업을 바탕으로 자연스럽게 소통하며 민주시민으로서도 활동할 수 있는 공간을 온라인과 오프라인에 마련해 줄 수 있어야 합니다.

물론 미래 환경에 대해서는 학생에 대한 무조건적인 개방과 보급만이 능사는 아닙니다. 미래 환경에 대한 지식적·기능적 사용 교육뿐만 아니라, 사용 윤리에 대한 정의적이고 태도적인 교육도 체계적으로 병행이 돼야 합니다. 특히 이런 교육도 실제적으로 사용하는 맥락에서 교육이 이뤄질 때에 그 효과가 극대화될 것입니다. 미래를 경험해 보게 하지도 않으면서 조심하라고 하는 것은, 신문물을 배척하는 원시 부족의 행태와 크게 다르지 않습니다. 이런 점에서 미래 환경에 대한 교육은 도구의 사용 제한, 압수 등의 선도적이고도 징계적 사용 교육을 넘어서, 자기관리 역량 측면의 교육이 이뤄져야 합니다. 기본적인 디지털 기기의 관리와 상황에 맞는 디지털 도구의 선택, 디지털 정보 이용 시의 저작권과 산출된 정보의 관리 및 보안 교육이 그 예입니다.

미래를 앞당기는 각종 기자재들과 기술들은 비단 학교가 아니더라도, 언젠가는 모든 학생들이 이용하게 될 현실이 됩니다. 학교는 미래에 대한 두려움을 먼저 딛고, 학생들이 직접 미래를 열어갈 수 있도록 준비하게 하는 건전하고 안전한 장(場)이 돼 줘야 할 것입니다. 언제나 역사는 빛과 어둠이 존재하기 마련입니다. 하지만 그러한 빛과 어둠을 통해 인류의 역사는 끊임없이 발전해 왔습니다.

023

교사의 개인 미디어 활동과 유의점

#뉴미디어 #창조자 #저작권법 #초상권 #개인 미디어 겸직

22중등평가원

Q

거꾸로 학습을 실천하고 싶은 교사입니다. 학생들이 수업 전에 볼 수 있는 영상을 찾다 보니, 제 마음에 쏙 드는 것이 없었습니다. 그래서 직접 영상을 촬영하고 업로드를 해서 볼 수 있게 해야겠다는 생각이 들었습니다. 그런데 막상 저와 제 창작물이 미디어상에 노출된다니 걱정이 되기도 합니다. 조심해야 할 것은 없을까요?

A

여러 체크리스트를 활용해 법과 지침을 어기지 않도록 하면서, 미디어 활동을 이용한 교육에 대해 계속 연구하고 실천하며 성찰하기를 바랍니다.

교육부가 규정한 「교원의 인터넷 개인 미디어 활동 지침」에서 예로 들고 있는 개인 미디어에는 '유튜브, 아프리카TV, 네이버 블로그, 다음 브런치'가 있습니다. 교사의 개인 미디어 활동과 이것의 교육적인 이용과 관련해서는 교사마다 다양한 모습을 보이고 있습니다. 아직까지도 SNS상에서 학생들과 전혀 교류하지 않는 교사가 있는가 하면, SNS뿐만 아니라 개인 미디어 활동을 교육 활동에 접목해 적극적으로 이용하는 교사도 있습니다. 더욱 더 빠른 속도를 가지고 다양한 모습으로 나타나는 미디어의 종류와 이에 대한 교사의 역량 및 가치관에 따라, 개인 미디어 활동을 바라보고 실천하는 교사의 유형 역시 매우 다채롭게 나타나고 있습니다.

교사의 개인 미디어 활동과 관련해 먼저 염두에 둬야 할 것은 시대의 변화로 생긴 '뉴미디어'에 대해, '이용'은 아직 교사의 선택 사항일지 모르겠지만, '연구'는 필수라는 것입니다. 학생은 미래 세대입니다. 미래를 살아갈 학생들에게 미래를 준비시키기 위해서라도, 교사가 먼저 뉴미디어에 대해 연구하면서 필요에 따라 뉴미디어를 교육 현장에 실천적으로 이용하려는 자세가 필요합니다. 또 교육적인 이용 과정에서 나타나는 뉴미디어의 문제점 발생과 보완책 궁리에 이르기까지 모든 현상을 교육에 이용할 수 있는 자세도 필요합니다.

그리고 미디어에 대한 교사의 역할은 '수용자'에서 '창조자'로 바뀌게 될 것입니다. 이러한 과정에서 교사는 '미디어 자체에 대한 기술적인 전문성'뿐만 아니라, 저작권법과 학생의 초상권이 관련된 문제와 같이 '미디어의 사용을 둘러싼 전문성' 또한 가져야 합니다. 이미 우리 곁에 다가온 유튜브 시대에 코로나19 상황이 겹치면서, 미디어 전문성이 있었던 교사들의 적극적인 미디어 활동이 나타났습니다. 이러한 미디어 선도 교사들의 활동은 원격 수업과 관련한 교육의 질을 제고하는 데에 크게 기여했지만, 저작권법과 학생들의 초상권 문제에 대해서는 새로운 문제 양상을 보여준 바도 있습니다. 예를 들어, 모자이크 처리를 하지 않고 업로드해 초상권을 침해한다거나, 교과서 자료를 허가 없이 활용하는 영상을 게시해 저작권 문제가 생기는 등의 상황이 나타났습니다. 또한 업무 시간에 개인 수익이 발생하는 겸직을 한다는 것 자체가 복무상의 문제로 지적되기도 했습니다. 따라서 지속 가능한 교사의 미디어 활동을 위해서는 미디어 활동에 대한 총체적인 전문성 신장이 필요합니다.

특히 교사는 교육공무원이라는 신분에 입각해, 교육부와 교육청의 지침을 숙지하고 관리 감독을 잘 따르면서 필요에 따라 발전적으로 제언해야 합니다. 개인 미디어 활동으로 조금이라도 수익이 발생할 때에는 당연히 겸직 신고를 해야 합니다. 이때는 개인 미디어 활동 겸직 신고 신청서와 겸직심사 체크리스트 및 증빙서류에 대해 내부결재를 받고, 겸직심사위원회의 심사를 받으면 됩니다. 개인의 사적 공간까지 신고를 해야 하는지에 대해서 이견도 있습니다만, 수익이 발생하는 것에 대해서는 철저해야 합니다. 겸직 신고를 했다고 해서 아무렇게나 활동할 수 있는 것은 아닙니다. 개인 미디어상의 콘텐츠에 비밀이 누설되지는 않는지, 품위를 훼손하는 것은 없는지, 정치적으로 중립성을 지키고 있는지, 타인의 초상권을 침해하지는 않는지, 평가의 공정성에 부정적인 영향을 초래하지는 않는지 등을 꾸준히 살펴보아야 합니다. 개인 미디어의 특성상, 시작 단계에서는 의식하지 못했던 것들이 활성화 이후 크게 문제가 되는 경우가 많습니다. 절차적 관리 감독에 수동적으로만 응할 것이 아니라, 스스로 자신의 개인 미디어에 대한 꾸준한 성찰이 필요합니다.

기타 개인 미디어상의 문제가 발생하지 않도록, 사회 통념에 견줘 보편적으로 합당하다고 할 수 있는 품성을 갖춰 개인 미디어 활동을 해야 합니다. 개인 미디어를 통한 개인의 표현의 자유도 중요하지만, 미성숙한 학생들에게 중요한 영향을 미칠 수 있는 교사라는 직업적 특수성을 명심해야 합니다. 국가, 사회, 학교에 속한 건전한 직업인으로서 반국가, 반 사회적인 미디어 활동이 되지 않도록 늘 경계해야 하며, 교사의 미디어를 언제나 학생이 지켜보고 있다는 생각을 전제로 활동해야 합니다. 또한 교사 본연의 직무에 어떤 식으로든 영향을 미치지 않는 선에서 개인 미디어 활동을 해야 합니다. 이는 기본적으로 교사의 품성과 자질의 문제와도 밀접하게 연관됩니다.

이제 또 어떤 미디어가 대세로 등장하게 될지 앞으로가 궁금해지기도 합니다. 교사는 학생들을 교육한다는 측면에서 항상 조심스럽게 접근할 수밖에 없습니다. 그래서 늘 보수적인 면을 가지고 있는 직업이지만, 그렇다고 해서 시대의 변화에 뒤처질 수는 없는 노릇입니다. 디지털 미디어의 원주민인 학생들에 비해서 그간 본인이 디지털 미디어 이주민으로서의 위치에 있었다면, 미디어 연구·실천·성찰이 더욱 필요한 시점입니다.

교육공무원의 개인 미디어 활동 체크리스트

개인 미디어 활동은 인터넷 공간에서 이뤄진다는 점에서, 자신도 모르게 공무원 복무규정을 어기기 쉽습니다. 따라서 다음 사항을 항상 염두에 두고 미디어 활동을 할 필요가 있습니다.

- 근무시간 외에 활동하고 있는지?
- 내일 근무에 영향을 미치는 것은 없는지?
- 근무시간 외에 제작한 것인지? (학교 홍보 등 공식적 목적 제외)
- 수익이 발생하는지?
- 수익이 발생한다면 겸직 신고는 했는지?
- 겸직 신고 이후 겸직 관련 실태 조사에 성실하고 진실하게 임했는지?
- 학생과 학부모가 봐도 괜찮은 콘텐츠인지?
- 혹시 학생의 모습이 나오는 사진이나 영상은 아닌지?
- 명예가 실추되거나 공공의 이익에 반하는 것은 없는지?
- 중요한 정보나 업무상 비밀이어야 하는 내용이 노출되지는 않는지?
- 평가나 기타 학교생활에 민감한 영향을 미칠 수 있는 내용은 아닌지?

학교사용설명서

학생상담 설명서

PART
03

024

학업 중단 위기 학생과의 상담

#학업 중단 숙려제 #학업 중단 예방 #학교의 의미 #배움의 의미 #학교 밖 청소년 #대안교육
23비교과서울 21비교과세종 20중등경기 18중등경기

Q

학교 수업에 전혀 참여하지 않고, 잠만 자다가 집에 가는 학생이 있습니다. 학교의 여러 부서와 학생의 학부모와도 지속적으로 상담을 하고 있지만 문제 상황을 개선하는 것이 쉽지 않습니다. 그런데 어제 학부모와 상담한 이후 학부모와 학생이 크게 싸우고 나서는 오늘 학생이 더 이상 학교에 다니지 않겠다고 찾아왔습니다. 어떤 절차와 상담이 필요할까요?

A

'학업 중단 숙려제'는 법적 의무 사항으로서 준수하고, 숙려의 전·중·후 과정에서 학생을 진정으로 생각하는 모습을 보여주길 바랍니다.

통계청의 「국가지표체계」에 따르면, 2020년 학업 중단률은 중학교가 0.5%, 고등학교가 1.1%였습니다. 2000년의 중학교 1.0%와 고등학교 2.5%와 비교해 보면, 중학교는 0.5% 포인트, 고등학교는 1.4% 포인트가 줄어들었습니다. 이는 학업 중단을 줄여나가야 할 것을 국가적인 책무이자 목표로 세우고, 학업 중단 위기에 놓인 학생에 대해 적극적이고도 체계적인 개입을 한 결과라고 볼 수 있을 것입니다. 그럼에도 다양한 이유로 학업 중단의 위기를 겪는 학생이 있다는 것을 항상 염두에 둬야 합니다.

학업 중단 위기의 조짐이 보이는 학생에게 가장 먼저 필요한 것은 '학교의 의미와 학교에서 하는 배움의 의미'를 일깨워 주는 것입니다. 실제로 여성가족부가 발표한 「2021년 학교 밖 청소년 실태조사 결과 및 지원방안」에 따르면 학업 중단의 가장 큰 이유로 '다른 곳에서 원하는 것을 배우려고'와 '학교에 다니는 게 의미가 없어서'를 들고 있습니다. 이에 따르면, 학업 중단의 위기에 있는 학생에게도 나름의 배움에 대한 욕구와 인생에서의 가치를 찾기 위한 고민이 있다는 것을 알 수 있습니다. 따라서 학업 중단 위기 학생에게는 학업 중단 이전에 개별적인 진로 상담 및 학습 코칭 프로그램 등을 통해 학교가 보장하는 학업의 가치와 소중함을 깨닫게 함으로써 학업 중단을 예방하는 것이 최우선입니다.

　그럼에도 불구하고 학교 측에 학업 중단 의사를 밝힌 학생이 있다면, 학기 초 구성한 학업중단예방위원회가 세운 학업 중단 숙려제 운영 계획에 따라 협업을 통해 체계적인 절차를 밟아 나가야 합니다. 담임교사 또는 전문 상담교사와의 면담이 반드시 실시돼야 하며, 학생과 학부모 모두 학업 중단 숙려제도에 대한 안내를 받을 것이 법적으로 보장돼 있습니다. 특히 학업 중단 학생과의 면담 과정에서 학업 중단의 원인을 명확하게 파악해, 학업 중단 원인 제거를 통해 학업이 지속될 수 있는 가능성은 없는지도 살펴봐야 합니다. 학생의 학업 중단 이유가 단지 학교가 싫은 것이 아니라 가정 형편, 교우관계, 학교폭력 여부, 인권 침해 여부, 학업적인 문제, 심리·정서적인 문제 등과 연관돼 있을 수 있습니다. 따라서 학생의 학교생활에 부정적인 영향을 끼치는 원인을 총체적으로 분석하는 상담 과정이 필요하며, 또 이 과정에서 발견된 필요 조치를 즉각적으로 취해 학교가 학생을 내버려두지 않고 최선을 다해 도우려 하고 있다는 것을 보여줄 필요가 있습니다.

학업 중단 숙려제의 참여 여부에서 더 나아가, 학교는 학생에게 학업에 대한 지속을 권고하고, 학교 안팎의 청소년 지원 프로그램 등에 대해서도 충분히 안내를 해야 합니다. 여러 교육청에서는 이러한 단계까지 고려해 학업 중단 학생이 학교 밖 청소년으로서도 주눅들지 않으면서 건전하고도 건강하게 성장할 수 있도록 대안교육 위탁교육기관을 늘려가고 있습니다. 또 학교는 학교 주변에 학교 밖 청소년을 위한 청소년센터 및 대안교육 위탁교육기관과 유기적인 협조 및 소통 체계를 미리 구축하고 상황에 따라 능동적으로 이용해야 할 것입니다.

학생이 학업 중단 숙려제에 참가하게 되면, 프로그램을 내실 있게 운영해야 합니다. 학업 중단 숙려제는 단순히 결석 일수를 줄여서 어떻게든 졸업을 시키기 위한 시간을 벌기 위한 것이 아닙니다. 학업의 의미를 찾지 못하고 방황하고 있는 위기의 학생들에게 모두 열려 있는 학교 안 대안교육으로서의 역할을 다 해야 합니다. 필요에 따라서는 외부 기관의 프로그램과 연계하거나 학업의 의미를 찾을 수 있는 캠프 등의 각종 체험 활동을 운영할 수도 있습니다. 이러한 과정에서 학생이 상담에 참여하지 않는 개인적 숙려의 시간에도 학생의 소재와 안전 관련 사항을 철저히 점검하고 관리해야 합니다.

학업 중단 숙려제와 학업 중단 위기 학생 및 학교 밖 청소년을 위한 각종 노력들은 어떤 상황에서도 어떤 학생도 포기하지 않겠다는 마음의 구체적인 증거들이라고 할 수 있습니다. 학교 밖 청소년으로서 겪을 수 있는 학업 중단에 대한 후회와 여러 문제 상황으로 빠지게 되는 것을 최소화하면서, 성적과 관계없이 학생들 저마다의 소질과 적성을 개발해 민주시민으로서의 제 역할을 수행할 수 있게 하는 학업 풍토 개선 또한 이어져야 할 것입니다.

025

학생의 우울증과 자살 예방

#변화된 우울증 #신종 우울증 #자살 위험 증후 #정서행동검사 #자살예방 생명지킴이

23초등대구 21중등강원 21중등대구 21비교과경기 21비교과평가원 20중등경기 20중등대구
19초등인천 19중등세종 17중등대구

Q

교직원 회의에서 요즘 학생들의 우울감이 심각한 수준이라며, 큰일이 생기기 전에 각별히 조심할 것을 당부하는 이야기가 나왔습니다. 이번에 맡은 학급은 비교적 조용한 학생들이 많은 편이라, 도무지 조용한 학생과 우울감이 큰 학생을 구분하기가 쉽지 않습니다. 학생들의 우울증은 어떻게 접근을 해야 할까요?

A '자살예방 생명지킴이'로서 활동해 주세요. 고민보다는 실천적인 노력을 통해 건강한 학교를 만들 수 있습니다.

한국생명존중희망재단에서는 국민 모두가 생명지킴이가 되는 것을 목표로 생명지킴이 양성 프로그램을 운영하고 있습니다. 스트레스, 불안, 우울, 조울 등 정신 건강에 각종 위협을 받고 있는 요즘의 우리 학생들을 위해서 교사라면 '자살예방 생명지킴이'가 돼야 한다고 당부하고 싶습니다. 학생들의 우울에 대해서 어떠한 조치 없이 걱정만 하다가는 교사도 우울에 빠질 수 있습니다. 우울은 비단 특정 개인만의 잘못이 아니며, 우리 모두의 현실이 될 수 있습니다.

각종 연구 결과에 따르면 우울은 다양한 스펙트럼을 가지고 있으며 각 개인의 성향에 따라 증상도 다양하게 나타난다고 합니다. 이로 인해 우울을 호전시키기 위한 방법과 그 정도도 폭넓은 스펙트럼을 가지고 있다고 합니다. 다시 말해서, 우리가 보통 '우울'이라는 단어를 들을 때 떠올리는, 말로 표현하기 어려울 만큼의 정신적인 고통과 슬픔뿐만 아니라, 단순 문제 회피나 감정의 기복으로 보이는 것도 우울증일 수 있다는 것입니다. 따라서 감정에 어려움을 보이는 학생이 발견된다면 이것에 대해서 교사는 함부로 경중을 판단하려 들지 말고, 학교 내의 Wee클래스 및 각종 전문적인 지식 및 기관 등과 연계해 꾸준히 관심을 가져야 합니다. 최근에는 정신 건강과 자살이 사회적인 문제가 되면서 보건복지부 및 각종 정신 건강 관련 기관과 의료계를 중심으로 각종 자가진단검사와 안내 및 상담 자료를 보급하고 있습니다.

　우울과 자살의 조짐이 있는 학생들에게는 피상적인 대화보다 제대로 된 검사를 받고 전문적인 처치가 이뤄지게 하는 것이 교사의 역할입니다. 특히 우울이 심화돼 자살 시도로 이어지기 전에, 자살 위험 징후를 파악해 예방하는 것이 최선입니다. 이를 위해서는 학급 학생들의 정서와 행동의 상황을 점검해 지켜봐야 할 학생들을 알려주는 정서행동검사와 같은 각종 검사 결과를 잘 참고해야 합니다. 그리고 '직간접적인 언어 표현', '갑작스러운 행동 변화', '자살을 암시하거나 자해하는 행동', '개인이나 가족, 사회와 관련한 상황 변화'에 대해 평소에 관심을 가질 필요가 있습니다. 주의가 필요한 학생이 있다면 그 학생의 SNS나 대화와 같은 일상에 관심을 가지고 지켜보는 것이 좋습니다. 또한 정서행동검사에서 주의 학생이라 여겨지지 않는 학생이라 하더라도, 학업 성적이나 친구 관계 및 가정 형편에 급격한 변화가 생긴 학생이 있다면 역시 관심을 가져야 합니다.

조금이라도 자살 징후가 파악된다면 질문과 경청 및 공감의 자세 속에서 직접적으로 물어봐야 합니다. 구체적으로, '자살에 대한 생각', '자살에 대한 계획', '자살의 수단', '자살 예정일', '자살 시도 경험'을 편견 없이 질문함으로써 학생이 자살에 대해 어느 정도의 위험성을 가지고 있는지 판단할 수 있습니다. 그리고 그 위험도에 따라 지체 없이 학교 내 담당자 및 연계기관과 함께 지속적이고도 유기적인 협력이 이뤄져야 합니다.

코로나19로 전 세계가 많은 어려움을 겪었고, 그것이 남긴 정신적 후유증은 아직까지 사회 전반에 남아 있습니다. 이에 불안정하고 급변하는 미래 사회를 살아가는 우리 학생들을 위한 정서적 지원이라는 교사의 역할이 더욱 강조되고 있습니다. 이제 모든 교사가 '자살예방 생명지킴이'가 돼 학생들의 우울증과 자살 위험을 조기에 파악하고, 적절한 조치를 취할 수 있어야 합니다. 이를 위해 학생들의 정서와 행동 변화에 민감하게 반응하고, 전문적인 지원을 필요로 하는 학생을 식별하는 능력을 키워야 합니다. 또한, 이러한 노력은 학교 전체의 문화와 체계가 지원해야만 효과적일 수 있습니다. 학교는 교사와 학생, 그리고 가정이 함께 협력해 학생들의 정신 건강을 지킬 수 있는 환경을 만들어야 합니다. 이는 '학생의 건전한 성장'을 위한 필수적이고도 중요한 노력입니다.

자살예방 생명지킴이

대한민국의 모든 사람은 자살예방 교육을 받으면 자살예방 생명지킴이가 될 수 있습니다. 특히 교사는 다양한 우울을 겪고 있는 학생을 대하게 된다는 점에서, 전문적인 자살예방 교육을 받을 필요가 있습니다.

자살예방 생명지킴이는 자살 위험에 처한 주변인의 '신호'를 인식해 지속적인 관심을 가지고, 그들이 적절한 도움을 받을 수 있는 자원(기관, 전문가)에 연계하는 사람입니다.

2020년에는 보건복지부, 중앙자살예방센터, 한국자살예방협회, 중앙자살예방센터에서 '보고듣고말하기(2.0)'이라는 한국형 표준자살예방 교육 프로그램을 개발해 보급하고 있습니다. 여기서 '보기'는 '자살을 암시하는 언어적, 행동적, 상황적 신호 확인'이고, '듣기'는 '실제 자살 생각을 묻고 죽음의 이유와 삶의 이유를 경청'하는 것이며, '말하기'는 '안전점검목록을 확인하고 전문가에게 도움을 의뢰'하는 것입니다.

또한 자살 위험에 처한 사람에게 도움을 받을 수 있는 자원과 이어주는 생명지킴이의 역할을 '이어줌인'이라는 이름으로 브랜드화한 프로그램도 있습니다.

출처: 한국생명존중희망재단(https://www.kfsp.org)

026

자살 시도 학생 개입 절차

#위기관리위원회 #자살 시도 대처 #자살 시도 학생 가족
21중등강원 21중등대구 20중등경기

Q

아침에 학부모가 울면서 전화를 하셨습니다. 우리 반 학생이 자살을 시도했다고 합니다. 너무 놀라서 무엇을 해야 할지 모르겠습니다. 저는 어떻게 해야 할까요?

A '위기관리위원회'를 중심으로 학교 전체가 한 학생과 학교 모두를 위해 함께해야 합니다.

2018년, 한 학생을 만나게 되면서 저도 '자살예방 지킴이(생명지킴이)'가 됐습니다. 그전에는 블로그에 '자살'이라는 단어를 게시조차 할 수 없다는 것도 모른 채 살았습니다. 자살이야말로 예방이 최선임은 두말 할 나위가 없습니다. 그럼에도 불구하고 이미 상황이 발생했다면 학생 자살 시도자에게 적극적으로 개입해 문제를 해결해야 합니다.

우선, 자살 시도에 대한 일부터 처리해 보도록 하겠습니다. 교사는 학생의 자살 시도 사실을 인식한 즉시 학교에 알려, 학교 내 '위기관리위원회'를 빠른 시일 내로 소집해야 합니다. 위기관리위원회는 다른 위원회와 달리, '학교의 장'이 직접 책임을 가지고 회의를 소집해 자살 시도 학생을 포함한 학교 구성원의 안녕과 보호를 위한 다양한 역할을 수행하게 됩니다.

위기관리위원회 소집과 병행해, 교사는 학부모와의 침착한 소통을 꾸준히 이어가야 합니다. 특히 자살 시도로 학생이 뇌 손상 등의 피해를 입은 것은 아닌지 정밀 진료를 받을 수 있도록 해야 합니다. 자살 시도를 목격한 것이 부모든, 교사든, 친구든 엄청난 정신적 고통을 받게 됩니다. 이런 상황에서 '슬픔은 나누면 반이 된다.'는 그 흔한 말처럼, 자살 시도 학생과 자살 시도 학생 주변 사람들이 '당신은 혼자가 아니다.'라는 것을 알 수 있도록 지속적으로 대화하고 상담해야 합니다.

위기관리위원회는 사안에 대한 정확한 정보부터 수집하게 됩니다. 담임교사, 생활지도 교사, 상담교사, 보건교사 등 학생과 관련한 모든 교직원이 위원으로서 정보를 공유하고 대응을 준비하게 됩니다. 필요에 따라서는 위기관리위원회를 바탕으로 추가적인 학년협의회나 교직원회의로 이어질 수도 있습니다. 무엇보다 한 학생의 생명과 관계된 일이기 때문에, 모든 필요 정보를 정확히 수집하고 공유해 모두가 학생을 지켜줄 수 있어야 합니다. 이 과정에서 자살의 원인이 밝혀질 경우 그 원인을 해결하도록 노력해야 하며, 기타 위험 요인을 최대한 신속히 제거해야 합니다. 상황에 따라 경찰조사나 언론 대응이 필요할 경우에는 위기관리위원회가 공식적으로 모든 조력을 할 수 있어야 합니다. 특히 자살 시도와 관련한 루머의 확산이나 부정적 감정의 전염이 일어나지 않도록 주의해야 합니다.

그리고 담임교사뿐만 아니라 모든 교사가 학생을 지지하면서 다양한 지원을 해 줄 수 있어야 합니다. 특히 학생의 자살 시도에 대해 절대 비난하거나 설교를 해서는 안 됩니다. 또한 너무 당황하거나 두려워해서도 안 되고, 너무 쉽게 생각해서도 안 됩니다. 자살이라는 단어를 금기시해야 하는 것으로 오해하는 교사도 있지만, 오히려 반대입니다. 자살에 대해 숨기고 비밀로 할 것이 아니라, 표현하게 하고 드러내도록 해야 합니다. 학생과 최대한 여러 가지 방법으로 함께 있어 주거나, 학생 주변에 항상 함께 있을 수 있는 사람을 만들어 주면서, 구체적으로 자살하지 말 것에 대한 약속을 받고 지속적으로 관심을 표현할 수 있도록 체계적인 소통을 실천하길 바랍니다. 담임교사 혼자만으로는 한계가 있을 수 있습니다. 상담교사 및 전문 상담기관의 도움을 받아 더욱 전문적인 개입과 치료가 이뤄져야 합니다.

2019년 통계 기준으로 우리나라의 자살 현황을 보여주기 위해 보건복지부와 한국생명존중희망재단이 발간한 『2021 자살예방백서』에 따르면 2019년 남녀 중고등학생의 '자살생각률'은 13.1%로 나타났습니다. 이제 자살을 생각한 청소년은 극소수가 아니라, 지금 우리의 교실에도 두세 명 이상이 존재하고 있는 셈입니다. 자살과 관련한 문제는 더 이상 쉬쉬하고 넘어갈 것이 아니라, 무엇보다도 신속하고 정확하게 매뉴얼에 따라야 하는 사안입니다. 우리 학생들의 생명과 연관된 문제이기 때문입니다.

027

ADHD로 살펴보는 수업 방해 학생 대하기

#ADHD #주의력 결핍 과잉행동 #수업 방해 #학생을 위한 환경 조성

22초등인천 21중등경기 21비교과서울 19중등서울 19중등세종

Q

이번에 맡게 된 학급 학생 중에 ADHD 학생이 있다고 합니다. 이 학생과 관련해 여러 안 좋은 이야기들이 벌써 들려옵니다. ADHD 학생은 어떻게 대처해야 하나요?

A 'ADHD' 중 'H'에 주목해 주시길 바랍니다. ADHD 학생으로 인해 학급에 긍정적인 점이 생길 수도 있습니다.

ADHD 학생과 같은 수업 방해 학생도 반드시 긍정적인 부분이 있습니다. 아마 이 글을 읽으면, '오늘도 화만 오백 번 내고 왔는데 반성해야 겠어요.'와 같은 후회만큼은 하지 않게 될 것입니다. 이 후회는 실제로 ADHD 학생을 맡은 신규 선생님이 ADHD에 대해 깊이 있게 접근하고 난 뒤의 문자였습니다. ADHD 학생은 지금도 우리 곁에 있습니다.

ADHD는 'Attention Deficit Hyperactivity Disorder'의 약자로서, 글자 그대로 '주의력 결핍 과잉행동 장애'라는 뜻을 가지고 있습니다. 4개의 단어 중에서 '과잉행동(Hyperactivity)'에 먼저 주목하길 바랍니다.

❶ 「표준국어대사전」에 따르면 '과잉'은 '예정하거나 필요한 수량보다 많아 남음'이라는 의미이며, 그 용례로는 부정적인 의미들이 나열돼 있습니다. 한 개인에게 '과잉'은 부정적인 의미로 해석될 수 있습니다. 그런데 학급이라는 한 집단으로 확장해 볼 때, 과잉의 에너지를 주변으로 잘만 전달한다면 무기력하고 수동적인 학급에 활력과 능동성을 불어 넣어준다는 측면에서 긍정적으로 사용할 수도 있습니다. 어쩌면 단조로운 일상을 초월하게 해 주는 혁신적 위인이 선생님 앞에 있는 것일지도 모릅니다. 에디슨이나 레오나르도 다빈치, 모차르트와 같이 말이지요. 따라서 ADHD 학생을 부정적으로만 이해하기보다는 학급의 분위기를 전환할 수 있는 역량을 지닌 특별한 학생으로 인식의 전환을 해 볼 필요가 있습니다.

❷ 이어서 '장애(Disorder)'라는 말을 살펴보겠습니다. 여기서 '장애'는 우리가 흔히 표현하는 장애인의 '장애'와 영어 단어가 다릅니다. 'Disability(장애)'가 아닌 'Disorder(어수선함)'라는 점을 살펴 '장애'에 대해 교사가 부담을 가지기보다는, 교사의 여러 도움으로 'Disorder'한 학생을 'Order'하게 살아갈 수 있도록 가르치는 데에 힘을 쏟아야 합니다. ADHD는 뇌의 전두엽에서 도파민이 제대로 전달되지 않는 기능 장애(Disorder)입니다. 일정한 만큼의 장애(Disability)가 있는 것이 아니라, 그 정도를 도저히 조절할 수 없는 장애(Disorder)입니다. 따라서 몇 번의 생활 지도로 전보다 학생이 좋아져 보이는 것에 현혹되면 안 됩니다. 왜 주의가 산만한지, 왜 정리정돈을 못하는지, 왜 약속을 못 지키는지 등에 대해 한두 번 혼내거나 화를 내고 억압을 하는 것으로는 절대 해결되지 않습니다. 자신도 모르게 이성적이지 못하고 생활에 지장을 초래하는 행동을 하게 되는 것이 ADHD이기 때문입니다.

❸ '결핍(Deficit)'의 측면으로 나타날 수 있는 ADHD의 대표적인 약
점 으로는 '충동성', '과잉행동', '부주의'가 있습니다. 그런데 이것들
은 ADHD만의 약점이라기보다는 누구나 가질 수 있는 약점입니
다. 따라서 우리 학급 안에는 수없이 다양한 ADHD 스펙트럼을
가진 학생들이 있다고 볼 수도 있습니다. 그 학생 중에 ADHD 판
정을 정식으로 받았다고 해서, 오히려 낙인을 찍고 교육적 도움을
포기하면 안 됩니다. 실제로 자녀 본인이 ADHD인 줄도 모르고
살아가는 사람들이 많을 뿐더러, 부모가 자식의 ADHD를 알아도
자식에게 일부러 이야기하지 않는 경우도 많습니다. ADHD 진단
을 받아 투약을 하고 있으며, 그것을 담임 선생님에게도 털어 놓았
다는 것은 오히려 무척 다행스러운 일입니다. 교사에게 협력적 관
계 구축을 강력하게 요청한 것이기 때문입니다. 학급에 ADHD 학
생이 있다는 것에 대해서 대담하게 생각하고, 학생의 약점 노출에
대해 선생님부터 안정적으로 대응하는 모습을 보여주기 바랍니다.
부모와 교사가 협력 속에서 안정적인 모습을 보여야 학생도 안정적
으로 결핍을 보완할 수 있습니다.

그리고 ADHD 학생을 계기로 ADHD에 대해 연구하면, ADHD로 인
한 2차 장애인 우울증이나 인격 장애를 미리 예방할 수 있습니다. 또
이를 혼자서 할 것이 아니라 ADHD 관련 네트워크를 만들거나 참여해
사례를 공유하면, ADHD 학생과 비(非)ADHD 학생이 조화를 이루는
학급으로 만들 수 있습니다. 한 가지 주의할 것은 담임 선생님만 바빠
서는 안 된다는 것입니다. ADHD 학생을 위한 교사의 궁극적인 역할은
ADHD 학생이 스스로 살아갈 수 있게 만드는 힘을 길러주는 것입니다.
ADHD 학생이 다른 학생에게 불편함을 줄 수 있다는 것은 분명한 사실

입니다. 그러나 ADHD 학생이 가진 그 특유의 발상력과 행동력은 학급에서 중요한 원동력으로 발현될 수 있습니다. 뇌의 에너지 소비가 커서 낮잠을 오래 자다가도 축구라면 벌떡 일어나던 ADHD 학생이 학급 대항 축구 경기에서 결승골을 넣고 세리머니를 하던 장면이 아직도 선합니다. 또한 톡톡 튀는 감초 연기로 협력종합예술 뮤지컬 활동에서 사람들에게 잊을 수 없는 감동을 선사한 ADHD 학생도 평생 잊을 수 없습니다.

ADHD를 곰곰이 생각해 보면, 내가 사랑해 마지않는 소설 속 인물도 떠오릅니다. 초록지붕 집에 살며 사사건건 말썽을 일으키고 꾸지람을 듣는 『빨강머리 앤』의 '앤'입니다. 하지만 '앤'은 우리가 너무 사랑하는 존재가 아니던가요?

028

아동학대에 대한 접근

#아동학대 #신체적 학대 #정신적 학대 #성학대 #방임 #아동학대 신고

21초등세종 20초등평가원 19중등인천 18초등경기 18중등인천

Q

학교에 자주 늦고 심지어는 결석이 잦은 학생이 있습니다. 학생과 상담을 하다 보니, 부모님을 대신해 어린 동생을 돌보면서 학교생활에 소홀해졌다는 것을 알게 됐습니다. 학생의 부모는 학생의 학교생활은 나 몰라라 하면서, 동생을 제대로 돌보지 않으면 때리기까지 한다고 합니다. 이 학생을 내버려 두고 싶지 않은데, 어떻게 하면 좋을까요?

A 112에 아동학대로 신고하는 것이 필요합니다.

보호자의 학대로 아동이 죽음에 이르는 사건이 끊이지 않고 있습니다. 사건 때마다 터져 나오는 전 국민적인 공분과 함께, 아동이 죽음에 이르기 전에 학대를 예방하지 못한 것에 대한 자성의 목소리가 높습니다. 2021년에 '즉시 수사 착수', '현장조사', '응급조치', '조사를 위한 자료 제출 요구' 등의 보완 내용을 담은 「아동학대범죄의 처벌 등에 관한 특례법」이 개정된 것도 이러한 맥락에 따른 것입니다.

아동학대 예방은 아동학대에 대한 달라진 인식을 학생과 학부모가 알게 하는 것에서부터 출발합니다. 특히 지난날 교육의 한 방법으로 여겨졌던 사례들이 사실은 아동학대일 수 있다는 사실을 반드시 전달해야 합니다. 학기 초부터 가정통신문과 교육 자료를 이용해 아동학대에 보다 민감하게 반응할 수 있도록 풍토를 조성하는 것이 중요합니다. 학생 및 학부모를 위한 아동학대 안내 자료에 들어갈 수 있는 가장 대표적인 사례는 이른바 '사랑의 매'에 대한 것입니다. 작은 회초리가 결국은 '신체적' 학대로 이어질 수 있다는 점에서 '사랑의 매'는 결국 아동학대라고 인식할 수 있는 공감대 형성이 중요합니다. 다음으로 많이 이용하는 사례는 아이가 오줌을 쌌을 때 옷을 벗겨 소금을 얻어오게 하는 전통적 풍습에 대한 것입니다. 이 경우는 '정신적' 학대라는 점에서 아동학대가 될 수 있음을 강조합니다. 물론 이런 풍습은 거의 사라졌지만, '쫓아낸다'는 식의 협박적 표현도 충분히 학대가 될 수 있음을 강조할 필요가 있습니다. 더불어 이용할 수 있는 사례는 손자의 성기를 만져보자고 이야기했던 예전 어르신들의 말과 행동이 사실은 '성적' 학대라는 것입니다. 특히 이러한 내용은 학생들에게도 있는 그대로 노출되는 것이 중요한데, '지금껏 누군가에게 보호받으며 살아왔다고 해서 부모 및 보호자가 나를 함부로 할 수 있는 것은 아니다.'라는 인식을 학생들에게 심어줄 때 아동학대를 예방할 수 있기 때문입니다.

이처럼 아동학대에 대한 교육을 바탕으로 학생 스스로 아동학대 여부를 진단하고 교사에게 알릴 수도 있으나, 결국 교사가 학생들을 자세히 살피며 아동학대 여부를 파악하는 것이 중요합니다. 매일 아침 학생들을 하나하나 살펴보면서 못 보던 상처나 흉터, 멍이 있는 것은 아닌지를 꾸준히 파악하시기 바랍니다. 신체적인 학대보다 더 파악하기 어려운 것은 정신적인 학대입니다. 언어를 이용한 언어폭력뿐만 아니라 계속적으로 모멸감을 주거나 협박을 하고, 원하지 않는 것을 강요하거나 소중히 여기는 것을 빼앗고 파괴하는 것 등 겉으로 드러나지 않지만 다양한 형태의 정신적 학대가 있는 것은 아닌지 학생과 꾸준한 소통을 통해서 그 여지를 파악해 예방하는 것이 중요합니다. 성(性) 학대도 비일비재한 일입니다. 학생이 성적으로 지나치게 관심을 갖거나 성적인 언행이 두드러지는 경우에는 학생을 사춘기로만 취급할 것이 아니라 예민하게 반응해 변화의 속사정을 들어 보는 기회를 마련해야 합니다.

더불어 최근에 가장 문제가 되는 학대의 유형은 방임입니다. 아이가 당연히 누려야 할 기본적인 여건이 충족되지 않거나, 특히 교육이나 의료의 측면에서 사각지대에 존재하는 학생들이 갈수록 많아지고 있습니다. 부모로서는 직접적인 위해를 가하지 않았다는 점에서 학대라고 인식하지 못할 수도 있겠지만, 제때에 입히고, 먹이고, 교육하고, 치료해 주지 않는 방치도 모두 학대입니다. 학생이 학교생활을 충실히 이행하지 못하는 경우, 학생을 게으르고 무능하다고 판단하거나 혹은 학생의 가정 형편을 불쌍하게만 여기는 것에 머무르지 말고, 현 문제 상황이 가정 내 학대로 인한 것은 아닌지 잘 살펴보길 바랍니다.

만약 학대라고 판단된다면 선생님이 해야 할 일은 직접적으로 문제를 해결하는 것이 아닌, 신고입니다. 아동학대 신고 의무자가 신고를 하지 않을 경우에는 1,000만 원 이하의 과태료를 물게 돼 있지만, 이것은 비단 과태료 때문이 아니라 한 학생의 목숨이 걸린 일일 수도 있다는 것을 유념해야 합니다. 제대로 된 신고와 사건 조사 및 응급조치가 이뤄지기 위해서 가급적 구체적인 증거를 확보해 놓는 것이 중요합니다. 최근에는 아동학대를 신고했다가 다른 문제로 이어지면서, 이를 두려워한 나머지 교사가 신고를 꺼리는 경우도 있는데, 익명으로도 아동학대 신고가 가능합니다. 신고 이후에는 아동학대 전담 공무원 및 아동 보호 전문기관과 유기적인 협력 관계 속에서 학생이 보호받으며 무엇보다 재학대를 방지할 수 있도록 계속적인 점검이 이어져야 합니다.

어느 종업원이 식당에 들어온 가족 중 한 아이를 자세히 살펴보다가, 아동학대의 흔적을 발견하고 신고해 학생을 위기에서 구해냈다는 내용의 기사를 읽은 적이 있습니다. 눈길 한 번이 학생을 구할 수 있습니다. 식당의 종업원도 이러한데, 학생과 오래도록 꾸준히 시간을 보내는 교사인 여러분은 이보다 더 많은 징후를 발견하고 학생에게 도움을 줄 수 있을 것입니다. 이제 다시는 아이들에게 미안한 세상이 되지 않기를 바랍니다.

029

소외된 학생을 위한 상담과 프로그램

#MBTI #왕따 예방 #학생화합 #학생성격 #학생역량 #집단상담

23비교과평가원 22초등인천 22중등세종 21비교과경기 21비교과서울 19초등인천 19비교과경기
19중등세종 19중등인천 18초등평가원

Q 🙂 학급에 하루 종일 거의 말을 하지 않는 학생이 있습니다. 친한 친구도 없는 모양인지 항상 혼자 책상에 가만히 앉아 있습니다. 게다가 학급 행사에 참여하려는 의욕도 없어 보입니다. 이 학생을 가만히 내버려둬도 될까요?

A 4차 산업혁명 시대의 미래인재 역량 중, 'communication', 'collaboration' 역량은 개인의 성향과 상관없이 모든 학생들에게 필요한 역량입니다. 이 역량을 키워주는 방향으로 접근하기를 바랍니다.

마이어스(Myers)와 브릭스(Briggs)가 고안해 인간의 성격 유형을 16가지로 구분한 MBTI가 화제입니다. 이 MBTI를 잘 모르는 사람도, MBTI 성격 유형의 가장 첫머리가 'E(외향형)'인지 'I(내향형)'인지 정도는 들어봤을 정도입니다. 그런데 여기서 조심해야 할 것이 있습니다. 자신의 성격 유형을 확인한 학생들 중에, 자신의 역량적 측면에서 부족한 부분을 성격 탓으로 돌리며 합리화하는 학생이 있기 때문입니다.

성격 유형 자체로는 옳고 그름을 논할 수 없으며, 따라서 학생 상담 중 성격 변화를 유도하는 것은 학생의 본성과 존재 자체를 부정하는 것으로 이해될 수 있다는 측면에서 자칫 역효과가 나타날 수 있으므로 조심해야 합니다. 이런 상황에서 친구 관계에서의 소외가 걱정되는 학생에게 할 수 있는 교사의 가장 기본적인 상담의 태도는 학생의 성격적인 특성은 존중해 주면서, 의사소통 역량과 협력 역량을 키우자고 제안하고 구체적인 방법을 사례 중심으로 가르쳐주는 것입니다.

친구가 없는 학생에게 친구가 생겼으면 좋겠다고 하는 것이나, 말수가 적은 학생에게 말을 좀 많이 했으면 좋겠다고 하는 것은 동어 반복의 오류나 다름없는 공허한 상담입니다. 이런 공허함을 예방하기 위해서는 우선 교사가 목격한 학생의 상황과 걱정의 마음을 충분하고도 자세하게 학생과 공유하는 것이 필요합니다. 창의적 체험 활동 때의 자율 활동에서의 참여 정도라든지, 모둠별 활동에서의 역할에 대해 이야기를 나눠 보기 바랍니다. 그리고 어려운 마음에 대한 공감과 함께 격려해 주며 혹시 무슨 일이 생겼을 때 언제든지 도와줄 수 있는 사람이 있다고 알려주는 것만으로도 소외된 학생에게 큰 도움이 될 것입니다. 이 과정에서도 학생 개인의 문제로 접근하기보다는, 학교라고 하는 사회생활에서 자연스럽게 생길 수 있는 문제들에 대한 해결능력을 기르기 위함이라는 쪽으로 접근하는 것이 좋습니다.

이런 점에서, 학급 자율 활동이나 교과 수업의 모둠 활동을 설계할 때에는 다양한 성격이 두루 빛을 발할 수 있는 교육으로 설계하는 것이 좋습니다. 외향적인 성격의 교육 프로그램뿐만 아니라, 소외된 학생도 참여할 수 있도록 개인성을 띠면서도 협력할 수 있는 프로그램도 준비할 필요가 있습니다. 꼭 적극적으로 자기 역량을 발휘하지 않아도 작은 성취들을 꾸준히 이뤄 낼 수 있는 프로그램이나, 혹은 자신만의 고유한 역량을 발휘함으로써 단체적 성취에 기여할 수 있는 프로그램들을 실행해 보는 것입니다. 그리고 소외된 학생들이 부담 없이 참여할 수 있도록 초반에는 의사소통 및 협력의 비중이 낮은 활동으로 시작했다가, 점점 그 비중을 늘리는 방향으로 운영의 묘를 살릴 필요도 있습니다.

실제 상담을 하는 데에 있어서도 소외가 걱정되는 학생을 개별적으로만 상담할 것이 아니라, 집단 상담을 혼합할 것을 추천합니다. 집단 상담은 말로만 하는 상담이 아니라, 상담 카드와 같은 각종 상담 도구나 공동 노작 활동 등을 활용한 상담을 통해서 집단적인 체험을 통해 상담 자체를 추억으로 만들고 그 과정에서 학생들이 공감대를 느낄 수 있는 계기를 다양하게 마련해 주는 것 자체에 목적이 있습니다. 학생들이 다양한 성격 속에서도 학교라는 사회와 함께 공존하는 방법을 익힐 수 있는 충실하고도 구체적인 실천들이 중요합니다.

 개인성을 띠면서도 협력할 수 있는 교육 프로그램 사례들

- 개인 자화상 그리기를 활용한 단체 벽화 그리기 활동
- 개인 등하굣길 플로깅을 활용한 단체 쓰레기봉투 채우기 활동
- 개인이 사랑하는 책 한 권씩을 모아 단체 학급 도서관 꾸미기 활동
- 개인 손글씨를 활용해 하루 한 명씩 명언이 있는 공간 만들기 활동
- 하루 한 줄 학급 감사 일기를 활용해 단체 학급 감사 일기장 제작 활동

030

학생 도박 예방 및 근절

#불법 도박 #사이버 도박 #놀이 문화 #단도박 #도박 자가점검

Q

교내 체육대회가 진행 중입니다. 그런데 학생들이 이기는 반에 배팅을 해서 돈을 주고받는 행위를 한 것이 발각됐습니다. 이것도 도박이 될 수 있으며, 지도를 해야 하는 대상일까요?

A 학생이 돈을 거는 모든 행위는 도박이며 또한 불법입니다.

예전에는 학교 앞 문방구에 '가위바위보' 게임기가 있었습니다. 이 게임기에 돈을 넣으면 게임을 할 수 있고, 게임에서 이기면 코인을 얻게 됩니다. 그리고 이 코인은 문방구에서 현금처럼 물건을 사는 데에 쓸 수 있었습니다. 당시에는 크게 문제가 되지 않았지만, 지금 생각해 보면 이 문방구 앞 게임 기계야말로 전형적인 도박 기계라고 할 수 있습니다. 성인에게는 경마와 같이 합법적인 도박도 있지만, 청소년들이 돈을 거는 행위는 모두 도박이며 모든 도박은 불법입니다. 따라서 학생들이 자기도 모르게 도박을 하면서 불법을 저지르는 경우를 막는 학생 도박 예방 교육이 필요합니다. 또한 학생들로 하여금 건전한 경쟁을 통해, 협동심과 도전 정신을 기르고 그에 따른 성취감을 느낄 수 있도록 하기 위해 마련한 교육 활동에 도박이 개입된 것에 대해서는 엄중하게 다뤄야 할 것입니다.

학교 앞 문방구의 도박 기계는 사라졌지만, 도박 문화는 오히려 온라인과 접목돼 학생들의 삶에 폭넓게 침투하고 있습니다. 오프라인상의 기계나 도구를 사용한 전통적인 도박의 경우에는 도박의 경계가 비교적 뚜렷했습니다. 그리고 도박을 시작하기 위해 도박을 준비하거나 도박 기계에 접근하게 되기까지의 어려움이 있었고, 또한 도박을 하는 도중에도 죄의식이 있었기에 오프라인의 도박은 일차적으로 정화를 할 수 있는 여력이 존재했습니다. 하지만 온라인상의 도박은 다양한 온라인 기술 및 소셜 서비스와 각종 프로그램을 통해 나타나면서 모든 형태의 경쟁을 도박화할 수 있다는 점에서 문제가 되고 있습니다. 게다가 접근성의 측면에서도 특별한 제약 없이 쉽게 모여 다양하게 도박을 할 수 있어 중독성이 훨씬 높아졌고, 도박으로 인한 피해도 더욱 심각해지고 있습니다.

이러한 학생 도박 문제를 예방하기 위해서는 학생들의 놀이 문화에 대한 꾸준한 관심을 바탕으로, 도박으로 발전할 수 있는 여지나 징후를 지속적으로 탐색하려는 태도가 중요합니다. 친구 사이의 대화 속에서 물질적인 거래 요소가 파악되지는 않는지, 아니면 실제로 금품을 주고받는 거래가 이뤄지지는 않는지 살펴봐야 합니다. 이런 점에서 학생 사이의 금전적인 거래를 지양하는 원칙을 학급 단위로 세우는 것도 방법이 될 수 있습니다. 실제로 도박을 하는 학생의 경우에는 돈에 대해서 무감각해지는 모습을 보입니다. 학급 내에 돈을 함부로 쓰거나 고가의 물건을 쉽게 사고 또 주고받는 학생이 보인다면 상담의 기회를 마련해야 합니다.

도박 역시 시작은 호기심에서 출발합니다. 그리고 중독은 어느 정도의 이익을 얻으면서 재미를 느끼는 것부터 시작됩니다. 하지만 도박은 노동이나 프로 스포츠와 절대적으로 다릅니다. 도박은 절대 돈을 얻을 수 있는 시스템이 아니라는 것에 대해 상시 강조가 필요합니다. 처음에는 돈을 조금 따면서 흥미가 생겨 반복적으로 도박을 하게 되겠지요. 그러나 결국에는 계속된 도박으로 돈을 잃게 되고, 본전을 생각하면서 돈을 빌리거나 훔쳐서라도 도박을 하는 지경에 이르게 됩니다. 혹시 친구에게 돈을 빌리고 잘 안 갚는 학생이 있거나 남의 물건에 손을 댄 학생이 있다면 이것이 도박과의 연관성은 없는지 면밀하게 검토해야 합니다. 관계가 있다면 정식으로 도박 상담 및 치료를 의뢰해 '단도박(도박을 끊는 일)'을 제대로 할 수 있도록 도와야 합니다.

종종 학교에서 카드를 가지고 게임을 하는 학생들을 만나게 됩니다. 이제 단순히 카드를 압수하는 것으로는 도박을 예방할 수 없습니다. 모든 게임을 함부로 잠재적 도박으로 취급해서도 안 될 것입니다. 가뜩이나 청소년 놀이 문화의 부족으로 도박에 손을 대는 경우도 많은데 도박의 가능성으로 모든 놀이 문화를 금지할 수는 없습니다. 결국 도박의 기준은 '돈'의 여부에 달려 있습니다. 학생들의 도박을 막기 위해서 '돈'에 대한 본질적인 교육이 필요하며, 교사 역시 '강화물'이라는 핑계로 도박의 속성을 이용하는 것은 아닌지, 학교 내의 모든 풍토를 되돌아볼 필요가 있습니다.

청소년 도박문제 자가점검 선별척도(CAGI)

CAGI(Canadian Adolescent Gambling Inventory)의 1~7번 문항은 '없음(0점), 가끔(1점), 자주(2점), 거의 항상(3점)'의 척도로 돼 있으며, 8~9번 문항은 '없음(0점), 1~3회(1점), 4~6회(2점), 7회 이상(3점)'으로 돼 있습니다. 합산해 0~1점이면 비문제 수준, 2~5점은 위험 수준, 6점 이상이면 문제 수준으로 구분합니다.

1. 돈내기 게임 때문에 단체 활동이나 연습에 빠진 적이 있나요?
2. 돈내기 게임을 같이 하는 친구들과 어울리기 위해 다른 친구들과의 약속을 어긴 적이 있나요?
3. 돈내기 게임을 위해 계획을 세운 적이 있나요?
4. 돈내기 게임 때문에 기분이 나빴던 적이 있나요?
5. 전에 잃은 돈을 되찾기 위해 다시 돈내기 게임을 한 적이 있나요?
6. 돈내기 게임을 하는 것을 부모나 가족 또는 선생님에게 숨긴 적이 있나요?
7. 지난 3개월 동안 돈내기 게임으로 인해 내게 문제가 생겼다고 느낀 적이 있나요?
8. 밥이나 옷, 영화표 구입 등에 써야 할 용돈을 돈내기 게임에 쓴 적이 있나요?
9. 돈내기 게임을 위해 남의 돈이나 돈이 될 만한 불건을 몰래 가져온 석이 있나요?

출처: 한국도박문제예방치유원

031

게임 중독 예방과 건전한 게임 문화

#게임의 인식 변화 #게이미피케이션 #게임의 선 #게임 문화 #게임을 통한 학급 경영

23비교과경기 21초등세종 20중등세종 19초등경기 19중등인천

Q 게임을 좋아하는 교사입니다. 학생들과 제가 하고 있는 게임에 대해 이야기를 한 적이 있습니다. 제 얘기를 들은 학생이 선생님도 게임을 하는 것에 대해 놀라워하며, 자신은 게임을 할 때에는 재미있는 것 같다가도 하고 나면 자기 자신이 싫어져 게임을 끊고 싶다는 의사를 전해 왔습니다. 이 학생에게 어떤 도움을 줄 수 있을까요?

A 게임이 학생의 삶의 전부가 되지 않도록, 건강에 대한 구체적인 지식과 함께 적절한 선을 알려 주시기 바랍니다.

2022년 1월 1일자로 셧다운제가 폐지됐습니다. 셧다운제는 온라인 게임 중독을 방지하기 위해 만 16세 미만의 청소년이 밤 12시부터 다음 날 오전 6시까지 온라인 게임에 접속 자체를 할 수 없게 만든 「청소년보호법」에 따른 제도였습니다. 이 제도가 없어진 가장 큰 이유는 '시대착오적 규제'였기 때문입니다. 2013년에는 「중독 예방 관리 및 치료를 위한 법률안」에 '인터넷게임 등 미디어 콘텐츠'가 '알코올', '마약류', '사행행위(도박)'과 함께 4대 중독으로 포함돼 각종 제한 조치가 강구된 적이 있었습니다.

그러나 이 법률안 역시, 여러 논의 과정 끝에 폐지됐습니다. 결론적으로 게임을 강제로 막는 시대는 지났다는 것이 중론입니다. 게임이 아닌 분야에 게임적 요소를 도입해 효율성과 효과성을 높이는 '게이미피케이션'이, 교육을 포함해 사회의 모든 분야에 적용되고 있는 것은 이를 잘 뒷받침합니다.

네덜란드의 역사학자 하위징아(Johan Huizinga)는 인간과 다른 동물의 가장 큰 차이를 '유희'의 여부로 봤습니다. 유희란 특별한 목적 없이 즐겁게 노는 행위 자체를 의미합니다. 이에 따르면, 청소년이라는 이유로 억지로 게임을 못하게 하는 것은 학생의 자유의지에 대한 구속일 뿐만 아니라, 비인간적인 삶에 대한 강요가 될 수 있습니다. 각종 미디어와 인터넷 기술의 발달로 형태가 달라졌을 뿐, 인간에게 유희는 떼려야 뗄 수 없는 것입니다. 따라서 게임을 하는 학생을 음지로 몰아넣을 것이 아니라, 양지에서 선을 지키며 게임의 순기능을 누릴 수 있도록 하는 것이 중요합니다. 이러한 게임의 적절한 선을 신체적, 정신적, 사회적 선으로 나눠 살펴보겠습니다.

❶ 신체적 선은 게임으로 인해 신체에 해를 끼치지는 것은 없는지를 살펴보고, 건강한 신체를 유지하면서 게임을 할 수 있는 정도를 정하는 것입니다. 특히 신체와 관련해 식사와 수면과 같은 생리적인 부분에 게임이 영향을 미치는 것은 없는지 상담하는 것이 중요합니다. 보통 게임을 하다 보면 배고픔과 졸음도 잊게 될 수 있습니다. 따라서 학생이 식사는 제때에 하는지, 미국 수면재단이 청소년에게 권장하는 8시간에서 10시간 사이의 통잠을 자고 있는지를 체크하며 이를 지킬 수 있는 방향으로 이끌어 줘야 합니다. 예를

들어 대부분의 학생들은 키가 자라는 것에 민감한데, 건강한 수면이 키 성장에 크게 영향을 미친다는 과학적 증거들을 보여주면서 자기 관리의 중요성을 일깨우게 할 수 있습니다.

❷ 정신적 선은 즐거움이 돼야 할 게임이 오히려 좌절과 분노를 일으킨 적은 없는지를 확인하고, 승패에 상관없이 즐길 수 있는 게임 문화를 조성하며 매너를 지키게끔 해 주는 것입니다. 즐거움을 위해 시작한 게임으로 오히려 정서가 크게 붕괴되는 사례에 대해 학생들은 크게 공감합니다. 게임을 하는 궁극적인 이유, 게임의 승패에 대한 생각, 현실적인 게임 실력 등에 대해 꾸준히 이야기를 하면서 학생이 게임과 관련한 자신의 정신을 스스로 점검할 수 있는 힘을 길러 줘야 합니다.

❸ 사회적 선은 학생의 온라인 사회적 관계와 오프라인 사회적 관계가 두루 건강하게 유지되고 있는지, 또 온라인 사회 안에서 게임을 할 때에도 달라지는 부분은 없는지를 점검해 주고 게임 내의 사회에서도 현실과 같이 건강한 사회적 관계를 구축해야 함을 일러주는 것입니다. 많은 학생들이 게임 내에서 언어적 폭력의 수준이 훨씬 높아지는 경향이 있습니다. 요즘에는 게임도 곧 현실 생활과 마찬가지이기 때문에 게임과 현실의 생활이 이중적이지 않도록 지도해야 합니다.

교사는 학생들의 게임 문화에 대해 의도적으로 공부할 필요가 있습니다. 직접 게임을 플레이하지 않더라도 게임을 소개하고 플레이를 보여주는 콘텐츠를 보면서 학생과 허심탄회하고도 자세하게 이야기를 나눌 수 있는 자세를 갖추는 것이 필요합니다. 단순히 게임을 하지 말라는 말보다, 학생의 게임에 대한 섬세한 진단 및 조언이 있을 때 학생이 게임 중독으로 빠지지 않게끔 도울 수 있을 것입니다.

사회에 빛과 어둠이 존재하듯이, 게임에도 빛과 어둠이 있습니다. 어둠을 물리치고 밝은 부분을 교육에도 활용할 때, 미래 세대를 위한 교육이 될 수 있을 것입니다.

 게임을 활용한 학급 활동

게임을 활용한 학급 활동은 게임에 대한 인식을 건전하게 바꿔 줄 수 있으며, 참여에 대한 제한이 비교적 적어 부담 없이 많은 학생들이 참여할 수 있다는 장점이 있습니다. 하지만 단순히 게임을 할 수 있는 시간을 주는 것이 아닙니다. 게임 종목의 선정이니 구체적인 운영 등에 대해서 학생 주도적으로 계획하고 실천하게 함으로써 학생자치 활동으로 실시하기를 추천하며, 교사는 게임 활동에서 적절한 선을 계속 알려주는 역할을 해보기 바랍니다. 게임을 활용한 학급 활동의 사례는 다음과 같습니다.

- '카트라이더'와 같은 경주 게임을 활용한 카트 계주 대회
- '모두의 마블'과 같은 보드게임을 활용한 모둠별 단합 대회
- '온라인 체스, 바둑, 장기'와 같이 고전 게임을 활용한 왕중왕 뽑기
- '캐치마인드'와 같은 그림을 그릴 수 있는 게임을 활용한 그림 대회
- '한컴타자연습'과 같이 기능적인 게임을 활용한 타자왕 뽑기
- '마인크래프트'와 같은 건축 게임을 활용한 학급 건축 대회

032

스마트폰 과의존 학생 상담과 교육

#스마트폰 #중독 #과의존 #포노 사피엔스 #현저성 #조절 실패 #문제적 결과

23비교과서울 22중등세종 22중등충북 21초등세종 20중등세종

Q

학생들과 동아리 활동의 하나로 야외 활동을 나가게 됐습니다. 그런데 학교 안에서는 휴대전화 사용을 금지하는 교칙이 있어 몰랐지만, 밖에 나와서 보니 틈나는 대로 휴대전화를 사용하는 학생을 발견했습니다. 활동을 할 때에는 곧잘 하다가도, 잠깐 쉴 때에도 휴대전화를 하고, 이동할 때에도 휴대전화를 하고, 자기 할 일이 조금 끝났다 싶으면 바로 휴대전화를 하는 것을 봤습니다. 야외 활동이니까, 그냥 적당히 허용을 해 줘도 될까요?

A

학생에게 '과의존'이라는 단어를 정확하게 노출시켜 자신의 과의존 상태를 인지하도록 해야 하며, 상담과 교육도 필요합니다.

'스마트폰(smartphone)'과 '호모 사피엔스(homo sapiens)'의 합성어로서 휴대전화를 신체의 일부로 사용하는 새로운 세대인 '포노 사피엔스(phono sapiens)'의 시대가 왔습니다. 애플사가 아이폰을 처음 세상에 선보인 것이 2007년이니까, 2022년 기준 만 15세의 학생들에게는 태어날 때부터 아이폰이 있었던 것입니다. 이런 상황에서 스마트폰을 새로운 기술의 하나로 맞이했던 세대와 태어날 때부터 마치 종이와 펜처럼 스마

트폰을 접해 온 세대는 차이가 날 수밖에 없습니다. 따라서 교사는 단순히 스마트폰을 압수하거나 못쓰게 하는 선에서 더 나아가 시대와 세대의 변화에 능동적으로 적응하는 자세가 필요합니다.

스마트폰은 세상을 뒤바꾼 혁신적인 선물로, 스마트폰 자체는 죄가 없습니다. 따라서 청소년기의 스마트폰 사용의 측면과, '과의존적'인 스마트폰의 사용에 초점을 맞춰 학생을 상담하고 교육해야 할 것입니다. 우선, 청소년의 스마트폰 사용이 청소년의 뇌에 어떠한 영향을 미치는지를 정확하게 알려 줘야 합니다. 학생들의 문제 상황 관련 상담은 때로 감정적 접근에 앞서, 이성과 논리로 접근할 필요가 있습니다. 청소년기의 스마트폰 사용에 대한 과학적·의학적 연구가 계속 진행되고 있는데, 이를 상담에 활용할 수 있습니다. '전자파' 문제, '전두엽'에 미치는 영향, '도파민'과의 연관성, 뇌가 튀어 오르는 팝콘처럼 즉각적인 자극에만 반응하게 된다는 '팝콘 브레인' 등과 같이 구체적인 정보를 바탕으로 학생과의 상담을 전개해 나가야 합니다.

다음으로 스마트폰 사용이 문제가 아니라, '과의존적' 사용으로 일상에 지장을 미치게 되는 것이 문제라는 측면으로 접근해 상담해야 합니다. 스마트폰 과의존으로 나타날 수 있는 대표적인 일상적 지장으로는 스마트폰이 삶의 중심이 돼 버리면서 어떠한 자극보다 스마트폰의 자극이 두드러지게 되는 경우가 있습니다. 이를 실험심리학 용어로 '현저성'이라고 합니다. 예를 들어, 밥을 먹거나 사람과 대화를 할 때에도 식사나 인간관계보다 스마트폰이 앞서는 것이 해당되는데, 이는 비단 청소년의 문제만이 아닌 사회적 문제이기도 합니다. 이런 상태가 지속되면서 스마트폰 사용을 멈출 수 없는 '조절 실패'의 지경에 이른 것은 아닌지 스스로 살펴볼 수 있도록 꾸준히 지도해야 합니다. 아울러 신체적·심리적·사회적으로 스마트폰이 원인이 돼 문제가 생기고 있으면서도 스마트폰에 대한 태도가 변함이 없는 '문제적 결과'의 상태는 아닌지도 살펴보아야 합니다.

그런데 학교에서 스마트폰을 사용하지 않는 경우에는 이러한 스마트폰 과의존에 대한 판단을 내리기가 쉽지 않습니다. 심지어 스마트폰 과의존 관련 척도검사에서 일부러 좋은 결과를 내기 위해 거짓으로 응답하는 경우도 있습니다. 자칫했다가는 오히려 스마트폰을 음지에서 더 의존적으로 사용하도록 조장하는 결과를 불러 올 수 있습니다. 따라서 앞으로의 미래교육적인 학교의 풍토는 스마트폰에 대한 문제 상황 발생을 두려워하기보다는, 교육 활동에 적절한 규칙을 두고 규칙을 잘 지키며 더 큰 교육적 효과를 낳을 수 있도록 훈련을 하는 방향으로 나아가야 합니다. 이때 교육 활동에서의 스마트폰 사용 주도권은 교사가 가지고 그것을 잃지 않도록 해야 합니다. 그리고 스마트폰이 노출되지 않는 평상시에도 교사는 학생들의 대화와 행동을 면밀하게 관찰하면서 스마트폰에 과의존하고 있는 것은 아닌지 살펴보고, 학생이 스마트폰으로 하는 주요 활동이나 주로 사용하는 앱, 하루 일과 중 사용 시간대와 총 사용 시간 등에 대한 상시 간이검사와 상담이 꾸준히 필요합니다. 혹 학급 내에 스마트폰 과의존도가 전반적으로 높다면 학급 단위로 스마트폰 과의존을 예방하거나 과의존도를 줄일 수 있는 활동을 할 필요도 있습니다.

비단 학생 개인에게만 상담과 교육이 필요한 것은 아닙니다. 학생은 가족에게 큰 영향을 받기에, 가족 단위의 상담과 교육도 필요합니다. 또한 교사나 학교, 지역 사회 모두가 과의존적으로 스마트폰을 사용하는 것은 아닌지를 돌이켜보며, 스마트폰과 삶이 조화를 이루는 세상을 만들기 위해 노력해야 합니다.

학교생활 Tip 　**스마트폰 과의존도를 낮출 수 있는 학급 단위 활동**

학급에서 스마트폰으로 인한 문제점이 발생하기 전에, 예방 차원에서 학급 특색활동의 하나로 스마트폰 과의존도를 낮출 수 있는 활동들을 지속적으로 해 보시기 바랍니다. 무엇보다 학생들 스스로도 그 필요성을 인식하고 있기 때문에, 활동 이후의 만족도가 높습니다. 구체적인 사례는 다음과 같습니다.

- 스마트폰 사용 기록과 스마트폰으로 인한 문제 성찰을 할 수 있는 훈련 노트 작성하기
- 게임이나 영상이 아닌, 실생활에 도움을 주는 애플리케이션 및 누리집 목록 발표 및 공유
- 스마트폰 없는 날을 지정해 신체 놀이, 스마트폰 줄이기 서약, 스마트폰 의존도 낮은 학생 시상하기
- 직접 전하는 말과 글의 소중함을 일깨우는 롤링 페이퍼 쓰기, 짝수다 나누기 활성화

033

공부에 관심이 없는 학생 상담과 교육

#공부 #루틴 #공부의 필요성 #공부 포기 #학업상담 #공부콘텐츠 #학습멘토링

22중등충북 20초등인천 19초등인천 19중등서울 18중등인천 17초등강원 17중등평가원

Q

대부분의 수업 시간에 수업 태도가 좋지 않은 학생이 있습니다. 수업 시간에 습관적으로 엎드려 있다가 잠에 빠지기 일쑤입니다. 평소 생활을 하는 것을 보면 별다른 문제는 눈에 띄지 않습니다. 이 학생이 공부에 관심을 갖게 할 수 있는 방법은 없을까요?

A 학생의 문제 상황을 총체적으로 점검한 후에, 대처 방법을 학생과 함께 정해 실천해 보시기 바랍니다.

수업 중 학생이 자고 있으면, 교사는 수업 자체의 부족함 때문에 자신의 수업이 학생들에게 수면제로 작용하게 된 것이 아닌지 하는 생각 등으로 괴롭습니다. 하지만 학생이 수업에 제대로 참여하지 못하는 문제 상황은 단순히 학생의 불성실이나, 교사의 준비 부족만으로 생기는 것은 아닙니다.

실제로 학생이 기면증인 경우가 있었습니다. 기면증은 신경정신과 질환의 하나로서, 자신도 모르게 참을 수 없는 수면에 빠져드는 '수면 발작'이

대표적인 증상입니다. 이런 경우 의료적으로 접근해 약물 치료를 통해 증상을 조절해야 하지만, 제대로 검진을 받지 않는다면 단순히 학습에 의욕이 없는 학생으로 비춰질 수도 있는 것입니다. 이와 같이 학생이 학교에서 가장 많이 하게 되는 공부와 관련된 문제 상황에 대해서는 다각도로 진단하고 각각에 맞는 해결방법을 적용하는 것이 중요합니다.

학생이 수업 시간에 잔다는 측면에서 좀 더 이야기를 이어나가 보면, 기면증까지는 아니어도 기본적인 생활습관에서 수면 관련 문제를 가지고 있을 가능성이 큽니다. 학생들이 수업 시간에 잠 안 오는 방법을 물어보는 경우가 있을 정도인데, 의외로 해결책은 간단합니다. 전날에 충분히 자는 것이지요. 다만 아이들에게 일찍 자라는 잔소리보다는 전날의 하루 생활을 구체적으로 점검해 문제가 될 수 있는 부분을 찾아보고 그것을 새롭게 바꿔 나가는 체계적이고 계획이 있는 삶을 살 수 있도록 교사가 안내가 필요합니다.

이런 과정에서 놀랍게도 학생들이 늦은 시각까지 사교육을 받느라 학교 공부를 소홀히 하는 경우도 왕왕 발견됩니다. 사교육을 부정하는 것은 아니지만, 학부모가 학생의 학업습관을 형성한다는 이유를 들어 소위 '노는 시간'을 제한하고 방과 후 일과들을 마련하는 가정이 있습니다. 이는 학생들이 알아야 할 공부의 참된 가치와 재미는 물론 학생들에게 주어져야 할 최소한의 수면 시간까지 잃게 되는 이중고를 낳을 수 있습니다. 따라서 공부에 대한 학생 상담은 자연스럽게 학부모와의 상담이 병행돼야 합니다. 학교에서의 생활과 가정 및 학교 밖에서의 삶에 대한 공유를 바탕으로 현재 학생에게 더 중요한 것은 무엇인지를 학생과 학부모가 스스로 깨달을 수 있는 계기를 마련해야 합니다.

학생이 공부에 대해 진지하게 생각해 보고 그 필요성을 느끼게 하는 것도 매우 중요합니다. 학생들이 가장 싫어하는 것이 공부라지만, 학생들이 가장 필요하다고 느끼는 것도 공부이고, 학생들이 가장 보람을 느끼는 것도 공부입니다. 졸업생을 대상으로 하는 설문조사에서 항상 높은 비율을 차지하는 것이, '공부 좀 할 걸.'이라는 것은 이를 잘 보여 줍니다. 그런데 생각보다 많은 학생들이 공부의 의미와 공부를 하는 방법을 모르고 있습니다. 이러한 측면에서 진로교육이나 체험 활동과 연계해 차한 잔을 순서대로 먹는 것에도 공부가 필요하다거나, 자기 책상 정리를 자신에게 맞게 하는 것도 공부가 될 수 있다는 것을 깨닫게 하는 것이 필요합니다.

특히 공부에 대한 관심이 없는 학생일수록 상담의 내용이 추상적인 말보다는 즉시적이고 현실적인 행동 중심으로 이뤄져야 합니다. 칠판에 적혀 있는 과제 미제출 학생들을 말로만 혼내는 것은 진정한 변화를 가지고 오지 못합니다. 차라리 방과 후 자율 보충 및 상담 프로그램을 만들어 학생과 교사가 함께하는 것을 통해, 배움의 정도를 체크하며 관심을 가져주는 것과 같은 구체적인 방법이 적용돼야 합니다. 담당 교과는 아니더라도 과제 관련 내용적 측면이나 방법적 측면의 이야기를 곁들여 학생의 공부를 돌봐주는 것은 체벌이 아닌 학습 상담에 가까운 행위라고 할 수 있습니다.

한편, 공부에 대한 오해를 풀고 즐기듯 공부하는 것을 보여주고 알려주는 각종 미디어가 많아지고 있다는 것은 다행스러운 일입니다. 내용적인 지식이 아니라, 공부 자체에 대해 다루고 있는 책이라든지 공부 전문 유튜버들이 제작한 콘텐츠를 학급에서 정해진 시간에 함께 읽거나 보는 것도 방법이 됩니다. 또한 또래 집단으로 구성된 멘토·멘티를 구성해 학생들끼리 가르치면서 배우고, 배우면서 가르치는 것이 자연스러운 학급 풍토를 조성하는 것도 좋은 방법입니다.

'4시간 자면 원하는 대학에 붙는다.'며 잠을 줄이던 야만적 공부의 시대가 저물어 갑니다. 잠을 자지 않았던 것으로 유명한 에디슨과 나폴레옹 같은 위인도 사실은 낮잠을 즐겼다고 합니다. 학생들이 저마다의 특성과 비전을 살린 공부로 행복하길 바랍니다.

읽기 자료 I'm not sleeping, I'm dreaming

몇 해 전 저와 함께 공부했던 고등학교 3학년 학생들이 만든 배지 도안입니다. 아이들이 배지를 만들게 된 연유는 다음과 같습니다. 아무래도 고3이라 그런지 주변 친구들이 수업 시간에 졸음을 이기지 못해 자는 경우가 있었다고 합니다. 이때 많은 선생님들이 그런 친구에게 '수업에 소홀하다'며 혼을 내고는 했는데, 정작 그 친구들은 수업 시간에 피곤해 하는 나름의 이유가 있었다는 겁니다. 특히 한 친구는 기타리스트의 꿈을 이루기 위해 밤새 음악 실기 연습에 매진하느라고 낮밤이 바뀐 생활을 해야 했던 것인데, 게으르다는 말을 들어 속상해했다고 합니다.

이에 학생들은 '우리는 꿈을 꾸고 있다.'라는 내용의 배지를 제작해 친구들과 나누었습니다. 그저 잔다고 생각하며 자신들을 이해해 주지 않는 어른들에게 자신들의 방식으로 그런 것만은 아니라고 외친 셈이었지요.

가끔 수업 시간에 자는 학생들을 보면, 저는 이 배지를 떠올리며 스스로를 되돌아보고는 합니다. 꿈을 꾸는 학생들을 이해하지 못했던 것은 아닌지, 혹은 아직 꿈을 찾지 못해 헤매는 학생들이 길을 모색해 나갈 수 있도록 기회를 주지 않았던 것은 아닌지 말이지요.

034

실패 회피 경향 극복과 적극적 태도 고양

#문제해결역량 #소통 #협력 #꿈 #끼 #역할부여 #행사 #적극적 교사
22비교과평가원 21비교과경기 20초등평가원 19초등세종 19초등인천 19중등경기
19비교과경기 19중등서울

Q

특색 사업의 하나로 연극제를 운영하는 학교에서 담임교사로 근무하고 있습니다. 올해도 연극제 준비가 시작되고 있는데, 연극제 담당 선생님께서 우리 반 학생들이 열심히 하지 않는다고 걱정을 하십니다. 우리 반 학생들은 유독 함께 무엇인가를 도모하는 것을 어색해하는 것 같습니다. 제가 어떤 도움을 줄 수 있을까요?

A 각종 교육 행사의 취지와 목적을 학생들에게 충분히 설명하고, 모든 학생의 존재 가치가 발휘될 수 있는 단계적인 계획을 세워 천천히 실천해 나가시길 바랍니다.

모두가 알다시피, 학교는 내용적인 지식만을 습득하기 위해 가는 곳이 아닙니다. 갈등과 문제 상황이 발생했을 때 학생들이 소통과 협력을 통해 문제를 해결하면서, 성취의 기쁨을 누릴 수 있는 계기를 마련해 주는 것은 학교의 중요한 역할입니다. 코로나19를 겪는 와중에도, 학교가 각종 에듀테크를 이용해 원격 형태로 교육 행사를 지속하려고 했던 것은 그 때문입니다. 학생들의 성취감과 단합의 경험, 그로 인한 성장과 공동

체 의식의 함양 등 행사의 결과로 얻게 되는 것들이 교육적으로 큰 가치가 있으니까요.

코로나19 때문에 잠시 멈춰 있긴 했지만, 대부분의 학교는 학교마다 특색 있고 전통적인 교육 행사를 지니고 있었습니다. 그것이 연극제일 수도 있고, 연말에 지역 주민에게 개방하는 축제일 수도 있으며, 매일 점심 시간에 학생들을 대상으로 하는 가요제였을 수도 있지요. 이에 행사의 시행 여부와 관계없이 학교가 가지고 있는 특색 있고 전통적인 주요 교육적 활동에 대해서는 학기 초부터 안내를 해 두는 것이 필요합니다. 매년 학교에서 발간하는 교육계획서는 이제 선생님들만 보는 것이 아닙니다. 학생들에게 교육계획의 중요 부분을 안내해 줌으로써, 학교에서의 한해살이에 대한 비전이 미리 그려질 수 있도록 해야 합니다. 특히 학생들에게 있어서는 지금의 학교가 평생 모교가 된다는 사실을 기억하시기 바랍니다. 현 학교에서 근무한 경력이 짧은 선생님들도 해당 학교의 베테랑 선생님들과 다를 바 없이 교내 각종 행사와 자료를 수집, 안내할 수 있어야 합니다.

이러한 안내의 과정에서 특히 취지와 목적을 설명해 주는 것은 중요합니다. 원래 하던 것이니까 다시 한다는 식이 아니라, 이 행사가 학생들에게 어떤 의미가 될 수 있는지를 안내해 학생들 모두에게 행사의 소중함을 일깨울 수 있어야 합니다. 혹시 시대가 변화하면서 행사의 취지와 목적에 퇴색된 부분이 있다면 학생들과의 협의를 통해서 지금까지의 행사를 시대에 맞춰 새롭게 변모해 나가는 것도 중요합니다. 현재를 살아가는 학생들에게 과거의 교사들이 겪은 경험을 그대로 답습하게 하는 것을 경계해야 합니다.

또한 앞으로의 바람직한 학교 행사는 모든 학생이 일괄적으로 동일한 결과를 내는 것이 아니라, 세부적으로 다양한 역할을 마련함으로써 학생들이 저마다의 꿈과 끼를 살릴 수 있는 것이어야 합니다. 연극제의 경우에도 연기를 하는 배우만 필요한 것이 아니라, 작가에서부터 미술감독에 이르기까지 수많은 역할들이 필요합니다. 그 역할을 잘 소화할 수 있는 역량이 있는 학생들도 있겠지만, 아직은 미숙할 수 있는 학생이 있을 수 있다는 것을 늘 이야기해야 합니다. 학교 행사에 대한 패러다임도 바뀌어서, 원래부터 잘하는 사람들이 능력을 뽐내는 것이 아니라 행사를 계기로 전보다 더 성장을 할 수 있도록 유도하는 데에 초점이 맞춰지고 있습니다. 서로의 타고난 능력보다는, 전보다 얼마나 더 성장하는지에 대해 서로 지켜봐 주고 격려해 주며 아낌없이 칭찬해 줄 수 있는 분위기가 우선 조성돼야 합니다.

이러한 계기를 위해서 학교 단위의 행사와 별개로 학급 단위의 다양한 행사를 자주 운영하는 것도 중요합니다. 작은 일들을 경험하는 과정을 통해 점점 큰일을 해 나갈 수 있도록 평소에 소통과 협력이 자연스러운 학급을 만드는 것입니다. 예를 들어, 학교에 연극제가 있다는 것을 고려할 때, '노래 자랑 활동', '유튜브 쇼츠 경연', '사물함 꾸미기 활동', '아침 시간 노래 DJ 활동', '단편 소설 창작'과 같이 연극제에 필요한 역할들과 관련한 행사들을 학급 단위로 해 봄으로써 연극제에 미리 익숙해지도록 하고, 또 관련 분야에 특화된 학생들을 미리 발굴해 두는 것입니다. 이렇게 단계적으로 학교 행사에 참여하는 것과, 갑자기 학교 행사에 투입되는 것은 큰 차이가 있습니다.

교사도 학교 행사에 즐기는 자세로 적극 참여해야 하며, 행사를 단순한 업무처리로 접근해서는 안 됩니다. 행사를 계기로 학생들과 함께 성장하면서 교사로서의 역량을 키우고 평생 남을 소중한 추억을 남겨 보세요. 우리가 함께 만드는 학교 행사는 학생들의 개성을 발견하고 성장하는 과정에 대한 소중한 기회가 될 것입니다.

035

신입생의 학교 적응을 위한 방법

#임장 지도 #매뉴얼 #사제동행 #연락망 #학교 적응 #학교 부적응

21초등경기 20비교과경기

Q

이번에 새로 학교에 입학한 학생들의 담임을 맡았습니다. 모든 학생들이 새로운 학교에 적응하느라 조용한 눈치였습니다. 그런데 학부모님께 상담 요청 전화가 와서 이야기를 나눠 보니, 학생이 학교 가는 것을 부담스러워해 아침마다 헛구역질을 할 지경이라고 합니다. 신입생들을 위해서 따로 해야 할 것이 있을까요?

A 선생님이 새로운 학교에서 시작할 때의 상황을 떠올려 보시고, 역지사지(易地思之)의 자세로 학생들을 도와주시기 바랍니다.

어느 학교에서의 일화입니다. 코로나19 당시 교실 내 거리두기가 강조되면서 학생들은 짝꿍 없이 한 줄로 배치된 책상에 앉아 생활해야 했었습니다. 코로나가 종식되자, 담임교사는 학급 내 학생 배치를 다시 원 상태로 바꿔 짝꿍이 있는 2줄 분단 형태로 변화시켰습니다. 그러자 학생들이 원래 한 줄씩 짝꿍 없이 앉는 것이 아니었냐며 놀라움을 표현했다고 합니다. 이러한 일화는 신입생이 학교에 대해 아직 모르는 것이 생각보다 많으며, 학교에 적응하는 과정에서 발생하는 다양한 스트레스 상황 속에 놓일 것이라는 예측을 가능하게 합니다.

신입생을 위해서 교사가 학기 초에 가장 적극적으로 실천해야 할 것은 임장(臨場)입니다. 임장은 교사가 현장에 함께 임한다는 뜻으로서, 이는 특히 학급에 담임교사가 상주하지 않고 교과교사 중심으로 학교생활이 시작되는 중학교 신입생들에게는 무척 중요한 것입니다. 신입생의 담임교사라면 적어도 모든 교과 수업의 특색(수업 장소, 수업 형태, 수업 규칙 등)에 학생들이 적응할 때까지 최대한 시간을 내어 학급에 학생들과 있으면서 함께 적응하는 시간을 가지기를 당부합니다. 특히 교과교실제를 운영하거나, 특별실 수업이 많은 경우에는 학생들이 학교의 구석구석까지 몸으로 체험할 수 있도록 학교 투어의 방식으로 인솔해 주면 나중에 발생할 수 있는 더 큰 어려움을 예방할 수 있습니다.

그리고 새로운 학교와 관련한 모든 규정과 매뉴얼을 시각자료로 정리하고, 따로 시간을 들여서 함께 천천히 자료를 정독하며 질의응답도 하는 적응 교육의 시간을 가져야 합니다. 학생들은 지난날의 경험을 새로운 학교에서도 그대로 적용하는 경우가 많습니다. 하지만 규정이나 풍토, 그리고 학교 적응을 위한 각종 매뉴얼은 각 학교와 그 시기마다 많이 다릅니다. 당연히 알고 있으리라고 생각할 것이 아니라, 함께 공유하는 장을 마련해야 합니다. 물론 이것은 해당 업무를 담당하는 부서에서 전체적인 교육의 시간을 마련해 실시하기도 합니다. 하지만 전체 교육에서의 집중도와 효과성은 아무래도 개별적인 안내에 비해 떨어질 수밖에 없습니다. 혹시 신입생의 적응을 위한 전체 교육을 실시하더라도, 담임교사가 항상 학생들 곁에서 피드백을 하며 개별적으로 학생들의 적응을 도울 때 신입생의 두려움은 해소될 것입니다.

이를 원활하게 하기 위해서는 대면뿐만 아니라 다양한 방법으로 소통의 수단을 마련하고 또 활성화하는 것이 좋습니다. 생생하게 살아 있는 교실 안팎의 공간, 그리고 온라인에 이르기까지 다양한 소통망을 구축하고 교사가 먼저 적극적으로 소통을 시도해야 합니다. 여기서 주의할 것은 소통의 공간이 장난이나 재밋거리의 공간이 되면 안 된다는 것입니다. 서로에게 도움이 되는 정보를 공유하고 서로를 격려하며 친구를 사귀는 건전한 사교의 장으로서의 역할도 중요하지만, 한편으로는 항상 소통의 공간에 있어 표현과 실제 사용에 신중을 기해야 한다는 것 또한 강조해야 합니다. 이 역시 교사가 먼저 모범을 보이며 건전한 소통의 사례를 보여주는 것만큼 좋은 방법은 없습니다.

학기 초에는 학교 홈페이지와 가정통신문을 통해 학생의 적응을 돕기 위한 수없이 많은 정보들이 쏟아집니다. 교사조차 어떤 내용인지 모르고 전달하기 바쁘다면, 학생과 학부모의 어려움은 이루 말할 수 없을 것입니다. 모름지기 신입생의 담임이라면 이것들을 전달하고 필요에 따라 수합하는 역할에만 그쳐서는 안 됩니다. 학생들이 새로운 학교에서 1년을 지내는 것에 대한 전체적인 흐름이 내면화될 때까지 항상 학생들의 곁에서 동행하는 마음으로 하나하나 설명해 주고 거들어 주며 도와줄 때, 학생들은 즐겁게 등교할 수 있을 것입니다.

생활지도 설명서

PART
04

036

학교폭력 사례와 폭력인지 감수성

#신체적 폭력 #금품 갈취 #강요 #따돌림 #언어폭력 #폭력인지 감수성 #폭력 민감도 올리기

23비교과세종 22초등경기 22중등대구 20비교과경기 19중등세종 18초등세종
18비교과경기 18비교과평가원

Q 친한 친구 사이였던 학생들이 서로 욕설을 주고받다가, 한두 번 정도 주먹까지 휘둘렀다고 합니다. 그중 한 학생이 분을 이기지 못해 다른 학생을 학교폭력으로 신고하고 싶다고 찾아왔습니다. 이 경우 학교폭력으로 꼭 사안 처리를 해야 할까요?

A 학교폭력으로 사안 처리를 해야 합니다.

학교폭력은 신체적 폭력뿐만 아니라 언어폭력, 금품 갈취, 강요, 따돌림, 성폭력, 사이버폭력과 같이 다양한 형태로 나타날 수 있습니다. 그중 성폭력은 인지 즉시 수사기관에 신고를 해야 하는 폭력으로서 전문적이고 종합적인 지원이 추가로 필요합니다. 나머지 경우에도 성폭력과 관련한 사안 처리에 준하는 감수성을 가지고 사안 처리를 해야 하며, 평소에 학교 구성원이 '성인지 감수성'을 포함한 다양한 사례의 '폭력인지 감수성'을 기르도록 해 폭력을 예방해야 합니다. '폭력인지 감수성'은 명확한 개념을 가지고 있는 용어는 아니지만, 폭력의 의미 및 종류와 사례에 대한

정확한 이해를 바탕으로 일상생활에 존재하는 폭력적인 상황을 문제로 받아들일 수 있는 성질이라고 할 수 있습니다.

폭력인지 감수성이 부족하면 신체적 폭력을 '때리는 행위'만으로 생각하기 쉽습니다. 그러나 폭행뿐만 아니라, 신체를 구속하거나 가두고 강제나 거짓말로 일정한 장소로 데리고 가는 등의 행위도 모두 신체적 폭력에 해당됩니다. 최근 학교폭력 예방 교육의 효과로 학교 내에서 심각한 수준의 신체적 폭력은 많이 사라졌습니다. 그럼에도 불구하고 '친구'와 '장난'이라는 이름으로 행해지는 폭력들이 있습니다. 화장실에 간 친구가 못나오게 문을 막는다든가, 노래방에 억지로 데려가 노래방 비용을 나눠 내는 것도 폭력으로 인지할 수 있는 학교 풍토를 조성해야 합니다.

학교에 매점이 있을 때나, 소풍과 같은 체험학습을 갔을 때 가장 많이 일어나는 폭력 사안은 '금품 갈취'와 '강요'입니다. 금품을 갈취하는 학생은 폭력인지 감수성 부족으로 '빌리는 것'과 '갈취'를 구분하지 못합니다. 학생들에게 빌려주는 사람의 마음을 헤아리지 않고 일방적으로 빌려가는 경우나, 정해진 기약 없이 빌려가서 소유하고 있으면서 빌려가기 전 상태보다 조금이라도 안 좋은 방향의 손실이 나타나는 경우 모두 폭력적인 상황이 될 수 있다는 것을 알려 줘야 합니다. 이를 예방하기 위해서 평소 교실에서 지우개를 빌려 사용하는 것도 충분히 소통하고 정식으로 부탁을 하며, 최대한 훼손 없이 돌려주면서 선의를 베푼 대상에 대한 감사를 잊지 않도록 교육해야 합니다. 또한 빌려주는 것에 대해서도 친구에게 무조건 빌려줘야 하는 것이 아니라, 자신이 원하지 않으면 거부할 수 있다는 분위기를 조성하는 것이 좋습니다. 억지스러운 예의와 친절 속에서 폭력이 발생할 수 있기 때문입니다.

'강요'의 맥락도 마찬가지입니다. '강요'의 대표적인 사례는 소위 '빵셔틀'로, 이 역시 폭력인지 감수성이 낮은 학생은 폭력으로 인지하지 못하고 친구니까 부탁한 것이라고 이야기합니다. 하지만 작은 부탁 하나가 강제적인 심부름으로 이어질 수 있다는 것을 강조하면서, 수업 시간에 선생님이 나눠주는 프린트 한 장이라도 귀찮다고 친구를 시키는 것이 아니라 자신의 것은 자신이 직접 가지고 갈 수 있도록 일상생활에서 교육을 해야 합니다.

'왕따'라고 부르는 '따돌림'도 폭력으로 판단하기 어려운 사례입니다. 청소년기의 특성상 친구 사귐에 있어 다양한 형태가 나타나고 이어질 수밖에 없기 때문입니다. '따돌림'에서 가장 중요한 기준은 '집단성'입니다. 친구 사이에서 여러 형태의 갈등 상황이 늘 생길 수 있지만, 항상 그 갈등 상황이 '집단'과 '개인' 사이의 갈등으로 구조화된 것은 아닌지를 돌이켜 볼 수 있도록 해야 합니다. 평소 두루 친한 한 집단 내에서는 비속어를 섞어가며 놀려대고 놀았던 것들이 다수의 집단과 한 명의 개인으로 나뉠 때에는 '따돌림'이라는 폭력으로 바뀔 수 있다는 것을 강조합니다. 여기서 또 어려운 것이 '따돌림'을 하는 집단 내에서 '자기는 아무것도 하지 않았다'고 하는 학생들의 경우입니다. 이 역시 폭력인지 감수성이 굉장히 중요한 상황이 됩니다. '따돌림'에 대한 교육을 할 때에는 '따돌림'의 피해자들이 자기에게 '따돌림'을 하는 집단에 대해서 개인별로 따돌림의 정도를 구분할 수 있는 상태가 아니라는 것을 강조합니다. 안타깝지만 집단으로 형성된 것 자체가 본의 아니게 폭력성을 가질 수도 있다는 것을 알려 줘야 합니다.

각종 디지털 미디어의 급속한 변화 및 발달로 최근에 가장 많이 발생하는 폭력은 '언어폭력'과 '사이버폭력'입니다. 미디어가 비교적 제한적인 시대에는 방송윤리위원회와 같은 법정 기구를 통해서 방송이 국민에게 미치는 영향을 분석하고, 문제가 될 수 있는 상황에 대해서는 바람직한 방향을 모색할 수 있었습니다. 또한 언어적인 측면에서도 언어의 탄생과 사용에 조심스러움이 있었습니다. 하지만 이제는 누구나 미디어를 이용해 콘텐츠를 송출할 수 있는 시대가 되면서 수많은 언어들이 급속도로 탄생하고 사용됩니다.

이에 따라 사회적인 합의나 윤리적인 정제가 부족한 무분별한 언어 표현이 나타나고 있습니다. 그리고 이 과정에서 자연스럽게 언어폭력도 증가하고 있습니다. 이에 대해 교실, 학교 내에서 학생 자치적인 '언어윤리위원회'를 상시 열어서 언어 표현이 폭력이 될 수 있다는 감수성을 키우고 그 감수성을 서로 교류할 수 있어야 합니다. 내가 흔하게 쓰는 표현도 상황에 따라 언어폭력이 될 수 있다는 것을 깨우칠 수 있게 해야 합니다. 학생들은 그 언어 표현의 근원을 알지도 못한 채로, 유행에 편승해 자신도 모르게 폭력적인 언어를 쓰는 경우가 많기 때문입니다.

학교폭력을 예방하기 위한 각종 캠페인들이 진행되고 있습니다. '때리지 말자', '빼앗지 말자', '시키지 말자', '따돌리지 말자', '욕하지 말자'와 같은 단순한 청유형 문장만으로는 현재의 학교폭력의 사례를 모두 담아 예방할 수 없습니다. 아주 섬세한 폭력인지 감수성을 바탕으로, 폭력에는 경중(輕重)이 없다는 것을 모두가 알아야 합니다.

피해학생의 징후

• 늦잠을 자고, 몸이 아프다고 하며 학교에 가기를 꺼린다.

• 성적이 갑자기 혹은 서서히 떨어진다.

• 안색이 안 좋고 평소보다 기운이 없다.

• 학교생활 및 친구 관계에 대한 대화를 시도할 때 예민한 반응을 보인다.

• 아프다는 핑계 또는 특별한 사유 없이 조퇴를 하는 횟수가 많아진다.

• 갑자기 짜증이 많아지고 가족이나 주변 사람들에게 폭력적인 행동을 한다.

• 멍하게 있고, 무엇인가에 집중하지 못한다.

• 밖에 나가는 것을 힘들어하고, 집에만 있으려고 한다.

• 쉽게 잠에 들지 못하거나 화장실에 자주 간다.

• 학교나 학원을 옮기는 것에 대한 이야기를 꺼낸다.

• 용돈을 평소보다 많이 달라고 하거나 스마트폰 요금이 많이 부과된다. 또한 스마트폰을 보는 자녀의 표정이 불편해 보인다.

• 갑자기 급식을 먹지 않으려고 한다.

• 수련회, 봉사 활동 등 단체 활동에 참여하지 않으려고 한다.

• 작은 자극에 쉽게 놀란다.

가해학생의 징후

• 부모와 대화가 적고, 반항하거나 화를 잘 낸다.

• 친구 관계를 중요시하며 귀가 시간이 늦거나 불규칙하다.

• 다른 학생을 종종 때리거나, 동물을 괴롭히는 모습을 보인다.

• 자신의 문제 행동에 대해서 이유와 핑계가 많고, 과도하게 자존심이 강하다.

• 성미가 급하고, 충동적이며 공격적이다.

• 옷차림이나 과도한 화장, 문신 등 외모를 과장되게 꾸며 또래 관계에서 위협감을 조성한다.

• 폭력과 장난을 구별하지 못해 갈등상황에 자주 노출된다.

• 평소 욕설 및 친구를 비하하는 표현을 자주한다.

• SNS상에 타인을 비하, 저격하는 발언을 거침없이 게시한다.

출처: 푸른나무재단

037

학교폭력 사안 처리와 학교장 자체 종결

#신고 #접수 #분리 #통보 #보고 #사안 조사 #전담기구 #심의위원회 #조치 #조치 사항 기록

23중등대구 23비교과세종 22초등강원 22중등대구 20초등강원 20중등강원 19중등세종
18초등세종 18비교과평가원

Q

😊 학교폭력 사안에 대해, 학교장 자체 종결 사안이 있다고 들었습니다. 예전과 학교폭력 사안 처리가 달라진 것 같아서 헷갈리는데요. 특히 학부모님들은 생활기록부에 조치 사항 기록과 관련해 예민한 듯합니다. 학교장 자체 종결 사안의 경우에도 가해학생에게 조치 사항을 부여하나요?

A 조치 사항을 부여하지 않습니다.

학교폭력과 관련된 사안 처리 방법은 전 교사가 숙지하고 있어야 합니다. 물론 규정에 따른 업무적인 처리는 담당교사가 하게 되겠지만, 무엇보다 학교폭력과 관련된 학생들의 상황과 마음을 헤아려 주는 것이 먼저입니다. 학교폭력으로 생긴 상처는 매 순간 고통으로 다가올 것입니다. 그리고 이 고통은 학생만 느끼는 것이 아닙니다. 자녀의 상처에 대해서 대신 아프고 싶지만 그럴 수 없음에서 오는 부모의 상처도 당사자가 아니라면 이해하기 어려운 아픔입니다. 상처받은 학생과 학부모와 가정을 위해서는 말 한마디도 중요하지만, 학교가 상처를 내버려두지 않고 명명백백하게 밝혀 사안을 처리하고 있음을 꾸준히 전함으로써 용기를 가질

수 있게 해 주는 것이 매우 중요합니다. 따라서 교사는 학교폭력 사안 처리의 모든 것을 알고 이를 안내할 수 있어야 합니다.

학교폭력은 학교 안에서만 일어나는 것이 아닙니다. 「학교폭력예방법」에 의하면 피해자가 학생일 경우 학교폭력이 성립됩니다. 가해자가 학생인지의 여부는 상관하지 않습니다. 따라서 피해자가 학생이 아니라면 가해자가 학생이라도 학교폭력은 성립하지 않습니다. 결국 학교폭력인지 아닌지의 판단은 피해자가 누구냐에 달려 있습니다. 그 외의 시간과 장소는 관계가 없습니다. 정규 수업을 하는 학교가 아니더라도 방학 중 학교 밖이나 방과 후의 SNS가 모두 학교폭력의 상황이 될 수 있습니다.

학교폭력 사안은 보통 신고로부터 시작됩니다. 물론 학교폭력 실태조사나 상담 및 순회 지도를 통해 시작되는 경우도 있습니다. 초기 대응이 정확하게 됐을 때에 심각한 학교폭력으로 이어지는 것을 막을 수 있습니다.

학교폭력이 확인되면 신고 접수를 합니다. 이 과정에서 접수를 하고는 접수대장을 작성하지 않은 채, 상황이 좋아지기를 기다려 보는 경우가 있습니다. 이는 대표적인 잘못으로서, 학교에서 학교폭력을 숨기는 것으로 보일 수 있습니다. 신고 접수는 신고 당시의 내용을 바탕으로 신속하고 정확하게 공론화를 하는 첫 단계로서 고민할 필요도 없습니다.

신고 접수를 통해 학교폭력 사건이 인지된 경우에는 지체 없이 가해자(교사 포함)와 피해학생을 분리합니다. 「학교폭력예방법」에는 '가해자'나, '피해학생'이라는 용어가 있지만, 실제 신고 접수 대장이나 사용에 있어서는 '가해 관련 학생'이나 '피해 관련 학생'이라는 용어를 사용합니다. 그 이유는 학교폭력과 관련한 사안이 정확히 밝혀지지 않은 상태에서 함부로 가해자와 피해자로 낙인을 찍는 것이 위험할 수 있기 때문입니다. 관련 학생의 분리 의사를 확인하고 구체적인 분리의 방법을 결정해 24시간 이내에 처리합니다. 이 분리가 갈등을 해결로 바꿀 수 있는 첫 구체적인 조치이자, 2차 피해를 막고 심리적으로 안정을 할 수 있는 시간을 확보할 수 있는 방법이라는 점에서 역시 소홀히 여기면 안 됩니다. 다만, 분리하는 과정에서 방법의 적용에 따라 학생과 학부모가 오해하는 부분이 생길 수도 있습니다. 따라서 분리하기 전에 보호자 통보의 과정에서 분리에 대한 안내도 충분히 이뤄져야 합니다. 그리고 최대 3일을 초과하지 않지만, 이때 발생할 수 있는 학업적인 결손에 대해서도 충분히 방안을 마련해야 합니다.

다음 절차는 통보입니다. 학교폭력 관련 학생들과 보호자 및 담임교사, 사안에 따라 타학교의 학교폭력 담당교사에게도 모두 통보가 돼야 합니다. 여기서 중요한 것은 통보를 한 사람과 통보를 받은 사람 모두 주관성을 배제해야 한다는 것입니다. 교사는 최대한 침착함을 유지하면서 일지 기록 및 동의를 구하고 녹음 등을 하는 과정을 밟아 최대한 정확히 통보를 할 수 있어야 합니다. 처음에는 전화로 통보하더라도, 상황에 따라 내교를 요청해 통보를 구체화할 수도 있어야 합니다. 현재 명확한 사안 조사가 이루어진 단계가 아니고, 신고 접수된 내용을 공유하는 과정이기 때문에 앞으로 이에 대한 사안 조사와 절차가 진행된다는 향후 계획까지 명확하게 통보해야 합니다. 이어서 학교장 및 전담기구에 신고 내용을 보고하고 사안 인지 후, 48시간 이내에(성, 집단폭력, 언론보도와 같이 중대 사안은 즉시) 교육지원청으로 보고해야 합니다.

신고와 접수, 통보 및 보고와 같은 초기 대응 단계가 지나면 사안 조사 단계에 접어들게 됩니다. 사안 조사의 내용에 따라 사안 처리 과정이 달라질 수 있기 때문에, 가장 신중해야 하면서도 어려운 단계라고 할 수 있습니다. 사안 조사 시에는 관련 학생의 면담과 학생 및 보호자 확인서 작성을 기본으로 해, 사안과 관련한 객관적인 모든 형태의 자료를 모을 수 있어야 합니다. 목격 학생 확인서나 사진, 동영상과 같은 자료가 그 예입니다. 보통 기억과 자료는 시간이 지나면서 변질돼 오해가 생길 수밖에 없으니 최대한 신속하고 공정하게 충분히 조사해야 합니다. 교사는 관련 학생들의 감정은 존중하되, 함부로 사실 관계에 대해서 판단하고 말을 해서는 안 됩니다. 당사자들의 정서적 고통이나 두려움에 대해서는 충분히 공감하고 지지해 주고, 사실 관계에 있어서는 냉철함을 가져야 합니다. 물론 학교가 수사기관이 아니기에 학교폭력에 대해 엄정하게 처리함과 동시에, 교육적 방향은 잃지 않도록 노력해야 합니다.

이러한 사안 조사의 결과물로 보고서를 작성하게 됩니다. 보고서 작성의 가장 중요한 점은 있는 그대로의 재구성이라고 할 수 있습니다. 특히 육하원칙을 중심으로 작성하는 사안 개요와 쟁점 사안은 향후 학교폭력 처리에 가장 중요한 영향을 미치는 내용이기 때문에 어떠한 오해도 없게끔 정확하고도 구체적으로 작성해야 합니다. 이외에 심각성, 지속성, 고의성, 반성 정도, 화해 정도, 선도 가능성, 장애 학생 여부, 분리 여부, 긴급조치 여부, 재발 현황, 특이 사항 등도 사실에 근거해 작성합니다.

이제 학교에서는 전담기구를 개최해 심의를 합니다. 전체 구성원의 1/3 이상을 반드시 학부모로 구성해야 하는 전담기구는 재적위원의 과반수가 출석할 때 개최될 수 있으며, 출석 인원의 과반수 찬성으로 심의·의결을 하게 됩니다. 전담기구의 핵심은 학교장 자체해결 요건 여부를 정확히 판단하는 것입니다. 학교장 자체해결이 시행될 경우에는 심의위원회를 연 것이 아니기 때문에 조치 사항도 없습니다. 다만 필요에 따라 교육 프로그램을 운영할 수는 있습니다.

학교장 자체해결이 되지 않는 사안은 교육지원청에 심의위원회 개최를 요청하게 되고 개최에 따라 조치가 결정됩니다. 학교는 통보된 조치 결정에 따라 학교생활기록부에도 조치 사항을 기재하게 됩니다. 그리고 피해학생의 보호조치 및 가해학생의 선도조치와 관련한 조치 이행 계획을 세워 엄격히 시행하고 그 이행 결과에 대해 내부결재를 받습니다.

최근에는 이러한 노력에도 불구하고 행정심판과 행정소송까지 가는 일이 많아지고 있으며, 학교폭력 업무는 기피 업무 1순위가 되고 있습니다. 하지만 학교폭력이 학교에서 사라지는 그날까지 학생들을 생각하는 모두가 학교폭력 업무를 알아야 합니다.

 학교장 자체해결 가능 요건

- 2주 이상의 신체적·정신적 치료가 필요한 진단서를 발급받지 않은 경우
- 재산상 피해가 없거나 즉각 복구된 경우
- 학교폭력이 지속적이지 않은 경우
- 학교폭력에 대한 신고, 진술, 자료제공 등에 대한 보복행위가 아닌 경우

038

학교폭력 관련 관계회복을 위한 노력

#학교폭력 대처 #관계회복 프로그램 #관계회복 주의점
23중등경기 21중등대구 21중등서울 21비교과서울 20초등강원 20중등강원 19중등세종
18초등세종 18비교과경기

Q

학급에 학교폭력 사안이 발생했습니다. 가해 관련 학생과 피해 관련 학생 모두 친한 친구 사이였다는 것을 알게 됐는데, 학교폭력 사안 처리를 하다 보니까 오히려 학생들의 관계를 더 안 좋게 만들기만 하는 것 같다는 생각에 회의감이 듭니다. 이러한 어려움을 해결할 좋은 방법이 없을까요?

A 사안 처리 전 과정에서 '관계회복을 위한 프로그램'을 적용할 수 있는 법적 근거가 마련됐습니다.

관계회복을 위한 프로그램은 정해진 특정한 프로그램의 이름이 아닙니다. 학교폭력으로 인한 학생들의 아픔을 치유하고, 다시 일상생활에 적응을 할 수 있도록 도우며, 회복의 과정 속에서 성장에 도움을 줄 수 있도록 하는 모든 노력이 관계회복을 위한 프로그램이 될 수 있습니다. 학교폭력 사안은 '폭력'이라는 공통점이 있을 뿐, 세부적으로는 다양한 관계와 맥락 속에서 발생합니다.

이러한 다양한 학교폭력 사안을 일괄적으로 처리하게 되면 학교폭력과 관계된 모든 당사자들에게 더 큰 오해를 불러오거나 사후에 깊은 회의감을 남기게 될 수밖에 없습니다. 그리고 이런 오해나 회의감은 또 다른 학교폭력을 불러오기도 합니다. 이를 보완하기 위해서 필요에 따라 학교폭력 관련 학생 및 그 보호자 간의 관계회복을 위한 프로그램을 운영할 수 있게 된 것입니다.

관계회복 프로그램은 지속적인 이해와 소통 및 대화를 기본적인 수단으로 합니다. 어떤 프로그램으로 운영이 되든지, 이해와 소통 및 대화가 중심이 돼야 합니다. 이 과정에서 학교폭력에 대해 어떤 누구도 함부로 이해나 소통을 강요해서는 안 됩니다. 특히 피해 관련 학생 및 학부모에게는 관계회복에 대한 제안 자체를 '학교가 사건을 축소·은폐한다.'고 오해할 수도 있습니다. 관계회복 프로그램은 학교폭력 사안 처리와 별개입니다. 관계회복 프로그램의 실행 여부와 관계없이 학교폭력 사안 처리는 절차대로 진행을 해야 하고, 학교폭력 사안 처리의 과정 중에 관계회복 프로그램을 안내하며 양측의 동의에 따라 병행할 수 있는 것입니다.

관계회복 프로그램은 학교폭력 사안 발생 전부터 접수, 조사, 전담기구 심의, 심의위원회 회의, 사후관리에 이르기까지 모든 과정에서 이용할 수 있습니다. 특히 학교폭력은 예방이 최우선이기 때문에, 평소 학교에서는 학교폭력 예방 교육뿐만 아니라, 학생 관계에 대한 면밀한 검토를 통해 학교폭력과 관련한 조짐이 예상될 때에는 관계회복 프로그램을 미리 적용해 학교폭력을 예방하는 것이 중요합니다. 관계회복 프로그램은 학생생활교육과 다르게 접근해야 합니다. '학교의 생활 규정'에 근거한 운영이 중요한 것이 아니라, '관련 학생들의 관계'가 가장 중요한 프로그램의 내용이 됩니다. 교사가 일방적으로 교육적인 조치를 내리고 학생이 따르게 하는 것보다는, 학생들이 일상적인 학교생활을 행복하게 잘할 수 있도록 서로의 마음을 나누고 이 과정에서 서로가 노력해야 할 것을 찾아 함께 실천까지 할 수 있는 소통의 시간을 가지도록 해야 합니다. 이 과정에서 학교별로 학교폭력 예방 역량이 차이날 수 있습니다. 학교의 고유 환경과 여건에 따라 대화와 소통 및 이해와 용서를 할 수 있게 도와줄 수 있는 학교 특색 사업을 실천해 갈 수 있을 때 진정한 학교폭력 예방 및 처리를 할 수 있습니다.

관계회복 프로그램은 단위 학교 내에서 자체 프로그램으로 이용할 수 있지만, 교육청 내 관계회복 프로그램을 이용할 수도 있습니다. 교육청 내의 관계회복 프로그램을 신청하고자 한다면 담당교사가 공문을 통해 요청하면 됩니다. 여기서 중요한 것은 학교폭력이 어느 누구의 일방적인 업무 처리로만 해결될 수는 없다는 것입니다. 관계회복 프로그램을 자체 프로그램으로 운영하든 교육청 내의 프로그램을 이용하든 모든 교사가 저마다의 책임감을 가지고 학생들이 진정으로 회복할 수 있도록 최선을 다하려는 자세가 필요합니다. 특히 관계회복은 학생과 관련 사안을 잘 알고 있는 교사의 적극적인 참여가 중요합니다. 사안이 말과 글로 옮겨지면서 어쩔 수 없는 오류와 오해가 생길 수밖에 없습니다. 사안을 직접 함께 경험한 교사가 섬세한 감수성을 가지고 섬세하게 소통의 계기를 마련하는 것만큼 중요한 관계회복 프로그램은 없습니다.

학교폭력 관계회복은 절대적인 준수 사항이 아니라는 점에서 어쩌면 학교에서 등한시되는 부분일 수도 있습니다. 하지만 모름지기 근본적인 학교폭력 사안 처리는 '회복'까지 가 닿아야 한다는 것을 잊어서는 안 됩니다. 회복이 이뤄질 때, 수많은 또 다른 학교폭력이 예방될 수 있습니다.

039

사이버폭력의 예방과 대처

#사이버의 의미 #플랫폼 #사이버폭력 예방 #사이버폭력 대처 #사이버폭력 사례

23중등대구 23비교과세종 21중등대구 21비교과세종 20중등대구 18중등경기

Q

😊 학생들과의 소통을 위해 온라인 소통방을 만들었습니다. 그런데 한편으로는 이 공간에서 아이들끼리 사이버폭력을 하게 될까봐 걱정이 됩니다. 실제로 제가 있는 소통방임에도 불구하고 친구에 대한 험담이 장난의 선을 넘은 수준으로 올라오는 것을 발견했습니다. 온라인 단체 소통방을 계속 운영해도 될까요?

A 온라인 소통방의 여부보다 중요한 것은 사이버폭력 예방 교육의 여부입니다.

1984년 미국의 작가 윌리엄 깁슨(William Gibson)이 발표한 책『뉴로맨서』에서는 현실공간과 대조된 가상공간(假想空間)으로서 '사이버(cyber)'가 등장합니다. 이때만 해도 말 그대로 현실세계가 아닌 상상의 공간이었을 뿐이지만, 컴퓨터 시스템의 계속적인 발달로 이제는 사이버도 우리의 현실이 됐습니다. 그리고 여전히 '사이버'로 통칭해 부르고 있긴 하지만, 전과는 다른 다양한 정보통신기술을 사용하는 디지털 세상

이 펼쳐지고 빠르게 변화하면서 관련한 사이버폭력도 다양한 방식으로 나타나고 또 변화해 나가고 있습니다.

이제 웹사이트가 아닌 '플랫폼'의 시대가 왔습니다. '플랫폼'은 단어 그대로 '기차역'을 연상할 수 있습니다. 기차역에는 수많은 사람들이 오고 갑니다. 기차역에서는 기차를 타고 원하는 곳으로 가고자 하는 손님뿐만 아니라, 손님들을 둘러싼 셀 수 없이 많은 존재들이 모여 교류하게 됩니다. 따라서 플랫폼에서는 정보의 업로드와 다운로드뿐만 아니라 여러 존재들이 교류하면서 다양한 사이버상의 구조들을 만들어 갈 수 있습니다. 그 유명한 '구글'도 단순한 웹사이트가 아닌 플랫폼으로서, 가입 즉시 만남과 소통의 장이 여기저기서 펼쳐지게 됩니다. 이렇게 단순히 사이버라는 용어로 한정하기 어려울 정도로 '현실이 아닌 공간'의 의미는 확장됐습니다. 그리고 그만큼이나 사이버폭력도 다양한 모습으로 증가할 수밖에 없다는 것은 자명합니다.

이러한 시대의 변화 속에서 단톡방을 못 만들게 하거나 만들어 놓은 것을 없애라고 하는 것은 시대의 특성을 고려하지 못한 것이며, 결국 교육적이지 못하다고 말할 수도 있을 것입니다. 자의든 타의든 온라인 수업이 공식화된 상황에서, 각종 플랫폼상에서 이뤄지는 활동들을 건강하게 수행하는 방법을 제대로 가르쳐야 하는 때가 온 것입니다. 이를 위해 교사는 아이들이 사용하거나 사용할 수 있는 모든 사이버스페이스나 SNS 및 에듀테크들을 '공부'해야 합니다. 예를 들어, '카카오톡'에는 일반채팅방과 오픈채팅방이 있어서 두 개의 사용법이 다르다거나, 관리자의 지위에서 문제를 긴급히 처리할 수 있는 등의 기능을 다룰 수 있는 역량 혹은 역량을 키우려는 자세를 갖춰야 합니다.

교사의 역량을 키울 수 있는 가장 중요한 스승은 결국 학생입니다. 학생들의 사이버스페이스를 부정만 할 것이 아니라, 함께 사용하며 학생들에게 배우려는 자세도 중요합니다. 태어날 때부터 스마트폰이 있었던 세대의 앞서가는 사용 능력과 스마트폰을 새로운 기술로 맞이한 세대의 조심스러움이 조화를 이뤄야 하는 것입니다. 이런 면에서 교사와 학생이 함께 사이버스페이스에 존재하며, 교사는 교사대로 좋은 방향으로 모범을 보이고 학생은 학생대로 정보통신기술의 순기능을 살릴 수 있을 때 사이버폭력이 근본적으로 해결될 수 있습니다.

어쩔 수 없이 나타나는 부정적인 사례는 현실적인 계기 교육의 사례로 삼기를 바랍니다. 자기도 모르게 이모티콘을 과다하게 올리는 학생이 나타난다면, 학생의 감정은 헤아려 주면서도 이모티콘을 과하게 올리는 것이 때로는 누군가에게 폭력으로 작용할 수 있다고 알려주는 말 한마디가 사이버폭력 예방의 교육 내용이 됩니다. 결국 사이버폭력 예방도 일반적인 폭력 예방 교육과 크게 다를 바 없습니다. 지나가면서 마주한 학생들의 말 한마디, 행동 하나에 관심을 가져주는 학교폭력 예방 교육처럼, 단톡방에 올라오는 대화 내용 하나, 이모티콘 하나에 관심을 가져주는 것이 사이버폭력을 예방하는 시작점이 됩니다.

사이버폭력을 다루기 힘든 이유는 사이버스페이스가 가진 '익명성'이라는 속성 때문일 것입니다. 하지만 이 역시 학생들에게 강조해야 할 예방 교육의 핵심입니다. 과거에는 현실에서의 실명성과 사이버스페이스에서의 익명성이 정확히 구분됐습니다. 그러나 정보통신기술의 발달로, 더 이상 사이버스페이스는 영원한 익명의 공간이 아닙니다. 이제 사이버페이스는 또 다른 캐릭터로 살아가는 제2의 실명의 공간이 됐습니다. 따라서 익명성에 숨어 현실과는 다른 잘못된 모습으로 욕구를 충족하는 것이 큰 죄가 될 수 있다는 것을 학생들이 알게 할 필요가 있습니다. 아울러 소위 '부캐'가 중요시되는 현실에서, 사이버스페이스는 또 다른 자아를 찾을 수 있는 공간이 됨을 알게 해야 합니다. 따라서 '건전한 사이버 자아 찾기 활동'을 사이버폭력 예방 교육의 내용으로 설계할 필요가 있습니다.

이러한 사이버폭력 예방 교육에도 불구하고 나타나는 사이버폭력에 대해서는 '정확한 상황을 파악하며 증거를 수집'하는 것이 급선무입니다. 사이버폭력의 증거들은 순식간에 없어질 수 있기 때문입니다. 반대로 작은 상황이 순식간에 큰 상황으로 번지기도 합니다. 최대한 신속하게 상황을 파악하고 증거를 수집하면서, 상황에 따라 필요하다면 모든 유관 기관과 협조 관계를 구축해야 합니다. 댓글이 퍼질 것을 괴로워하는 학생이 있다면 '그깟 댓글 하나'라고 응대해서는 안 됩니다. 플랫폼 회사에 댓글 삭제를 요청하고, 수사기관에 수사를 의뢰하는 등의 행동을 신속하게 취해야 합니다. 사이버폭력에 대한 안일한 대처나 잘못된 반응은 사안을 더 크게 키우기도 하고 생각지도 못했던 2차 피해로 이어지기도 합니다.

최근에는 AI기술을 이용해서 폭력의 여지를 원천 차단하는 기능을 탑재한 플랫폼들이 등장하고 있습니다. 그리고 사이버상의 기록을 모두 삭제해 주는 이른바 '디지털 장의 업체'가 따로 있을 정도로 사회적인 문제에 직면한 상황입니다. 사이버 감금, 사이버 언어폭력, 사이버 갈취, 사이버 강요, 사이버 따돌림, 사이버 성폭력 등 이제 사이버폭력은 폭력의 종류 중 하나가 아니라 모든 폭력에 나타날 수 있는 현상이 됐습니다.

사이버폭력 피해 징후

- 불안한 기색으로 정보통신기기를 자주 확인하고 민감하게 반응한다.
- 단체 채팅방에서 집단으로부터 혼자만 반복적으로 심리적 공격을 당한다.
- 용돈을 많이 요구하거나 온라인 기기의 사용요금이 지나치게 많이 나온다.
- 부모가 자신의 정보통신기기를 만지거나 보는 것을 극도로 싫어하고 민감하게 반응한다.
- 온라인에 접속한 후, 문자메시지나 메신저를 본 후에 당황하거나 정서적으로 괴로워 보인다.
- 사이버상에서 이름보다는 비하성 별명이나 욕으로 호칭되거나 야유나 험담이 많이 올라온다.
- SNS의 상태글귀나 사진 분위기가 갑자기 우울하거나 부정적으로 바뀐다.
- 컴퓨터 혹은 정보통신기기를 사용하는 시간이 지나치게 많다.
- 잘 모르는 사람들이 자녀의 이야기나 소문을 알고 있다.
- 자녀가 SNS 계정을 탈퇴하거나 아이디가 없다.

출처: 푸른나무재단

040

성폭력 사안 대처 및 주의 사항

#신고의무 #비밀유지 #성폭력 사안 조사 #성폭력 후속 조치 #성폭력 지원

22초등충북

Q

🧑 학생이 학교 밖에서 성폭력 피해를 당했습니다. 학생은 조용히 넘어가고 싶다고 이야기를 하는데요. 그래도 될지 걱정입니다. 성폭력 사안 처리가 일반적인 학교폭력 사안 처리와 다른 점이 있나요?

A 성폭력은 학교폭력 사례의 하나로서 사안 처리의 전체적인 흐름은 같지만, 더욱 신중을 기해야 할 것이 있습니다.

"선생님, 바바리맨이 나타났어요."

바바리맨은 '바바리코트 안에 아무것도 입지 않고 있다가 지나가는 여성에게 알몸을 보여 주거나 음란 행위를 하는 남자'라는 내용으로 국어사전에 등재될 정도로 비일비재하게 나타나는 존재입니다. 예전에는 마치 똥을 밟은 것처럼 인상을 쓰며 지나갔지만, 이제는 그래서는 안 됩니다. 성폭력 사안이 갈수록 교묘해지면서 한 사람의 인생을 송두리째 파괴할 수 있다는 것이 밝혀지고 있는 지금, 더 이상 함부로 그냥 넘겨서는 안 되는 것이 성폭력 사안입니다. 성폭력 사안 처리에서 더욱 주의해야 하는 것은 다음과 같습니다.

❶ 첫 번째는 신고의무입니다. 학교에서 근무하는 학교장을 비롯한 교직원은 만 19세 미만 성범죄의 발생 사실을 알게 된 때에 즉시 수사기관에 신고해야 합니다. 만약 성범죄 발생 사실을 알고도 수사기관에 신고하지 않거나 거짓으로 신고한 경우에는 300만 원 이하의 과태료에 처해질 수 있습니다. 그런데 간혹 피해학생이 상담을 받으면서도 조용히 넘어가고 싶다고 부탁을 하는 경우도 있습니다. 그러나 신고는 별도의 예외 규정이 없습니다. 신고의무자는 피해자와 피해자의 가족의 의사와 관계없이 반드시 수사기관에 신고를 해야 합니다. 피해자와 피해자의 가족에 대해서도 법률상으로 반드시 해야 하는 절차라는 것을 주지시키고 신고에 임해야 합니다.

❷ 두 번째는 비밀유지입니다. 어떠한 일이 있어도 주변의 교직원이나 다른 학생에게 이 사안과 관련한 이야기가 퍼져 나가서는 안 됩니다. 이 사안에 대한 이야기가 다른 사람에게 퍼지는 것만으로도 2차 피해가 시작되는 것입니다. 그렇다고 모두 비밀로 하면서 은폐하고 축소해서도 절대 안 됩니다. 여기에서의 비밀유지란 사안은 확실히 인지해 처리하면서도, 그 외의 범위에 있어서는 철저히 비밀로 해야 한다는 것을 의미합니다.

❸ 세 번째는 조사 시의 엄격한 주의입니다. 모든 폭력 사안이 그렇겠지만 특히 성폭력 사안의 조사는 당시를 떠올리는 것만으로도 충격적인 사건을 재경험하게 된다는 측면에서 다분히 외상 후 스트레스 장애를 유발하게 될 가능성이 큽니다. 그럼에도 불구하고 정확한 조사를 하지 않을 수 없기 때문에, 사안을 조사하는 데에 있어서 단어 선택 하나도 굉장히 신중하게 이뤄져야 합니다. 특히 사안

에서 나타난 행위에 대해서는 경중에 관계없이 함부로 가치판단적인 입장을 밝혀서는 안 됩니다. 또 사안의 심각성으로 인해 조사자는 자신도 모르게 강압적인 분위기로 조사를 진행할 수 있습니다. 항상 피해학생의 인권을 보장하는 편안한 분위기에서 조사가 진행돼야 하며, 학생의 상황에 따라 학생의 조사를 도울 수 있는 보호자와 동석할 수 있도록 하고, 안정적인 상태에서 모든 의사를 존중하며 조사가 이뤄져야 합니다.

❹ 네 번째는 충분한 후속 조치 및 지원입니다. 안타깝게도 성폭력은 정작 피해자가 보호받지 못하고 2차 피해를 입는 경우가 종종 발생합니다. 성폭력과 관련한 심의위원회가 끝나고 조치 사항이 이행됐다고 해서 성폭력 사안이 끝나는 것은 절대 아닙니다. 현실적으로 피해학생이 언제든지 자살을 할 수 있는 상황이라는 문제의식이 필요하며, 극단적 선택과 이에 준하는 사안을 예방하기 위해 학교와 교육청 및 유관기관이 기민하고도 꾸준하게 지원을 할 필요가 있습니다. 긴급조치 단계에서부터 피해자와 가해자의 분리는 물론이거니와 학생이 다시 학교에서 일상생활에 적응할 수 있도록 특별한 학습 및 심리적 지원이 이뤄져야 합니다.

교육청은 학교가 세부적인 상담 및 치료를 잘 진행할 수 있도록 관련한 컨설팅과 실질적인 경제적 지원을 해야 할 것이며, 필요에 따라 성폭력 피해자를 위한 각종 센터 및 상담소와 유기적인 협조 관계를 구축해 장기적이고도 실질적으로 학생을 도울 수 있어야 합니다. 이 과정에서 2차 피해가 생기지 않도록 해야 된다는 것을 다시 한번 강조하는 바이며, 특히 비밀유지가 중요하다는 것도 거듭 강조합니다. 학교와 교육청과 기관이 제대로 협조 관계를 구축하지 않으면 비밀이 유지되지 않아 학생에게 더 큰 상처를 줄 수 있다는 것을 명심해야 합니다.

　성폭력에 대한 사회적 공감과 이에 수반되는 예방 교육 덕분에, 적어도 학교에서는 '아이스께끼'라고 외치며 여학생의 치마를 들치는 행위에 대해 당연히 성범죄라는 인식이 자리 잡았습니다. 하지만 안타깝게도 이제는 겉으로 보이지 않는 성폭력이 치밀하고도 교묘한 수단과 방법으로 사회의 빈틈을 파고들고 있습니다. 1938년에 영국의 희곡작가 패트릭 해밀턴(Patrick Hamilton)이 쓴 「가스등(Gas Light)」에서 유래된 '가스라이팅'과 같이 인간의 심리와 상황을 교묘하게 조작해 한 인간을 심리적으로 지배하는 행위가 성폭력과 만나 'n번방'과 같은 최악의 사건이 벌어지기도 했습니다. 이러한 사건은 절대 다시 일어나서는 안 됩니다.

041

학교 내 도난 사건 예방 및 대처

#도난 예방 학급 풍토 #피해자 공감 #병적 도벽 #112 신고 #사랑과 나눔의 분위기
18중등서울

Q

학급에 금품 도난 사건이 발생했습니다. 학급의 모든 학생들의 지갑이 없어지고, 일부 학생의 휴대전화도 없어져서 피해 규모가 큰 편입니다. 물건을 잃어버린 학생들은 도둑을 잡아야 한다고 아우성이며, 저는 모든 학생들이 도둑으로 보이기까지 합니다. 어떻게 대응을 해야 할까요?

A 상황을 제대로 확인하지 않고 감정적으로 대하면 도난당한 물건은 영영 나타나지 않습니다. 상황을 이성적으로 파악하고, 피해 규모에 따라 112 신고도 고려해야 합니다.

학교에서 물건이 사라지는 일은 생각보다 비일비재합니다. 사소한 학용품부터 애지중지 아끼던 개인 소장품이나, 심지어는 열심히 공부한 학습지까지 다양한 종류의 것들이 없어지곤 합니다. 이런 상황이 벌어지기 전에 항상 학생들에게 이야기하는 말이 있습니다. 무엇인가 없어졌을 때에는 누가 훔쳐갔는지 의심하며 부정적인 감정을 주변에 노출할 것이 아니라, 속상한 마음을 주변에 알리며 함께 찾아줄 것을 부탁해야 한다는 것입니다. 물론 물건을 잃어버린 것은 매우 당황스럽고 속상한 일이지만,

순간의 감정으로 주변 친구를 모두 도둑 취급하면 어느 누구도 도와주지 않아 결국 물건을 다시 찾을 수 있는 일말의 희망마저 잃어버리게 된다는 것을 강조합니다. 주변의 입장으로 본다면 괜히 물건을 찾아주다가 오히려 도둑 취급을 받게 될 수도 있기 때문입니다. 침착하게 상황을 파악하면서 주변의 도움을 받는 것이 문제의 해결에 더 도움이 된다는 것을 알려 주시기 바랍니다. 이를 위해서는 평소 개인에게 어려운 일이 발생했을 때 학생 모두가 예의를 지키면서 함께 나누고 도와주는 분위기가 먼저 조성돼야 합니다.

하지만 막상 도난 사건이 일어나면, 교사들조차 쉽게 감정적으로 대응하게 됩니다. 게다가 도난당한 것이 금품이라면 더욱 그렇습니다. 평소 학생들을 사랑으로 대했던 교사라면, 그렇게 아끼고 아꼈던 학생 중에 도둑이 있다는 생각에 오히려 더 큰 배신감을 느끼게 되기도 합니다. 그러나 교사는 학생의 예쁜 모습만을 사랑으로 대하는 것이 아니라, 학생의 잘못된 행동을 바로잡아 성장의 계기로 삼을 수 있게 해야 한다는 것을 명심해야 합니다.

이러한 측면에서 교사는 먼저 누구보다 이성적으로 사건을 마주해야 합니다. 물건을 잃어버린 학생의 감정에 대해 충분히 공감을 하면서, 정확한 피해 상황을 철저히 기록해야 합니다. 이 과정에서 사소하더라도 증거가 될 수 있는 것들을 모두 청취하고 파악해 기록하는 것이 중요합니다. 한때는 학급에서 도난 사건이 일어났을 때에, 학생들이 진실을 털어놓을 수 있는 분위기를 조성하며 감정에 호소하는 식으로 문제를 해결해야 한다는 이야기들이 많았습니다.

하지만 요즘에는 다양한 원인에 따른 반사회적 장애 성격의 '병적 도벽'이 갈수록 많아지는 추세이기 때문에, 이러한 감정의 호소만으로 문제를 해결하기가 힘든 상황입니다. 선생님이 토로하는 속상함과 간절한 호소 자체를 즐기는 학생이 있을 수도 있습니다.

상황에 따라서는 112에 바로 신고해 경찰의 도움을 받는 것도 방법입니다. 특히 이런 문제가 재발되는 것을 막기 위해서라도 교사와 학교가 도난 사건을 정식으로 처리하는 모습을 보여주는 것도 중요하기 때문입니다. 요즘에는 학교에 CCTV가 많을뿐더러, 경찰들이 도난 사건에 대해서 다양한 경험에 따른 노하우를 가지고 있기 때문에 생각보다 쉽게 물건을 되찾으며 문제가 해결되기도 합니다. 학교의 일에 경찰까지 등장한다는 것에 대해 거북스러움을 표하는 교사도 있을 수 있습니다. 하지만 교사가 능숙하기 어려운 부분에 대해 전문가의 도움을 받는 것이라고 생각하기를 바랍니다. 물론 경찰의 도움을 받는 것이 교사가 도난 사건에 대한 모든 절차를 경찰에게 맡겨야 한다는 것을 의미하지는 않습니다. 다만, 그만큼 교사가 감정으로 문제를 그르쳐서는 안 된다는 것을 강조하는 것입니다.

도난 사건의 예방을 위해서는 도난될 만한 물건을 아예 학교에 가지고 오지 않게 하는 것도 중요하지만, 아예 훔치고 싶은 마음이 들지 않게끔 평소에 충분히 물질을 나누며 정신적인 사랑도 나누는 학급의 풍토 조성이 중요합니다. 굳이 돈이나 고가의 물건이 아니더라도 넉넉하고 여유 있는 분위기의 학급을 만들 수 있습니다. 각종 예산을 잘 활용해, 자율적으로 아침 대용 에너지바를 먹을 수 있는 공간을 만들거나 네 것과 내 것의 구별 없이 모두가 풍족하게 쓸 수 있는 공용 학용품을 만들어 놓으면 학생들이 겉으로는 표현하지 않아도 그 안에서 사랑의 마음이 자라나게 될 것입니다. 이런 측면에서 우리 사회가 학생들을 누구 하나 기죽이지 않고 공평하게 점심 식사를 하게 하거나, 고가의 온라인 수업 장비를 1명당 1대씩 쓸 수 있도록 보급하게 된 것은 학생들의 균형 있는 정서의 형성에도 큰 도움이 될 것입니다.

'내가 사랑을 주는 학생들이 설마 도난을 하겠어?'라는 안일한 마음이 도난 사건을 불러 올 수 있습니다. 타인의 종이 한 장도 함부로 내 것으로 만들지 않는 마음, 그리고 더불어 종이 한 장조차 타인의 것이 필요하다면 정중하게 부탁하는 마음, 그리고 내 것이지만 타인의 정중한 부탁에 너그러이 쓸 수 있게 해 주는 마음, 이런 마음을 나눌 수 있는 분위기가 충분히 형성될 때 도난 사건을 예방할 수 있습니다.

042

학년 초 학급 생활교육 프로그램

#만남-소통-친교의 달 #학생 맞이 #학기 초 상담 #생활교육 프로그램 #따돌림 예방

23초등세종 22초등강원 22초등경기 22초등서울 22초등세종 22중등충북 19초등인천 18초등서울
18초등세종 18초등평가원 18중등강원 18비교과경기 17초등세종 17초등인천

Q

이번에 맡은 학급에서 왕따나 학교폭력과 같이 학생들의 관계가 크게 상하는 일은 발생하지 않았으면 좋겠습니다. 그러기 위해서는 3월 한 달 동안 생활교육에 주력하며 학생들이 학교생활에 잘 적응할 수 있게 해야 한다고 들었는데요. 이와 관련해 학기 초에 어떤 것들을 준비하면 좋을까요?

A 3월을 '만남-소통-친교의 달'로 정해 집중적 프로그램을 운영하면 1년이 행복해집니다.

흔히 교사들 사이에서는 3월에 학생들을 얼마나 잘 잡는지에 따라 1년이 달라진다는 얘기를 하곤 합니다. 그만큼 학생들과 처음 관계를 맺기 시작하는 3월이 교사들에게는 중요하다는 뜻이겠지요. 교사들은 3월이 한 해의 진정한 시작인 셈입니다. 하지만 아이들을 '잡는다'는 것이 아이들을 '꽉 움켜쥐고 기세를 누그러뜨리려고 잡는 것'이 아니라, 아이들과 '균형을 맞추며 이야기를 시작할 기회를 잡는 것'이라는 점을 알 필요가 있습니다.

'만남-소통-친교'의 달은 사실 학교폭력 예방을 위한 학교폭력 근절 대책의 하나였습니다. 3월 한 달만이라도 교사들이 학생들과의 만남과 소통, 그리고 친교에 집중할 수 있도록 3월을 '공문 없는 달'로 선포하고 교사들이 학생들에게 집중할 수 있도록 배려한 정책입니다. 하지만 3월이 시작되면 학교와 관련한 수많은 계획들이 수립돼야 하기 때문에, 아무리 공문이 적게 온다고 해도 교사는 다양한 업무에 시달릴 수밖에 없습니다.

결국 3월 이후의 성패는 2월에 달려 있습니다. 예를 들어, 수업 관련 진도 계획이나 평가 계획을 3월에서야 수립하게 되면, 수업 관련 준비는 준비대로 힘들고, 학생과의 만남-소통-친교 프로그램 운영의 질은 떨어질 수밖에 없습니다. 따라서 기본 계획 수립은 새 학년에 들어가기 전에 미리 완료해야 합니다. 다행스럽게도 각 학교별로 새 학년 준비 연수 프로그램이 활성화돼 2월에 교과, 학년, 업무 협의를 미리 함으로써 안정적으로 3월을 맞이할 수 있게 됐습니다. 신규교사인 경우는 보다 적극적으로 발령학교 및 발령학교의 교사들과 소통해 짧은 시간이라도 집중력 있게 교과, 학년, 업무에 대한 준비와 연찬의 의무를 다하면 그만큼 여유 있게 3월을 맞이할 수 있을 것입니다.

❶ '만남'의 측면에서는 담임교사가 교실에서 등교하는 아이들을 맞이하실 것을 권유합니다. 3월에 아이들을 마중하는 것만으로도 대단히 훌륭한 프로그램이 됩니다. 마중하며 아이들이 등교하는 시간도 체크해 보고, 등교할 때의 교우 관계나 용모, 표정에 이르기까지 반가운 인사와 함께 살펴보는 것만으로도 학생들은 안정감을 느낍니다.

특히 중학교 1학년은 초등학생 때와 달리, 처음으로 교실에 담임 선생님이라는 존재가 없어진 상황입니다. 교무실을 어렵지 않게 생각하는 소수의 학생들을 제외하고는 학생이 먼저 교무실로 다가가기 쉽지 않다는 것도 고려하기를 바랍니다. 그리고 짧은 마중이 더 효과적이기 위해서는 작은 노트나 휴대전화를 이용해 메모하는 것이 좋습니다. 학생들과 잠깐을 만나더라도 메모가 필요한 점들이 포착된다면 간단하게라도 적어 놓을 때, 하루하루의 만남에 발전이 생길 것입니다. 또 기록하며 기억하려는 담임 선생님의 모습을 보여주는 것만으로도 학생들에게 신뢰감을 줄 수 있습니다.

❷ '소통'의 측면에서는 오프라인과 온라인 모두를 고려한 소통 방법을 구축하고 이용하길 바랍니다. 보통 매일 인원을 정해서 방과 후에 대면 상담을 많이 합니다만, 짧은 시간에 많은 학생들을 만나는 것이 어렵다는 단점이 있습니다. 사람은 눈을 보고 이야기를 나눠야 진실하게 이야기를 나눌 수 있다고 하지만, 사실 온라인 소통이 훨씬 익숙한 요즘 세대의 아이들에게는 일대일로 독대하는 것이 오히려 큰 부담이 될 수도 있습니다. 따라서 대면 상담에 들어가기 전에, 3월 한 달은 전체 학생과 학부모에게 전화를 빠르게 한 번 돌리는 것도 좋은 소통의 방법입니다. 물론 전화 상담 내용에 따라 대면 상담을 병행해도 좋습니다. 전화가 못내 부족하다고 느껴진다면, 줌과 같은 화상회의 프로그램을 이용하는 것도 방법입니다. 이것은 코로나19가 처음 생겼던 2020년 3월 긴급하게 시도한 방법이었습니다만, 의외로 더 효과적으로 교사와 학생 및 학부모가 소통할 수 있는 방법이 됐습니다.

❸ '친교'의 측면에서는 진정한 친교를 위한 '예절'과 '존중'부터 강조합니다. 학급의 모든 친구와 진정한 친구가 될 수는 없으며, 현실적으로 '친구(friend)'와 '급우(class mate)'를 구분해야 함을 알려 주세요. 실제로 친구라는 이유로 지켜야 할 선을 넘다가, 학교폭력으로까지 이어지는 일이 많습니다. 하루 빨리 학생들이 친하게 지냈으면 좋겠다는 선생님의 마음은 이해가 가지만, 어설프게 친교 프로그램을 진행하면 오히려 어려움이 생길 수 있습니다. 선생님과 학생은, 그리고 학생과 학생은 적어도 1년을 함께 지내야 합니다. 3월의 '만남-소통-친교'의 달은 1년의 시작이라는 것을 명심하고 친교 프로그램을 1년 단위의 계획 속에서 적절히 조절해 적용하기를 바랍니다.

'만남-소통-친교의 달' 운영은 정확한 지침이나 매뉴얼이 있는 것이 아닙니다. 선생님의 교육 철학을 바탕으로 한 학생 사랑 실천 방법을 자연스럽게 발휘해 학생들의 마음에 좋은 첫인상을 남기고, 또 그 첫인상을 바탕으로 1년 동안 꾸준히 만남과 소통, 친교의 시간을 계속 이어가게 만들면 됩니다.

그런데 좋은 첫인상을 위해 억지로 힘을 짜내어 3월을 보내지는 않기를 바랍니다. 아이들과 3월만 보내는 것이 아니기 때문입니다. 예를 들어, 선생님이 할 수 있는 자연스러운 방법으로 종례 후 아이들을 따라 교문까지 배웅해 보는 것은 어떨까요? 하교 안전을 위해 매일 하교 지도를 하라는 것이 아닙니다. 아이들은 하교할 때 정말 행복해합니다. 고생한 서로를 격려하며, 누구랑 어떻게 하교하는지 관찰하는 것도 훌륭한 프로그램이 될 것입니다.

더 체계적인 만남-소통-친교의 달 프로그램은 담당 부서에서 준비합니다. 담임 선생님은 담당 부서의 대규모 프로그램에 대한 충분한 보충 안내와 진지한 참여 유도의 역할을 해 학교 전체와 학급이 조화를 이루도록 해야 합니다. 이런 작은 실천들을 통해, 폭력 따위는 자리 잡을 틈이 없이 아름다운 추억과 성장이 있는 학급을 만들어 갈 수 있습니다.

 월별 학급 단위 생활 지도 관련 프로그램 운영 사례

3월	만남-소통-친교의 달	마니토 활동
4월	과학의 달	폭력 예방을 위한 가상 발명품 아이디어 공모
5월	가정의 달	부모님의 사랑 메시지 깜짝 전달 활동
6월	호국 보훈의 달	초록우산 감사편지 쓰기 공모전 참가
7월	자연과 환경의 달	마을 공원 내에서 생태 세 줄 시화전 창작 활동
8월	성장의 달	지, 덕, 체를 키우는 여름방학 버킷리스트 작성 및 공유 활동
9월	독서의 달	학교폭력 관련 소설 읽고 책수다 활동
10월	문화의 달	다문화 음식 만들기 및 나눔 행사
11월	학생의 달	학생의 날 기념 자체 디자인 기념품 제작 및 나눔 행사
12월	협력과 나눔의 달	폭력 예방을 위한 협력종합예술영화제
1월	전통의 달	봉사, 선행, 효 실천 인증 활동
2월	진로의 달	자기소개서 작성 및 친구끼리 모의 면접 활동

(043)

학생생활교육위원회의 의미와 절차

#학생 징계 #사안 조사 #사안 보고 #학부모 상담 #의견 진술 #징계 심의 #불복 #재심

20중등대구 19중등강원 18중등강원 18등등서울 18비교과 평가원 17초등평가원
17중등서울 17중등세종

Q

5월이 되자 학교에 생활 태도가 불량한 학생들이 늘어나고 있습니다. 학년 협의회에서 한 선생님이 학교가 더 뒤숭숭해지기 전에 가장 불량한 한 명을 본보기로 삼아 징계를 내리자는 의견을 냈습니다. 그리고 징계 시행 공고문을 부착해서 학교를 조용히 만들어야 한다고 제안했습니다. 이러한 방법들이 효과가 있을까요?

A 학교폭력이 아닌 것도 정확한 절차와 지침을 준수해야 합니다.

아무리 교사라도 함부로 개인의 양호와 불량을 판단할 수 없습니다. 생활교육위원회의 운영은 학교 규정 내의 '학생 생활규정'에 의거해 진행돼야 합니다. '학생 생활규정'에 해당되는 내용이 아니라면, 어느 누구도 자의적으로 징계 절차를 밟을 수 없습니다. 따라서 생활교육위원회의 개최 이전에 학생 생활규정에 대한 정확한 공유가 선행돼야 합니다. 생활규정을 알아야 어기지 않을 수 있습니다.

학생 생활규정 문서를 인쇄해 붙여 놓는 것만으로 공유를 한 것이라고 여기는 경우가 많습니다. 하지만 공지만으로 학생 생활규정을 학생들에게 숙지시켰다고 말할 수는 없습니다. 교사는 생활규정의 조항 하나하나를 정확하게 알려 주고 학생이 습득할 수 있도록 도와야 합니다. 이 과정에서 생활규정이 단순한 강제적 조항의 집합이 아니라, 타당한 근본 취지를 가지고 만들어진 것임을 설명해 줄 필요가 있습니다.

또한 가급적 생활규정과 관련한 실제 사례를 예로 들어서, 학생들로 하여금 규정이 몸에 배도록 할 필요가 있습니다. 생활교육이 잘 되는 학교는 이를 도울 수 있는 교육 자료가 풍성하게 잘 준비돼 있습니다. 생활교육 담당 부서나 업무 담당자와 담임교사의 협력을 통해 생활교육이 이루어질 때 생활교육의 효과가 더 높아집니다. 담임은 담당자에게, 담당자는 담임에게 교육의 의무를 전가하면 결국 그 피해는 고스란히 학생에게 돌아가게 됩니다.

새로 학교에 전입한 교사나, 새로 학교에 입학한 학생은 해당 학교의 생활규정을 잘 파악하지 못하고 있을 가능성이 높습니다. 따로 시간을 두고 교사와 학생 모두 이해의 기회를 꾸준히 가져야 합니다. 학생 생활규정은 모든 학교가 똑같을 것 같지만, 각 학교의 상황과 여러 규정 개정 과정에서 상이한 부분이 있기도 합니다. 이를 교사가 정확히 파악하지 못하고, 과거의 경험을 바탕으로 어설프게 선도나 징계를 진행하게 되면, 다소 쉽게 해결될 일이 큰 문제로 확대될 수 있습니다. 더불어 학급의 규칙을 만드는 것도 신중할 필요가 있습니다. 생활규정과 학급 규칙이 난립해 학생들의 생활에 더욱 혼란을 줄 수도 있기 때문입니다.

생활교육의 선도 절차는 '사안 조사'부터 시작됩니다. '문제 학생'이 아닌 '관련 학생'이라는 용어를 통해 객관적으로 조사를 하면서 구체적인 증거자료를 확보해야 합니다. '사안 조사'는 '반성문'이 아닙니다. 정확한 사실 관계에 따른 보고서로서 학생과 생활교육 주체가 모두 사실을 정확히 인지하고자 하는 노력 자체입니다. 사실 '사안 조사'를 정확히 잘 진행하는 것만으로도 교육 효과가 큽니다. 학생이 사안 조사 과정에서 '자기 변론서'를 작성해 보는 것을 통해서 주관적인 상태를 객관적인 상태로 만들 수 있고, 지난 사안에서 선도가 필요한 부분에 대해 정확히 이해할 수 있게 됩니다.

일부 선생님의 경우 문제를 신속하게 해결하기 위해서 수업 시간에 학생을 불러 조사를 하기도 합니다. 하지만 이것은 학생의 학습권을 침해하는 것으로서 절대 해서는 안 됩니다. 또한 기타 인권 침해 및 아동학대에 해당할 수 있는 행위도 절대 일어나면 안 됩니다.

사안 조사 이후, 학교장에 사안을 보고하고 학부모 상담을 이어 나갑니다. 보호자는 전화 연락으로 통지를 할 수도 있지만 사안의 경중에 따라 내교 통지를 할 필요도 있습니다. 전화만으로 공감하기 어려운 부분이 있을 때, 학부모의 학교 방문을 통한 상담이 이뤄지면 학교가 이 사안에 대해 신중하고도 적극적으로 대처하기 위해 노력하고 있다는 것을 보여줌으로써 생활교육에 학부모의 적극적인 참여를 유도할 수 있습니다. 보호자를 상담한 내용은 잘 기록해 보관해야 합니다. 특히 학교생활에 대한 감수성은 가정마다 다릅니다. 학부모에게 이 사안이 생활규정의 어떤 부분을 어긴 것인지 정확하게 통지해야 합니다. 물론 생활규정은 이미 학부모들에게도 충분히 공지가 돼 있어야 할 것입니다.

이어서 생활교육위원회의 개최 여부를 결정합니다. 생활교육위원회는 결국 학생의 올바른 학교생활을 위해서 열리는 것입니다. 따라서 개최 여부에만 초점을 둘 것이 아니라, 개최 이후에 어떤 교육이 필요할지 의견을 모으기 위해 관련 학생에 대한 총체적인 분석과 자료들이 보충돼야 합니다. 그리고 개최가 필요하다면 해당 학생 또는 보호자에게 서면으로 통지해 '의견 진술'의 기회가 있음을 밝혀야 합니다. '의견 진술'은 실제로 생활교육위원회가 개최가 됐을 때에도 반드시 필요한 것입니다. 가능한 한 학생과 학부모가 모두 참석하도록 해 모두 진술기회를 부여해야 합니다. 또한 생활교육위원회에 참여한 관련 교사 및 상담교사의 의견도 두루 나눠져야 합니다. 생활교육위원회는 학생을 죄인으로 만들기 위한 것이 아니라, 학생이 더 나은 생활을 할 수 있도록 정보 공유 및 소통망의 역할도 하게 됩니다.

생활교육위원회는 징계 심의 및 심의 사항을 구체적으로 확인하고 폐회하게 됩니다. 징계를 심의할 때에는 학생의 지난 징계 내용과 본 사안의 경중 및 학생의 자세 등을 고려해 정확한 기준에 따라야 합니다. 여기서 중요한 것은 징계의 내용에 따른 구체적인 시행 방법 및 일정도 세부적으로 고려돼야 한다는 것입니다. 생활교육의 취지에 맞게 조치를 시행하고 추수 지도를 염두에 두며 심의 사항을 확인해야 합니다. 학교의 생활교육위원회는 교육지원청의 학교폭력 심의위원회와 달리, 한 건에 한 개의 조치만 내릴 수 있습니다.

생활교육위원회의 심의 결과와 시행 계획은 회의록을 포함해 결재를 받아야 합니다. 그리고 조치 결과는 보호자에게 반드시 서면으로 통지해야 합니다. 이때, 생활교육위원회에 따른 학교장의 결정에 대해 불복하는 절차가 있음을 안내해야 합니다. 불복과 관련해 대부분의 학교는 학생 생활규정에 재심에 대한 규정을 마련해 재심을 신청할 수 있도록 하고 있습니다. 이후 해당 조치를 시행하고 추수 지도를 하게 됩니다.

사실 생활교육위원회 이후 정확한 조치 시행 및 추수 지도가 매우 중요한 부분입니다. 생활교육의 측면에서 교육적 효과를 달성할 수 있는 조치를 시행하고, 이후 재발 방지를 위해 꾸준히 상담하고 충분한 관심을 가져야 합니다. 이 과정을 소홀히 하면 생활교육위원회의 선도가 전혀 소용이 없는 반사회적인 존재가 나타날 수도 있습니다. 그리고 징계에 대해서는 학생인권을 보호하기 위해서 절대로 공고하면 안 됩니다. 학생에게 진정한 깨달음과 성장을 주기 위한 생활교육이 두려움을 주는 수단으로 전락해서는 안 됩니다.

수많은 환자들을 만나봐야 좋은 의사가 된다고 합니다. 아픈 사람이 없으면 좋겠지만, 의사의 본령은 아픈 사람을 만나는 것입니다. 교사도 마찬가지입니다. 수많은 사안 조사와 생활교육을 두려워하지 않고 섬세하게 처리해 나가면서 이를 경험적인 재산으로 삼을 때, 학생에게 제대로 생활교육을 할 수 있는 교사가 될 것입니다.

044

학급 규칙을 지키지 않는 학생 대응

#학급 규칙 점검 #규칙 준수 방법 #규칙 제·개정

22초등서울 22중등경기 22중등세종 22중등충북 21중등경기 20중등대구 20중등평가원 19초등인천
19중등강원 19중등인천 18초등강원 18초등평가원 18중등강원 18비교과평가원 17초등세종
17중등세종 17중등인천 17중등평가원

Q 학급 규칙도 지키지 않고 학교생활이 불량한 학생이 2명 있습니다. 이 둘은 친구인데, 둘이 자리도 마음대로 바꾸고 지각도 해서 벌로 청소를 하라고 시켰더니, 제가 자리를 비운 사이에 도망을 갔습니다. 그래서 청소 일수를 하루 늘렸더니, 또 도망갔습니다. 어떻게 대처해야 할까요?

A 양심에 대한 호소보다는 규칙의 의미와 규칙 준수의 구체적인 필요성을 이해하도록 도와주시기 바랍니다.

당연하게 교복을 입고, 등교 시간을 지키며, 수업을 열심히 듣고, 잘못했으면 벌을 받았던 지난날의 학교와 현재의 학교는 다릅니다. 당연했던 것들이 이제는 무조건 당연한 것으로 여겨지지 않는 상황이 됐습니다. 한편으로는 그간 일방적인 권력에 의해 형성된 사회의 질서에 무조건적으로 순종했던 야만적인 모습이 학교에서도 걷혀 가고 있는 것이 아닌가 하는 반가움도 있습니다. 그럼에도 불구하고, 개인의 인권과 사회의 규칙은 서로 배타적인 것이 아니라 함께 존중돼야 하지만 학교의 현실은 그렇지 못한 경우가 많습니다.

'규칙'은 '여러 사람이 다 같이 지키기로 작정한 법칙 또는 제정된 질서'입니다. 이에 따라 학급 규칙은 '학급의 사람이 다 같이 지키기로 작정한 법칙 또는 제정된 질서'가 됩니다. 우선 현재 선생님의 학급 규칙에 대해서 한 번 더 신중히 검토해 보기를 바랍니다. 왜냐하면 '학급 규칙'이 '가정 규칙'이나 '학교 규칙'과 조화를 이루지 못하는 경우가 있기 때문입니다. 또 '학급 규칙'을 '학교 규칙'과 별개로 많이 만들어 놓는 것도 학급 규칙이 유명무실해지는 지름길이 될 수 있습니다.

학급의 학생은 일차적으로 학교의 학생이기 때문에, 학교의 규칙부터 충실하게 알리고 준수하게 하는 과정부터 밟습니다. 특히 코로나19로 인한 고립을 겪은 학생들에게는 직접적인 학교생활 과정에서 자연스럽게 준수할 수 있었던 규칙과 일상적인 도덕 윤리에 관한 결손이 존재합니다. 그동안 상식이라 생각해 왔던 교칙에 대해 학생들마다 다르게 받아들이게 된 것입니다. 따라서 한동안 이를 기본부터 꾸준히 보충할 수 있는 시간이 필요한 상황인데, 실제로는 이런 과정이 많이 생략되는 형편입니다.

따라서 선생님부터 학교 규칙을 명확히 숙지하고, 큰 범위의 기본적인 규칙부터 학생이 파악해 지킬 수 있도록 전체적인 안내와 홍보를 꾸준히 해야 합니다. 학교생활 규정집을 인쇄해 학급 문고에 함께 비치하고, 주요 사항은 잘 정리된 게시 자료로 상시 게시하며 학교생활에 다양한 규칙들이 적용되고 있음을 일깨워 줘야 합니다. 그리고 규칙 위반 사례에 대해서는 교사가 감정적으로 대처하지 않고 실제 규칙을 명명백백하게 이행하는 모습을 보여 줘야 합니다. 이렇듯 규칙 준수의 문제는 지키지 않는 학생들만을 개인적으로 혼내고 끝낼 일이 아닙니다.

규칙의 의미에 근본적인 바탕이 되는, '여러 사람이 다 같이 지키기로 작정'을 하기란 힘든 법입니다. 그래서 학교 규칙의 제·개정은 아주 고된 토론과 합의의 과정들을 거쳐 이뤄집니다. 그런데 학급 규칙은 학교 규칙과 달리, 학급 담임교사나 일부 학생들에 의해서 제정되거나 개정되는 경우가 있습니다. 이는 결국 진정한 의미의 규칙이 아니라 교사의 일방적인 강요나 무질서한 현상에 대한 불만 토로로 급작스럽게 만들어낸 미봉책에 불과할 수 있습니다.

따라서 학교 규칙이 소화하지 못하는 학급의 내밀한 부분을 위해 학급 규칙을 민주적으로 제·개정할 때에는, 다 같이 작정해 결과물을 만들어야 하며 혹시 오해와 곡해의 여지는 없는지를 자세히 따져봐야 합니다. 교사의 입장에서 '학급 규칙'은 신성한 것인지 모르겠지만, 매년 새로운 학급을 맞이하는 학생들에게는 '가정 규칙', '이전 학년의 학년 규칙', '이전 학급의 학급 규칙', '이전 학교의 학교 규칙'과 현재의 규칙이 혼동될 수 있습니다. 그리고 결국 규칙 준수를 포기하게 될 가능성도 큽니다.

선생님의 상황에서는 2명의 학생이 자신들이 소속된 학급의 규칙을 내면화하기 전에 자신들만의 작은 사회를 만들어 버린 상태라고 판단됩니다. 이러한 상황에서는 우선, 둘만의 사회보다는 학급 전체에 소속돼 학교생활을 하는 것이 얼마나 중요한지를 현실적으로 느끼게 할 수밖에 없습니다. 그리고 안타깝지만, 반대로 규칙을 미준수하며 오는 불이익을 절감하도록 하는 것도 방법입니다. 이 과정에서 두 학생의 사귐에 일방적인 권력이나 위계가 존재하고 있는 것은 아닌지를 살피면서 그릇된 친구 관계를 그들 스스로 깨우치게 하는 것 또한 필요합니다.

물론 이렇게 되기 전에 질서가 가져온 학교 내 미담 사례를 꾸준히 학급 경영 자료로 이용함으로써, 무엇보다 규칙과 질서가 결국 우리를 이롭게 한다는 것을 체감할 수 있도록 하는 것이 중요합니다.

 한 번 더 생각해 봐야 할 학급 규칙 유형

- '돈'이나 '유가증권', '물품' 등에 해당되는 것을 직접적으로 사용하는 것 (예 벌금)
- 무엇을 하자는 내용 없이, 무조건 하지 말자고만 하는 내용의 것 (예 욕하지 말자)
- 특정 교과나 존재에 부정적인 인식을 갖게 될 수 있는 것 (예 영단어 100개 쓰기)
- 학교 규칙이 아닌 학급 규칙으로만 존재하며, 학교 전체의 소통과 화합에 저해가 될 수 있는 것 (예 다른 반 학생 출입 엄금)

045

관계 중심의 비폭력 생활교육 실천

#비폭력 대화 #관찰 #느낌 #필요 #부탁

23초등강원 23중등대구 22중등충북 21중등경기 21중등서울 21비교과서울 20초등강원
20중등강원 20중등평가원 19초등인천 19중등강원 18초등강원 18중등세종 18중등강원 17초등인천
17중등강원 17중등인천

Q

자꾸만 눈에 거슬리는 학생이 있습니다. 제가 하는 모든 언행에 대해 사사건건 부정적인 표현을 늘어놓습니다. 아무래도 저에게 반항을 하려고 작정을 한 것 같은데요. 솔직히 저도 화가 나고 학생이 미워집니다. 이대로 괜찮은 것일까요?

A 관찰해 느끼고, 필요한 것을 찾아 부탁해야 합니다.

교사도 사람인지라, 자꾸만 애정이 가는 아이가 있는가 하면 자꾸만 눈에 거슬리는 학생이 있기도 합니다. 학생에 대한 편견과 차별은 학교에서 절대 있어서는 안 되지만, 사사건건 마음을 불편하게 만드는 친구들이 보일 때가 있습니다. 이럴 때는 비폭력 대화를 활용하는 것을 추천합니다. 비폭력 대화는 위대한 이름에 비해, 대부분의 상황마다 사용할 수 있을 정도로 아주 간단합니다. 특히 비폭력 대화는 서로의 존재를 존중하면서도 존재들이 원하는 것을 이룰 수 있다는 점에서 관계를 해치지 않고 생활교육을 시도할 수 있다는 것이 장점입니다. 미봉책으로 생활교

육을 하면 결국 관계가 깨지고 폭력적인 생활교육을 하게 될 수 있습니다. 관계가 깨져 버리면 아무리 대화로 좋게 생활교육을 하려고 해도, 결국 일방적일 수밖에 없기 때문입니다.

비폭력 대화(NVC, NonViolent Communication)는 마셜 B. 로젠버그(Marshall B. Rosenburg) 박사가 고안한 대화법으로, '관찰', '느낌', '욕구(필요)', '부탁'이라는 4단계를 통해 비폭력적인 대화를 하면서도 서로 원하는 관계를 이뤄 나갈 수 있다고 말합니다. 비폭력 대화는 누구나 비폭력을 실천할 수 있도록 구체적인 방법이 제시돼 있습니다. 그 구체적인 방법은 '관찰', '느낌', '욕구(필요)', '부탁'이 전부입니다. 예를 들어, 국어 수업 시간에 항상 10분 독서를 한다고 합시다. 10분 동안 책을 읽기로 약속을 했는데, 한 학생이 항상 밀린 학원 숙제를 하고 있는 것을 발견했습니다. '저 학생이 혹시 나의 국어 수업을 무시하고 있는 것은 아닐까?'라는 생각이 들기 시작할 것입니다. 바로 이때, 비폭력 대화가 필요합니다.

❶ '관찰'은 말 그대로 있는 그대로 관찰하는 것입니다. 이때 중요한 것은 '평가'를 내리지 않고 오로지 있는 그대로 '관찰'만 해야 한다는 것입니다. 학생이 국어 시간에 학원 숙제를 하는 것이 보이면 그것을 관찰한 것으로 1단계는 끝입니다. 바로 '나쁘다'와 같은 평가로 넘어가면 안 됩니다. '관찰'을 설명할 때 흔히 나오는 질문이 있습니다. 친구가 사탕을 줬는데, '좋다'고 평가하는 것은 긍정적인 평가니까 괜찮지 않느냐는 것이지요. 아무리 긍정적인 평가라고 할지라도 그것이 다시 선입견이 돼 실망으로 다가올 수도 있습니다. '평가'를 하지 않고, '관찰'만 하는 것이 비폭력 대화의 시작입니다.

❷ '느낌'은 자신의 마음에 떠오르는 것에 주목하는 것입니다. 이때 중요한 것은 '생각'이 아닌 '느낌'에 주목해야 한다는 것입니다. 우리는 그동안 '생각'을 많이 하라고 강요받았습니다. '생각하고 행동해야지!'라는 잔소리를 한 번쯤은 들어봤을 것입니다. 그런데 안 좋은 상황에서의 '생각'이 과연 조금 침착해 보려 한다고 해서 '좋은 생각'으로 바뀔 수 있을까요? 지나친 생각은 꼬리에 꼬리를 물면서 결국 폭력적인 쪽으로 흘러갈 수 있습니다. 학생이 내 수업의 약속을 지키지 않고, 다른 것을 하면 '무시'한다고 '생각'할 수 있습니다. 하지만 '생각'은 너무 멀리 가버린 것입니다. 학생이 내 수업의 약속을 지키지 않으면 일단 무엇이 마음속에 떠오를까요? '당황'이나, 혹은 소중한 독서 활동을 못하는 것에 대한 '걱정'은 아닐까요?

❸ '욕구(필요)'는 '관찰'과 '느낌'을 바탕으로, 원하는 것을 찾는 단계입니다. 필요한 행동을 찾는 단계라고 할 수 있습니다. 10분 독서를 하지 않는 학생에게 갑자기 큰 소리를 내는 것은 지금 상황에서 필요한 행동이 아닙니다. 차라리 10분 독서와 밀린 학원 숙제가 어떻게 다른지를 알려주는 것이 필요할 것입니다. 그간 우리는, 지금의 상황에서 전혀 필요하지 않은 행동으로 너무 많이 소모됐고 이것이 결국 폭력으로 이어지는 것을 경험했습니다. '욕구(필요)'는 폭력으로 이어지는 것을 막고, 근본적인 문제를 해결하는 데에 초점을 맞추게 합니다.

❹ '부탁'은 찾아낸 '필요'를 언어로 전하는 것입니다. 이때 3가지 조건이 있습니다. '긍정적', '구체적', '의문형'이 그것입니다. 이 3가지 조건을 지키지 않으면 명령이 됩니다. '다른 책 집어넣어!'라고 말하기

보다, '10분 독서의 규칙을 지키지 않아서 선생님이 당황했어. 학원 숙제는 독서 활동으로 보기 어려우니, 독서 활동에 맞는 책을 책상 위로 꺼내 줄래?'가 부탁에 가깝습니다. 처음엔 어색한 듯하지만, 최대한 비폭력을 의식하고 실천하려는 것만으로도 서로가 원하는 바를 이룰 수 있게 됩니다. 지금까지의 비폭력 대화 4단계는, 각 단계 중에 하나를 실천하는 것만으로도 생활교육으로서 의미가 있습니다. 학교에서 학생들과 함께 관찰하고, 느끼고, 필요를 찾아 부탁하는 것을 꾸준히 해 보길 바랍니다.

작가 김영하는 자신이 가르치는 학생들에게 소설을 쓸 때 '짜증'이라는 단어를 쓰지 말 것을 요구했다고 합니다. '짜증'이라는 단어 하나가 너무 많은 감정을 잃게 만든다는 것이지요. 짜증보다는 비폭력 대화로 선생님이 원하는 것을 표현해 보기를 바랍니다. 말해야 알 수 있고, 알아야 바뀔 수 있습니다.

046

인성교육진흥법에 따른 인성교육

#인성교육의 개념 #인성교육지원센터 #KEDI인성검사 #인성덕목 #핵심역량 #인성수업

23비교과경기 21비교과경기 20중등서울 20비교과서울 18초등서울 18중등강원
17초등경기 17초등세종 17중등대구

Q 사사건건 다른 학생의 인성을 문제 삼는 학생이 있습니다. 자신을 돌아
보기보다는 남의 탓만 하면서 부정적인 언행을 일삼는 이 학생에게 무엇을
할 수 있을까요?

A 수업을 포함해 인성교육을 인성교육답게 실시하길 바랍니다.

「스승의 은혜」라는 노래의 노랫말과 같이, 아이들에게 "참되거라, 바르
거라."라고 말하는 것은 참 중요한 인성교육입니다. 그런데 이제 인성교육
도 구체적인 역량을 길러주는 방향으로 이뤄져야 합니다. 2014년 12월,
전 세계 최초로 인성교육을 의무로 하는 「인성교육진흥법」이 대한민국에
서 통과됐다는 것은 인성교육다운 인성교육을 하고자 하는 우리나라 교
육의 의지를 잘 보여 줍니다.

인성교육은 과거의 전통을 답습하거나, 가장 보편적인 체제에 단순히
순종하게 만드는 것이 아닙니다. 다시 말해서, 민족의 명절을 앞두고 세시

풍속과 웃어른께 절하는 방법을 정확하게 가르친 것으로 인성교육의 의무를 다했다고 여기면 안 됩니다. 남 탓만을 하는 학생을 개인적으로 불러서 강하게 꾸짖으며 남 탓을 하기 전에 자신부터 돌아보라며 충고하고, 앞으로 학급이 시끄럽지 않도록 담임의 말에 경청하게 하는 것은 인성교육이 될 수 없다는 것입니다.

'인성'의 사전적인 정의는 '사람의 성품'이며, '성품'의 사전적인 정의는 '성질이나 됨됨이'를 의미합니다. 이러한 '인성'과 '성품'의 예문으로는 '까다롭다', '착하다', '나약하다' 등이 다양하게 제시되는데, 이것만 보아도 인성교육이 얼마나 주관적이고도 편향적으로 흘러갈 수 있는지를 알 수 있습니다. 하지만 우리나라는 전 세계 최초로 인성교육에 관한 법을 제정한 나라이며, 이 법에 근거해 체계적으로 인성교육을 하는 나라입니다. 이를 뒷받침할 수 있는 사례로는 '한국교육개발원'에서 운영하는 '인성교육지원센터(http://insung.kedi.re.kr)'를 들 수 있습니다.

'인성교육지원센터'에서는 'KEDI 인성검사'를 제공하고 있습니다. 이는 국가수준의 표준화된 인성검사 도구로서 초등학교 5학년 이상부터 고등학생까지 사용할 수 있는 공용검사입니다. 프로그램의 활용법이 비교적 간단할뿐더러 실시 요강도 체계적으로 제공하고 있어, 학급 단위로 충분히 활용할 수 있습니다.

'KEDI 인성검사'는 10개의 인성 덕목(자기존중, 성실, 배려·소통, 사회적 책임, 예의, 자기조절, 정직·용기, 지혜, 정의, 시민성)을 포함하는 총 70개의 문항으로 구성돼 있습니다. 70개의 총점이 아닌 덕목별 수치 결과에 관심을 기울이면서 학급 내의 학생들의 인성에 대한 구체적인 자료를 확보하고, 학급 단위의 인성 수준을 점검하고 발전시키려는 꾸준한 노력을 교사가 보여 준다면 학급 내에 인성을 소중히 여기는 풍토가 정착될 것입니다. 이와 동시에 자신의 인성에 주목하게 되기 때문에 타인의 인성을 함부로 판단하는 경우도 자연스럽게 줄어들 것입니다. 또한 사전·사후검사를 비교해 봄으로써 인성교육 결과를 구체적으로 확인하고 피드백할 수 있습니다.

아울러 인성교육의 목표가 되는 인성 덕목을 적극적이고 능동적으로 실천하는 데 필요한 핵심역량을 키우는 교육이 이뤄져야 합니다. 인성교육에서 중시하는 핵심역량으로는 '공감능력', '소통·협업능력', '갈등해결능력', '문제해결능력', '대인관계능력', '자기관리능력'이 있습니다. 제시된 핵심역량에서 보듯이 앞으로의 인성교육은 다양한 상황에서 '창의성과 연계해 판단하고 해결할 수 있는 힘'을 기르는 것을 강조하고 있으며, 바람직한 인간으로서의 성품을 기르는 동시에 교양과 능력을 두루 갖추는 데에 목적을 두고 있습니다. 이는 인성교육이 전인적인 민주시민을 기르기 위한 민주시민교육과 다르지 않으며, 결국 교과 수업, 창체 수업을 가리지 않고 인성과 관련한 다양한 교육적 경험을 겪을 수 있도록 해야 함을 알 수 있습니다.

수업에서 가장 쉽게 할 수 있는 인성교육의 방법은 '토의·토론'의 활성화입니다. 학급에서 일어나는 실제 문제 상황을 주제로 삼아 토의·토론을 수행하면 학급의 실질적인 문제도 해결하면서 배려나 소통을 경험해나갈 수 있습니다. 또한 교과 수업에서도 '논쟁'이 되는 부분을 바탕으로 토의·토론 수업을 꾸준히 전개하면, 서로 예의를 갖추면서도 사회적 정의에 대해 함께 의견을 모으는 경험을 할 수 있을 것입니다. 그리고 교사는 인성과 관련한 다양한 이야기 사례를 준비해 상시 '스토리텔링'으로 인성교육을 할 수 있도록 준비해야 합니다. 가정에 '밥상머리 교육'이 있다면, 학교에는 '교탁머리 교육'이 있습니다. 매일 아침 잠깐의 시간이라도, 답을 정해 놓지 않고 꾸준히 또 넌지시 던져 놓는 사회적 화두에 대한 이야깃거리들이 학생들에게는 울림이 있는 인성교육의 사례가 될 수 있습니다. '스토리텔링'에 '독서'가 병행되면 금상첨화입니다. 교사가 하는 이야기는 자칫 지루하고 뻔한 잔소리로 들릴 수도 있지만, 작가들의 입을 빌리면 그것이 사회가 말하는 인성이 될 수 있습니다. 마지막으로 관련 인물과의 만남이나 현장 체험으로 더욱 생생한 인성교육을 실천할 수 있습니다.

이제 '참됨'과 '바름'에 대한 말만 하기보다는, '참됨'과 '바름'에 관한 구체적인 '덕목'들을 알려주고 그 '덕목'을 위한 '역량'을 키워주는 것이 필요합니다.

047

교권 침해 시의 대처와 교권보호위원회

#교원의 지위 향상 #교육 활동 보호 #교권 침해 개입 #사안 조사 #학교·시도교권보호위원회

Q

수업 시간에 늦게 들어온 학생을 지도하다가, 학생이 거짓말로 핑계를 댄 것을 알게 됐습니다. 그래서 거짓말에 대해서도 추수 지도를 했는데, 학생이 욕설을 내뱉었습니다. 이 경우 교권보호위원회를 열어도 될까요?

A 교원의 지위 향상은 특별법에 근거가 있으며, 개인적 차원이 아닌 교육 활동 보호의 차원에서 생각해 보기 바랍니다.

과거에는 교원의 교육 활동이 침해를 당했을 때, 따로 마련된 법이 없었기 때문에 학교 교칙에 의거해 처리해야 했습니다. 그래서 교칙에 세부적으로 명시되지 않은 부분은 정식으로 처리하기가 어려웠습니다. 하지만 이제 「교원의 지위 향상 및 교육 활동 보호를 위한 특별법」을 통해 다른 법률보다 먼저 적용해 처리를 할 수 있게 됐습니다. 따라서 교권보호위원회는 선생님의 개인적인 희망이 아닌 법률에 따른 정당한 절차라는 점부터 인지하고 있어야 합니다.

교육 활동 침해 사안은 학교폭력 사안 처리와 같이 사안이 발생한 즉시 적극적으로 처리하게 돼 있습니다. 하지만 실질적으로 교사가 학생과 생활하면서 이것을 교육 활동 침해로 봐야 하는지 아니면 아직 미성숙한 학생들의 실수로 봐야 하는지 헷갈릴 때가 많습니다. 그러다가 결국 후자의 손을 들어주면서 교사라는 이유로 참고 넘어가게 되는 경우가 많습니다. 그러나 교사는 한 개인만을 위한 존재가 아니라는 점을 강조하고 싶습니다. 교육 활동 침해로 신체·정신·재산상의 피해가 생겨, 그것이 다른 교육 활동에 영향을 미치지 않도록 해야 합니다. 교육공무원은 교육에 전념할 수 있어야 하는데, 한 개인으로 인해 그럴 수 없게 된다면 그것은 또 다른 교육 활동에 연쇄적인 가해를 끼치게 될 수 있습니다.

특히 교육 활동의 침해가 심각한 내용이거나 반복적 내용이라면 더 엄격해야 합니다. 심각하고 반복적인 사안임에도 불구하고 법에 근거해 처리를 하지 않고 좋은 말로 타이르려는 교사도 있습니다. 그런데 이 과정에서 교원이 순간 감정적으로 잘못된 대응을 하면, 교사가 교육 활동 침해를 당하고도 아동학대 가해자로 신고당할 수 있고, 오히려 기타 민원이나 소송의 대상이 되는 경우도 있음을 기억하길 바랍니다.

교육 활동 침해 사안이 발생했을 때에는 초기부터 개입이 필요합니다. 사안 발생 즉시 신고를 하면서 다른 사안으로 이어지지 않도록 현장을 안정화합니다. 이 과정에서 피해교원과 침해행위 학생은 일단 분리 조치가 필요합니다. 분리된 상태에서 침해행위 학생에 대해서는 진정이 필요하고, 피해교원에 대해서는 안정 및 치료가 필요합니다. 상황에 따라 112나 119 신고가 필요할 수 있습니다. 이제 학교에 경찰차나 구급차가 등장하는 것은 낯선 일이 아닙니다. 은폐와 축소보다는 이렇게 공식적인 절차를 밟는 것이 훨씬 중요합니다.

이어서 피해교원에 대한 보호와 함께 사안 조사가 이뤄집니다. 사안 조사는 사실 확인서, 목격자의 진술 및 여러 형태의 증거물을 활용해 객관적으로 이뤄져야 하며, 피해교원의 보호에 대해서는 법률적·의료적 보호가 계속적으로 이뤄져야 합니다.

그리고 이를 바탕으로 학교교권보호위원회를 소집해 심의 및 의결에 들어가게 됩니다. 양측에 진술 기회가 부여되며, 교육 활동 침해 여부를 판단하는 것이 핵심입니다. 만약 교육 활동 침해가 아닌 것으로 의결이 되면 필요에 따라 생활교육위원회에서 심의가 이어질 수 있습니다. 이 심의에 따라 피해교원에 대한 보호 조치와 침해행위 학생에 대한 조치가 의결되는 것입니다. 학교교권보호위원회 이후 그 결과가 양측에 서면 통보되고, 관할청에도 보고됩니다.

어기서 '분쟁조정'이 중요한데, 학교교권보호위원회의 분쟁조정이 성립되면 사안은 종결됩니다. 하지만 분쟁조정이 성립되지 않으면 학교교권보호위원회의 상위 기관인 시도교권보호위원회에 향후 조치를 신청하게 됩니다.

교권보호위원회가 종결돼도 불복 여부 및 사안에 따라 학생징계조정위원회의 재심이나 민사소송, 형사소송, 행정소송, 행정심판으로 이어질 수 있습니다. 이런 경우에는 교권 보호의 과정이 수개월 이상으로 길어집니다. 이에 따라 교권보호위원회만큼 중요한 것이 피해를 받은 교원을 위한 치유적인 지원입니다. 교원이 건강하게 회복될 수 있고, 교원뿐만 아니라 교육 활동에 참여하는 모든 주체들이 보호받을 수 있는 종합적이고도 총체적인 보호와 성장으로의 방향성도 중요합니다.

중고등학교를 졸업할 때 학생들은 졸업장과 함께 졸업앨범을 받습니다. 졸업앨범에는 학생들의 사진뿐만 아니라, 모든 교원의 사진도 들어갔습니다. 그런데 어느새 졸업앨범의 교원 사진의 비중이 줄어드는 경우가 많아지고 있습니다. 이는 교원의 사진이 개인정보 노출의 측면에서 사생활 침해 요소가 될 수 있기 때문에 학교 내 구성원의 협의에 따른 결과라고 할 수 있습니다.

지난날의 교사의 삶에서 학생들을 위한다는 이유로 감내했지만, 사실은 교육 활동이 침해된 것은 없었는지 계속적으로 살펴봐야 합니다. 공허한 말이 될까봐 조심스럽지만, 선생님들의 용기가 필요합니다.

읽기 자료 **교원의 지위 향상 및 교육 활동 보호를 위한 특별법**

제1조(목적) 이 법은 교원에 대한 예우와 처우를 개선하고 신분보장과 교육 활동에 대한 보호를 강화함으로써 교원의 지위를 향상시키고 교육 발전을 도모하는 것을 목적으로 한다.

제18조(교육 활동 침해 학생에 대한 조치 등) ① 고등학교 이하 각급학교의 장은 소속 학생이 교육 활동 침해행위를 한 경우에는 해당 학생에 대하여 다음 각 호의 어느 하나에 해당하는 조치를 할 수 있다. 다만, 퇴학처분은 의무교육 과정에 있는 학생에 대하여는 적용하지 아니한다.
1. 학교에서의 봉사
2. 사회봉사
3. 학내외 전문가에 의한 특별교육 이수 또는 심리치료
4. 출석정지
5. 학급교체
6. 전학
7. 퇴학처분

학교사용설명서

학급 운영 설명서

PART

05

048

학급 교육과정 구성, 학년 초 학급 세우기

#학급 교육과정 #학급 운영 터잡기 #학급 관계맺기 프로그램 기획하기

23초등세종 22초등경기 22초등서울 22초등세종 19초등인천 18초등세종

Q

학년 부장 선생님께서 학급 교육과정을 구성해서 제출하라고 하십니다. 아직 학생들도 못 만났는데 학급 교육과정을 구성하려고 하니 막막합니다. 무엇을 해야 하는 걸까요?

A 학급의 한 해를 미리 계획하고, 충분히 준비하는 것이 필요합니다.

학급 교육과정 구성은 학기 초 교사 수준의 학급 단위 교육과정을 구성해 보는 작업입니다. 학급 운영에 있어 일련의 '커리큘럼(curriculum)'을 구성하고 운영하는 것이지요. 학교 교육과정, 교과별·학년별 교육과정을 재구성하는 작업에 교육 공동체 구성원들의 협력이 반드시 필요한 것처럼, 학급 교육과정 역시 모든 학급 구성원(담임교사와 학급의 일원들)이 함께 협력해 구성할 수 있어야 합니다.

다만, 3월 개학 이후에는 정말 눈코 뜰 새 없이 바쁘기 때문에, 2월 중 학급 교육과정을 구성하는 '터'를 교사가 다져 놓는다면, 훨씬 체계적

으로 학급을 운영할 수 있습니다. 아울러 이렇게 세워 놓은 '학급 교육 과정 계획'을 학년 초 학교 교육과정 공문 시행 시 함께 결재를 받아 두면, 1년 동안 했던 학급 교육과정 운영을 생활기록부에도 기재할 수 있습니다. 이러한 방식은 개별 학생의 특징과 주체성이 드러나는 생활기록부를 작성하는 데 큰 도움이 됩니다.

학급 교육과정을 구성할 때에는, 우선 학교 교육과정과 연간 계획을 확인해 각종 행사 일정과 기본 시간표 등을 검토할 수 있어야 합니다. 초등학교 담임교사의 경우, 학급 실태 분석 및 지도 방안을 바탕으로 세운 교육 목표에 따라 교육과정 시간 운영 계획과 전 과목 운영 진도표, 창의적 체험 활동과 안전교육, 각종 영역별 교육 등을 여기서 충분히 고민해야 합니다(중등의 경우 학교 및 교과 교육과정 계획 시 어느 정도 반영됨).

연간 일정이 어느 정도 확인되면, '학생과 함께하는 학급 교육과정 만들기'를 시작합니다. 저는 3월 중 학급 세우기 시간을 충분히 갖는 편입니다. 학급 교육과정의 '터'는 앞서 2월 중에 교사가 잡아놓을 수 있어도, 1년 동안 우리 모두가 함께 지낼 학급의 이야기는 학생과 교사 모두가 함께 고민하고 만들어 갈 수 있어야 한다고 생각하기 때문입니다.

3월 중 학급을 세우는 활동을 함께하기 위해 교사는 나만의 교육관을 확인하고, 학생들과 함께 학급 규칙 등을 어떻게 결정할지를 고민해 자료를 준비할 수 있어야 합니다. 무엇보다 중요한 것은 3월 초 학생들과의 '관계 맺기'입니다. 학년 초 잘 쌓인 관계야말로 학급의 1년을 좌우하는 키포인트가 됩니다.

학교생활 Tip 학생과 함께하는 학급 교육과정 구성 5단계(3월 학급 세우기)

1단계 [비전 세우기] 담임교사의 교육관 확인하기

우리 학급을 운영하기 위한 나만의 교육관을 확인하고, 학급에서 어떤 배움이 일어났으면 좋을지 생각해 보기

2단계 [3월 학급 터 잡기 계획] 3월 첫째 주, 학급 터 잡기 계획 세우기

- 우리 학급의 급훈 세우기
- 급훈에 따른 학급 규칙 세우기
- 1인 1역을 학급 친구들과 직접 구성하고 정하기
- 건강한 관계 맺기 시작하기
- 학급자치회 조직하기

3단계 [자료 준비하기] 오리엔테이션 자료, 학급 터 잡기 자료 준비

- 학급 사용 설명서, 네임스티커, 명패, 웰컴캔디 등 학생 맞이 준비하기
- 학급 급훈과 규칙 세우기
- 회의 자료 준비하기
- 1인 1역 등 학생 개개인에게 역할을 부여할 수 있는 구성 자료 준비하기
- 학급자치회 조직 자료 준비하기

4단계 [관계 맺기 준비하기] 3월 한 달 건강한 관계 맺기 기초 다지기

- **1주차, 서먹함 풀기 어울림:** 하얀 거짓말 게임을 통해 서로를 알아보기, 서로의 이름과 꿈을 알게 하는 꿈보물 찾기 게임, 모둠을 구성해 모둠 친구 알아보는 게임 활동
- **2주차, 친구 알기 어울림:** 좋아하는 것과 싫어하는 것을 서로 이해하는 활동, 공통 모둠 활동 규칙 세우기, 급식 상담 활동
- **3주차, 학급 정돈 어울림:** 학급자치회 조직
- **4주차, 공감하기 어울림:** 한 달간 우리 학급 되돌아보기, 모둠 구성 및 일기 쓰기 시작, 그랬구나 게임하기, 학급 첫 서클 활동

5단계 [학급자치회 준비하기] 부서 조직 및 임원 구성 준비하기
- 우리 학급만의 부서 조직표 준비하기(회의를 통해 재구성 필요)
- 부서 조직과 1인 1역을 연계하도록 준비하기(회의를 통해 재구성 필요)
- **학급자치회장 부회장 선거 준비**: 선거관리위원회 조직 계획, 운영 계획, 선거 일정 및 선거 전 활동 미리 준비하기
- 학급자치회 회의 순서, 회의록 등 회의 연수 자료 준비하기(학급자치회 조직 이후 임원단 교육 자료)

학급 교육과정을 세울 때, 우리 학급만의 특색활동을 구성하고 배치하는 것도 필요합니다. 학급 특색활동이란 학급의 자체 교육 목표에 따라 수행하는 우리 학급 고유의 특별한 활동을 일컫습니다. 이때 학교 특색 사업이 있다면 연계하는 것도 좋습니다. 예컨대 학교 특색 사업으로 '독서와 뮤지컬' 프로젝트가 진행된다면, 학급 특색활동으로는 책 읽기 이후 저자를 초청하는 특강을 기획해 보거나, 뮤지컬 준비를 위해 다 같이 노래방을 가는 단합 활동을 구성해 볼 수 있습니다.

예시자료 **학급 교육과정 수립에 도움이 되는 학급 특색활동 계획**

자율적 자치 활동의 활성화(민주시민교육)	• 진로와 연관된 1인 1역할 지정을 통한 책임의식 육성 • 모두 함께 학급 일지 작성 • 학급상 시상 • 학급 단합을 위한 파티, 식사, 게임 활동 실시
학급 진로 활동	• 진로 토크 콘서트 • 진로 탐색 보고서 및 학급 진로 활동 보고서 작성
학급 단합증진 활동	• 학급 내 멘토링 활동(주요 교과) • 진로 심화 멘토링 활동 • 자유 주제 보고서 작성 • 학급 자율학습 실시
사회·역사의식 제고를 위한 실천 활동	• 잔재 역사 문제 해결 캠페인 • 인권 감수성 키우기: 인권 토론, 젠더교육 • 사회적 이슈, 역사적 사건 조사·발표 및 보고서 작성

049

3월 첫날이 너무 두렵습니다

#신학년 준비 #3월 첫날 #3월 첫째 주 #학급 운영 #명패 #네임 스티커 #칠판 편지

22초등경기 22초등서울 22초등세종

Q

신규교사입니다. 곧 있으면 담임 학급의 학생들을 만나는 개학식인데요. 처음에는 마냥 기쁘고 아이들이 보고 싶었는데, 점점 날짜가 다가올수록 두렵고 무섭기만 합니다. 3월 첫날을 위해서 어떤 것들을 준비해야 할까요?

A 개학식 전날, 선생님의 작은 발걸음이 필요합니다.

학급 담임교사에게 첫 만남, 첫날의 오리엔테이션은 앞으로의 1년을 좌우할 수 있다고 말할 만큼 학급 운영에 있어 매우 중요한 이벤트입니다. 이에 반드시 3월 첫날만큼은 제대로 준비해 신중하게 대처하는 것이 필요합니다. 기왕이면 3월 첫째 주는 매일의 학급 운영 및 수업 방안을 개학 전에 미리 준비해 두도록 합니다.

저는 2월 27~28일, 개학식 전날을 즈음해 하루는 꼭 출근합니다. 겨우내 먼지가 가득 쌓였을 학생들의 책상과 의자를 제 손으로 간단하게 청소해 두기 위해서입니다. 학생들은 학교에 오면 바로 의자에 앉고 책상에 엎드리고 난리가 납니다. 또한 3월 첫날 등교한 학생들은 아직 교실이 자기 공간 같지 않아 우왕좌왕하며 방황할 수 있습니다. 특히 각급학교의 1학년 학생들은 학교 자체가 낯설어 불안해 할 수도 있습니다. 이에 저는 학생들의 번호 순서대로 자리를 미리 정해 두는 편입니다. 1년 동안 쓸 자기 번호를 외우도록 하는 목적도 있고요. 그럼 칠판 등에 아이들의 자리표를 붙여 두거나 그려 둘 필요가 있겠지요?

그러고는 각자의 명패, 네임 스티커, 학급 운영 방침 인쇄물 등을 미리 준비해서 학생들의 책상 위에 하나씩 올려 둡니다. 칠판에 자리표를 써 두긴 했지만, 책상 위에 학생들의 개별 이름이 적힌 명패를 작게 만들어 올려 두면 학생들이 참 좋아합니다. 단번에 소속감이 생기거든요. 여기서 말하는 명패는 거창할 필요가 없습니다. A4 용지를 절반으로 자르고, 이를 활용해 삼각대 모양의 명패를 만들어 책상 위에 올려 둡니다. 예를 들면, 하단의 그림과 같은 양식을 인쇄한 뒤 삼각형 모양으로 접어 음영 부분에 풀칠해 붙입니다. '이름'이라고 쓰인 부분에는 학생들 이름을 하나씩 적습니다. 그리고 책상 위에 올려 둡니다. 떨어지지 않게 스카치테이프로 고정시키면 좋습니다. 명패 하나만으로, 학생들 한 명 한 명의 이름을 기억하고 먼저 불러준 셈이 됩니다. 일종의 웰컴캔디라 할 수 있는 작은 사탕이나 초콜릿 등과 함께 올려놓으면 학생들이 더욱 좋아합니다.

네임 스티커는 학년 초 학생들에게 가장 필요한 핫 아이템입니다. 특히 학생들끼리 서로 스티커를 교환하며 자기 이름을 알려주는 용도로 잘

사용합니다. 핸드폰이나 책, 공책 등 귀중품에 부착해, 학급 내 도난 사고를 방지하는 데에도 유효합니다. 다양한 곳에 활용할 수 있도록 소형으로 여러 장 마련해 주는 것이 좋습니다. 미리 제작해 책상 위에 올려 두기 위해서는, 2월 중에 학급 학생들의 명단을 확보해 인터넷으로 주문하는 작업이 필요합니다. 저는 2월 17~18일경 업무분장이 끝나 담임 학급 학생 명단을 받자마자 바로 주문합니다. 보통 4~5일이면 제작된 네임 스티커가 도착하는데요. 30명 기준 약 3만 원 정도의 비용이 소요된다고 생각하면 됩니다.

여기에 학급 운영 방침을 적은 인쇄물도 준비해 둡니다. 투명한 L자 파일도 함께 준비해 주면 좋습니다. 특히 3월 첫날에는 각종 인쇄물들이 낱장으로 배부되는 경우가 많기 때문에 파일에 철하도록 안내하기에 좋습니다. 표지를 예쁘게 만들고, 보기 좋은 이미지와 글귀도 적어 둡니다. 그리고 '○학년 ○반 사용 설명서', '○학년 ○반 학급 운영 안내문'과 같이 문서의 제목을 적습니다. 1~2쪽에는 임시 시간표와 교과목 선생님 성함, 담임교사 시간표와 연락처 등을 적고, 학급 생활 안내 사항도 꼼꼼히 적어 둡니다. 필수로 준수해야 할 교칙들도 같이 안내해 둡니다. 그 뒤에는 3월 1주차 오리엔테이션 프로그램을 위한 내용과 자료들을 인쇄해 워크북으로 활용합니다. 저는 3월 첫째 주 오리엔테이션은 아무리 바쁘더라도 반드시 진행하려고 합니다. 시간을 확보하기 어려우면, 조회 시간마다 짧게라도 실행합니다. 3월 첫째 주를 어떻게 만들어 가느냐가 1년의 학급 운영 성패를 결정한다고 해도 과언이 아니기 때문입니다. 보통은 학생들 간 라포를 형성할 수 있는 활동을 실행하고, 학급 규칙을 설정하거나 1인 1역할을 정하는 시간 등을 갖습니다.

그리고 마지막으로 칠판에 손 편지를 적어 줍니다. 학기를 시작하는 시점, 설레지만 두렵기도 할 학생들의 마음을 어루만져 주는 따뜻한 인사말입니다. 간단하고 상투적인 이야기여도 좋습니다. 선생님의 교직관을 담은 '시'를 적어 놓는 것도 좋습니다. 이 칠판 편지의 힘은 의외로 대단합니다. 교사는 첫인상을 좋게 남길 수 있으며, 손쉽게 학생들과 친밀감을 형성할 수 있습니다. 어느 학생은 칠판 속 편지글 사진을 찍어 일주일 넘게 메신저의 프로필 사진으로 내걸기도 했습니다. "우리 담임 선생님 최고!"라는 메시지와 함께요.

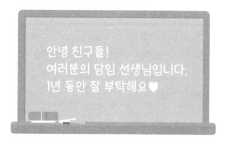

'나'의 책상과 나의 이름표, 웰컴캔디, 선생님의 손 편지가 있는 곳. 조금만 신경을 써 주면, 새 학년 새 교실은 이제 학생들에게 낯선 곳이 아니게 됩니다. 개학식 전날 선생님의 작은 걸음이 아이들에게는 1년 동안 함께할 포근한 보금자리를 마련해 준다는 것을 꼭 기억했으면 좋겠습니다.

050

두근두근 학급 첫 만남을 위한 준비물

#학급 사용 설명서 #기초정보 설문조사 #오리엔테이션 #이름표 만들기 활동

22초등경기 22초등서울 22초등세종 22중등충북 19초등인천 19중등평가원 18초등세종 17초등평가원

Q

올해 처음으로 담임교사를 맡게 됐습니다. 미리 3월을 위해 충분히 준비해 두는 것이 필요하다는 선배교사들의 조언이 있었는데요. 첫 담임이다 보니, 어떤 활동을 통해 학급과 첫인사를 해야 할지 막막합니다. 학급 첫 만남, 어떤 자료들을 준비하면 좋을까요?

A 3월의 학교는 정말 바쁩니다.

물론 1년 365일 늘 바쁘지만, 3월은 특히 정신이 없지요. 모든 것을 새롭게 시작하면서, 학교와 교과, 학급의 기초를 다지는 달이기 때문입니다. 학급의 경우, 담임교사의 충분한 준비와 그에 기초한 체계적인 3월 운영이 이뤄질 때 학생과 학부모에게 큰 신뢰를 얻을 수 있습니다. 3월에 형성한 긍정적인 관계가 앞으로의 1년을 결정한다고 해도 과언이 아님을 상기한다면, 첫 만남을 위해 다양한 자료를 준비해 두는 것은 반드시 필요합니다.

학급 운영과 관련된 사항을 안내하는 자료입니다.

▶ 표지

▶ 1쪽은 학교생활 안내문과 시간표
  등 기본적으로 숙지할 정보 게재

▶ 선생님의 교육관을 설명. 인터넷
  폼을 통해 '학생 기초정보'를 수집

▶ 주요 학사일정을 미리 설명

교사의 학급 운영관이 잘 드러날 수 있도록 다양한 자료를 첨가할 수 있습니다.
학교생활의 기초적인 정보와 각종 규칙, 학사일정 등을 안내하고, 학급 오리엔테
이션을 위한 자료들을 첨부합니다. 각종 시상 계획과 학생 추천 독서자료, 동아
리 활동 및 상급학교 입시자료, 진로에 대한 다양한 정보, 교사와의 상담 계획,
모둠 활동 안내 등도 포함되면 좋습니다.

3월 첫날, 첫 시간에는 보통 학급 오리엔테이션 시간이 주어집니다. 저는 학생들이 등교하기 전에, 미리 컴퓨터와 학급 내 모니터를 연결하고 준비해 둔 PPT 화면을 띄워 놓습니다. 여기에 활기찬 음악을 틀어 놓거나, 칠판 편지를 작성해 학생들을 맞이하는 것도 좋습니다. 오리엔테이션 시간에는 학급 사용 설명서·안내문 등의 인쇄물을 활용해 학교생활 정보와 안내 사항을 함께 하나하나 톺아봅니다. 그에 앞서, 어색함을 풀기 위해 '선생님 알아보기 하얀 거짓말 게임(몇 가지 문장 중 거짓인 문장 찾기)'을 진행하기도 합니다.

또한 사물함 등에 활용할 '이름표'를 직접 제작해 보는 시간을 갖습니다. 초등의 경우, 미술 시간 활용을 추천합니다. A4 용지를 절반으로 자른 뒤, 자신을 나타내는 이름과 캐릭터 등을 그리게 합니다. '타이포그래피' 예시를 보여주면 곧잘 이해하고 만들기에 집중합니다. 자신만의 독특한 이름표를 완성한 다음에는 '손 코팅지'를 활용해 코팅하게 하거나, 교사가 직접 학교에 비치된 코팅기를 활용해 코팅한 후 사물함에 게시하도록 합니다.

중·고등학교라면 핸드폰이나 컴퓨터, 태블릿PC를 활용해 이름표를 직접 만들어 보도록 하는 것도 좋습니다. 워드 프로그램에서 간단한 표를 만들고 인터넷에서 자신을 표현하는 데 적절한 이미지를 찾은 뒤, 해당 이미지를 배경으로 자신의 이름표를 제작하도록 하는 겁니다. 학생들이 이를 완성하고 나면 선생님은 아이들이 만든 이름표를 한 파일에 모아 컬러로 프린트하고 코팅해 줍니다. 이때 학생용 시간표를 삽입하는 것도 좋습니다.

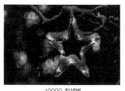

	월	화	수	목	금
1					
2					
3					
4					
5					
6					

10000 최샛별   20000 구해요

30000 이희망		월	화	수	목	금
	1					
	2					
	3					
	4					
	5					
	6					

첫 만남 자료 ❸ 기초정보 설문조사

학생이 작성한 기초자료는 앞으로의 1년 간 학생과 쌓아 갈 라포의 토대가 됩니다. 여기서 기초정보 조사라 함은 가정환경에 대한 조사가 아니라 교사가 꼭 알아야만 하는 사항들을 알기 위한 행위라는 것을 명심해야 합니다. 따라서 학부모의 경제 환경이나 직업, 학생의 지난 성적 등 예민한 '민감정보'는 질문하지 않는 것이 바람직합니다.

민감정보는 정보 주체의 사생활을 현저히 침해할 우려가 있는 개인정보로서, 원칙적으로 그 처리를 금지하고 있습니다. 민감정보를 받고자 할 때에는 민감정보를 수집하는 목적과 해당 항목, 보유 및 이용 기간과 동의 거부권을 별도로 명확히 고지해야 합니다. 조사 시 이와 같은 과정을 거쳐 처리하고 각 학생 및 학부모에게 민감정보를 수집하는 목적을 설득해 동의를 받았다면 정보를 획득할 수 있겠습니다만, 꼭 수집해야만 했던 정보인지에 대해서 다시 한번 고찰해야 합니다.

학생에게는 다음 사례 정도의 기초정보를 습득하는 것이 바람직합니다. 요즘은 인터넷 설문 폼(네이버, 구글 등)이 잘 구축돼 있어 종이로 받기보다는 핸드폰을 활용해 답변할 수 있도록 폼을 제작해 적극적으로 활용하는 것을 추천합니다.

안녕하세요. 1학년 1반 여러분!

여러분의 담임 선생님입니다.

이 폼은 우리가 올 한 해를 잘 보내기 위해 여러분에 대한 기초정보를 질문하기 위해 만든 것으로, 성심성의껏 그리고 진실되게 작성해 줄 것을 부탁드립니다.

*는 필수항목입니다.

개인정보 수집 및 활용에 동의합니다. *

○ 동의

1. 올해 1학년 1반에서 나의 번호는? * (숫자만 써 주세요.)

2. 나의 이름은? * (이름만 써 주세요.)

3. 나의 성별은? * (생물학적 주민등록에서의 성별을 골라 주세요.)

　　○ 여자　　○ 남자　　○ 기타:

4. 출신 중학교는? *

5. 나의 연락처(핸드폰 번호)는? * (반드시 거짓 없이 작성해 주세요. 010-0000-0000 형태)

　　　　　　　　　－　　　　　　　　　－

6. 나의 집 주소는? (현재 거주하고 있는 집 주소를 작성해 주세요.)

　　　　　　　　　(우편번호)

7. 우리 학급이 올해 '이것'을 중요하게 여겼으면 좋겠다! * (복수 선택도 가능합니다. 기타를 선택하고 기타에 원하는 것을 더 작성해도 좋습니다.)

  ☐ 성적 향상을 위한 학급 분위기 도모
  ☐ 학교 행사 적극 참여
  ☐ 여러 번의 단합 행사를 통한 학급 친화
  ☐ 입시 정보 공유
  ☐ 기타:

8. 나와 관련된 정보를 주로 공유했으면 하는 나의 가족은? * (복수 선택도 가능하며, 기타에 작성해 주셔도 좋습니다.)

  ☐ 어머니   ☐ 아버지   ☐ 기타:

9. 8번에 작성한 가족의 연락처는? * (아버지였으면 아버지 전화번호, 어머니였으면 어머니 전화번호, 기타 할아버지나 할머니였으면 그분의 전화번호를 적어 주세요. 오늘 저녁 직접 연락을 드리고 앞으로도 지속적으로 연락이 닿아야 합니다.)

  ☐☐☐☐ ― ☐☐☐☐ ― ☐☐☐☐

10. 9번에 작성되지 않은 가족 한 명을 적고, 그분의 연락처를 적어 주세요.(아버지, 010-0000-0000 혹은 형, 010-000-0000 형태로 적으면 됩니다.)

  ☐☐☐☐

11. 올해의 각오를 적어 봅시다. * (올해 어떻게 성장하고 싶은가요? 무엇을 이루고 싶은가요? 어떠한 노력을 해야 할까요? 진지하게 작성해 주세요.)

  ☐☐☐☐

12. 선생님에게 꼭 말하고픈 사항, 요청하고 싶은 이야기가 있다면 알려 주세요. (알려 주지 않아도 됩니다. 선생님에 대한 믿음이 조성되면, 그때 이야기해도 됩니다. 선생님은 항상 너의 편임을 잊지 말아 주세요!)

  ☐☐☐☐

제출하기 >

덧붙여, 학부모를 대상으로 하는 학습 환경 조사서를 받을 수도 있습니다. 이 역시 민감정보 수집에 예민할 수 있어야 합니다. 그동안 관행적으로 교육 목적에 해당하지 않는 학부모 개인정보를 수집(가정 양육 상태, 주거 현황 등)하는 경우가 많았습니다. 그러나 이는 학생에 대한 이해도를 높이겠다는 취지에 비해 너무 과도한 내용이어서 학생들 간의 위화감을 조성하는 것은 물론 학부모의 불필요한 우려(직업, 소득 등으로 인한 학생 차별 등)를 발생시킬 수 있습니다.

▶ **자율 기재 방식의 학습 환경 조사서(사례)**

인적 사항	성명	(한글)	생일	
			E-mail	
		(한자)	학생 전화번호	
보호자	구분	성명	비상연락이 가능한 연락처	
	부			
	모			
우리 학교에 다니는 형제·자매		성명	학년/반	
● 선생님에게 알리고 싶은 내용 ● (학생 지도에 도움이 될 것으로 판단되는 내용만 적어 주세요.)				
학생 실태	• 관심 분야:			
	• 자랑거리(특기):			
	• 취미:			
	• 학생 버릇 또는 성격:			
● 선생님에게 바라는 것 ● 학생의 건강 상태나 특별히 관심을 가져야 할 부분 등 선생님이 학생에게 관심을 가져 주었으면 하는 부분을 자유롭게 적어 주세요.				
학습 지도	생활습관/건강 지도		기타 중요사항	
● 학교에 바라는 점 등을 자유롭게 적어 주세요. ●				

최근에는 위와 같이 개인정보 수집에 관련된 항목을 최소화한 '개선 양식'이 활용되는 곳이 많아졌습니다. 이는 필수 기재 방식에서 자율 기재 방식으로 변화시켜 학부모 개인정보 수집 항목을 축소해, 학부모의 직업 및 소득 등으로 인한 학생 차별 우려를 해소했다고 평가받고 있습니다.

051

급훈과 학급 규칙 제정 시 학생 참여 이끌기

#급훈 정하기 #학급 규칙 #학생 참여 #같이의 가치 #학급자치

23중등강원 22중등경기 21초등평가원 19중등인천 18초등강원 18중등인천

Q

담임 반 학생들과 아직 몇 번 만나지도 못한 3월 둘째 주 자율 활동 시간이 '학급자치 시간'이라는 안내를 받았습니다. 교사와 학생 간, 학생과 학생 사이가 모두 아직 서먹한 상황에서, 무엇을 할까 고민하다가 이 시간을 활용해 급훈과 학급 규칙을 정하려고 합니다. 어떤 방법으로 만들면 학생들이 적극적으로 참여할 수 있을까요?

A 교사와 학생 모두가 학급의 주인이라는 생각이 가장 중요합니다.

급훈과 학급 규칙을 만드는 시간은 학급 운영의 첫 단추를 끼우는 작업이기에 그 의미가 큽니다. 저는 급훈과 학급 규칙을 정하는 것만큼은 교사와 학생이 함께할 수 있어야 한다고 생각합니다. 물론 교사 혼자 정하거나 발언권이 있는 소수의 학생과 급훈이나 규칙을 결정하면 효율적이기는 할 것입니다. 그러나 잠시 돌아가긴 하더라도, 우리의 교실을 같이 가꿔나가는 것의 소중함을 학생들 모두가 알 수 있도록 하는 것이 더 중요합니다. 특히 교사가 일방적으로 규칙을 결정할 경우, 학생들은 불만을 갖기도 합니다. 교실의 주요 구성원인 학생의 의견이 수렴되지도 않았

는데, 지켜야 할 무언가가 이미 결정돼 있는 그 자체를 불편하게 생각할 수도 있습니다.

학생들은 교사의 생각보다 항상 더 앞서서 생각합니다. 특히 우리를 위한 '규칙'을 만드는 것을 굉장히 좋아합니다. 어른들이 정해 둔 규칙을 따르는 것보다 자신들이 만든 규칙을 지키는 것에 더 책임감을 느끼는 것도 있지만, 민주적인 절차를 경험하는 그 자체에 관심이 많은 것 같습니다. 따라서 선생님들께서는 아이들의 자발성과 자기주도성을 키워 주는 데 심혈을 기울일 필요가 있습니다.

만약 교사의 교육적 가치관이나 학교에서의 상황으로 인해 학생들이 지켜야 할 학급 규칙을 단독으로 결정하게 될 경우라 하더라도, 반드시 학급의 학생들에게 동의를 구하고 설득하는 시간을 갖기를 바랍니다. 학생들은 1년간 이 교실의 주체적 구성원이며, 교사와 학생 모두가 공유하는 '주인의식'을 갖는 것이 무엇보다 중요하기 때문입니다.

이러한 관점에서, 급훈을 정할 때 공동생활 공간으로서의 학급에 필요한 주인의식을 직접 고찰해 보게 하는 기회를 갖는 것이 우선될 필요가 있습니다. 예를 들어, '같이의 가치'라는 말의 의미를 먼저 생각해 보게 합니다. 우리가 '같이' 생활하는 공간에서의 규칙을 '같이' 정하는 것의 가치와 의미가 무엇인지, 그리고 우리가 정한 규칙을 최소한 우리가 지켜야 하는 이유가 무엇인지에 대해 고찰해 보는 것입니다. 혹은 영화 〈말모이〉의 대사인 "한 사람의 열 걸음보다, 열 사람의 한 걸음이 더 소중하다."와 같이, '함께 살아가기'의 중요성을 보여주는 문장을 통해 그 의미를 설명하는 것도 좋습니다.

가장 대표적인 급훈과 규칙 함께 만들기 방식은, 학급회의를 통해 진행하는 것입니다. '임시 자치회장'이 회의를 진행하도록 하면 제일 좋지만, 첫 회의니 만큼 교사가 회의 진행자가 돼 본보기를 보여 주는 것도 좋습니다. 적절한 모델링이 필요할 수 있기 때문입니다. 또한 아직 학생 간, 학생과 교사 간에 사이가 어색한 학년 초라면 회의가 원활하지 않을 수 있습니다. 이때, '올해 우리 학급에 바라는 점' 등을 미리 조사하고 그 결과를 유목화해서 학생들에게 예시로 보여 주거나, 우리 학급의 급훈과 규칙을 학생들이 고민할 수 있도록 3~4일 전에 공지하고 그 중요성을 미리 이야기해 두면 학생들의 참여도와 집중력이 올라갈 것입니다.

그러나 아직 학급이 낯설다 보니 손을 들고 발표하거나 의견을 제시하는 것에 어려움을 느끼는 학생들이 많을 수도 있습니다. 이에 온라인 익명 플랫폼을 활용하는 것을 추천합니다. 온라인 플랫폼은 학생들이 자신의 견해를 말이 아닌 글로 전할 수 있어 접근성이 높습니다. 또한 충분한 시간을 들여 급훈과 규칙을 스스로 고민해 볼 수 있고, 의견 제시 시간도 오래 걸리지 않는 등 장점이 많습니다.

멘티미터(Mentimeter) 프로그램을 활용한 온라인 활동을 통해, 학생들이 직접 급훈과 필요한 규칙을 추천하게 하는 방법이 있습니다. 만들어진 워드클라우드를 공유해 친구들이 낸 의견에 대해 토의하는 시간을 갖는 것입니다. 설문 플랫폼(구글 설문지 혹은 네이버 폼 등)을 활용할 수도 있습니다. 이 경우 본인이 생각하는 급훈과 규칙, 그리고 그 이유를 함께 받을 수 있다는 장점이 있어 학생들의 견해를 수합하고 정리하는 데 더욱 효과적입니다. 패들렛(Padlet)을 활용하는 것도 추천합니다. 학생들 각자의 의견을 포스트잇 메모지처럼 한눈에 볼 수 있어 학생들의 의견을 교환하는 활동에 제격입니다. 특히 패들렛은 게시글에 학생들이 직접 '좋아요'를 누를 수 있어 토의 활동의 효율성도 도모할 수 있습니다.

그러나 학생 중심의 학급 운영을 진행한다고 해서, 학생의 이야기를 무조건 들어 줘야 한다는 것은 아닙니다. 학생들이 미처 파악하지 못한 부족한 점이 있을 수 있기 때문에 교사로서 적정한 개입이 필요합니다. 급훈은 장난스럽지 않게, 하지만 학급의 특색이 나타나도록 정해야 합니다. 1년 동안 학급의 이미지를 담아내는 문장이라는 것을 강조하면, 학생들도 책임감 있게 행동할 것입니다.

학급 규칙은 보다 구체적인 용어로 제시돼야 합니다. 아울러 벌칙보다는 긍정문(이러한 행동/말을 합니다)의 형태로 정하는 것이 좋습니다. 예컨대 규칙을 제대로 지켰을 경우의 보상이나 칭찬 등의 강화가 더 옳은 방향이라 할 수 있습니다. 이는 규칙을 지키지 않았을 경우 '벌 받으면 되지'라는 단순하고도 위험한 사고로 흐르는 것을 막기 위해서도 필요합니다.

물론 벌칙에 대한 합의도 현실적으로 필요합니다. 벌칙에 대한 합의를 진행할 때에는 시간을 두고 진지하게 임할 수 있도록 해 주세요. 벌칙은 본인들에게 가해질 수 있는 '위험'으로 인식되기 때문에 단순한 '다수결'로 소수의 의견을 묵살하지 않아야 합니다. 벌칙을 제정할 때에는 학생들이 서로를 설득하는 과정이 제대로 이뤄져야 합니다. 이를 통해 보다 학급 풍토에 적실한 급훈과 민주적인 규칙이 제정될 수 있으며, 이러한 약속하에서 학생들은 질서 있게 학급을 운영해 갈 것입니다.

급훈이나 학급 규칙은 제정만큼이나 이후에 이행하는 것도 매우 중요합니다. 따라서 정기적인 학급자치회의를 통해 규칙 준수의 정도를 점검하고 보완하는 것이 필요합니다. 바람직하게 잘 이뤄지는 '학급자치'는 학생의 주도성을 함양하게 합니다.

 학생들의 의견을 공유할 수 있는 인터넷 사이트

멘티미터(http://mentimeter.com)

학생들의 의견을 익명으로 모으는 공간입니다. 서답형, 선택형, 워드클라우드(wordcloud)형, 설문형, 순위형 등의 질문을 던질 수 있으며 학생들은 실시간으로 본인들의 응답을 화면을 통해 확인할 수 있습니다. 가장 많이 활용하는 워드클라우드형은 학생들이 많이 쓴 단어들이 크게 보여 시각적으로 어떤 의견이 많이 나왔는지 한눈에 파악할 수 있다는 장점이 있습니다.

Go to www.menti.com and use the code 96 44 46 6

오늘 7교시 자치시간과 관련된 질문입니다. 리더란 조직이나 단체를 이끌어가는 위치에 있는 사람을 말합니다. 이러한 리더가 갖추어야 할 덕목을 3가지 쓰시오. (한단어씩 3가지)

책임감
추진력
배려심 인내심

패들렛(http://ko.padlet.com/)

학생들의 의견을 네모난 메모지에 모으는 사이트입니다. 각자의 의견을 포스트잇에 작성해 제출하면, 마치 담벼락에 메모지가 붙어 있는 형태로 나타나게 됩니다. 이때 학생들이 쉽게 자기 의견을 공유할 수 있도록 예시 글을 게시해 두면 좋습니다. 핸드폰과 컴퓨터 모두 쉽게 접근이 가능하며, 좋아요/투표/별점 등 다양한 반응 활동을 설정할 수 있기 때문에 학생 간 즉각적 의견 교환과 토의 활동이 용이합니다.

설문 플랫폼(구글 설문지, 네이버 폼)

구글 설문지와 네이버 폼 등을 이용하면 설문 결과를 취합해 엑셀 등으로 정리할 수 있습니다. 질문이 여러 가지이거나 긴 서술형 응답을 원할 때 사용하면 좋으며, 수업 중에도 종종 활용되고 있습니다.

052

1인 1역을 제대로 운영하고 싶습니다

#1인 1역 #각종 1인 1역 예시 #주인의식 #학급테마 정하기 #1인 1역 신청표 #1인 1역 계획서

Q

👩 내일 2학기 학급 임원을 선출하려고 합니다. 그런데 1학기 반장이 와서 "선생님, 친구들이 반장 후보로 또 나가라고 하는데 저는 나가기 싫어요. 솔직히 말씀드리면 지난 학기에 다들 아무것도 안 하는데 저 혼자 뭔가 다하는 것 같아 부담이 많이 됐었거든요."라고 말했습니다. 이 상황에서 담임교사로서 제가 할 수 있는 일은 무엇일까요?

A 학급 내 역할의 크기는 구성원 모두에게 동등해야 합니다.

먼저 학생의 말을 경청합니다. 학생에게 어떤 부담이 있었는지를 구체적으로 파악할 필요가 있습니다. 나도 모르게 학급자치회장에게 많은 것을 시키고, 의지했을 수 있습니다. 학생의 말을 들어보고 공감되는 부분이 있다면, 반드시 사과하는 것이 필요합니다. 교사가 학급을 운영하다 보면 편하고 효율적이어서, 임원을 신뢰하기 때문에 등의 이유로 학생에게 부담을 주는 경우가 종종 있습니다.

학급을 운영할 때에는 다소 느리거나 복잡하고 번거롭더라도, 모든 학급 구성원에게 제 역량에 적합한 '자기 역할'을 부여하는 것이 필요합니다. 학급 운영에 있어 가장 중요한 것은 모든 학생이 부담을 느끼거나 소외되지 않고 공평하게 참여할 기회를 부여받을 수 있게 하는 것입니다.

그러기 위해서는 치밀한 1인 1역을 구상해야 합니다. 이때 30명이라면 30명의 모든 학생이 본인의 학급에서 어떤 역할을 할 것인지 선택할 기회를 제공해야 합니다. 예컨대 ▷오늘의 날씨 칠판에 표시하기 ▷오늘의 식단을 칠판에 쓰기 ▷학급 가정통신문 관리 ▷학급 모둠 활동 도구 관리 ▷타 반 학생의 출입 막기 ▷학생들의 여론을 담임교사에게 전달하기 ▷학급 서기 ▷학급·학교 행사 시 사진 촬영 등의 다양한 역할을 구상하고, 본인이 하고 싶은 역할을 선택할 수 있게 하는 것입니다.

그러려면 역할을 다양하게, 그리고 우리 학급의 상황에 맞게 구성하는 것이 필요합니다. 이를 위해 "우리 반이 최고의 1년을 보내기 위해서 가장 필요한 행동은 무엇일까? 그리고 그 이유는 무엇일까?"를 학생들에게 질문합니다. 패들렛을 활용하거나, 모둠 활동을 활용해도 좋습니다. 비슷한 견해를 유목화한 뒤, '역할'을 규정하는 시간을 갖습니다. 즉, 역할의 이름을 붙여 보는 것입니다. 역할의 이름을 정하고 나서는 역할을 수행하는 데 필요한 인원을 토의하도록 합니다. 역시 인터넷 의견 교환 사이트를 활용하거나, 학급회의 시간을 활용합니다.

이러한 1인 1역을 구성하는 작업을 '학생들'에게 맡기는 것도 좋습니다. '1인 1역 구성팀'을 구성해 아이들에게 아이디어와 자료를 준 뒤 구성 계획과 운영방식을 정해 볼 것을 권합니다. 어느 해 저희 반 아이들은 1

인 1역은 구성보다 앞으로의 운영이 더 중요하다면서, 1인 1역 다짐 각서와 운영 계획을 비롯해 운영 점검 리스트까지 만들기도 했습니다. 그러다 보니 1년 동안 1인 1역이 정말 잘 운영됐습니다.

1인 1역을 정할 때에는 학생들이 직접 희망하는 역할에 지원하도록 하는 것이 좋습니다. 본인이 하고픈 역할을 맡아야 책임 의식을 바탕으로 한 학기 동안 열심히 수행할 수 있기 때문입니다. 만약 원하는 역할을 맡지 못해서 아쉬운 친구가 있다면, '네가 하는 역할 하나가 우리 학급에 얼마나 소중한 일인지'를 잘 이야기해 설득합니다. 그렇게 하면 우리 반에 왜 이 역할이 필요한지를 알게 되기 때문에 학생들 대부분이 이를 수긍하고 역할에 성실히 임하게 됩니다.

1인 1역은 학기마다 새롭게 정하는 것이 좋습니다. 1인 1역의 체계적인 수행을 위해서는, 사물함 시간표나 이름표 등에 본인의 1인 1역을 표기해 상기토록 하는 것이 필요합니다.

질문 사례와 같은 경우라면, 학급 임원 선출 시기를 늦추는 것이 필요할 듯 합니다. 먼저 우리 반 학생들에게 1인 1역에 대해 설명하고, 1인 1역을 선택하는 것의 의미를 가르쳐 주는 것이 우선돼야 합니다. 즉, 담임 교사를 포함한 학급 구성원 모두가 같은 크기의 주인의식을 가지는 것이 어떤 의미인지에 대해 알려 주는 과정이 선행되는 것이 필요합니다.

학급자치회장과 부회장 자체가 1인 1역에 속하기 때문에, 학급 임원으로 선출된 학생의 1인 1역을 함께 조율하는 과정도 필요합니다. 덧붙여, 제가 추천하는 역할은 '자리선정위원'과 '학급행사기획부'입니다. 합리적으로 자신들의 자리를 구성하도록 함으로써 책임의식을 고취할 수 있습니다. 교사가 모르는 학생 간 상황이 즉각적으로 고려되기도 합니다. 아울러, 행사를 기획하면서 학급 단합력이 함양된다는 장점이 있습니다.

 1인 1역 신청표

나의 역할을 신청해 주세요!

1인 1역이란 우리 학급을 위해 각자 하나의 역할을 담당하는 것입니다. 작은 하나하나가 모여서 크고 아름다운 하나를 이룹니다. 내가 잘할 수 있는 것이 무엇인지, 하고 싶은 것이 무엇인지 생각해 보고 내가 학급을 위해 할 일을 정해 보세요. 여러분의 힘으로 학급을 반짝반짝 빛내 주세요. 새로운 역할을 제안하는 것도 환영합니다.

신청 양식
1순위:
내가 이 역할을 맡는다면 어떻게 할 수 있을까요?
2순위:
3순위:

( )반 ( )번 이름 ( )

1. 내가 맡은 역할은?

2. 이 역할을 수행할 때 매일 해야 할 일은?

3. 이 역할을 수행하기 위해 가장 중요하게 해야 할 일은?

4. 역할의 활동 설명서 작성하기

- 활동 시간:

- 활동 준비물:

- 활동 수행 시 주의할 점:

- 활동 방법

5. [정리] 매일 활동 수행 점검표 작성하기: 활동 설명서를 바탕으로 이 역할이 제대로 수행되고 있는지 점검하기 위해 어떤 항목들을 검토해야 하는지 스스로 작성해 보기

1.	2.
3.	4.
5.	6.
7.	8.

다양한 1인 1역 예시 ❶

역할	내용	책임자
핸드폰 도우미	핸드폰 관리	
칠판 지우기	평소에 칠판 지우기	
우유 도우미	매일 아침 우유 가져오기	
아침 삶 열기	아침 조회 때 '시' 칠판에 쓰기	
다했어요 관리자	'다했어요' 성공판 관리하기	
우리 반 자비스	컴퓨터 관리, 학급 사진 촬영기사	
독서 도우미	우리 학급문고 대여 및 반납 관리하기	
학급 안내 사항 알리미	알림장 확인하기, 통신문 정리하기(톡방 공지)	
농부	학급 화분 관리하기	
우티(우산과 티슈)	우산 관리하기, 휴지 채워 넣기	
체육부장	매일 스트레칭 준비, 체육시간 관리	
학급 준비물 알리미	준비물 정리해서 알려주기(톡방 공지)	
다 먹었어요 관리자	급식 검사하기	
피드백 천사	수업 중 동료 평가지와 토론지 정리	
선생님 도우미	선생님 수업 활동 도우미	

 다양한 1인 1역 예시 ❷

▶ ○학년 ○반 정부(政府) 조직도

직명	담당자	하는 일
대통령(1)		학급회장, 학급의 통솔, 학급 업무 전반적으로 진행
국무총리(1)		학급회장을 도와 학급 업무를 전반적으로 진행(회장 부재 시 회장 역할)
국가정보원장(1)		타 학급 혹은 타 학교에서 실시하고 있는 좋은 제도를 조사해 학급에 건의

민정수석비서관(1)		학급의 여론을 담임 선생님께 전달(면책권 有), 청와대의 국민신문고 역할
국민권익위원회(2)		대통령, 국무총리와 1인 1역할 평가 및 학급표창 대상자 선발
교육부 장관(1)		단톡 및 칠판 왼쪽에 수행평가 알림 역할 및 수행평가 안내문 정리
국가기록원장(1)		학급 서기, 학급 출석부 관리
식품의약품안전처장(2)		학급 게시판(칠판 양 옆 총 6개의 파일로 구성) 관리, 식단표 관리
기획재정부 장관(1)		학급 행사 발생 시 회계 관리
방송통신위원장(1)		가정통신문 및 각종 유인물 취합
통일부 장관(4)		학급단합대회 및 월별 학급 프로그램 기획, 생일 조사 및 화이트보드판 기록
특허청장(1)		각종 이벤트 공모 조사 및 소개
국가공보실장(2)		학급 대내외 행사 사진 촬영
정보통신부 장관(1)		핸드폰 수거 및 운송
과학기술부 장관(1)		TV 관리 및 HDMI 케이블 관리
조달청장(1)		우산꽂이, 교탁, 키 높이 책상, 사물함 관리 및 파손 여부 조사
국방부 장관(2)		타 학급에서 들어온 학생들을 내쫓고 1일 2회 이상 들어온 학생들 보고하기
경찰청장(1)		교실 이동 수업 시 학급 자물쇠 관리 및 냉난방기 관리
검찰청장(1)		이동 수업 시 책상 관리 및 3회 이상 적발 학생 고발
기상청장(1)		매일 아침 미세먼지 농도를 칠판에 써 주기
보건복지부 장관(1)		학급에 아픈 학생이 발생하면 보건실 후송 도와주고 담임 선생님께 알리기
문화재청장(2)		학급 관련 환경물품을 만들고 꾸미기, 학급의 모둠 활동 도구 관리

다양한 1인 1역 예시 ❸

▸ 우리 반 1인 1역

역할	어떤 일을 하나요?
반장	• 학급 총 책임(행사, 진학, 기획 등)으로 담임 선생님의 역할을 보조함. 수업 전 학생들 앉히기 • 교실 열쇠 관리를 담당함(교실 문 열기)
부반장	• 학급 부책임으로 담임 선생님과 반장의 역할을 보조함. 수업 시작 후 들어온 학생을 체크하기 • 조회 시간에 핸드폰을 걷어 교무실에 가져다 두며, 일과 후 핸드폰을 친구들에게 나눠 주기
출석부 담당자	출석부 관리(이동 수업 시간) 및 선생님들께 사인 받기
생활 프로그램 담당자	생활 프로그램 일지 관리하고 매일 적힌 학생, 칭찬 학생 통계
문단속 담당자	교실 이동 및 하교 시 소등 후 최종적으로 나가며 문단속을 철저히 하기
가정통신문 배부 담당자	종례 시간 전에 교무실에서 안내장 가져오고 배부하기(교탁에 한 부씩 남기기)
가정통신문 수거 담당자	가정통신문을 걷어서 명렬표에 표시해 번호순으로 정리한 후 담임 선생님께 제출(통계 포함)하기
주간 명언 게시 담당자	교실 앞 게시판에 매주 월요일 함께 생각해 볼 명언을 게시하기
달게 쓰기 관리 담당자	달게 쓰기 나눠 주고 걷기, 게시하기
분리수거 담당자	분리수거 및 휴지통 비우기
지각생 관리 담당자(남)	• 8시 50분 이후 등교한 학생 칠판에 이름 적기 • 지각생 연락해 주기
지각생 관리 담당자(여)	
칠판 정리 담당자	칠판 지우개 및 분필 관리, 칠판 지우기, 낙서 금지시키기(격주)
질서 및 오락 담당자	각종 행사에서 단합된 학급 질서 만들기(예쁘고 아름다운 말 사용할 것)
선생님 식판 담당자	담임 선생님 바쁘실 때 미리 식판과 수저 챙기기
휴지 관리 담당자	학급 휴지를 아껴쓸 수 있도록 관리 및 비치하기

시설물 관리 담당자	부서진 물건이 있으면 기사님께 보고하기, 파손된 물건 옮기기
선진 기자재 담당자	교과 선생님을 도와 TV와 컴퓨터 연결하기
교탁 관리 담당자	교탁 안 학급 물품 바구니 정리 정돈 및 분필을 종이에 포장하기
소망의 상자 담당자	소망의 상자 담당 및 물품 관리하기
게시물 정리 담당자	사물함과 교실의 게시물을 정돈하고 관리하기
알림 담당자	과목별 숙제 및 과제물을 칠판 왼쪽에 기재하기
청소 준비 담당자	청소 전 모든 학생이 의자 올리도록 큰 소리로 외치기
창틀 깨끗 담당자	교실 및 복도 창틀에 올려져 있는 물건을 치우고, 정리하기
사물함 깨끗 담당자	사물함 위 깨끗하게 유지하기
냉난방기 지킴이	냉난방기를 청소하고, 켜고 끄기. 교실을 비울 때 반드시 전원 끌 것
시험 담당자	시험 시 책상 배열하기, 컴퓨터 사인펜 챙기기, 이동 교실 부착물 챙기기 등 시험 진행 총괄
상쾌한 아침, 오후 담당자	아침 조회 전, 청소 시작 시에 창문을 열어 환기시키기
화재 예방 담당자	교실의 화재 물품 확인하고 화재 예방 점검표 작성하기

053

학급 선거 분위기 조성, 어떻게 해야 할까요?

#학급 임원 선거 #학급자치 #학급자치회 #반장 선거 #임원의 역량 #선거관리위원회

20 중등세종

Q

오랜만에 담임교사를 맡게 됐습니다. 주변 선생님들께 학급회장을 잘 뽑는 것이 엄청 중요하다는 말을 들었는데 도대체 어떻게 뽑아야 좋을지 모르겠어요. 투표도 중요하지만 먼저 선거 전 진지한 분위기를 조성해 보고 싶습니다. 아이들이 제대로 된 자치를 경험할 수 있도록 해 주고 싶은데, 어떻게 하면 진지한 선거 분위기를 조성할 수 있을까요?

A 진지한 학급 선거 분위기, 민주 학급을 만들어 갑니다.

학급자치회장, 학급자치회 부회장 및 학급자치회를 구성하는 학급 임원 선거는 학년 초 학급 세우기 행사 중 가장 먼저 이뤄지는 첫 공식 행사일 확률이 높습니다. 담임교사에게도 매우 중요한 순간입니다. 오죽하면 반장 하나 잘 뽑으면 1년이 편하다는 말이 있을까요? 아이들에게도 이를 통해 '우리 반', '우리 반장', '우리 선생님'에 대한 신뢰감이 형성됩니다. 학생들은 이 시기를 활용해 우리 선생님이 우리에게 '자치'를 보장해 줄 수 있는 어른인지, 우리 반은 자치를 제대로 해 낼 능력이 있는지, 내가 성장할 수 있는 곳인지 등을 살피게 됩니다.

아울러 선거 과정을 통해 민주시민 의식을 함양하고, 회의 과정에서 배려와 존중은 물론 이견을 조율하는 방법을 배우게 됩니다. 특히 2019년 12월 「공직선거법」 개정으로 선거 연령이 만 18세로 하향되면서, 올바른 선거권을 행사하기 위한 참정권 교육이 매우 중요해졌습니다. 학급 임원 선거 역시 유권자 교육의 일환으로 치러질 필요가 있습니다. 어떻게 해야 임원 선거를 '잘' 치를 수 있을까요?

정신이 하나도 없는 3월 첫째 주이지만, 꼭 해 둬야 할 것이 있습니다. 바로 '학급자치회장'과 '학급자치회 부회장' 등 각종 '임원' 역할을 중요하게 여기는 분위기를 형성하는 것입니다. 우선 3월 첫째 주 오리엔테이션 중에 '민주주의'에 대한 간단한 교육을 실시합니다. 예컨대 ▷민주주의의 역사, 독재와 민주주의 ▷대의 민주주의에서의 국회의원과 대통령 ▷헌법과 법률의 중요성 등에 대한 간단한 계기 교육이 그것이지요. 아이들은 이를 통해 적어도 '민주적인 분위기'를 형성하는 것과 그러한 삶이 왜 중요한지를 생각해 보게 됩니다. 그리고 '우리도 민주적인 자치 공간을 꾸릴 수 있다'라는 긍정적 인식을 마음속에 키우게 됩니다.

그리고 학생들로 하여금 '학급 임원은 어떤 사람인가'를 함께 정의하고, '학급 임원에게 필요한 역량'을 스스로 고민해 보는 시간을 갖도록 합니다. 예컨대, '학급 임원에게 꼭 필요한 역량은?', '학급 임원의 책임은?' 등과 같은 질문은 물론 '학급의 잘못은 모두 학급 임원의 탓일까?', '내가 학급 임원이 된다면?', '나는 학급 임원을 어떻게 도와줄 것인가?'와 같은 질문을 던져, 답변을 생각해 보도록 유도합니다. 이때 중요한 것은 학급자치회장이나 부회장에게 필요한 능력만이 아닌, 각종 부서의 부장 및 각자의 역할에 있어 필요한 역량을 고민해 보도록 하는 것입니다.

학급의 모든 구성원이 함께 적극적으로 움직일 때 비로소 '자치' 학급을 운영할 수 있다는 것을 생각하게 합니다. 이때 교사는 회장과 부회장, 부장의 역할을 안내하고, 그 내용을 토대로 임원에게 필요한 역량을 고민해 보는 시간을 갖도록 합니다. 또한 학생들에게 자신이 참여하고 싶은 부서도 미리 고민해 보도록 합니다.

▶ **패들렛을 활용해 수합한 학생들이 생각하는 우리 학급 임원에게 필요한 역량**

임원	우리들이 생각하는 임원에게 필요한 역량	선생님이 안내한 임원(혹은 부서)의 역할
학급자치회장	• 리더십이 뛰어나야 함 • 친구들의 말을 잘 들어줌 • 학교 교칙을 잘 준수함 • 화목한 분위기로 이끌어갈 줄 앎 • 선생님들께 예의 바름	• 학급 내 모든 업무 총괄 • 학급자치회의 주도 • 자리배치 위원 당연직 겸함 • 1인 1역 활동 관리 및 독려 • 청소 활동 관리 및 독려
학업 역량 증진부(장)	• 꼼꼼하고 섬세함 • 수업 시간에 집중을 잘함 • 모둠장들을 도와주고 리더십이 있음	• 학급 내 멘토링 활동 총괄 • 학급 학업 및 인성 역량 함양 행사 2회 기획 • 학급 플래너 확인 활동 지원

양식을 마련해 학생들의 생각을 수합한 뒤 학급 조직도를 구조화합니다. 그리고 이 조직도를 완성하는 학급 임원 선거에 대해 간단히 안내합니다. 즉, 언제 어떻게 구성할 것이며, 자세한 것은 '선거관리위원회(선관위)'에서 공고할 것이라고요. 그러면서 자연스럽게 선관위를 모집합니다. 선관위를 모집·구성하는 것은 매우 중요한 선거 절차로, 선관위에서는 학급 임원 선거 공고부터 시작해 선거 진행과 당선자 발표 등 선거의 전 과정을 꾸려 갑니다. 또한 당일의 선거 일정도 선관위가 직접 진행하도록 합니다. 이쯤 되면 아이들이 선거와 임원의 역할에 큰 책임감을 갖게 됩니다. 선관위 학생들도 자신들이 막중한 책임을 지녔다고 생각하기 때문에 장난으로 진행하지 않습니다.

임원 후보에 등록하고자 하는 학생들에게 미리 본인의 공약을 적어 오도록 안내하고, 그와 함께 추천인 명부도 첨부하도록 해 선거의 기본적인 절차를 배우게 하는 것도 중요합니다. 추천인 명부에 서명한 친구들의 지지와 신뢰에 대해 후보자가 어떻게 보답하고 책임지는지를, 학급 임원 선거 과정에서부터 모든 학생이 배울 수 있도록 하는 것도 필요하기 때문입니다. 후보자 검증 절차로 후보자 토론회를 운영하거나, 공약 검증에 대한 논의를 진행하는 것도 좋습니다.

'학급 임원 선거'는 가장 중요하면서도 실제적인 민주시민교육 활동입니다. 앞으로의 자치 활동에 적극적으로 참여할 수 있도록 독려하는 활동이기도 하고요. 그렇기에 분위기를 형성해 진지하게 학급 임원 선거에 임하도록 안내하는 과정이 꼭 이뤄져야 합니다. 이는 자치 교실을 이룩하기 위한 중요한 첫걸음이니까요.

 선거관리위원회 공고

선거관리위원회를 활용하면 더욱 민주적인 학급 임원 선거를 할 수 있습니다. 선거의 공명한 절차를 경험할 수 있고, 더욱 진지한 선거 분위기를 조성할 수 있기 때문입니다.

선거관리위원회 공고

1. 대상: 우리 학급 소속 학생
2. 업무: 선거 업무를 담당하고 진행
   ① 후보 등록 절차 관리　　　　　⑤ 투표함 마련
   ② 선거 포스터·홍보 행위 규정 마련　⑥ 학급자치회 선거 진행
   ③ 선거 기간 중 부정행위 감독　　⑦ 기타
   ④ 후보자 검증 기회 마련
3. 구성: 6명. 위원장은 선거관리위원 중 민주적 방법으로 선출
4. 자격: 선거관리위원은 학급자치회장 선거에 출마할 수 없음
5. 선거관리위원은 인사자문위원회 위원 등록 우선

학급 임원 선거 방식

학급 임원 선출은 민주시민을 기르는 첫 단추로서 1년 동안 담임교사가 학급을 원활하게 운영하는 데에도 매우 중요한 과정입니다. 최근에는 온라인 투표로 운영하는 경우도 많습니다. 학급 선거 시 활용할 수 있는 전자 투표 프로그램도 개발돼 활용할 수 있습니다(https://sciencelove. com/182). 간단하게 멘티미터의 랭킹(Ranking) 타입을 활용해 투표를 진행할 수도 있습니다.

기표소를 조성하고 투표용지와 투표기구를 만들어 활용할 수도 있습니다. 투표용지 역시 실제 선거와 유사하게 만들 수 있습니다. 이는 학생들로 하여금 '선거'를 경험하게 한다는 측면에서 매우 훌륭한 민주시민교육 수업 활동이 됩니다.

○○학년도 1학기 ○학년 ○반 학급자치회 회장 선거투표		
기호	성 명	기표란
1	송 ○ ○	
2	최 ○ ○	
○학년 ○반 학급 선거관리위원회		

054

학급자치회는 어떻게 조직해야 하나요?

#학급자치회 #학급 부서 조직하기 #학급테마 정하기 #1인 1역과 연계하기

Q

👩 2년차 저경력 교사입니다. 처음으로 담임을 맡게 됐는데, 다음 주 학급 자율 활동 시간을 이용해 학급자치회를 조직하라는 안내를 받았습니다. 환경부, 윤리부, 도서부 등의 부장을 뽑고 학생들을 참여하게 하라는 것 같은데, 부서를 어떻게 조직해야 실효성이 있을지 의문입니다. 학급자치회를 어떻게 조직해서 운영하면 실제 학급 운영에 도움이 될 수 있을까요?

A 학급자치회는 잘만 활용하면 학급을 체계적으로 운영하는 데 유용한 도구가 됩니다.

직책	번호	성명	직책	번호	성명
반장			환경부장		
부반장			윤리부장		
총무부장			교육정보부장		
서기			섭외부장		
학예부장			봉사부장		
체육부장			도서부장		
바른생활부장			선행부장		

보통 학급자치회 조직은 학교에서 통일한 양식을 쓰는 경우가 많습니다. 예컨대 앞선 틀이 보편적입니다. 학급 임원 선거가 끝나면 학급자치회를 조직해 명단을 완성해 보내야 하지만, 실제 학급 운영에는 활용되지 않는 경우가 많습니다. 허나 학급 자치회를 조직할 때부터 제대로 구성한다면, 우리 학급을 위한 '진짜 학급 자치 부서'를 구성할 수 있어 체계적인 학급 운영에 큰 도움이 됩니다.

 우리 반을 위한 '진짜 학급 부서' 조직하기 5단계

- 학급 설문조사: 우리 학급을 위해 꼭 해야 할 일들은?
- 해야 할 일을 유목화한 뒤 '부서 명칭' 정하기
- 제목의 일을 담당할 '부서' 정하기
- 부서의 일들을 정리하고, '부원' 숫자 정하기
- 희망 부서에 입부하고, 부장 선정 및 업무 분장하기

우선 '우리 학급의 1년은 어떠한 모습이었으면 좋겠다'라는 내용을 설문해 보는 것을 추천합니다. 저의 경우 학생들에게 기초정보 설문 조사 시, 미리 "앞으로 우리 학급은 1년 동안 어떤 반이길 바라는가?"라는 질문합니다. 선택형과 서술형 문항을 함께 제시해 되도록 다양한 의견을 받고자 노력합니다. 그러면 학생들은 '공부 잘하는 학급', '재미있는 학급', '추억을 많이 쌓는 학급' 등 여러 견해를 제시합니다. 이러한 내용을 유목화해 학생들에게 제시하고, 이를 바탕으로 학급의 테마나 콘셉트를 결정하게 하는 것도 좋습니다.

그리고 학생들이 원하는 우리 학급의 모습을 정리해 공유하고, 이를 달성하기 위해 우리 반에 정말 필요한 부서가 무엇일까를 생각해 보는 시간을 갖습니다. 멘티미터나 패들렛을 활용해, '우리 학급의 목표를 달

성하기 위해 해야 할 일'을 편하게 적어 보게 하고 이를 바탕으로 필요한 부서를 조직합니다. 즉, 학급에 필요한 업무를 기초로 부서를 만들고, 부서에 필요한 인원에 대해서도 회의하도록 합니다.

🔰 워드클라우드(wordcloud) 활동을 통해 우리 학급 테마 결정하기

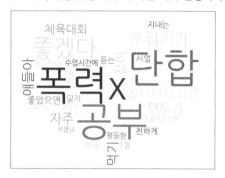

　　부서가 얼추 구성되면, 학생들로 하여금 자신이 원하는 부서에 입부하도록 합니다. 이때 자신의 능력과 흥미, 진로를 고려해 1년간 책임감 있게 임할 수 있는 부서에 희망할 것을 사전에 교육하는 것이 필요합니다. 부서의 일을 정리하는 과정을 통해 '학급 교육과정'이 구성되기도 합니다. 입부 활동이 끝나면 '부장'을 선출합니다. 부원 내에서 정해도 좋고, 학급 임원 선거 절차를 통해 선출해도 좋습니다. 각 부서의 역할에 관해 학생들 간 충분한 토의를 거친 상황이기 때문에, 학생들은 부서의 부장이 어떤 역할을 맡아야 하는지, 어떠한 역량이 필요한지를 충분히 인지하고 있습니다. 부장 선출 이후 '업무 분장'을 진행하도록 시간을 마련하는 것도 좋습니다. 업무를 배정하는 과정은 공정하고 공평하며 민주적으로 운영될 수 있도록 합니다. 이러한 과정을 거치고 나면, 우리 반만의 특색이 가득한 학급자치회를 조직할 수 있습니다. 특히 이를 1인 1역과 연계하는 것도 좋은 방법입니다.

제 경험 중 가장 좋았던 학급자치 부서 활동은 각종 사회 문제를 해결하는 데 앞장서는 '사회 참여부' 조직이었습니다. 학급 및 교내의 여러 문제를 해결하기 위한 캠페인을 진행하고(욕하지 않기, 양치컵 쓰기와 같은 사회 실천 캠페인), 친구들의 교칙 준수를 관리하는 부서였지요. 저는 이러한 학생 참여 부서 조직을 강력 추천합니다. 캠페인과 같은 행사를 기획하고 준비하면서, 학급의 단합력도 좋아지고 학생들 스스로 성장할 기회를 꾸준히 제공할 수 있습니다. 학생의 주체적이고 주도적인 활동이 지속적으로 실행돼, 학생들의 자존감도 높아집니다.

예시 자료 학급자치회 조직 및 1인 1역과 연계하기

소속부서	명칭	인원	관련 역량	하는 일
학급 자치부 (6)	학급자치회장	1	성실, 봉사, 리더십	학급 내 모든 업무 총괄 • 학급자치회의 주도 및 학급 관련 행사 총괄 • 학습 분위기 관리, 종치기 전 착석, 수업 준비 관리 등 • 학급 아이들을 이끌어 화목하고 소외되는 학생이 없도록 살피기 • 규칙 및 예절 준수 상황 관리 감독 • 자리배치위원 당연직 및 자리 이석자 지적 • 청소 감독 및 청소 체크리스트 작성(반장) • 조·종례 및 주요 사항 반톡에 공지(부반장) • 모든 학급 일에 주도적으로 참여할 것 • 그 외 기타 모든 중책 담당
	서기	1	성실, 꼼꼼	출석부 담당(매일 과목 선생님 사인 받기 등 출석부 관리, 매월 출석부 하단에 나침반 기록하기), 학급자치회의 기록
	총무	1	성실, 경제	지각 체크 담당, 학급비 관리, 가정통신문 수합 및 통계, 관리(수시로 교무실 통신함 확인)
	인사자문위원회 (자리, 선거, 1인 1역 감독)	2	공정성, 행정	수업 분위기와 교우 관계를 고려한 자리 배치 담당 및 자리 이석자 지적, 학급자치회 선거 및 각종 투표 활동 관리(자치회장 선거 출마 불가)

공동체 단합 기획부 (5)	공동체 단합 기획부장	1	리더십, 창의력, 행사기획	학급 각종 행사 기획 및 주도, 각종 이벤트 홍보 및 신청하기(⑩ 1인1닭 이벤트, 라디오 사연 소 개 등 다양한 추억거리 찾아 계획)
	공동체 단합 기획차장	1		
	생일파티 준비 팀장	1		학급 친구들 생일파티 기획 및 준비, 운영 총괄, 학기 말 롤링페이퍼 준비 담당
	학급 포토그래퍼	1	창의력, 사진	학급의 수업 활동 및 행사 시 사진 찍기 담당, 행사마다 사진 정리해서 학년 말 영상 제작
교실 환경 복지부 (6)	교실환경 복지부장	1	봉사, 성실	교실 내 분리수거 관리 및 담당, 학급 봉사 활동 계획 및 우리 반 봉사 활동 총괄, 교실 청결(사 물함, 창가 물건 관리, 바닥에 신발 두지 않기 등) 총괄
	교실환경 복지차장	1		
	학급 건강 도우미	1	체육, 간호	학급 보건함 관리, 보건실 간 친구 관리, 체력 증진을 위한 스트레칭, 건강 신문 게시
	학급 인테리어 디자이너	2	창의력, 미술	우리 반 친구들 캐리커처, 수업 내용을 그림으 로 표현해서 공유, 학급 환경미화 총괄
	학급 기자재 관리	1	봉사, 기계정보	멀티 주변 청소 관리, 멀티 도구 관리, 수업 시 간 컴퓨터–TV 연결, 학급 내 모든 기자재 관리
	비품·보안·에너 지 절약 도우미	1	봉사, 성실	이동 수업 시 전기 및 에어컨 끄기, 문단속 확 인, 휴지·걸레·우산 등 비품 관리
학업 역량 증진부 (4)	학업 역량 증진 부장	1	성실, 책임감, 자기주도	게시판과 단톡방에 과목별 과제 및 수행평가, 준비물, 시험 범위 등 안내, 독서활동상황 총괄 체크
	우성멘(학습 멘토링)총괄팀	2		학급 내 멘토링 활동 총괄, 학급 자율학습 관리 감독, 면학분위기 관리
	감성멘(감성 멘토링) 총괄	1		아침 감성 멘토링 활동 총괄, 학급 앞뒤 게시판 의 게시물 정리(기간이 지난 것 폐기 등)
진로 탐색 기획부 (3)	진로 탐색 기획부장	1	리더십, 성실, 자기주도	학급 친구들의 꿈짓기·꿈꾸기·꿈닿기 3꿈 프 로젝트(진로 프로그램 기획 및 운영, 진로 멘토 연계, 매주 1회 꿈짓기 노트 수거 및 배부)
	3꿈 프로젝트 기획팀	2		
사회 실천 기획부 (5)	사회실천 기획부장	1	리더십, 민주시민, 자기주도, 봉사	• 사회를 가치 있게 변혁시키는 우리 반의 확실 한 행동을 기획하는 사회 실천 프로그램 기획 및 운영 • 휴대폰 수거 및 관리 총괄
	사회실천 기획팀	3		
	휴대폰 도우미	1		

055

선생님은 왜 우리들만 차별하냐고 합니다

#학급 운영 #규칙 적용 #일관성 #학생 차별 #학급 규칙 #반성적 성찰

23중등세종 21초등세종 21중등평가원 19초등평가원

Q

🙂 학년 초부터 매일같이 지각을 하는 A라는 학생이 있습니다. 처음에는 A를 남겨도 보고, 달래도 보았지만 도무지 듣지를 않으니 포기하게 되더라고요. 그러다 어제와 오늘 모두 5명의 학생이 연달아 지각을 했습니다. 이에 그 학생들에게 종례 후에 남아서 이야기를 하자고 말했습니다. 그랬더니 학생들은 "아, 왜 저희한테만 그래요. A는 지각해도 다 봐주잖아요."라고 말했습니다. 이럴 땐 어떻게 하는 것이 좋을까요?

A 학급 운영 시에는 일관성이 중요합니다.

저는 학급 학생 지도 시 가장 중요한 것을 '일관성'이라고 생각합니다. 학생들은 학급에서 일어나는 모든 일에 대한 대우가 모두에게 공정하게 이뤄지기를 바랍니다. 특히 질문의 사례와 같이 지각 등 생활 지도의 사안인 경우, 학급 내 학생 간 처우에 '드러나는' 일관성이 미흡하다고 느끼는 학생들은 '차별'임을 주장하기도 합니다.

우선, 그 어떤 지도에 앞서 '원인'을 분명하게 파악하는 것이 필요합니다. 학급 규칙을 운영하고 학생을 지도하는 가장 큰 이유는 학생을 꾸짖기 위해서가 아니라 스스로의 성찰을 통한 바람직한 성장에 있습니다. 최대한 빠르게 그 원인을 파악해 학생들이 성찰할 수 있도록 독려해야 합니다. 쉬는 시간마다 한 명씩 일대일로 만나 왜 지각했는지, 지각하지 않을 수는 없었는지, 지각하고 나니 현재 마음은 어떤지 등에 대해 이야기를 나눠 보세요. 규칙 적용 이전에 학생 스스로 자신의 행동을 돌아보고 반성할 기회를 먼저 제공하는 것이 필요합니다.

모두에게 공평하게 적용되는 '학급 규칙'은 제정돼 있는지요? 지각하는 경우 어떻게 할 것인지, 핸드폰을 제출하지 않았을 때 어떻게 할 것인지, 선생님과 방과 후 만날 약속을 정했지만 별 이유 없이 지키지 않았을 때 어떻게 할 것인지 등을 세세하게 고민하고 규칙을 만들어 두는 것이 필요합니다. 만약 학년 초에 만들지 않았다면, 학급자치회의에 건의해 지금이라도 마련하는 것이 필요합니다. 학생들 스스로가 만든 규칙이라면 더 잘 따를 것이니, 학생들과 함께 제정하는 것이 좋습니다.

학생과 함께 규칙을 만들 때에는 패들렛과 같은 온라인 플랫폼을 활용하면 좋습니다. 익명이다 보니 학생들이 자신의 생각을 편하게 작성하고 게시할 수 있고, 핸드폰이나 태블릿PC를 활용하면 의견을 바로 바로 공유할 수 있기 때문입니다. 특히 교실 내 모니터를 활용해 화면에 플랫폼 창을 공유하면, 제기된 의견에 대한 즉각적인 피드백과 토의 활동을 진행할 수 있습니다. 교사 역시 학급 구성원의 일원이자, 탈권위적인 위치에서 익명으로 의견을 제시할 수 있다는 점도 유의미합니다.

규칙이 정해졌다면, 일관되게 적용하는 것이 중요합니다. 예컨대, '지각 시 종례 시간 전까지 시 한 편 외우기'가 규칙이라고 가정해 봅시다. 규칙이 시행되고 나면, 아무리 시간이 많이 들더라도 지각한 학생은 시 한 편을 다 암송할 때까지 귀가하지 않도록 해야 합니다. '이 학생은 집이 멀기 때문에', '이 학생은 등굣길에 급한 복통을 느꼈기 때문에' 등과 같은 이유로 단 한 명에게라도 규칙 적용에 예외를 두고 넘어가는 순간, 그 학급 규칙은 힘을 잃게 됩니다. 다만 이러한 규칙을 적용할 경우, 학생의 하교가 늦어지는 데에 대해 학부모에게 상황을 설명하고 동의를 얻는 것이 필요합니다. 이 기회를 활용해 학부모와 상담을 진행하는 것도 좋습니다.

'동등한 규칙 적용'이라는 것을 단순히 문자 그대로 이해해서는 안 되는 경우도 있습니다. 집안에 정말 피치 못할 사정이 생겼거나, 함께 정한 벌칙 수행이 불가능한 상황이거나 그 당시 맥락 때문에 규칙을 적용하기 어려울 수 있기 때문입니다. 이와 같이 예외 사례가 생겼을 때에는, 최대한 빠른 시일 내에 반드시 학생들에게 공개적으로 상황을 설명하고 예외 선택과 관련한 융통성 있는 판단을 요청하는 것이 필요합니다. 그리고 가능한 시기에 추가적으로 규칙에서 정한 사항에 준하는 처치가 이뤄질 것을 약속합니다. 당장 학생들이 모순과 차별을 이야기할까 두려워 상황을 모면하고 피하려고만 하면 오해가 쌓이게 됩니다. 불가피한 상황을 이해하고 수긍해 '배려'할 수 있도록 교육하는 것도 필요합니다. 타인의 처지를 이해하고 공감하는 것은, 더불어 살아가기 위해 학교에서 학생들이 배워야만 하는 역량이기 때문입니다.

물론 해당 학생의 상황에 따라 행동하는 것이 필요합니다. 예외의 사유가 다른 학생들에게 공유돼서는 안 될 내용이라면, 그리고 해당 당사자가 공개를 원치 않는다면 그 상황을 상세하게 설명할 필요는 없습니다. "자세한 상황을 설명하기는 어렵지만, 선생님이 판단하기에는 해당 학생이 규칙을 지키기가 어려웠다. 너희들이 양해해 줬으면 좋겠는데, 어떻게 생각하니?"라고 이야기를 하는 것만으로도 학생들은 '선택'의 기회를 부여받게 됩니다. 중요한 것은 현재 교사가 학생들 모두를 '동등한 구성원'이자 '주체'로서 대우하고 있음을 느끼게 하는 것입니다.

또한 계속된 규칙 위반에 대해 '감정적'으로 대응해서는 안 됩니다. 일관적인 규칙 적용은 감정을 배제하고 이성적으로 대응할 수 있다는 데서도 유효합니다. 함께 정한 규칙을 차분히 상기시키면서 이는 선생님이 너를 미워하거나 차별하는 것이 아닌, 우리 학급 모두와 약속한 것을 이행하는 것임을 강조하세요. 이렇게 하면 불필요한 감정 소모를 줄일 수 있고, 학생들의 교사에 대한 신뢰를 축적하는 데에도 도움이 될 것입니다.

덧붙여, 담임을 하다 보면 유독 '한 학생'에게 신경이 쓰여 다른 학생에게 소홀해지는 것은 아닌지 불안할 때가 있습니다. 당연히 그럴 수 있습니다. 교사도 사람이고, 학생들도 사람이니까요. 따라서 담임교사에게는 스스로 계속해서 성찰하는 '반성적 성찰' 태도가 필요합니다. 도움이나 지도가 필요한 학생에게 적실한 조치를 취하는 것은 담임의 의무로, 잘하고 있는 것입니다. 다만 이 과정에서 소외되는 학생들이 있지는 않은지 더불어 살필 수 있어야 합니다. 이를 위해 학급 운영과 관련한 모든 사항을 정리하는 '담임 일지'를 쓰는 것을 추천합니다. 그날 학급에서 발생한 일을 세세하게 적고, 담임교사로서의 자신을 돌아보는 성찰 시간도 가질 수 있습니다. 담임 일지는 학년 말 생활기록부를 작성할 때에도 유용합니다. 말도 많고 탈도 많은 학급 운영과 담임교사, 참 어려운 일이지만 그만큼 보람 있고 행복한 역할입니다.

선배교사의 '학급 운영' 서적을 통해 얻는 지혜

학급운영시스템(정유진, 에듀니티, 2015)

생활학습 공동체인 학급을 운영하는 데 필요한 기본 시스템을 갖춰 나가기 위해 필요한 것이 무엇인지를 알려주는 책입니다. 특히 3부에 제시된 '첫 만남 프로젝트', 구체적인 절차, 사례들이 큰 도움이 됩니다.

학급혁명 10일의 기록(따돌림사회연구모임 초등우정팀, 살림터, 2019)

평화, 권리, 화목, 우정으로 초등 학급 교육과정을 재구성하는 방법을 담은 책입니다. 교실 평화를 위한 새 학기 평화학습 활동 지도 자료를 풍부하게 담고 있어, 학급 교육과정의 기초를 닦는 데 유용합니다.

그림책 학급운영(그림책사랑교사모임, 교육과 실천, 2019)

그림책을 통해 학급을 운영하는 다양한 팁을 제시해 주는 책입니다. 특히 학급 운영을 위한 학생의 마음 열기, 인성교육, 상담 자료에 유용한 그림책들과 운영 방법을 소개하고 있습니다.

초등학급운영 어떻게 할까?(이영근, 보리, 2016)

1999년부터 초등학교 교사로 재직한 이영근 선생님의 학급 운영 노하우를 담은 책입니다. 단순히 학급 운영의 팁을 얻는다기보다는, 교사가 가치관을 정립하고 그를 바탕으로 학급을 운영하는 것이 얼마나 중요한지를 알 수 있습니다.

초등 학급운영(우리교육, 2005) / 중등 빛깔이 있는 학급운영(우리교육, 2004)

학급 운영에 대한 기초를 닦기에 적합한 책으로 잘 알려져 있는 책입니다. 《초등 학급운영》은 초등에 초점이 맞추어 있으며, 《빛깔이 있는 학급운영》은 중등교사에게 더 도움이 되는 책입니다. 1권은 학급 운영의 기초를 닦기 위한 다양한 자료들이, 2권에는 일상 활동과 상담과 관련된 자료들이, 3권은 학급을 실제 운영하는 데 유용한 자료들이 수록돼 있습니다.

학급상담소

056

학급 분위기를 흐리는 전학생이 자꾸 미워집니다

#전학생 #학급 분위기 #서클 활동 #학급회의 #학급칭찬나무

22초등충북 22중등세종 21중등경기 19중등강원 18초등서울 17초등세종

Q

2학기가 시작된 지 얼마 안 된 어느 날, 우리 반에 학생 한 명이 전학을 왔습니다. 학생들과의 사이는 나름 좋은 것 같은데, 저에게는 그리 살갑지 않습니다. 그런데 전학생이 수업 분위기를 크게 흐리고 있다는 교과 선생님들의 이야기가 들려옵니다. 수업 중에 다른 친구들이 집중하지 못하게 방해하고, 공격적이고 비아냥거리는 말투로 선생님들을 괴롭힌다는 것입니다. 아이 하나 때문에 학급 분위기가 안 좋아지는 것 같아. 3월부터 합이 잘 맞아 온 우리 학급의 방해꾼같이 느껴져 자꾸 미워집니다. 어떻게 하면 좋을까요?

A 전학생을 학급의 일원으로 받아들이기 위한 노력이 필요합니다.

3월부터 차근히 하나씩 쌓아 온 우리 반에 전학생이 왔습니다. 이미 학급 규칙이 어느 정도 완성된 교실에 당도하게 된 전학생 입장에서는 전혀 모르는 낯선 동네에 발을 들인 기분일 것입니다. 담임 선생님 입장도 이해가 갑니다. 기존에는 전혀 문제가 없었던 우리 반의 분위기가 한 학생이 등장한 이후부터 변하고 있다니, 당연히 신경 쓰일 수밖에요.

우선, 전학 온 학생과 새롭게 라포를 쌓는 과정이 필요합니다. 이 학생은 3월부터 우리 학급에서 진행한 학급 세우기 활동을 경험하지 못했습니다. 당연히 선생님도, 친구들도 낯설 수밖에 없을 테고 드러내지는 않지만 속으로는 불안해 하고 있을 수 있습니다. 저는 2학기에 전학생이 오면, 약 1주일 동안 매일같이 일대일 상담을 진행하며 우선 친해집니다. 성격, 성적, 교우관계, 진로, 각종 고민 등을 이야기하고 담임교사인 저에 대해서도 샅샅이 알려줍니다. 3월 첫날 학생들에게 배부했던 학교생활 안내문을 전학 온 친구에게 제공하고, 학생들과 함께 했던 오리엔테이션을 동일하게 실행하기도 합니다. 전학생 친구가 학급에서 겉도는 것은 교사와의 관계가 아직 형성되지 않았기 때문일 가능성이 큽니다. 학생과 담임의 관계가 좋아지면, 아이는 선생님에게 인정을 받기 위해 좋은 모습을 보여 주고자 노력하게 될 수 있습니다.

별도로, 학급 분위기와 수업 분위기가 변화했다면 그 정도가 어떤지, 그 이유는 무엇인지를 파악하는 것이 필요합니다. 이에 학급의 임원이나, 학급 분위기를 관리하는 부서의 부장 혹은 부원 등 학급 학생들과 따로 이야기를 나눠 보는 것이 필요합니다. 이전에 비해 수업 분위기가 어떻게 변화된 것 같은지, 특정 교과 시간에 어떤 문제 상황이 있었는지를 검토합니다. 이때 학생들의 이야기만으로 상황 파악을 끝내지 말고, 불편한 상황이 초래된 교과의 선생님과도 이야기를 나눠 볼 수 있어야 합니다. 아울러, 학생 한 명만의 탓으로 몰아가지 않도록, 이성적이고 냉정하게 교실 분위기를 확인하는 것이 필요합니다. 설령 전학생이 분위기를 주도했다고 하더라도, 동조하고 따라간 학생들이 있다면 그 학생들과도 따로 상담을 진행해 상황에 책임이 있음을 알려 줘야 합니다.

전학생과 어느 정도 라포를 쌓고, 현재 우리 학급에 어떤 문제가 발생하고 있는지를 파악했다면, 이제 문제 상황을 해결해야겠지요. 이 문제는 학급 전체가 함께 해결해야 하는 문제로, 회의를 진행해 해결책을 강구하는 것이 좋습니다. 학급회의의 방식으로는 서클회의를 추천합니다. '서클'이란 학급 긍정 훈육법(PDC) 혹은 회복적 생활교육에서 강조되는 활동으로, 구성원이 둥그렇게 둘러앉아 하는 회의 형태입니다. 동등하게 말할 권리를 보장하기 위해 '토킹피스'를 활용하는데, 이는 어느 한 사람이 대화를 주도하지 않고 모든 구성원이 자신의 의견을 보다 편안한 환경에서 이야기할 수 있다는 장점이 있습니다. 특히 앞선 상황과 같이 학급 전체에 피해를 주는 행동에 대한 회의를 할 때에는 마음속 이야기를 꺼내는 것이 중요한데, 서클을 활용하면 일반 학급회의보다 다양하고도 진지한 내면의 의견들이 오가는 경우가 많습니다.

 회복적 서클(circle)회의 진행 방법

1. 학생들이 둥그렇게 둘러앉습니다. 여기서 둥근 모양은 모두가 동등하다는 의미입니다.
2. 교사의 여는 말이 필요합니다. 오늘의 서클 활동이 어떤 주제로 이뤄지고 어떤 의미를 갖는지 차분히 이야기합니다.
3. 서클 규칙을 이야기합니다.
   - 토킹스틱을 몸에 지니고 있는 사람만 발언권이 있습니다.
   - 다른 사람이 이야기할 때에는 끝까지 경청합니다.
   - 이야기를 강요할 수 없으며, 원한다면 침묵으로 참여할 수 있습니다.
   - 서클이 진행되는 도중에 참여하거나 떠날 수 없습니다.
4. 토킹스틱(토킹피스)은 서클의 발언자가 손에 드는 작은 소도구입니다. 토킹피스는 서클의 주제를 담은 상징물을 활용합니다. 학급 운영 시에는 학급의 상징물을 하나 만들어 이를 토킹스틱으로 활용하면 좋습니다.
5. 서클회의는 다양한 주제의 학급회의, 갈등 해결을 위한 회의, 집단 상담 등에서 크게 유용합니다.

서클회의 시 주제는 '학급의 수업 분위기를 어떻게 하면 좋게 만들 수 있을까?'와 같이 긍정의 주제를 선정하도록 합니다. 이때는 모두가 원 모양으로 둘러앉아 서로의 눈을 쳐다보며 마음속에 담긴 이야기를 꺼내는 진귀한 시간이 펼쳐지게 됩니다. 특히 전학생의 차례에는 학생들 모두가 더욱 집중할 수 있도록 해 주세요. 토의 결과는 정리해 학생들에게 다시 공유합니다. 전학생이 새롭게 학급의 일원으로 합류한 이후 정해지는 첫 학급 규칙이 생성될 수도 있습니다.

이제 이후 상황에 관심을 갖고 면밀히 지켜봐야겠지요. 단번에 개선되지 않을 수 있습니다. 그러나 이제 전학생도 우리 학급의 엄연한 일원입니다. 학급에 적응할 수 있도록 꾸준히 살펴보고, 학급의 분위기를 좋게 만들 다양한 방안을 강구해 적용하다 보면 분명히 나아질 것입니다. 예를 들어, 학급칭찬나무를 설치해 활용하는 방법도 있습니다. 큰 나뭇가지 그림을 학급 게시판에 설치하고, 학급 내 학생들이 담임교사나 교과교사에게 칭찬받을 행동을 할 때마다 스티커 등으로 나뭇잎을 붙여 나무를 완성하도록 하는 것입니다. 나무가 완성되면 아이스크림을 제공하거나, 삼겹살 파티를 하는 등과 같이 학생들이 원하는 보상을 시행합니다. 이제 칭찬나무의 완성은 학생들이 단합해 달성해야 할 학급의 목표가 됩니다. 자연스럽게 학급 분위기도 좋아지고, 덩달아 전학생도 우리 학급의 어엿한 일원으로 자리 잡게 될 수 있을 것입니다.

057

거짓말하며 제 역할을 미루는 아이

#거짓말 #학급 운영 #학생 상담 #무조건적 긍정 존중 #인성교육
22중등평가원 18초등평가원

Q

저희 반에 매번 청소 시간만 되면 자기 구역을 청소하지 않고 사라지는 학생이 있습니다. 불러서 얘기하면, '다른 선생님이 자기를 불러서 청소하지 못했다', '청소구역을 잘못 알고 있었다', '급하게 부모님과 약속이 생겨서 집에 가야 했다' 등 갖은 핑계를 댑니다. 이에 한 번 더 거짓말을 하면 부모님을 모셔 오게 할 것이라 호통을 쳤는데, 오히려 그럴수록 학생의 거짓말이 늘어가는 것 같습니다. 어떻게 하면 좋을까요?

A 왜 학생들이 거짓말을 하는지부터 생각해 봐야 합니다.

거짓말의 사전적 정의는 '사실이 아닌 것을 사실인 것처럼 꾸며대어 말을 함 또는 그런 말'입니다. 학생들은 거짓말이 잘못된 일이라는 것을 잘 알고 있지만, 그럼에도 불구하고 거짓말을 통해 상황을 면피하려고 합니다. 고등학생이 학교에서 거짓말을 하는 이유를 탐색한 한진상·김민의 연구에 따르면, 학생들은 순간의 위기를 모면하고, 급우들 사이에서 좋은 이미지를 구가하고자 거짓말을 한다고 합니다. 덧붙여 교사와의 관계를 악화시키지 않기 위해 학생들이 거짓말을 선택한다고도 합니다. 당장 잘못하긴 했지만, 그 때문에 선생님이 자신을 나쁘게 볼까봐 거짓을 말한다는 것이지요.

청소를 하지 않고 사라졌던 학생을 불렀을 때, 학생은 그 상황에서 '혼이 날까봐' 거짓으로 둘러댔을 것입니다. 교사는 이러한 거짓말이 반복되는 것을 경계하고자, 거짓말의 폐해를 강조해 금지했을 것이고요. 그러자 학생은 '선생님이 나를 미워할까봐' 또 다른 거짓말로 상황을 방어합니다. 악순환이라는 것이지요. 이에 교사와 학생 간 진실한 의사소통이 이뤄질 수 있도록 환경을 조성하는 것이 필요합니다. 우선 학생이 거짓으로 상황을 모면하지 않고, 사실 그대로 말할 수 있도록 '수용'하는 교사의 태도가 중요합니다.

질문에 제시된 사례의 경우, 계속해서 거짓말을 하는 학생을 불러 다시 상담을 진행할 필요가 있습니다. 먼저, 너를 혼내려고 부른 것이 아니라고 명시해 학생이 안정된 태도를 취할 수 있도록 합니다. 그리고 왜 청소라는 본인의 역할을 제대로 수행하지 못하는지를 살펴야 합니다. 청소 구역이 마음에 들지 않는다면 그 이유가 무엇인지, 혹시 다른 역할로 교체할 수 있는 것인지 해결 방안을 모색하는 것도 하나의 방법입니다. 만약 교사가 미처 생각하지 못한 가정 혹은 개인적인 사정이 있다면 학부모와의 상담 등 그에 합당한 조치를 취할 수 있어야 합니다.

아울러 상담 시 교사가 기본적으로 갖춰야 할 태도가 있습니다. 바로 '무조건적 긍정적 존중'의 태도입니다. 이는 상담하는 학생을 조건 없이 존중하고, 그의 행동과 사고, 감정 등을 판단하거나 평가하지 않고 있는 그대로 받아들이는 것을 말합니다. 교사가 가진 세계관에서 '거짓말을 하는' 학생을 평가하려 들지 말고, 우선은 학생의 이야기를 신뢰하고 경청해야 합니다. 그래야 내면의 이야기를 꺼내 보이며 학생도 교사를 신뢰하게 됩니다.

물론 거짓말이라는 '행동' 그 자체는 잘못된 것입니다. 학생을 긍정적으로 존중하고 진정성 있는 상담을 진행하며 라포를 쌓으면, 학생은 자신의 거짓된 행위를 시인하고 반성하게 될 것입니다. 이때 거짓말 행위를 다시 혼내기보다는, 자신의 행동을 성찰한 학생의 용기를 칭찬하고, '다음부터는 거짓말을 하지 말고 솔직한 네 감정을 말해줬으면 좋겠다'고 이야기합니다.

도종환 시인이 말했듯, "흔들리지 않고 피는 꽃"이 어디 있겠습니까. 이 세상 그 어떤 꽃도 다 흔들리면서 줄기를 곧게 세워 왔습니다. 우리 학생들은 계속해서 흔들리고, 또 흔들립니다. 교사는 그러한 학생들이 흔들리다 꺾이지 않도록, 줄기를 바로잡아 주는 지지대가 돼야 합니다. 작은 관심만 기울여도, 우리 아이들은 제자리를 찾아올 수 있습니다. 학생을 긍정하고 신뢰하되, 학생의 부족한 부분을 이해하고 공감하는 태도가 중요합니다.

058

학급의 단합과 창의력을 독려하며 소통하기

#학급 단합 #소통 #협력 #공동체 #학급특색활동 #창의적 학급 문화

23초등세종 22초등서울 22초등평가원 21초등대구 21초등세종 21중등충북 20초등세종 19중등경기
18초등서울 18초등강원 18중등경기 17초등경기

Q

지난해 담임교사를 하면서 담임 반 아이들이 너무 단합되지 않아 힘들었습니다. 연말 합창대회 때에는 연습에 참여하지 않는 아이들 때문에 학생 간에 싸움도 일어났었지요. 올해는 조금 더 학급 학생들과 즐겁고 행복하게 단합하는 시간을 가져보고 싶습니다. 어떻게 하면 학생들이 서로 함께하는 학급을 만들 수 있을까요?

A 학급 단합대회와 특색활동을 통해 소통과 단합을 도모해 보세요.

각기 다른 성향을 지닌 학생들이 '학급'이라는 이름으로 한 공간에 모이게 됐으니, 여러 가지 갈등이 생기는 것은 어찌 보면 당연합니다. 모두가 같은 애정의 크기를 갖고 학급 생활에 임하는 것이 아니기도 하고요. 물론 과도하게 공동체주의를 강조하다가 학생 개인의 개성 발휘와 창의성 함양에 제약을 가해서도 안 될 것입니다.

그러나 학생들은 학교에서 사회를 경험하고 공부해야 합니다. 또래 집단과의 사회화 과정을 통해 공동체 의식을 함양하고, '세상은 혼자서는

살아갈 수 없다'는 것을 배우게 되지요. 노리나 허츠(Noreena Hertz)가 말했듯 학생들이 살아갈 미래 시대는 초연결의 발전이 극에 달함으로써 역설적으로 달성하게 된 '고립의 시대', '외로운 세기'라고 할 수 있습니다. 이런 시대일수록 학생들에게는 ▷경험하지 못한 세계와 타자의 삶을 이해하고자 노력하기 ▷소외된 약자를 보살필 줄 알기 ▷흩어지지 않고 궁극적으로 함께하는 공평한 공동체를 구성하고자 노력하기 등의 역량을 함양하는 것이 중요합니다. 우리 학생들이 타인에 대한 공감으로 더불어 살아가도록 하는 것은 공교육의 의무이자 책임입니다.

한 그루의 나무들이 모여 울창한 숲을 만들어 가는 것처럼, 함께 있음의 공동체적 가치가 인간다운 세상을 지켜낼 수 있습니다. 우리의 학교는 더불어 숲으로 구성된 공동의 교육 생태계입니다. 온 나무가 온 마음으로 함께하는 것이 중요합니다. 담임교사는 우리 반 모든 학생들이 한 명도 소외되지 않도록 신경 써서 살피고 함께해야 합니다.

'학급 단합대회'라고 불리는 단합 활동을 운영하는 이유도 여기에 있습니다. 단합대회란 급우 간 단결력과 협동력, 친밀감을 키우기 위한 공동체 활동입니다. 학급 단합 행사가 성공적으로 개최·운영되기 위해서는 학생들이 주도적으로 프로그램을 기획하게 하는 것이 중요합니다. 이에 '학급 단합행사를 진행할 것'을 공지하고, 학생들에게 단합대회의 시기와 하고 싶은 것, 바라는 것 등을 학급회의를 통해 결정하도록 합니다. 저는 3월 주중 방과 후에 한 번, 여름방학 직전, 개학 후 3주 이내, 겨울방학 중 이렇게 4회 정도의 단합대회를 운영하는 편입니다. 어색함을 풀어내고 즐거운 추억을 남기기에 적기라고 생각되기 때문입니다. 학생들이 직접 다양한 프로그램을 운영하게 하는데 특히 이색 비빔밥을 만들어 먹거나 단체 게임하는 것을 참 좋아했습니다. 학급 야영, 단체 수요집회 참석도 즐겁고 의미 있었습니다. 단합대회가 잘 운영되면 학생들의 관계가 금세 돈독해지고 교사와의 관계도 크게 좋아집니다.

단합 행사를 운영할 때는 학생들과 교사의 안전에 만전을 기해야 합니다. 특히 삼겹살을 구워 먹거나 음식을 먹을 때에는 화재와 식중독 등에 대한 문제가 우려될 수 있어요. 학교에서 하는 야영이나 교외 체험 학습 역시 학생들의 안전을 계속해서 점검해야 합니다. 학급 단합 행사 운영 계획서를 세워 학년부장 및 학교장 결재를 맡아 두는 것도 필요합니다. 목적과 추진 방향, 세부 추진 계획과 준비물, 안전교육 실시 계획, 기대 효과 등을 작성한 세밀한 계획을 작성해 공문으로 시행하고, 관련 내용을 학부모에게도 미리 알려야 합니다.

 학급 단합대회 프로그램 예시

- **함께 식사하기**: 떡볶이나 피자 등 배달음식 시켜 먹기, 삼겹살 구워 먹기, 모둠별로 모둠원의 집에 놀러가서 파티하기, 모둠별 특색 김밥 만들어 먹기, 서로에게 말하지 않고 각자 가져온 재료로 비빔밥 만들어 먹기 등
- **함께 운동하기**: 피구나 축구, 농구, 배구 등 반별 대항전, 닭싸움, 공기놀이, 다양한 콘셉트의 코스프레 분장 대회, 담임쌤 배 온라인 게임 대회 등
- **함께 하기**: 보드게임, 학급 단합을 위한 단체 게임(수건돌리기, 마피아 게임, 보물찾기, 전주 듣고 노래 맞추기, 치킨 이름 맞추기, 도전 골든벨, 고요 속에 외침 등), 우리 학급 노래 제작해 플래시몹 영상 찍기, 학급 구호 담은 도미노 만들기, 체육대회 단체 응원 구성하기 등
- **함께 가기**: 3개 반이 연합해 한강 고수부지에서 행사 진행, 학급 야영 및 캠핑, 독서하는 밤, 단체 영화 · 연극 감상, 수요집회 참석 등 역사 답사, 단체 소풍과 여행 등

학부모에게 가정통신문을 보내 참가 동의서를 확보하는 것도 중요합니다. 세부 일정과 담임교사 연락처, 안전교육 노력 및 당일 행선지 등을 상세하게 작성한 가정통신문과 동의서를 전달해 학부모의 자필 서명을 받아두는 것입니다. 당연히 학생에게도 동의를 구해야겠지요.

되도록 모든 학급 학생들이 참여하도록 노력해야 합니다. 단합 행사에 참여하지 않아 소외되는 학생이 발생할 수도 있기 때문입니다. 학부모와 학생의 동의를 얻지 못했다면, 왜 단합 행사에 참여하지 못하는지 그 이유를 파악하고 필요하다면 설득하는 상담을 진행하는 것이 좋습니다. 최대한 안전에 문제없게 교사가 최선을 다하겠다는 의지를 충분히 전달한다면, 대부분의 학부모는 학생의 참여를 허락할 것입니다. 아울러 단합 행사를 위한 학부모와의 소통 창구를 개설해 행사가 진행되는 중에 학생들 모습을 실시간으로 전하는 것도 좋습니다.

'학급 특색활동'을 활용하는 것도 학생들의 단합과 소통의 증진에 도움이 됩니다. 학급 특색활동은 다른 학급에서는 하지 않는 우리 학급만의 특징적인 활동이기에 학급에 대한 소속감을 제고할 수 있습니다. 또한 특색활동을 학생들이 직접 기획하고 운영하도록 함으로써 학생들의 창의력이나 주도성을 신장하기에도 좋습니다. 성공적인 특색활동 수행으로 인해 개개인에게 성취감이 축적되며, 다른 학급에서는 하지 않는 활동을 우리가 함께 해냈다는 것에 학급에 대한 애정이 쌓이기도 합니다.

학급 특색활동을 학교의 특색 사업과 연계해 운영하는 것도 좋습니다. 각 학교는 자체 교육 목표에 따라 특색 사업을 시행해 학생들이 다양한 경험을 할 수 있도록 독려하고 있습니다. 만약 뮤지컬 학교가 학교의 특색 사업이라면 학년 초 학급 교육과정 구성 때부터 소품팀, 공연팀, 조명팀 등을 구성하고 1년 단위 계획을 세워 운영하는 것입니다. 교과와 연계한 학급 특색활동도 가능합니다. 인터넷을 통해 다양한 학급 특색활동 사례들을 검색할 수 있으니 이를 활용하거나 해 보고 싶은 특색활동을 직접 구상해 보는 것도 추천합니다.

 교과와 연계한 학급 특색활동 사례

- **국어**: 자신의 경험 사례를 쓰고 들려주는 '사람책 활동'
- **영어**: 영어 콘텐츠를 따라 읽어 녹음한 것을 공유하는 '일단 말하는 영어'
- **수학**: 수학 관련 책을 읽고 나누는 '수학 독서 교육'
- **사회**: 뉴스를 보고 이에 대한 소감을 기록해 나누는 '학급 뉴스 쇼'
- **과학**: 농사 키트를 구입해 1년간 꾸준히 농사를 짓는 '학급 농사 체험'
- **음악**: 인기 차트에 없는 숨은 명곡을 소개하는 '나만 아는 노래 차트'
- **미술**: 주변 사물을 3분 동안 따라 그려보는 '3분 드로잉 클럽'
- **체육**: 저글링 공의 개수를 점차 늘려가는 '나도 서커스'
- **외국어**: 자막 없이 외국어 영화를 보고 내용을 공유하는 '원어 영화관'
- **기술·가정**: 하루에 하나씩 작은 것을 만들어 보는 '1데이 1메이킹'
- **진로**: 특별하고 다양한 직업을 찾아 소개하는 '세상에 이런 직업이'

저는 학년 초 '사회 실천기획부'를 기획해 1년 치 학급 특색활동을 계획하고 운영하는데요. 이는 사회를 바꿔 나가는 소소한 실천, 즉 각종 캠페인 활동을 기획하는 부서라고 볼 수 있습니다. 교사는 캠페인의 주제, 목적, 기획, 운영 방식과 후속 활동 모두 학생들이 직접 구성할 수 있도록 지원해 줍니다. 예컨대 글이나 카드뉴스를 제작해 SNS에 올리는 것도 사회 실천에 해당합니다. 본인들이 해시태그를 만들어 다른 사람들에게 의미 있는 활동을 이어가게 하는 릴레이 캠페인 활동도 가능합니다. 4·16

세월호 리본을 직접 제작해 나눔하거나, 패널에 관련 내용을 그림으로 그려 알리는 전시 활동도 할 수 있습니다. 학생들은 매달 자신의 작은 행동으로 사회를 개선해 나간다는 생각에 자부심을 느끼고 자존감도 높아집니다. 학급 특색활동을 통해 단합과 창의력, 소통과 협력 역량을 제고할 뿐만 아니라, 실제적인 민주시민교육을 구현하는 것입니다.

예시자료 학급 특색활동을 활용한 민주시민교육 방안

시기	관련 역사적(사회적) 사건 및 캠페인 주요 주제	기획단 구성 및 진행 주도
3월	여성 인권의 날(3. 8.)	교사
	학급 민주주의에 대해 알아보기	교사
4월	제주 4·3사건 기림 활동	학급자치부
	4·16 세월호, 학교에서 기억하기	행사기획부
5월	5·15 자랑스러운 한글 캠페인	학업역량증진부
	5·18 광주민주화운동 잊지 않기	사회실천기획부
	등굣길 캠페인 활동 (예 학생 인권과 교사 인권: 말로 상처 주고받는 학교 공동체?)	전체 학급 함께 진행
6월	환경의 날 맞이 캠페인	환경복지부
	6월항쟁	학업역량증진부
	6·25 평화 인권 캠페인	행사기획부
7월	7·17 자랑스러운 헌법 이야기	학급자치부
8월	8·15 광복절 기념 캠페인	전체 학급 함께 진행
9월	'한가위만 같아라' 추석 함께하기	환경복지부
10월	일본군'위안부' 수요집회 참석 및 운영하기	사회실천기획부
11월	학생의 날 맞이 학교 인권 캠페인	전체 학급 함께 진행

059

다문화 인식 개선을 위한 다문화 교육

#다문화 교육 #상호문화교육 #다문화 인식 개선 #다문화 학생

23초등대구 22초등서울 22중등충북 21초등강원 21중등인천 21비교과경기 19중등강원 19비교과서울
19중등인천 18중등강원 18중등평가원 17초등강원

Q

제가 발령받은 학교는 외국인 노동자가 많이 거주하는 지역에 위치하고 있습니다. 그래서 전교생 중 약 10% 정도의 학생들이 다문화 가정의 학생입니다. 특히 부모님 두 분 모두 외국 국적인 경우에는, 학부모와의 상담이 거의 불가능할 때도 있습니다. 다문화 학생이 학급에 잘 적응할 수 있게 하려면 어떤 노력이 필요할까요?

A 핵심은 선입견 없는 개인적인 '소통'에 기반한 교육입니다.

국제결혼 비율이 높아지면서 다문화 가정이 많아지고 다문화 학생도 증가하고 있습니다. 국가교육통계센터 자료에 따르면 2021년 기준 다문화 학생은 16만 56명으로, 국내 전체 학생 중 3%를 차지하고 있다고 합니다. 교육부의 다문화 교육 관련 정책이 수립된 것은 지난 2006년부터인데, 그때보다 다문화 학생 수가 16배 증가하게 된 것입니다. 이에 따라 교육부와 지방자치단체 등에서 다문화 학생 지원책을 추진하고 있지만, 100명 중 1명 이상의 다문화 학생이 학업을 중단하고 있습니다. 다문화가 이미 각 학교급에서 널리 자리 잡게 됐음에도, 왜 다문화 학생의 학

업 중단율은 이렇게 높은 것일까요?

여성가족부의 조사에 따르면 다문화 학생이 학교생활에 어려움을 겪는 이유로는 '학교 공부가 어려워서'(63.6%)가 가장 많았습니다. 그리고 '친구들과 잘 어울리지 못해서'(53.5%), '한국어를 잘하지 못해서'(12.0%) 등이 뒤를 이었습니다. 한국어에 능숙하지 못한 중도 입국 학생들인 경우, 학업과 대인관계 모두에서 문제를 겪고 있는데요. 학급 내 학생이 이처럼 언어를 활용한 의사소통에 어려움을 느끼고 있다면, 이를 극복하는 것부터 시작해야 합니다. 학교에서 한국어 학급을 운영하고 있다면 도움을 받도록 하고, 학교에 설치돼 있지 않다면 학생과 학부모에게 필요를 물어, 특별 학급 개설이나 방과후교육, 마을 교사 요청 등의 방안을 알아보는 것이 좋습니다.

국내에서 태어난 다문화 학생이 많아지면서, 정작 학생은 한국어에 능숙하지만 부모가 한국어에 서툴어 학교 수업을 따라가기 어려워하는 경우도 많아지고 있습니다. 학업과 진로에 대한 가정 내 체계적 지원이 쉽지 않기 때문인데요. 이러한 친구들을 위해, 담임교사는 학생이 자신의 어려움을 편하게 털어놓고 소통할 수 있는 창구가 돼야 합니다. 또한 학교 차원과 교육청 차원, 지방자치단체 차원에서 운영하는 다문화 학생 지원 정책을 알아보고 학생과 학부모에게 상세하게 안내해 적절한 지원을 받을 수 있도록 합니다.

무엇보다 중요한 것은 교사를 포함한 학급 구성원들의 다문화 인식 개선입니다. 그를 위해서는 다문화 교육이 학급 전체를 대상으로 하는 다문화 수용 교육이 될 수 있어야 합니다. 즉, 다문화 학생을 특별한 존재로 인식하기보다는 동일한 학급의 일원으로 대하는 것이 필요합니다. 다문화 학생의 자존감을 높이기 위해, 학생의 강점을 발휘할 수 있는 기회를 제공하는 것도 필요합니다. 이때 특정 문화와 관련될 필요에 얽매이지 말고, 학생을 동일한 '개인'으로 대해 주세요. 학생이 잘하는 게임이 있다면, 이를 활용해 학급 친구들과 편하게 어울릴 수 있도록 한다든지, 노래를 잘하는 학생이라면 학급 내 장기자랑 행사를 마련해 끼를 뽐낼 수 있도록 하는 것입니다.

교육통계서비스(KESS)에서는 다문화 학생을 '국제결혼가정 자녀(친부모 중 한 명만 외국 국적)'와 '외국인 가정 자녀(친부모 둘 다 외국 국적)'으로 구분해 통계를 냅니다. 그러나 2020년 5월 19일부터 시행된 법률 제17281호 「다문화가족지원법」을 살펴보면 '결혼이민자'의 형태나, '국적 취득'의 형태에 따라 다양한 배경을 가진 다문화 가족이 있다는 것을 알 수 있습니다. 그리고 '다문화 학생'에만 초점을 맞춰 생각한다면 학생의 국적이 우리나라일 수도 있고, 아닐 수도 있습니다. 즉, 수많은 경우의 수로 조합된 다양한 다문화 가족이 있는 셈입니다.

이러한 관점에서, 협소한 인식으로 그간 다문화 학생과 다문화 교육을 바라봐 온 것은 아닌지 반성하게 됩니다. 다문화 학생에 대해 편견을 갖고 멀리하는 것은 적절하지 않지만, 그렇다고 무조건 이해하고 존중해야 한다는 시혜적 태도로 대하는 것도 경계해야 합니다. 이는 오히려 다문화 학생을 이질 집단으로 낙인찍고, 다른 학생들과 관계하고 소통하는 데 방해가 될 수 있습니다. 다문화 학생이라 다른 것이 아니라, 우리 반 모든 학생들은 전부 서로 다릅니다. 모두가 동등한 한 명의 개인으로 존중받으며 살아갈 수 있어야 합니다.

060

통합학급 담임, 참 어렵습니다

#통합학급 #특수학급 #개별화 교육 #특수교육 #모두를 위한 교육
21중등인천 20초등대구 19중등서울 18중등서울

Q

🧑 저희 반에는 통합학급 학생 A가 있습니다. 청각장애가 있어 자리도 맨 앞자리로 배치했는데 수업 시간마다 큰 소리를 내어 수업을 방해하는 경우가 많다고 합니다. 학급 학생들뿐만 아니라, 교과 선생님들도 통합수업에 거부감을 토로하는 실정입니다. 여기에 왜 A만 교실 청소에 참여하지 않는지에 대한 불만도 나오고 있는 상황입니다. 어떻게 하면 이 상황을 지혜롭게 해결할 수 있을까요?

A 특수학급 담임 선생님과 함께 고민해 보세요.

국가통계포털(KOSIS)에 따르면 2021년 기준 전국 등록장애인의 수는 2,644,700명입니다. 같은 국가통계포털의 2021년 추계인구수가 51,745,000명이니까, 대략 스무 명 중에 한 명이 장애인인 것입니다. 하지만 이런 장애인의 수에 비해, 학교는 '모두를 위한 교육'이라는 차원에서 근본적으로 놓치고 있는 것이 많습니다.

질문의 통합학급 학생으로 인한 문제를 해결하기 위해서는 우선 특수학급 담임교사와의 상담이 필요합니다. 즉, 장애 학생의 장애 정도가 어느 정도인지를 정확히 파악하고, 또 원 학급의 담임교사로서 교실에서 발생한 해당 갈등 상황을 어떻게 해결하는 것이 좋을지를 의논해야 합니다. 특수학급 교사는 장애 학생들과 관련해 다른 교사들과는 차원이 다른 정보와 경험을 지니고 있습니다. 따라서 꼭 특수학급 교사와 고민을 나누는 시간을 가져야 합니다.

다음으로 교과 선생님들과의 이야기가 필요합니다. 분명히 해야 할 것은 장애 학생도 학생이며, 교사는 당연하게 학생을 가르쳐야 할 의무가 있다는 것입니다. 장애 학생의 수업 참여는 선택의 문제가 아닙니다. 따라서 교과교사는 통합수업에 관련한 자신의 수업 상황을 솔직하게 평가하고, 미흡한 점을 교사 간 나눔과 공유를 통해 고민할 필요가 있습니다. 이 과정에서 특수학급 담임 선생님을 포함해, 전문가인 특수교사의 도움을 얻는 것도 필요합니다. 학교 전체에 장애 학생을 안전하게 품을 수 있는 든든한 풍토가 형성되도록 모두가 함께 노력하는 것이 중요합니다.

특히 보통 교과교사는 특수교사가 수립한 개별화 교육 계획에 따른 안내에 의존해 그것을 그대로 따라가는 면이 있습니다. 그러나 교과교사 역시 본인이 지닌 교과 전문성에 따라 학생 개별화 특수성에 따른 수업과 평가를 운영할 수 있어야 합니다. 따라서 특수교사 및 담임교사, 교과교사 모두는 수업 과정에 대한 협의를 진행하고, 각 교과의 성취기준과 수업 내용, 평가기준을 상세하게 공유하며, 개별 학생에게 맞춰진 교육이 제대로 이뤄질 수 있도록 노력해야 합니다.

청각장애 학생이 앞자리에 앉는 것에 대해 불편감을 느끼는 학생들이 있다면, 같은 반 학생들에게 왜 이러한 선택이 필요한지에 대해 설득하는 과정이 필요합니다. 그런데 그 전에 청각장애 학생에게 자리를 맨 앞자리로 배치하는 것을 원하는지를 물어보았는지요? 청소 시간에 청소 구역을 정하지 않은 이유는 무엇인가요? 만약 별다른 요청이나 이유 없이 장애 학생을 위한다는 이유로 해당 학생을 특별히 대우한 것이라면 교사의 편견이 작동한 것일 수도 있습니다.

따라서 특수교사와 긴밀히 연결해, 원 학급에서의 장애 학생의 교육 활동 정도를 결정하는 것이 필요합니다. 이때 중요한 것은 학생의 성장이라는 교육적 목적에 따라야 한다는 것입니다. 통합교육을 받는 장애 학생은 우리 반 학생으로서의 정체성을 지니고 있습니다. 만약 학급 내 1인 1역 활동을 운영하고 있다면, 장애 학생에게도 당연히 합당한 역할이 부여될 수 있어야 합니다.

또한 다양한 학급 단합 시간을 통해 사회적 관계를 형성하는 기회를 마련하는 것을 추천합니다. 이때 교사는 장애 학생과 비장애 학생 간의 다양한 상호작용을 충분히 지켜보면서 최대한 존중해 주는 태도가 중요합니다. 통합이란, 다양한 학생들 모두가 학교에서 동일한 주체로 함께 살아가는 것을 의미합니다. 따라서 장애 학생에 대한 학생들의 도움을 유도해 나가는 형태보다는, 학생들끼리 자연스럽게 협동하며 서로를 이해하고 있는 그대로의 모습으로 화합할 수 있도록 분위기를 형성하는 데 집중해야 합니다. 이 경우 역시 특수교사에게 별도의 조언을 구하고 함께 시간을 보낼 수 있다면, 더욱 의미 있게 진행할 수 있을 것입니다.

학교사용설명서

수업 활동 설명서

PART

06

061

교육과정에 기반한 수업과 평가 구성

#교육과정 재구성 #교수평기 일체화 #교사 교육과정 #역량 중심 교육과정

21초등강원 20초등강원 18중등경기 18중등세종

Q 학년 초 교육과정 운영 계획을 제출하라는 연구부의 메시지를 받았습니다. 이에 나름대로 교과 수업 내용을 교과서를 바탕으로 구조화해서 제출했는데, '교육과정에 기반해 수업을 진행해야 한다'는 답변을 받았습니다. 교육과정에 기반해 수업과 평가를 계획한다는 것은 어떤 의미인가요?

A 교육과정에 근거한 교사 교육과정 구성이 필요합니다.

교육 활동이 이뤄지기 위해서는 3가지 기본적인 요소가 필요합니다. 가르치는 사람, 배우는 사람, 그리고 교육 내용이 그것으로, 이는 교사와 학생 그리고 수업 및 평가 활동을 의미합니다. 이 3요소의 역동적인 상호작용이 교육적 가치가 실현되는 교육과정이라 할 수 있습니다. 교사, 학생, 수업은 각각 진공상태에서 독립적으로 구성되는 것이 아닙니다. 이 교육 요소들은 교육과정의 근간을 이루면서, 동시에 교육과정이 추구하는 가치를 실천합니다. 요컨대 교사의 수업 및 평가는 학생과의 상호작용 속에서 교육과정을 구현해 나가는 것이라 볼 수 있습니다.

이는 교육의 본질로 일컬어졌던 교육과정과 수업 평가의 일체화라는 용어를 떠올리게 합니다. 한동안 교육계 논의에서 주된 주제였던 교육과 정-수업-평가(-기록)의 일체화라는 용어는 '학생의 성장을 목표로, 교과 교육과정을 성취기준을 중심으로 재구성해, 학생 참여 중심 수업을 실천하고, 수업 활동의 과정을 관찰하고 평가하며, 그 평가 과정을 구체적이고 맥락적으로 기록하는 것'을 의미합니다.

본래 교육과정과 수업, 평가가 일체화돼야 한다는 아이디어는 교수·학습 내용과 평가 내용의 일치를 추구하면서 시작됐습니다. 예를 들어, 체육 시간 중 학생이 협동과 스포츠 정신에 대한 수업 활동으로 깃발 만들기, 공 주고받기, 농구공으로 친구와 체조 만들기를 통해 행복한 배움 활동에 참여했습니다. 그런데 수행평가는 농구공으로 하는 자유투 개수로 이뤄진 것이지요. 누구보다 성실하게 수업에 참여한 학생이지만, 자유투를 잘하지 못해 점수를 잘 받지 못했습니다. 이 경우 우리는 '배운 것'을 '평가'했다고 말할 수 있을까요? 평가는 수업에서의 배움이 제대로 이뤄졌는지를 확인하는 것입니다. 그러나 지금껏 우리의 수업과 평가는 괴리돼 운영된 경우가 많았지요. 이에 대한 문제의식에서 출발한 것이 '수업과 평가의 일체화'입니다.

앞서 톺았듯, 수업과 평가는 교육과정의 가치를 구현하는 작업입니다. 따라서 수업 내용은 교육과정에 명시된 '성취기준'에 근거해서 이뤄져야 합니다. 이로써 자연스럽게 교육과정과 수업, 평가가 일치돼야 한다는 데 이르렀습니다. 특히 여기에서의 교육과정은 '역량 중심 교육과정'을 뜻합니다. 역량은 미래 사회 시민으로서 성공적이고 행복한 삶을 살아가기 위해 필요한 핵심적인 능력으로, 지식·기능·태도·가치가 통합적으로 작용해 발현되는 능력을 말합니다.

　성취기준은 학생들이 해당 교과를 통해 배워야 할 내용과 이를 통해 수업 후에 할 수 있거나 할 수 있기를 기대하는 능력, 즉 역량을 결합해 나타낸 수업 활동의 기준입니다. 그러므로 성취기준에 근거한 수업은 관련된 '역량'을 달성할 수 있도록 구성됩니다. 다만 여기서 중요한 것은, 문서로서의 교육과정 그대로를 전달하는 형태가 돼서는 안 된다는 것입니다. 다양한 학생의 요구와 그들의 삶, 교사의 교육관 등을 고려해 수업은 다채롭게 구성될 수 있어야 합니다. 그리고 수업 활동 중에 성장한 역량을 평가하기 위해서는, 수업 중 학생을 관찰해 평가와 연계하는 '과정중심평가'를 시행해야 합니다.

　교육과정에 기반한 수업을 한다는 것은, 이처럼 교육과정 문서를 이해하고, 교사의 자율성과 전문성을 적극적으로 발휘해 교사 교육과정을 구성해 운영한다는 의미입니다. 성취기준에 입각하되, 이를 교육적 가치를 위해 재구성해, 학생들의 삶을 고려한 배움 중심의 수업을 구성하고, 이와 연계된 평가를 진행하도록 설계·운영하는 것입니다. 아울러 이렇게 교육이 이뤄져야 하는 궁극적인 목적은, 교육과정이 추구하는 가치이자 학생들의 삶을 위한 '역량'을 함양시키기 위함에 있습니다. 교육의 본질을 담고 있는 셈입니다. 교육과정 기반 수업, 교육과정-수업-평가의 일체화와 같은 개념은 한철 유행하는 교육 테마로 취급될 것이 아니라, 교사라면 당연히 추구해야 하는 교육의 목적입니다.

교육과정, 어떻게 재구성할 수 있을까?

#교사 교육과정 #2월 신학년 준비기간 #학교 교육과정 재구성 #교과별(학년별) 교육과정 재구성
22초등서울

Q

👩 2월 첫째 주, 길고 긴 임용 시험 기간이 마무리되고 합격의 기쁨을 누릴 수 있었습니다. 이에 따라 2월 중순경 발령지역과 근무학교가 발표됐고, 며칠 뒤 월요일부터 바로 출근하게 됐습니다. 교사가 2월에 이렇게 많은 날을 출근하는 줄은 전혀 몰랐지만, 새로운 선배 선생님들께 먼저 인사드리고 친해질 수 있는 기회가 돼 좋았습니다. 교감 선생님께서는 이 기간이 새 학년을 집중적으로 준비하기 위한 기간으로, 학교 교육과정과 교과 교육과정, 그리고 교사 교육과정을 구성하는 시간이라고 말씀하셨는데요. 학교 수준의 교육과정을 구성한다는 것은 어떤 의미일까요? 저는 무엇을 하면 되는 걸까요?

A 새 학년 집중 준비 기간은 학교 교육과정과 교과 교육과정, 교사 교육과정 구성이라는 주요한 작업을 하는 기간입니다.

2월은 교사들이 자신의 터를 확정하고, 앞으로의 1년과 3월의 새로움을 맞이하기 위해 준비에 매진하는 시간입니다. 이 기간에는 올해의 교육과정을 재구성하는 준비과정이 필요합니다. 교육과정 재구성이란 '국가교육과정을 바탕으로 교과 목표를 성취하도록 교육 내용을 시기, 지역, 학교, 학생 특성 등의 교육 여건을 고려해 재조직하는 것'을 말합니다. 여기에는 학교 수준, 학년·교과 수준, 교사 수준의 교육과정 구성 작업이 포함됩니다.

학교 교육과정 구성하기

학교의 교육과정을 구성하는 작업은 학교의 철학과 교육과정의 목적, 학생들에게 필요한 역량을 고민하는 것에서부터 시작합니다. 그리고 이를 바탕으로 학교의 비전(키워드, 가치, 덕목, 목적 등)을 정합니다. 예컨대 어느 중학교의 비전은 '배려와 협동'이며, 어느 초등학교의 목표 가치는 '마을·자율·창의' 등입니다. 이와 같은 학교의 비전은 교사 혼자서 정할 수 있는 것이 아닙니다. 실제로 최근 대부분의 학교는 2월 중 학교 교육과정을 세우기 위한 워크숍 활동을 운영하고 있으며, 학교 공동체 모두의 협의를 통해 교육과정 철학을 만들고 있습니다.

예시 자료 학교 교육과정 세우기 양식

우리 학교의 철학	교육과정의 목적	우리 학생들에게 필요한 역량

우리 학교 교육과정의 비전(키워드, 가치, 덕목, 목적 등)

학년·교과 교육과정 재구성하기

학교의 철학과 비전이 세워지면, 그에 따라 교과별·학년별·부서별로 학교 교육과정을 구성하게 됩니다. 보통 초등학교는 학년협의회를 통해 학년별 교육과정을 세우는 경우가 많고, 중등학교에서는 교과 협의회를 활용해 교과별로 수립하는 경우가 많습니다. 이때 '프로젝트 수업' 혹은 '융합 교육과정(융합 수업)' 등에 관한 논의가 이뤄집니다. 또한 창의적 체험활동 및 자유학년제 운영 등 배움 활동에 대한 일정과 계획에 대해서도 논의합니다. 이는 학교마다 다른 '학사 일정'에 의거해 교육과정 및 행사 일정을 계획하는 단계라 할 수 있습니다.

학년·교과 교육과정을 구성할 때는 반드시 '수업'과 연계된 '평가'가 함께 고민돼야 합니다. 특히 수행평가 및 지필평가에 대한 동 학년·동 교과 선생님 간의 합의는 매우 중요한 과정입니다. 왜 이 시기에 이 수업을 해야 하는지, 이러한 수업과 평가 활동을 통해 학생들에게 함양해 주고자 하는 역량은 무엇인지, 이 학년과 교과 교육의 교육적 가치는 무엇인지 등을 함께 고민해야 하기 때문입니다. 따라서 동 학년·동 교과 선생님과의 수업 및 평가, 나아가 교육 철학에 대한 깊이 있는 협의 활동이 이뤄질 수 있도록, 열린 마음으로 충분히 준비하고 노력하는 것이 필요합니다.

예시자료 교과별 교육과정 재구성 간단 양식

주차	단원	차시	성취기준	관련 비전	융합 교과	유형	비고
1	1	1-3		협력	미술	제1차 프로젝트수업	행사 연계
2		4-6					
3		7-10		배려	음악		
4							

교사 교육과정 구성하기

교과별·학년별 교육과정 재구성 작업을 바탕으로 교사 교육과정 구성 작업을 진행할 필요가 있습니다. 기존에 교사 수준의 교육과정 재구성이라 불렸던 교사 교육과정은 교사의 주체성과 전문성을 강조하는 취지에서 '교사 교육과정'이라는 개념으로 대체되고 있습니다.

경기도교육청의 정의에 의하면 교사 교육과정이란, "학생의 삶을 중심으로 국가, 지역, 학교 수준의 교육과정을 공동체성에 기반해 교사가 적극적으로 해석하고, 학생의 성장과 발달을 촉진하도록 편성·운영하는 교육과정"을 말합니다. 이는 법령에서 규정하는 문서 형태의 교육과정과 성취기준을 교실 수준에서 구성하는 작업으로, 교사의 교육과정 전문성이 발휘되는 영역입니다. 이러한 교사 교육과정을 구성하는 작업은 교사의 실천적 지식을 확장시키고 사회 변혁의 주체로서의 교사 전문성 함양을 독려할 수 있습니다. 아울러 교사 교육과정 개념의 대두는 학생에게 적합하고 그들의 성장을 지원하는 맞춤형 교육과정을 운영하기 위해, 교사의 학생 전문성과 교육과정 문해력이 중요하다는 이해와 연계됩니다. 결국 배움의 주체인 학생을 고려한 교육과정을 구성하기 위해서는 교사가 최종 교육과정의 결정·실행자이자 주체가 될 수 있어야 한다는 것입니다.

2월 새 학년 준비기간에는 교육과정 성취기준과 학교별·교과별·학년별 교육과정에 따른 수업 활동과 평가 활동에 대한 한 학기 교사 교육과정 구성 작업을 미리 시행해 두는 것을 추천합니다. 엑셀(Microsoft Excel)과 같은 문서 도구를 활용하면 교사 교육과정을 체계적으로 구성하는 데 도움이 됩니다. 이처럼 학년 시작 전에 한 학기 교사 교육과정을 구성해 두면 다음과 같은 장점이 있습니다.

- 수업 준비가 원활해집니다. 즉, 매 차시 내용을 미리 구상해 둔 상황이기 때문에 양질의 수업을 준비할 수 있습니다.
- 학생의 핵심역량을 함양하기 위한 체계적 교육과정 운영이 가능합니다.
- 학교 교육과정과 교과 교육과정, 학년 교육과정과의 연계성이 강화됩니다.
- '교육과정-배움중심수업-과정중심평가'의 선순환을 이룩할 수 있습니다.

물론 학교는 예측 불가능한 일들이 매일같이 일어나는 곳이기에, 준비해 둔 교사 교육과정대로 운영한다는 것은 정말 쉽지 않은 일입니다. 때문에 교사는 교육과정 문해력을 갖추고, 각종 사고와 사건에 유연하게 대처할 수 있는 능력을 길러야 합니다.

예시 자료 **교사 교육과정 구성 간단 양식**

○○학년도 1학기(3~7월) ○○○ 선생님의 교사 교육과정

주차	단원	차시	성취기준	배움 내용	배움 평가	활동 유형		관련 비전	융합 교과	유형
1	1	1		모둠별 꿈발표	발표 평가	모둠	발표 활동	협력	미술	프로젝트
2		2			동료 평가					
3		3		꿈그림 전시회	동료 평가					
4					관찰 평가					

063

제 수업이 마치 원맨쇼 같다고 합니다

#수업 성장 #수업 성찰 #학생중심수업 #수업 구조화 #수업 나눔

23중등세종 17중등평가원 17비교과평가원

Q

저는 평소에 수업 욕심이 대단하다는 주변의 평가를 받을 정도로, '어떻게 하면 수업을 잘할 수 있을까?', '어떻게 하면 전달력을 키울 수 있을까?'를 늘 고민하며 수업에 신경을 쓰고 있습니다. 또 수업을 하기 전에는 인터넷 강사의 강의도 수강하면서 재미있는 수업 진행을 위해 꽤 노력하고 있는데요. 그런데 이번 교원능력개발평가를 보니 '선생님 수업은 쇼 같다', '질문을 받아주지 않는다', '혼자만 수업을 진행한다'는 비판적인 평가가 많았습니다. 평가 내용을 보고 나니 솔직히 좀 허탈합니다. 과연 어떤 부분이 부족했던 걸까요?

A 수업과 '강의'는 다릅니다. 학생중심수업을 시작해 보세요.

나름대로 열심히 준비했는데 학생의 평가가 좋지 않으면 허탈하지요. 이러한 학생의 평가를 그저 불평불만으로 여기는 것이 아니라, 자기 수업의 성찰 기회로 삼고 부족한 부분이 무엇이었는지를 숙고하는 선생님의 태도는 매우 바람직합니다. 교사 성장은 이러한 성찰적 태도에서부터 시작될 수 있습니다.

수업 활동에 있어 교사들은 가끔 자아도취에 빠질 때가 있습니다. 설명이 아주 매끄럽게 잘 흘러갔던 날, 나의 '가르침'이 완벽했다고 느껴지는 그런 날에 말입니다. 그런데 그 수업은 의외로 아이들의 배움과 의미 있는 성장을 끌어내는 데에는 미흡했던, 좋지 못한 수업이었을 수도 있습니다. 교사의 '가르침' 그 자체로는 '수업'이 완성될 수 없습니다. 수업에서 중요한 것은 학생의 '배움'으로, 그 배움이 의미 있게 나타나지 못했다면 학생들의 표현대로 선생님만의 원맨쇼처럼 보일 수도 있지요. 선생님은 분명 '강의력'이 출중한 교사일 것입니다. 하지만 학교에서 이뤄져야 하는 것은 강의가 아니라, '수업'입니다. 그러면, 어떻게 해야 교사와 학생이 함께하는 수업을 운영할 수 있을까요?

　먼저 학생의 질문과 그에 대한 답을 바탕으로 수업을 구성해 보세요. 학생중심수업은 학생의 자발적인 배움에 기초할 수 있어야 합니다. 수업에서 다뤄지는 지식은 고정 불변된 것이 아니며, 학생들의 개인적 삶의 경험과 사회적인 상호작용을 통해 구성되는 것입니다. 동기유발 단계에서 간단한 짝토론을 시행해도 좋고, 하브루타식 수업을 활용해 학생들이 서로에게 질문을 던지고 답변을 하는 시간도 마련해 보세요. 학생들이 주도해 학습 목표를 정하게 해도 좋습니다. 적절한 동기유발 단계를 설정한 뒤, 오늘 배워야 할 내용을 자연스럽게 추출할 수 있도록 말입니다.

　물론 '내용 설명'식의 강의가 필요한 내용도 존재합니다. 그때는 간단히 교사가 강의를 진행하고, 이를 적용하는 '활동' 단계를 설정해 주세요. 학생중심수업은 '배움' 과정과 '나눔' 과정으로 구성돼야 합니다. 배움 과정은 자신만의 지식을 만드는 과정이며, 나눔 과정은 학생과 학생 간, 학생과 교사 간의 소통을 통해 함께 나누는 것입니다. 그러므로 이때 적용을 위한 활동은 '모둠'으로 구성하는 것을 추천합니다. 만약 모둠이 아니더라도 발표와 토론, 짝꿍과의 협력처럼 학생 간 상호작용이 일어날 수 있는 장치가 필요합니다. 이렇게 학생 활동을 점차 확대해 가는 방향으로 수업을 구조화하다 보면, 학생들 역시 수업에서의 자기 역할을 찾아 나갈 수 있을 것입니다.

이때 반드시 자신의 수업을 동료교사에게 공개하고 성찰과 나눔의 단계를 경험할 것을 추천합니다. 이렇게 하면 교사 혼자 수업을 운영할 때는 미처 보지 못했던 것들이 보이게 됩니다. 수업 공개 시 다른 교사들은 교사의 교수 행위를 보는 것이 아니라 학생들의 배움 과정을 살펴야 합니다. 아이들의 배움 과정에서 무엇이 부족했는지, 앞으로의 수업 성장을 위해서는 어떤 부분을 신경 써야 하는지를 함께 이야기하고 보완해 가는 것입니다. 동료교사와의 소통과 협업을 통해 수업을 성장시켜 나가는 것이 필요합니다.

아울러 수업 성장을 위해서는, 본인이 지닌 장점을 명확히 파악해 적재적소에 활용할 줄 아는 것도 중요합니다. 강의력이 출중하다는 것은 전달력이 좋다는 이야기이며, 수업 계획 능력도 뛰어나다는 것으로 해석될 수 있습니다. 이것은 가르치는 위치에 서 있는 교사에게 있어 매우 큰 재능입니다. 강점을 가진 부분을 키우되 단점은 보완하면서, 강의가 아닌 '수업력'을 성장시키기 위한 도전을 멈추지 않으시길 바랍니다.

064

수업 중 학생 참여를 높이는 방법

#동기유발 #학생중심수업 #학생 참여 #배움중심수업

23초등평가원 22초등경기 18초등강원

Q

🙍 하루하루 새로운 생활에 적응하기도 벅찬 신규교사입니다. 교과서 내용을 소화하기조차 어려워 강의식 수업을 겨우 하고 있는데요. 아이들이 너무 지루해 하고 조는 경우가 많아 상처를 받습니다. 저 나름대로는 잠도 줄여 가며 열심히 준비하고 있는데, 이러한 상황을 보고 있자니 마음이 좋지 않습니다. 각 반 교과부장들에게 넌지시 물어봤는데, 아이들은 다음과 같은 불만들을 가지고 있더라고요. 어떻게 하면 제 수업을 개선할 수 있을까요?

- 수업 시작할 때마다 너무 산만해. 애들도 각자 자기 얘기하고. 집중이 안 돼.
- 그 선생님 수업은 너무 지루해. 혼자 엄청 얘기하시는데 솔직히 뭐라고 하는지도 모르겠어, 뭘 배웠는지도 모르겠고.
- 교과서도 봐야 하고, 학습지도 풀어야 하고, PPT도 봐야하고. 바쁘긴 진짜 바쁜데 남는 게 없어.
- 평가는 맨날 논술평가야. 글쓰기 정말 지겨워.

A 학생 참여를 독려하고, 배움중심수업을 실천해 보세요.

수업 성장을 위한 도전을 응원합니다. 일반 직장에서 프레젠테이션 한 번을 맡아 하더라도, 긴장감 속에서 준비해야 하잖아요. 그 어려운 것을 매일같이 몇 시간씩 해내면서 학생들 반응도 살펴야 하니, 어려울 수밖에요. 심지어 우리가 지향해야 할 '수업'은 온전히 발표자의 몫일 발표와는 다릅니다. 발표자는 발표의 내용을 숙지하고 이를 효율적으로 전달하는 것이 주된 목적이지만, 수업은 정해진 지식을 전달하는 것을 넘어 아이들이 자신의 배움을 조직해 나갈 수 있도록 돕는 일이기 때문입니다. 교사가 계획할 때 이상으로 삼았던 방향으로 쉬이 전개되지 않는 것은 어찌 보면 당연합니다.

❶ 수업을 시작할 때마다 '너무 산만하다'는 이야기는, 수업의 시작 지점부터 교사가 교실 수업을 장악하지 못했음을 의미합니다. 수업에서 가장 중요한 것은 바로 수업의 시작을 담당하는 '도입'입니다. 이는 수업 분위기를 조성하고 교실 환경을 정비하는 것에서부터 시작해, 주의를 환기하고 학습에의 집중을 유도하는 단계입니다. 이때 침묵이나 큰 소리의 인사, 구호 등을 활용해 수업의 시작 지점을 명확하게 하는 것이 좋습니다.

또한 학생들의 학습 동기를 유발해 학습 의욕을 고취시키는 것이 필요합니다. 적절한 동기를 부여받은 학생들은 수업에 흥미를 갖고 몰입하게 됩니다. 이에 따라 자연스레 산만한 교실 환경은 점차 정비될 수 있습니다. 스토리텔링이나 다양한 발문, 학생의 삶에 친숙한 일화, 시사 이슈, 드라마, 다큐멘터리, 뉴스 등 다양한 자료와 연계해 수업 활동에 대한 흥미를 이끌어냄으로써 학생의 참여를 독려할 수 있어야 합니다.

❷ '뭐라고 하는지 모르겠다'는 반응에 관해서는, 학생 수준을 고려해 수업 난이도를 조정하고 그날의 수업 목표를 확고하게 하는 데서

실마리를 찾을 수 있습니다. 그런데 이러한 반응은 수업의 설계부터 잘못됐음을 시사합니다. 학생들에게 배움이 일어나지 못한 수업이 됐기 때문입니다. 교사는 수업을 구성할 때 학생 수준에 적합하게끔 운영할 수 있어야 합니다. 가르칠 내용의 난도를 확인해 학생들이 너무 어려워할 듯한 내용은 학생 수준에 맞게 변용하거나 덜어내는 것이 필요합니다.

이때 준거는 교과의 목표와 내용, 교육과정 성취기준입니다. 단원의 큰 맥락을 살피고 전체 차시를 설정한 뒤, 차시에 따른 주요 학습 내용과 학습 목표를 설정합니다. 이때 배움 철학과 성취기준, 핵심역량을 유기적으로 연계하는 것이 필요합니다. 그리고 이에 근거해 차시별 학생중심수업을 설계합니다. 수업 주제를 선정할 때는 학생의 흥미와 수준을 전면적으로 고려합니다. 학습 주제와 내용은 학생들의 삶에 맥락화될 수 있어야 하고, 수업의 전 활동은 학생이 주도적으로 참여할 수 있도록 열려 있어야 합니다. 어느 누구도 소외되지 않도록 하며, 학생과 학생 간 소통과 협력을 통해 이뤄지도록 합니다.

❸ 아이들의 이러한 수업 주제와 활동을 구안하다 보면 자연스럽게 여러 수업자료가 필요한 내용과 방법 위주로 간결하게 정리될 수 있습니다. 교과서, 학습지, PPT 등 다양한 매체를 활용하는 것 자체가 나쁜 것은 아니지만, 수업 중 활용하는 매체가 적재적소에 활용되고 있는지를 검토해 볼 필요가 있습니다. 즉, 수업에서 전하고자 하는 바가 응집력 있게 전 수업에 걸쳐 구성·전달되고 있는지를 살펴볼 수 있어야 합니다.

❹ 마지막으로, 교육과정으로부터 시작해 학생 중심의 수업을 지향하도록 수업의 질을 제고하다 보면, 당연히 평가도 다양화될 수 있습니다. 수업과 연계된 수업 과정으로서의 평가를 진행할 수 있어야 하기 때문입니다. 예컨대 수업 중 이뤄지는 그림 그리기 활동을 관찰해 평가할 수도 있고, 학생 활동으로서의 글쓰기 내용을 평가할 수도 있습니다. UCC 제작, 토론·토의 활동, 모둠 발표 활동 등 모든 수업 과정이 평가의 대상이 됩니다.

중요한 것은 평가 내용에 대한 '피드백' 과정이 반드시 이뤄져야 한다는 것입니다. 교사와 동료의 피드백을 통해 학생은 이전보다 더욱 성장할 수 있습니다. 그리고 피드백을 거친 학생의 평가 자료를 재평가해 그 과정에 대한 성장도를 확인하는 성장중심평가가 이뤄져야 합니다.

수업은 교사 혼자서 일방적으로 만들어 가는 것이 아니라 교사와 학생, 학생과 학생 간의 의사소통을 바탕으로 삶과 유의미한 관계를 맺어 가는 과정입니다. 이때 교사는 학생의 잠재력을 신뢰하고, 진실한 마음으로 격려하고 지원하며 존중해야 합니다. 학생에게 새로운 학습과 도전의 기회를 제공하면서, 학생과 함께 배움을 빚어 나가는 동료이자 촉진자가 되는 것이 중요합니다. 선생님! 지금과 같은 마음으로, 학생들이 수업에 참여할 수 있는 기회를 충분히 부여해 보면 어떨까요? 학생의 적극적인 참여를 보장하고, 학생의 배움을 최우선으로 삼는 배움중심수업을 운영하다 보면, 분명 학생들은 선생님의 진심을 알아 줄 것입니다.

065

모둠 수업을 잘 운영하고 싶습니다

#모둠 수업 #모둠 활동 #모둠 구성 방법 #활동식 수업

23중등경기 20중등경기 18중등인천 18중등평가원

Q

기간제 경험이 전혀 없는 신규교사입니다. 수업도 아직 어렵고 벅차서 계속 일제식, 강의식으로 진행하다가 이번에 큰마음을 먹고 모둠 수업을 진행해 보고 있습니다. 그런데 아이들 반응이 그리 좋지 않습니다. '조용히 강의식으로만 수업을 진행해 주셨으면 좋겠다', '애들이 너무 시끄럽고 선생님 말도 이해가 안 간다', '참여하는 애들만 하고, 안 하는 애들은 점수만 그냥 얻어간다', '시험 때 돼서는 진도를 너무 빨리 나가서 힘들다'라는 비판들이 계속됐습니다. 저도 학생들에게 수업 시간이 배분되니 익숙해지기만 하면 좀 더 쉬워질 줄 알았는데, 솔직히 강의식 수업 때보다 배로 더 힘듭니다. 무엇이 부족했던 것일까요?

A 모둠 수업이야말로 교사의 치밀한 설계가 필요합니다.

일부 교사는 수업의 처음부터 끝까지 통제할 수 있는 강의식 수업을 선호하기도 합니다. 물론 강의식 수업이 나쁘다는 것은 아닙니다. 강의식은 오늘의 수업 내용을 명확하고도 효율적으로 전달할 수 있다는 큰 장점을 갖고 있습니다. 특정 교과, 단원, 학습 주제에는 강의식이 가장 적확한 수업 형태일 때도 있습니다.

다만 문제는, 강의식을 통한 '배움'은 수동적인 편이고, 나아가 그 배움이 잘 일어났는지 확인이 어렵다는 데에 있습니다. 학생 간 소통과 협업 장면이 구현되지 않아 공동체 의식 등 핵심역량 함양 교육이 이뤄지기 쉽지 않고, 무엇보다 움직임 없이 한 시간여를 교사 한 사람의 목소리에 집중한다는 것 자체가 쉽지 않지요. 특히 미래 사회와 같이 포용성과 시민성, 배려와 공감이 중요한 시대에는 타인과의 의사소통을 바탕으로 공동체 의식을 기르도록 하는 모둠 활동의 중요도가 높아지고 있습니다.

필요하다면 강의식과 모둠 활동식 수업을 병행하는 것을 추천합니다. 수업 초반 약 10~15분 정도는 강의식 수업으로 진행하고, 나머지 시간은 이를 나눔하고 심화하는 활동식으로 구성하는 것입니다. 물론 강의식 수업 또한 충분히 학생중심수업으로 운영하는 것이 중요합니다. 강의 중간 중간 학생들에게 끊임없이 발문하고, 이에 대해 아이들이 직접 추론해 대답할 기회를 제공하는 것입니다. 이때 발문은 아이들의 확산적 사고를 자극하며, 삶과 연계된 것이 좋습니다. 아울러 발문을 바탕으로 수업을 이끌어 갈 때 가장 중요한 것은 '피드백'입니다. 학생의 질문과 대답에 대한 교사와 동료의 적절한 피드백은 학생의 잠재력을 끌어내는 적절한 비계 역할을 할 것입니다.

모둠 활동 수업의 경우에도, 단계를 설정해 방금 강의에서 공부한 내용을 '적용'하는 형태에서부터 시작하는 것이 좋습니다. 현재 배운 것을 바로 확인할 수 있다는 점에서 학생들은 활동에 더욱 집중하게 되며, 그로 인해 수업에 흥미를 가질 수 있게 됩니다. 적용이 익숙해지면 '정리'하고 '심화'하는 단계로까지 발전시켜 봅니다.

모둠 활동 수업은 사실 강의식·일제식 수업보다 훨씬 치밀하고 계획적인 준비가 필요합니다. 모둠 수업과 관련된 수업 방식 오리엔테이션과 모둠 구성, 수업 규칙 마련이 활동에 앞서 선행돼야 하며, 모둠 활동 전개 장면에서는 공평한 참여 보장 및 배려와 존중의 교실을 만들기 위한 체계적 운영이 이뤄질 수 있어야 합니다. 모둠 수업을 계획하고 운영할 때는 협동 수업의 4가지 원리(긍정적 상호 의존, 개인적 책임, 동시다발적인 상호작용, 동등한 참여)가 잘 구현되고 있는지를 살피는 것이 중요합니다.

❶ 먼저 모둠 활동의 필요성에 대한 교사 스스로의 이해와 학생에 대한 설득이 필요합니다. 가장 효과적인 방식은 한 학기 모둠을 구성하기 전에 모둠 활동의 필요성을 직접 느낄 수 있는 오리엔테이션 수업을 진행하는 것입니다. 이때 '사회를 살아가는 데 필요한 역량은 무엇이며, 나는 어떠한 인재가 되고 싶은지'를 발표하게 합니다. 그러고 나서 현재의 학교교육은 그런 인재를 교육할 수 있는 곳인지, 아니라면 학교교육은 어떻게 변화돼야 하는지를 모둠 안에서 자유롭게 토의하도록 합니다. 단순히 시험 성적을 잘 받는 것이 중요한 것이 아니라, 사회를 살아가는 데 있어 공동체 의식과 협력·배려·소통의 역량이 필수적임을 아이들 스스로가 느끼게 하는 것이지요.

활동식 수업, 학생들이 서로 대화하는 수업의 중요성이 잘 나타난 동영상(예컨대 EBS 다큐멘터리 「왜 우리는 대학에 가는가」 5부 중 '말하는 공부방' 영상(https://youtu.be/ztQdsAhGzbs) 등)을 함께 시청하면서 학생 중심 활동이 필요한 이유, 소통하는 수업이 필요한 이유를 체감하도록 해 주는 것도 방법입니다. 매 수업 시에도 본시 수업 활동의 취지와 목적을 먼저 학생들에게 안내하는 것이 좋습니다. '왜 이 수업은 활동으로 이뤄지고 있는지', '활동 수업이 끝나면 어떤 역량을 성취할 수 있는지' 등의 학습 목표를 명확하게 제시해 주면, 학생들 역시 수업 활동 중 자신들의 행위를 주체적으로 점검할 수 있습니다.

❷ 모둠 구성에도 심혈을 기울이는 것이 필요합니다. 완전 무작위로 구성할 수도 있고, 친한 친구들끼리 모이게 해 구성할 수도 있습니다. 모둠장을 하고 싶은 친구에게 기회를 먼저 주고, 그 친구가 가장 함께하고픈 친구를 고른 뒤 나머지 인원은 랜덤으로 구성하는 방법도 있습니다. 또래 교수의 효과를 고려해 성적 차이를 고민해 모둠을 구성할 수도 있겠지요.

무엇보다 중요한 것은 학생들 간 관계에 기반한 모둠 구성입니다. 저는 각 학급의 부장이나 반장, 학급 담임 선생님께 모둠 활동 전에 모둠 구성에 문제가 없는지 꼭 확인을 받습니다. 특히 중등교사의 경우, 교과교사로서는 알기 어려운 학생 간의 미세한 갈등과 관계, 상황 등을 세밀하게 확인하는 것이 중요합니다. 아울러 늘 신경 써서 아이들 관계를 숙찰하는 태도가 필요합니다. 싸움이 잦은 친구들은 같은 모둠에 배정하지 않는 것이 좋으며, 이성 친구(커플)의 경우 웬만하면 최대한 멀리 떨어트려 놓는 것이 좋습니다. 헤어지기라도 하면 모둠 활동 수행에 큰 지장이 생기기 때문입니다.

❸ 모둠 내 역할을 정확하게 부여하는 것도 중요합니다. 모둠 내 역할로는 이끔이(리더), 기록이(모둠 활동지 기록), 발표자, 사회자(토론·토의 및 활동 진행), 도움이(활동 시간 체크, 활동 재료 등 챙겨오기) 등이 있습니다. 한 명 한 명 자신의 역할을 지니게 됐을 때, 아이들은 책무성을 부여받고 더욱 성실하게 임하게 됩니다.

모둠을 구성하는 여러 가지 방법

기본

- **인원**: 4인 1모둠 등 짝수로 구성합니다. 홀수일 경우에는 혼자서 겉돌 게 되는 학생이 발생할 수 있기 때문입니다.
- **집단의 성격**: 학습 편차를 줄이기 위한 이질 집단으로 구성(성적차등 집단, 이성 집단 등)하는 것이 좋습니다.
- **개인적인 책임 부여하기**: 무임승차를 방지하기 위해 꼭 필요합니다.
- **역할 지정하기**: 이끔이, 기록이, 칭찬이, 챙김이, 도움이, 타이머, 엉뚱 이, 깔끔이(정리) 등 모둠에서 필요한 역할을 지정해 활동 내용을 1/n로 분배합니다.

다양한 모둠 구성 방식

- 성적 중심, 성별 중심
- **성향 중심**: MBTI 및 성격검사 결과 활용. 학생이 생각하는 나의 역할 설문조사(리더십이 강한 학생은 모둠장을 원하고, 꼼꼼한 아이는 기록 이를 자처하는 경우가 많습니다.)
- **무작위**: 제비뽑기, 사다리 타기, 프리즘 카드, 그림 카드, 낱말 카드 등 활용
- **관계 중심(친밀도)**: 학생이 원하는 대로 모둠 구성하기(이 경우 소외 학 생 발생이 우려되므로, 보완책이 필요합니다.)
- 모둠장 자원 → 모둠장이 원하는 학생 1명 + 무작위 구성

❹ 모둠을 구성한 첫 시간, 반드시 해야 할 일이 있습니다. 모둠 활동 시 모두가 지켜야 할 규칙을 마련하는 것입니다. 규칙은 모둠 토의 활동을 통해 학생들과 함께 설정하는 것이 좋습니다. 모둠 규칙 생 성이 첫 모둠 활동인 셈입니다. 기회가 주어지면 학생들은 본인이 모둠 활동을 하면서 불편했던 경험을 떠올리는 등 생각보다 진지하 게 임합니다. 학생들은 모두가 배려하고 존중하는 수업 분위기 속

에서 누구나 균등하게 활동에 참여하기를 원합니다. 즉, 교사가 바라는 모둠 활동의 이상적인 모습을 학생들도 원하고 바랍니다. 모둠 활동이 잘 이뤄지지 않을 때의 피로감은 교사보다 학생들이 더 크게 느끼기 때문입니다. 또한 학생들은 스스로 정한 규칙에 책임감을 갖게 되면서 규칙 준수를 위해 더욱 노력하게 됩니다. 점수를 잘 받기 위해서가 아니라, 자신과 친구들을 위해 행동을 조심할 것을 다짐하게 되지요.

이때 규칙 중, '소통'에 관련된 규칙을 마련하는 것을 권장합니다. 모둠 활동을 운영하다 보면 간혹 학생 간 갈등이 일어나는 경우가 있습니다. 보통 의사소통에서의 오류나 독점, 타인의 감정을 고려하지 않는 발언 등에서 다툼이 발생합니다. 따라서 '한 명당 두 번 이상 발언할 것', '발표는 돌아가면서 할 것', '서로 존댓말로 이야기를 나눌 것' 등과 같이 소통에서 예의를 지키는 규칙을 고민하도록 하면, 조금 더 원활한 활동 운영이 가능해집니다.

또한 규칙을 지키지 않을 때 이를 정정할 수 있는 장치를 만들어 두는 것도 필요합니다. 예컨대 '수업이 너무 소란스러워질 때는 선생님이 종을 한 번 울립니다. 이때 모든 학생은 박수를 3번 치고 선생님에게 집중해 주세요.'와 같은 장치 등이 있습니다.

❺ 모둠 활동 중 발표를 하는 경우, 발표하지 않는 학생들이 발표 내용을 경청하고 그 내용을 공유할 수 있도록 '참관록' 등의 장치를 마련해 둬야 합니다. 활동 중 무임승차를 방지하기 위해서는 동료 간 상호평가 활동을 진행하는 것도 좋습니다. 무엇보다 중요한 것은 배려와 존중으로 모두가 적극적으로 임하도록 허용적인 활동 분위기를 조성하는 것입니다.

모둠 활동을 마무리할 때는 반드시 발표, 갤러리 워크(gallery walk), 패들렛 게시글 등을 통한 '공유'나 '나눔' 활동이 이뤄져야 합니다. 또한 혹시라도 특정 모둠의 결과물이 부족하게 산출됐을 경우, 절대 이를 한 학생의 탓으로 돌리지 않도록 끝까지 세심하게 살펴보는 것이 중요합니다. 서로 격려하고 배려할 수 있도록 포용적인 모둠 활동 분위기를 독려하고, 운영해야 합니다.

활동 수업을 진행하다 보면 평가의 대상이 되는 '진도'를 다 나가지 못하는 경우가 종종 있습니다. 이에 시험 기간을 코앞에 두고 빠르고 압축적으로 진도를 '빼고'는 하는데요. 이러한 행위는 수업의 질을 저하시키고, 학생의 시험 부담도 가중시키는 부정적인 결과를 낳게 됩니다.

따라서 학년 초 미리 성취기준을 중심으로 한 학기 교사 교육과정을 구성하고, 월간 계획·주별 계획·차시 계획을 세워 체계적으로 수업을 운영하는 것이 중요합니다. 물론 수업 운영 도중 얼마든지 변동이 생길 수 있습니다. 학교와 교실, 학생과 교사는 모두 살아 숨 쉬고 있으니까요. 이 때문에 때마다 점검하고 성찰해 다음 수업에 반영하는 것이 필요합니다. 매일 '수업 일지'를 작성해 수업 진도를 확인하고, 부족했던 점을 성찰할 수 있어야 합니다.

066

수업 중 배움이 느린 학생을 위한 개별화 교육

#개별화 교육 #피드백 #학습 부진 #문해력 #실질 문맹률

21중등세종 21비교과세종 20초등강원 20초등세종 20초등평가원 18초등평가원 18중등인천

Q

👩 수업을 진행하다 보니 한 학생이 자꾸 한 템포씩 늦다는 것을 알게 됐습니다. 학습 부진 학생이라고 하더라고요. 이 학생이 수업에서 소외되지 않도록 하려면 어떻게 해야 할까요?

A 배움의 격차를 그대로 둔다면, 이것은 차별이 됩니다.

학생 개인이 지닌 흥미와 소질, 적성, 학습 수준과 속도 등의 학습 실태를 진단하고 이에 따라 학생에게 적합한 교육이 이뤄져야 합니다. 그러나 학교 현장은 이 교육적으로 당연한 문장을 지금껏 실천하지 못했습니다. 이에 일제식 교육을 지양하고 개별 학습자의 환경과 맥락, 특성을 고려한 개별화 교육이 이뤄져야 한다는 인식이 널리 받아들여지고 있습니다.

개별화 교육이 이뤄지기 위해서는 개별 학생의 역량과 요구, 성취수준을 점검하고, 그에 따른 맞춤형 피드백을 제공해 저마다에게 적절한 성

장을 지원하는 것이 필요합니다. 수업과 평가에 대한 피드백이 중요한 것은 그 때문입니다. 오개념에 대한 교정, 수업 활동 중 보였던 성장의 내용, 심화학습의 필요 여부 등에 대한 다양한 피드백을 통해 학생 개인에게 최적화된 비계를 제공하는 것입니다. 최근에는 온라인 플랫폼이 발전하면서 학생 개개인에게 피드백을 제공하는 것이 용이해졌습니다. 온라인 카페를 운영해 학생 성취에 대한 개인 댓글, SNS를 활용한 채팅, 온라인으로 제출된 과제물에 대한 즉각적인 평가 등을 수업 이전과 수업 중은 물론이고 수업 이후에까지 지속적으로 제공하는 것이 중요합니다.

특히 배움이 느린 학생들은 더욱 신경 써서 살펴야 합니다. 결손가정, 생계형 맞벌이 가정, 다문화 가정, 학습 부진 학생, 특수학급 학생 등의 여러 이유로 학습 결손이 지속되면서 기초학력이 제대로 갖춰지지 않은 경우가 많지요. 우리 아이들이 약자이기 때문에 수업에서 차이가 생긴다면, 이것은 명백히 차별에 해당합니다.

❶ 우선 학생의 배움이 왜 느린지부터 확인해 볼 필요가 있습니다. 몇 해 전, 어느 온라인 커뮤니티에 3일을 왜 '사흘'이라고 쓰는지를 묻는 댓글이 올라오고, '사흘'이 실시간 검색어 1위에 오르는 일이 있었습니다. 국내 실질 문맹률이 75%에 육박한다는 보도도 있었지요. 우리 학생들의 현 실태일 수 있습니다. 학습 부진은 교과서 등의 글은 물론이고, 교사의 수업 내용을 잘 이해하지 못하는 데에서 발생합니다. 만약 기초적인 문해력이 부족해 학생의 학습 결손이 발생하는 것이라면 글을 정확하게 이해하고, 비판적·창의적으로 수업 내용을 분석할 수 있도록 문해력부터 키워줄 필요가 있습니다.

❷ 수업 중에는 배움이 느린 학생들을 배려하는 수업 활동을 진행해야 합니다. 보충 수업 자료나 어휘 설명 자료, 기초적인 배경지식을 이해할 수 있는 읽기 자료 등을 마련해 주는 것이 필요합니다. 또한 수업 중에는 또래 교수를 적극적으로 활용해, 모둠 내외의 배움이 느린 친구들을 도와줄 수 있도록 합니다. 모둠 내 역할을 배분할 때도 학생의 능력을 고려해 배치하는 것이 필요합니다.

❸ 배움이 느린 학생들을 전문적으로 지도하기 위해 연수에 참여하고 시도하는 교사의 노력도 필요합니다. 기초학력 정책이나 한글 문해력, 기초 수학, 학습 부진 상담 등 교사의 역량이 충분히 강화돼야 학생들을 현장에서 실질적·즉시적으로 지원할 수 있기 때문입니다.

❹ 학생들의 요구를 반영한 방과후수업을 개설하거나, 대학생 멘토링 사업·두드림학교·학습종합클리닉센터 등 해당 교육청의 기초학력 향상 사업과 연계해 학생에게 실질적으로 도움이 되는 프로그램을 운영·참여할 수 있도록 안내하는 것도 좋습니다. 각 교육청마다 시행하는 기초학력 향상 프로그램도 있으니, 시도 교육청 사이트에서 확인해 보시길 바랍니다.

장애 학생과 배움의 사각지대에 놓인 소외 학생, 학습 부진 학생 등에 대한 고려와 대책이 시급한 상황입니다. 각별히 신경 써서 지도하는 것도 당연히 중요하지만, 정책적·제도적 차원의 지원이 이뤄지는 것이 급선무입니다. 모든 학생은 배움의 기회를 공평하게 보장받을 수 있어야 합니다.

067

수업 운영을 방해하는 학생들

#수업 방해 #타임아웃 #수업 규칙 #교권 침해 #학습권 침해

23초등평가원 22중등충북 20초등인천 19중등평가원

Q

저희 반에는 유독 장난이 심한 2명의 아이가 있습니다. 이 아이들은 수업을 방해하는 행위를 지속적으로 일으켜 정신을 쏙 빼놓곤 합니다. 수업 때마다 이 아이들을 혼내다가 시간이 다 지나가기 일쑤인데요. 어제는 반장이 "그 친구들 지도하시다가 저희 반 진도도 못 나갈 것 같아요. 무시하고 수업해 주세요."라고 하더라고요. 아이들이 절 무시하는 것 같아 기분도 상하고, 마음이 좋지 않습니다. 어떻게 해야 할까요?

A 수업 방해에 대한 즉각적 대응과 더불어, 일관적인 규칙 적용이 중요합니다.

수업을 시시때때로 방해하는 학생들이 있다니, 마음이 상할 만합니다. 수업 중 친구들의 학습 행위를 방해하고 교사의 수업 운영에 차질을 빚는 '수업 방해' 행동은 꽤 많은 교실에서 일어납니다. 2014년 발표된 TALIS 조사에 따르면, 전체 교사 중 1/4에 달하는 선생님들이 학생들의 수업 방해 행위와 행정업무로 수업 시간의 30%를 빼앗긴다고 대답했습니다. 전국 교원 10명 중 6명은 하루 한 번 이상 학생들의 수업 방해,

욕설 등 문제 행동을 겪는다는 한 교원 단체의 조사 결과도 있었습니다. 선생님만의 이야기가 아닌, 교사들 모두가 겪고 있는 현실이기도 합니다.

수업 방해 행동은 교권을 침해하는 것뿐만 아니라, 다른 학생들의 학습권을 심히 침해할 수 있다는 데서 즉각적으로 바로 잡을 필요가 있습니다. 수업 방해 발생 시, 교사는 큰 소리나 긴 훈계보다는 단호하고 낮은 목소리로, 눈빛과 손짓 등을 활용해 주의를 주는 등 짧지만 명료한 방해 행동 중단 신호를 해당 학생이 느낄 수 있도록 조치해야 합니다. 이때 정해놓은 수업 규칙대로 일관성 있게 대처하는 것이 필요합니다. 적절한 대응에도 불구하고 지속적으로 수업을 방해한다면 수업을 마무리한 뒤 개별적으로 불러 상담을 진행하고, 수업을 방해한 이유나 어려움을 파악해 알맞은 조치를 취해야 합니다. 필요하다면 학부모 상담과 병행하거나 Wee클래스 상담의 자문을 구하는 것도 방법입니다.

선생님, 혹시 두 학생과 따로 이야기해 보았는지요? 수업 시간 중 혼내기만 하고 학생들과 따로 상담해 보지 않았다면, 학생들과 일대일로 개별 상담을 진행하는 것이 필요합니다. 수업 시간 중 다른 학생들 앞에서 하는 지도는 단기적이고 일시적인 효과를 볼 뿐, 학생 행동의 원인을 파악할 수 없어 재발할 가능성이 농후합니다. 학생들이 왜 수업 방해 행동을 일으키는지, 혹시 이 학생들이 수업에서 소외되고 있는 것은 아닌지, 친구들과의 관계 형성에 어려움을 겪고 있는 것은 아닌지 보다 면밀하게 학생의 상황을 살펴볼 필요가 있습니다. 또한 지속된 상담을 바탕으로 라포를 쌓고 긍정적인 관계를 형성하는 것도 중요합니다. 학생들은 나와 친밀해진 선생님에게 좋은 모습을 보이기 위해 노력하기 때문입니다.

수업을 방해하는 아이들을 지도할 때 특히 조심해야 할 것이 있습니다. 벌을 준다는 명목으로 교실 밖으로 내쫓아버리는 행위는 삼가야 한다는 것입니다. 이 경우 학생은 교사의 시야 밖에 놓이게 되며, 다른 친구들 앞에서 내려진 처벌에 모멸감과 수치심, 소외감을 느끼게 됩니다. 또 교사가 보지 못하는 교실 밖 공간에서 학생이 해서는 안 될 행동을 할 우려도 있습니다. 제가 근무했던 학교에서는 실제로, 계속된 수업 방해에 지쳤던 한 선생님이 학생을 교실 밖에 서 있도록 지도했다가, 아이가 학교 밖으로 무단이탈하는 아찔한 상황도 있었습니다. 만약 이때 학생에게 안전사고라도 발생했다면, 교사에게 그 책임을 물어 엄중한 문책이 이뤄질 수 있습니다.

그러므로 수업 활동에 대한 참여를 일정 시간 제외시키는 타임아웃(time out)을 실행할 때는, 교실 내부에서 조처하는 비배제 타임아웃을 활용하는 것이 좋습니다. 그러나 이 역시 시간이 너무 길어지면, 학생의 인권과 수업권을 침해하는 행위로 해석될 수 있으므로 충분한 숙고 후 조치하는 것이 필요합니다. 그렇다고 수업 중에 다른 학생들 앞에서 공개적으로 강경히 지적하는 것, 즉 혼내는 행위도 적절하지 않을 듯합니다. 해당 학생의 자존심에 상처를 내어 관계가 악화될 수 있으며, 교실 분위기가 얼어붙어 다른 학생들도 향후 수업에 소극적으로 참여하게 될 수 있습니다.

수업 방해 현상을 근본적으로 해결하기 위해서는, 학년 초 함께 정한 규칙에 따라 일관적으로 조처하는 것이 중요합니다. 즉, 방해 행위에 대한 대응보다는 그 이전에 예방해야 한다는 관점으로 다가서야 하는 것입니다. 수업 규칙을 설정할 때에는 처음에는 기본적인 규칙을 설정하고, 수업을 진행하면서 발생되는 다양한 상황을 고려해 규칙을 추가해 가도록 합니다. 이때 학생과 함께 규칙을 정하거나 새로운 규칙을 제안받는 것도 좋습니다. 수업 상황을 관할하는 민주적인 규칙과 질서는 교사의 말과 대응에 힘을 실어줘 수업 진행을 원활하게 하는 데 큰 도움이 됩니다. 혹시 설정한 규칙이 없다면, 지금이라도 규칙을 정하는 기회를 꼭 가져 보세요. 중요한 것은 일관적인 대응과 그 근거를 확보하는 것입니다.

만약 수업을 방해하는 학생들이 여러 명일 경우에는 교실과 수업, 학생과의 관계에서 교사가 지녀야 하는 기본적인 장악력이 부족한 것일 수도 있습니다. 교사의 권위가 떨어진 것은 아닌지, 자신의 생활지도 역량이 부족했던 것은 아닌지에 대한 고민도 필요합니다. 수업 중 돌발 상황과 문제 행동이 지속될수록 피해를 보는 것은 또 다른 우리의 학생들이기 때문입니다.

한편, 어느 해 한 초등학교에서는 학생이 수업 중 싸움을 말리는 교사에게 욕설을 퍼붓고 흉기로 위협하는 사건이 발생하기도 했습니다. 이에 대해 여러 교원 단체는 이것이 교사의 실질적 지도와 교육권이 무력화된 교실을 보여 주는 사건이라며, 교사의 교권과 학습권 보호를 위한 '생활지도법'의 필요성을 강력하게 주장했습니다.

최근 교사들은 학교에서의 일상적인 지도로도 아동학대 신고를 당하고, 다른 무고한 학생들이나 교사에게 피해를 입히는 학생에게도 적절히 대처할 수 없는 상황에 놓이는 경우가 많습니다. 이는 현행 법령의 미비함으로 인해 학교 현장과 교사들의 교육권·지도권, 나아가 학생들의 학습권이 계속해서 침해당하고 있음을 보여 주는 것입니다. 교사와 학생의 교육할 권리, 교육받을 권리를 제대로 보장하는 학교가 되기 위해 법적·제도적 보완이 시급한 상황입니다.

수업 방해 학생은 교실 붕괴를 초래하는 주원인이 되는 등 생각보다 그 문제가 심각합니다. 이에 핀란드에서는 수업 방해 학생에 대한 교내 지도 방법을 법령으로 규정하고 있습니다. 해당 법령 제26장 '지도(discipline)' 부분에서 학생의 수업 방해, 규율 위반, 부정행위, 숙제 불이행의 경우 교사가 취할 수 있는 지도 방식은 다음과 같습니다.

- 수업 방해, 학교 규율 위반 또는 부정행위를 할 경우 최장 2시간 동안 벌로 방과 후에 남게 하는 것(detention) 또는 서면 경고를 할 수 있음
- 위반이 심각하거나 경고 이후 잘못이 반복될 경우에는 최장 3개월의 정학 처분을 내릴 수 있음
- 학생이 수업을 방해할 경우 남은 수업 시간 동안 교실 밖으로 내보내거나 학교 행사에서 떠나도록 할 수 있음
- 학생의 폭력적인 행동이 다른 학생이나 교직원의 안전에 위험이 될 수 있을 경우 학생은 해당 일자의 학교교육 활동에 참여할 수 없음
- 숙제를 하지 않은 경우 방과 후 최장 1시간까지 교사 감독하에 남아 있도록 할 수 있음

출처: 교육정책네트워크 정보센터, 핀란드의 수업 방해 학생에 대한 교내 지도 방법

물론 핀란드의 교육과 우리나라의 교육은 그 배경과 사회문화적 맥락이 다릅니다. 핀란드의 교육 방안이 교육적으로 절대선이라고 평가할 수도 없습니다. 그러나 핀란드의 해결 방안은 분명히 우리 교육에 시사하는 바가 있습니다. 교사가 즉각적으로 취할 수 있는 조치를 법령으로 마련해 교권을 보호하고, 학생 개개인의 지원에 초점을 맞춘 개별화 교육 계획을 가능하게 하고 있기 때문입니다.

우리나라 학교 교실에서도 교사의 수업권과 다수 학생의 학습권이 보장될 수 있도록 '적절한 권한'이 부여되는 것이 필요할지도 모릅니다. 또한 문제 행동의 원인을 찾아 시간을 갖고 학생의 수업 적응을 지원하는 충분한 자원이 마련될 필요가 있습니다.

068

수업과 평가가 권위적이고 지루하다는 아이들

#권위적인 수업 #토론수업 #논술평가 #지식의 저주 #학생 중심 수업

23중등서울 20초등세종 20초등인천 20중등평가원 19중등인천 19중등평가원 17중등서울

Q

얼마 전, 학생들에게 '한 학기 수업 되돌아보기' 유인물을 배부하고, 수업에 관한 생각을 자유롭게 작성해 제출하도록 했습니다. 그런데 그 결과가 실로 충격이었습니다.

- 읽기자료에 한자도 많고, 분량도 너무 길어요. 지루해요.
- 수행평가가 많아서 다른 과목 수행평가랑 너무 겹쳐요.
- 왜 토론 수업을 하는지 모르겠어요. 매시간 싸우게 되는 것 같아요.
- 수업에서 배우지도 않은 내용으로 논술형 평가를 매일 보는 것이 힘들어요.

솔직히 저는 나름대로 수업을 잘하고 있다고 생각했습니다. 너무 쉬운 교육과정의 내용보다는 의미 있는 수업을 해 주고 싶어서 읽기자료를 풍부하게 준비했고 열심히 읽도록 했습니다. 이를 바탕으로 토론 수업도 진행했고요. 특히 대학원에서 공부하며 문해력을 길러 주는 수업이 필요하다고 느껴, 새로운 지문을 활용한 논술형 평가도 매시간 진행했습니다. 새로운 지문이었지만 '당연히 이쯤은 알겠지' 싶은 내용들이었는데, 학생들의 이러한 반응이 이해가 되질 않습니다. 도대체 전 무엇을 잘못하고 있었을까요?

A 수업은 '학생'을 위해 운영돼야 합니다.

철학자 키케로(Cicero)는 "수업에서 권위를 내세우면 배움을 힘들게 만든다."라고 했습니다. 교사 입장에서는 아이들이 더 많은 것을 알면 참 좋겠지만, 교육과정을 벗어나 이해하기 어려운 내용을 마주하는 학생들의 입장도 생각해 보아야 합니다. 특히 교육과정의 난이도를 판별하는 것은 교사의 몫이 아닙니다. 교육과정은 학생의 수준을 반영하고, 삶에 필요한 능력을 함양하도록 만들어진 것입니다. 교사의 교육과정 재구성 권한은 교육과정을 무시해도 되는 권한이 아닙니다. 그러므로 수업 중 활용되는 '읽기자료'는 교육과정의 범위 안에서 제공돼야 합니다. 만약 그 내용이 교육과정을 이해하는 데 도움이 되는 자료라면, 학생의 수준에 맞도록 성취기준을 중심으로 변형해 활용해야 합니다.

더군다나 우리 학생들은 학교에서 다양한 과목을 공부합니다. 최근 수행평가의 비율이 계속해서 높아지고 있는데요. 다른 과목과 수행평가 일이 겹쳐 아이들에게 부담을 주고 있다면, 반드시 시정될 필요가 있습니다. 학생들은 '평가' 그 자체에 큰 부담을 느낍니다. 과중한 수행평가는 본래의 도입 취지에도 맞지 않으며, 학생의 역량을 키워준다는 평가의 본 목적을 달성하기에도 부적절합니다. 따라서 학기 초 다른 과목 수행평가 일정을 확인해 학생들에게 의미 있는 배움이 일어날 수 있도록 평가 내용을 수정하는 것이 좋습니다.

토론 수업을 진행할 때는 학생들에게 사전에 토론 수업의 목적과 방법, 절차를 충분히 안내해야 합니다. 아이들이 토론 중에 싸우게 되는 것은 상대 토론자에 대한 예의를 지키지 못했기 때문입니다. '왜 이 수업에서 토론 수업이 필요한지', '토론 활동 이후 어떠한 목표를 달성해야 하는지', '토론에 임하는 자세와 토론 규칙은 무엇인지'에 대해 명확히 이해하고 수업을 전개해야 제대로 된 토론 수업을 진행할 수 있습니다. 또한 토론은 논리적인 말하기를 해야 하는 수업 형태이므로, 논거로 활용할 사전 지식도 갖추고 있어야 합니다. 이에 전시 수업 내용을 바탕으로 토론이 전개될 수 있도록 구성하는 것을 추천합니다.

특히 수업에서 배우지 않은 내용을 바탕으로 한 논술형 수행평가가 과연 수업의 목표, 교과의 목적 및 학생의 삶에 연관돼 있는 평가인지 꼭 점검해 보시길 바랍니다. 요즘 아이들은 문해력이 부족해 논술 수행평가를 매우 부담스러워합니다. 어려운 형식과 내용의 평가를 실시할 때는, 생각보다 더욱 치밀하고 체계적인 구조화가 선행돼야 해요. 수행평가가 학생들의 자존감을 떨어트리고 수업에 대한 흥미를 잃게 만든다면, 설계부터 잘못된 평가체제라고 할 수 있습니다. 수행평가는 학생이 자신만의 배움을 창조하고 조직하는 수행 과정을 높고 그 성장의 정도를 평가하기 위해 도입된 대안형 평가체제입니다. 그러므로 평가는 반드시 수업 과정과 연계된 과정중심평가로 운영돼야 합니다. 논술을 실시하더라도 학생의 수업과 연계해 수업 중에 실시하고, 아이들의 부담을 최소화할 수 있는 형태로 운영하는 것이 좋습니다.

생각보다 많은 교사들이 위와 같은 '지식의 저주(curse of knowledge)' 현상을 겪습니다. 지식의 저주는 자신이 알고 있는 지식을, 다른 사람도 알 것이라고 여기는 고정관념에서 비롯됩니다. 가르치는 교사가 자신의 수준에 기대어 학생의 수준을 예단하고, 그로 인해 학생과의 소통에 실패하게 되는 '저주'를 겪는다는 겁니다.

미국의 존경받는 교육 지도자이자 '교사들의 교사'로 불리는 파커 파머

(Parker J. Pamer)는 교사들이 그동안 교실이라는 공간을 여는 대신 자신의 지식으로 공간을 점령하라고 교육받아 왔음을 지적합니다. 그래서 교사들이 공간을 열고 나아가는 도중에 지식의 저주를 겪고, 신통치 못하게 가르치게 되며, 이로 인해 죄책감이 깊어지는 경험을 하게 된다는 것입니다. 파커 파머는 교사들의 이러한 죄책감을 상쇄하기 위해서는, 학습 공간을 개방하면서 교사 자신만의 뚜렷한 논리와 공간 개방을 유지하는 숙련된 솜씨를 기를 수 있도록 연찬해야 함을 이야기합니다. 또한 '지식'을 갖고 학생들을 압도하려고 하지 말고, 학생들이 자발적으로 협력하면서 그 '지식'들을 다루고 만질 수 있도록 독려하는 것이 교사의 역할이라고 주장했습니다.

교실 수업 속에서 주체의 무게를 따진다면, 가장 중요한 주체는 교사가 아니라 배움을 확장해 가는 학생들이어야 합니다. 수업의 목적은 선생님의 지식 자랑이 아니라, 학생들의 행복한 배움이기 때문입니다. 교사는 자신이 지식의 저주에 걸려 있는 것은 아닌지 끊임없이 검토할 수 있어야 합니다. 학생과 꾸준히 소통하면서 학생들이 어려워하는 부분이 무엇이었는지를 계속 살피고, 학생들의 눈높이에서 그들의 삶을 위한 배움의 기회를 제공할 수 있도록 끊임없는 노력을 기울여야 합니다.

 학생중심수업 운영을 위한 자료 모음 사이트, 툴로(toolo)

툴로(toolo, http://toolo.org)는 학교에서 디자인씽킹 기반 프로젝트 수업을 준비하는 교사들을 위해 설계된 서비스입니다. 이를 위해 참여형 수업에 필요한 다양한 기법과 수업 프로그램을 소개하고 있습니다. 특히 '툴 사전' 페이지에는 학생중심수업을 계획하고 구성하는 데 유용한 다양한 수업 방법이 상세하게 안내돼 있어 활용도가 높습니다.

069

독서교육의 필요성과 교육 방법

#독서교육 #문해력 #독서 토론 #온책읽기

20초등인천 20중등세종 19초등평가원 19중등경기 19비교과평가원

Q

중등 사회 교사입니다. 동 교과 선생님께서 '한 달에 한 권 읽기' 독서 수행평가를 하자고 하십니다. 제가 독서 토론 동아리를 운영하고 있다 보니, 저에게 제안을 하신 것 같습니다. 솔직히 독서교육이 필요하다고는 생각하며, 언젠가 해 보고 싶기도 합니다. 하지만 지금은 어떻게 해야 할지 잘 모르겠습니다. 독서 동아리의 지도교사를 맡고 있기는 하지만 제대로 운영할 자신도 사실 없습니다. 제가 확신이 없으니 아이들을 위한 교육 활동을 계획하는 것도 어렵네요. 독서교육은 왜 필요하며, 어떻게 해야 하는 건가요?

A 요즘 같은 시대에 독서교육은 필수입니다.

벨 훅스(Bell Hooks)는 "자신의 인생을 바꾼 변화는 모두 책 속에서 나왔다."라고 말했습니다. 루소(Rousseau)는 "독서란 오랜 세월 동안 축적된 인류의 경험을 배우는 것"이라 했지요. 명사들의 이야기를 빌어 '독서'의 중요성을 강조하는 데에는 이유가 있습니다. 학생들이 살아갈 제4차 산업혁명 시대가 필요로 하는 상상력과 의사소통능력, 공감능력, 협업능력 등을 키울 수 있는 교육 혁신이 필요하기 때문입니다. 창의적으로

생각하고, 주도적으로 실행하는 역량을 함양하기 위해서는 독서만큼 유용한 교육이 없습니다.

최근 학생들의 독서 활동이 성인이 돼서까지 이어지도록 일상의 학교 독서교육이 활성화돼야 한다는 목소리가 높아지고 있습니다. 특히 요즘 아이들, 흔히 디지털 세대라고 불리는 학생들의 사고력·문해력·표현력의 부족은 지속적으로 문제가 되고 있습니다. 이에 독서와 토론, 글쓰기를 연계해 나와 세상에 관심을 갖고 더불어 성장하며 함께 살아가는 시민을 교육하는 '체험과 공감 중심의 독서교육'이 각광을 받고 있지요.

그렇다면 학교에서의 독서교육 실태는 어떠할까요? 최근 초등학교에서는 도서를 활용한 수업 운영률이 높아지고 있지만, 중·고등학교에서는 그 비율이 낮은 편입니다. 그나마 중학교에서는 자유학년제의 주제 선택 활동 등에서 도서 활용 수업이 늘어나고 있지만, 고등학교에서는 독서교육이 따로 이뤄지는 경우가 드물지요. 대학 입시를 위해 독서 기록장을 적고 생활기록부용 독서 목록을 생성하고는 있지만, 마음으로 와닿는 독서를 하기에는 학생들에게 주어진 시간이 너무 부족합니다. 이런 상황에서 동료 선생님이 먼저 '독서 수업'을 제안했다니 기회라고 생각되지는 않은지요? 선생님도 평소 독서교육이 필요하다고 생각해 왔으니까, 한번 도전해 보는 것이 어떨까요?

독일의 대문호 괴테(Goethe)는 독서의 목적에는 2가지가 있는데, 하나는 즐겁게 기분 전환을 하기 위한 독서이고 다른 하나는 지식과 교양을 얻기 위한 독서라고 했습니다. 전자는 책을 읽는 동안에 기쁨이 있고, 후자는 독서가 끝난 뒤에 기쁨이 있다고 덧붙였습니다. 우리 학생들을 위한 독서교육은 어떤 목적으로 이뤄져야 할까요? 학생들이 읽으면서도 기쁘고, 끝나고 나서도 기뻐야 하지 않을까요? 그렇기 때문에 독서교육은 충분한 계획을 바탕으로 진행될 필요가 있습니다.

우선 주제에 적합한 도서를 선정하는 것이 중요합니다. 교사가 양질의 도서를 몇 권 추려서 학생들에게 제시하는 것도 좋고, 혹은 학생들이 주제와 관련된 도서를 직접 찾아보도록 하는 것도 괜찮습니다. 만약 독서 토론을 계획하고 있다면 전자와 같이 동일한 서적을 읽게 하는 것이 토론 내용이 훨씬 풍부해지는 경향이 있습니다. 후자의 방식은 첫 시간에 도서관에서 직접 학생들이 책을 탐색하는 것부터 시작하도록 해 독서 수업을 훨씬 활기차게 만들 수 있습니다.

독서는 교실에서 다 같이 하는 것이 이상적입니다. 정해진 시간을 확보해 학생들이 시간 내에 집중해 독서할 수 있도록 합니다. 수업 시간에 온전히 책을 함께 읽는 온독은 이미 교육과정에도 반영됐습니다. 「2015 개정 국어과 교육과정」의 중점 사항인 '한 학기 한 권 읽기'가 그것인데, 이것은 수업 시간에 책 한 권을 읽고, 생각을 나누고, 표현하는 수업 활동입니다.

책을 읽는 동안에는 각 차시마다 짧게 독서 기록지를 작성하도록 하는 것이 좋습니다. 매시간 읽은 부분의 페이지 수, 해당 부분의 줄거리, 느낀 점과 의문이 생기는 점 등을 작성케 합니다. 모든 책의 독서가 끝나면 반드시 '독후 활동'을 이어가야 합니다. 예를 들면, 독서 토론 활동이나 독서 감상문 작성 등이 있습니다. 독후 소감을 하나의 작품으로 표현하는 프로젝트 활동도 추천합니다.

독서 토론을 진행할 때에는 '삶과 연관된 질문'을 던져 아이들의 삶과 도서가 괴리되지 않도록 활용하는 것이 중요합니다. 자신의 생각을 부담 없이 나누고 표현하는 비경쟁 토론부터 시작해 보는 것을 추천합니다. 동아리를 운영할 때에는 독서 토론 활동을 기반으로 하되 도서와 관련된 영화를 함께 보고 이야기를 나누게 하거나, 도서의 작가를 초청해 인터뷰를 진행하거나, 독후 활동을 프로젝트로 운영하는 등 풍부한 활동을 추가해 알차게 운영할 것을 권장합니다.

독서교육은 통합·융합 수업이나 프로젝트를 실시할 때에도 유용합니다. 교육과정 시간 중 독서를 진행하고, 독후 소감을 시나 소설로 표현하는 국어 수업 활동과 북아트를 진행하는 미술 수업 활동이 가장 대표적인 융합 수업 사례입니다. 독서 내용을 바탕으로 작품을 제작해 전시하는 프로젝트 활동이나 대회를 운영하는 방법도 있습니다.

평가의 형태는 학생의 발달 정도에 따라 달라지겠지만, ▷논술형 ▷토의·토론 ▷제작 ▷프로젝트 활동 등 다양한 방법으로 이뤄질 수 있습니다. 책은 자유롭게 선택하되, 대주제는 제한하는 것이 좋습니다. 사회 교과라면 인권, 경제, 평화, 지리, 환경 등 다양한 사회적 주제를 두고 책을 선택하도록 하면 좋습니다. 독서하는 동안에는 매 차시마다 '독서 기록지'를 제공하는 것도 필요합니다. 이것은 그때 그때의 생각을 메모하며 독서를 할 수 있도록 도와줍니다. 또한 독서를 기반으로 한 과정중심, 성장중심평가를 운영하는 것도 좋습니다. 학생들이 매 차시 작성한 독서기록지를 기반으로 한다든지, 독서 논술을 단계별로 운영한다든지와 같이 말입니다.

자료를 찾기가 어렵고 부담스러울 때에는, 독서교육과 관련된 전문적 학습공동체(교원학습공동체)에 참여해 필요한 정보를 공유하는 것도 방법입니다. 교사들이 책을 읽고 토론하는 학교 문화가 조성된다면, 독서를 기반으로 하는 수업 활동을 시행하기에도 매우 유용할 것입니다.

 다양한 독서교육 프로그램

독후 활동까지 포함할 수 있어야 의미 있는 독서교육이 될 수 있습니다. 독후 활동으로는 책의 내용 중 기억하고 싶은 글귀와 이유를 적게 하거나, 책의 내용을 바꿔보거나, 4컷 만화 등으로 인상 깊은 장면을 표현하게 하는 것 등이 있습니다. 이 외에도 독서 퀴즈 만들기, 마인드 맵 표현하기, 작가나 주인공에게 편지 쓰기, 도서 광고 만들기 등의 창의적 활동도 가능합니다.

1. 창체 수업의 하나로 실시한 온라인 북콘서트

패들렛의 '셀프' 형식을 이용해, 교내 모든 학생이 자신이 읽은 책의 표지와 내용 중 가장 인상 깊은 부분(문장)을 업로드하도록 합니다. 온라인 북콘서트 활동은 '좋아요'와 댓글 등을 통해 서로 피드백을 주고받을 수 있어 좋습니다.

2. 생태 인문 독서 마을결합형 현장 체험학습

마을과 생태와 관련된 독서 및 독후 활동을 진행하는 것입니다. 마을 생태와 관련 도서에 대한 독서 토론을 진행하고, 이를 바탕으로 생태를 주제로 한 시화를 창작하는 독후 활동을 진행하는 것 등이 포함됩니다. 소규모 학생 체험학습과 연계해 학생들이 주도적으로 활동을 계획하는 것도 좋습니다. 독서교육 이전에 마을 수목원을 탐방하거나 독후 활동을 학생들 스스로 구성해 보는 것입니다.

070

제시간에 산출물을 제출하지 못한 학생 평가

#과정중심평가 #성장중심평가 #학생의 성장 #평가의 취지 #개별화 평가

22초등세종 22중등세종 21중등경기 20중등강원 19초등경기 19중등세종
18중등평가원 18중등인천 17초등세종

Q

얼마 전, 야심차게 준비한 프로젝트형 수행평가를 진행했습니다. 수업 전 왜 교사들이 이 평가를 진행하게 됐는지 평가 의도도 열심히 설명하고, 미리 학생들에게 평가 기준도 공지했습니다. 총 5차시에 걸친 과정중심평가였는데요. 학생들에게 5차시 동안 수행한 결과물을 이동식 기억장치(USB)에 담아 마지막 차시 수업 종료 전에 제출하도록 했습니다. 그런데 매시간 누구보다 열심히 참여해 왔던 한 학생이 5차시 수업 종료 직전 USB가 고장이 나서 제시간에 결과물을 제출하지 못하게 됐습니다. 동 교과 선생님께서는 앞선 4차시까지의 내용만으로 평가해야 한다고 하시는데, 저는 마음이 좋지 않습니다. 좋은 방법이 없을까요?

A 평가의 목적은 학생의 성장에 있습니다.

최근 평가의 패러다임이 전환되고 있습니다. 경쟁을 유도하고 서열화를 조장하는 선발적 평가관을 지양하고, 학생의 사고능력과 학습 과정, 다양한 방면으로의 개별적 성장을 중시하는 발달적 평가관을 지향하고 있지요. 이러한 평가관에서는 학생의 현재 상황보다는 앞으로의 발달 가능성과 잠재력에 대한 진단을 중시하며, 학생별로 도달 목표와 속도가

다를 수 있다는 것을 인정합니다. 이러한 관점에서 널리 수용되고 있는 평가 방식이 바로 성장중심평가와 과정중심평가입니다.

성장중심평가는 모든 학생이 성취기준에 도달할 수 있다는 신념을 전제로 합니다. 따라서 지금의 상태에서 혼자 해결하지 못하더라도 교사나 동료의 도움을 받아 해결해 갈 수 있는 기회를 부여하고, 추수 지도를 통해 학습을 지속적으로 성찰하고 개선해 나가도록 합니다. 평가 결과를 통해서는 자신이 무엇을 알게 되고, 할 수 있게 됐는지, 성장을 확인하게 됩니다.

과정중심평가는 평가와 수업을 분리하는 것이 아닌, 수업 자체가 평가가 되도록 해 학생의 배움을 돕고자 하는 평가 방식입니다. 수업 중에 이뤄지는 토의·토론, 발표, 프로젝트 등의 다양한 활동이 평가와 연동될 수 있도록 합니다. 따라서 교사는 학생의 학습 결과보다는 수업의 흐름과 과정 속에서 학생의 성장을 지속적으로 관찰하고 지속적인 변화를 확인할 수 있어야 합니다. 개별 피드백은 학생에게 가장 필요한 시기에 이뤄져야 하며, 효과적인 환류 과정을 통해 학생이 어느 지점에 와 있고, 어떤 방향으로 나아가야 할 것이며 목표에 도달하는 방법이 무엇인지를 함께 찾아가도록 합니다.

이러한 관점에서 5차시에 걸친 힘든 평가 기간 동안 누구보다 열심히 참여해 왔던 이 학생에게 평가 점수를 적게 주는 것이 정당한지 고민해 볼 필요가 있습니다. 교사는 매시간 학생의 성장 정도를 관찰하고 그 과정을 평가할 수 있어야 합니다. 교사가 판단할 때, 학생은 수업의 과정 속에서 얼마나 성장하고 있었습니까? 열심히 평가를 수행하며 과정 속에서 앞으로 나아갔던 학생이 USB가 고장이 나서 제출하지 못했다는 이유로 감점당하는 것이 맞나요? 하물며 과제물을 제시간에 제출하지 못한 것이 '학생의 능력' 탓이라고 볼 수 있을까요? 평가의 본래 취지가 학생의 성장에 있다는 것을 상기한다면 이대로 평가가 이뤄지는 것은 부당하다고 생각합니다. 또한 학생은 자신의 노력 및 성장과 괴리된 평가 결과에 왜곡된 패배감을 느껴 앞으로 수업과 평가에 성실히 임하지 않게 될 수도 있습니다.

❶ 우선 면밀하게 현 상황을 파악하는 것이 필요합니다. USB가 고장 나서 제출하지 못했다고 하더라도 학생이 계속해서 수행해 온 결과물은 학생이 평가기간 중 활용해 온 매체(컴퓨터, 노트북, 핸드폰, 종이 등)에 담겨 있을 것입니다. 최대한 빠르게 학생 산출물의 완성 정도를 파악하고 교사에게 메일을 보내거나 교사가 지니고 있던 임시 USB를 활용해 확보해 둡니다. 이때 놀라서 어쩔 줄 모르는 학생이 안정될 수 있도록 신경 써야 합니다. 학생에게 '선생님은 네가 수업 과정에 충실해 온 것을 관찰하고 꾸준히 기록해 왔기 때문에 네가 얼마나 성장해 왔는지를 알고 있다'고 이야기해 지금까지의 노력이 헛된 것이 아님을 알려 주는 것이 필요합니다. 또한 이러한 상황들이 평가할 때 충분히 감안될 것이고, 이 상황에 대해서는 동 교과 선생님 및 다른 친구들과 협의해 결정할 것이라고 안내해 주세요.

❷ 이제 동 교과 선생님과의 협의를 진행해야 합니다. 학생들에게 미리 평가기준이 공지됐고 모두에게 일관되게 적용하는 것은 매우 중요합니다. 특히 평가와 같은 예민한 영역에서는 예외를 두는 것이

쉽지 않지요. 이에 동 교과 선생님도 앞선 4차시까지만 반영하자고 말한 것입니다. 하지만 이 경우는 다르게 볼 필요가 있습니다. 평가 기준을 설정한 그 취지와 의도를 살펴보세요. 설령 평가기준에 '정해진 시간에 제출하지 않는 경우 감점'이라고 명시돼 있다고 하더라도, 여기서는 학생이 과정 중에 얼마나 노력해 왔는가 즉, 산출물의 완성 정도로 평가하는 것이 맞습니다. 평가 기준의 의도가 학생이 '시간을 지킬 줄 아느냐'를 보려고 한 것이 아니기 때문입니다. 아울러 이때에는 이 학생에 대한 대응만을 고민하고 협의하는 것이 아니라, 평가 진행의 전 과정에서 조금이라도 협의가 필요했던 학생의 경우를 모두 다룰 수 있어야 합니다. 모두에게 공정하고자 하는 노력은 부족함이 없어야 합니다.

❸ 이제 학생들의 동의를 구해야 합니다. 평가받는 학생 역시 교육의 주체이고 평가의 목적은 학생 개인 모두의 성장이기에 학생은 이 과정에서 당연히 협의 당사자가 돼야 합니다. 아울러 이 평가에서의 문제 상황과 해결 노력이 학생들에게 공유되지 않는다면 앞으로의 조치를 자칫 오해할 수 있습니다. 학생들의 동의를 구할 때 중요한 것은 지금 진행되는 수행평가가 상대평가가 아닌 성취 평가제에 근거하고 있음을 명확히 인지시켜야 한다는 것입니다. 자신의 위치를 수치화·서열화해 비교하는 것은 성장중심평가와 과정중심평가에서 무의미함을 알려 주고, 그 취지를 차분히 설득한다면 학생들은 평가의 본래적 의미를 이해하고 해결 방안을 함께 모색할 것입니다.

마지막으로, 혹시 평가가 너무 어렵지는 않았는지를 점검할 필요가 있습니다. 5차시에 걸친 프로젝트 평가라니, 정말 멋진 평가계획이었을 것입니다. 하지만 이론과 실전은 다를 수 있습니다. 이 평가가 우리 학생들의 수준과 성장 속도에 적합한 평가였는지, 성취기준에서 벗어나지는 않았는지, 배우지 않은 내용을 수행해야 해서 학생들이 버거워하지는 않았는지, 모둠형 평가였다면 학생들이 자신의 역량과는 무관하게 피해를 받은 것은 없었는지 등도 반드시 확인해야 합니다. 이를 위해서는 평가를 모두 마무리한 후, 학생들에게 평가 활동 시 느낀 점, 힘들었던 점, 성장한 점 등으로 구성된 '평가 활동 소감문'을 받는 것이 좋습니다. 학생들의 피드백을 적극적으로 수용해 개별 학생의 행복한 성장을 독려하는 평가 활동이 이뤄질 수 있도록 해야 합니다.

예시 자료 **다양한 과정중심평가로 학생의 성장 독려하기**

체인지 메이커를 키우는 5차시에 걸친 영어 수행평가

- **1차시:** 우리 학교의 문제점과 개선 방안 탐색하기
- **2차시:** 문제의 해결 방안을 정리해 발표문 작성하기 [발표문 평가]
- **3차시:** 발표문을 바탕으로 영어 칼럼 작성하기 [영어 칼럼 평가]
- **4차시:** 영어 칼럼을 바탕으로 프레젠테이션 준비하기
- **5차시:** 발표 및 영상물 제작하기 [발표 평가]

중국 여행 상품 만들기 수행평가

- **1차시:** 중국 여행지 조사 및 주제 선정 [여행지 선정 적합성 평가]
- **2~3차시:** 중국 여행 상품 구성 [여행 상품 구성력 평가]
- **4~6차시:** 홈쇼핑 여행 상품 홍보 발표 준비 [발표 준비 참여도 평가]
- **7~8차시:** 중국 여행 상품 홈쇼핑에서 홍보하기 발표 [발표 평가]

학
교
사
용
설
명
서

학부모 대응 설명서

PART

07

071

학부모의 민원 전화, 피할 방법이 없을까요?

#민원 전화 #학부모 민원 #민원 #학부모 상담
20초등인천

Q 수업이 끝나 지친 몸을 이끌고 교무실에 돌아오니, 학년 부장님께서 우리 반 학생의 학부모께서 민원 전화를 하셨다고 전해주셨습니다. 직접 아버님과 통화해 보라고 전화번호를 주셨는데, 막상 전화를 드리려니 무섭고 두렵습니다. 그냥 이대로 전화를 계속 피하면 안 될까요?

A 민원 전화를 '학부모와 함께하는 협의회'의 시작으로 여기는 것을 추천합니다.

1995년 5·31 교육개혁 조치에 따라 학교운영위원회 제도가 도입되면서, 학부모의 교육권이 공식적으로 인정받게 됐습니다. 이에 따라 학부모의 교육적 역할이 점차 증대됐고, 학교의 운영과 체제에 관해서도 보다 적극적으로 의견을 개진하는 경우가 많아졌습니다. 학부모회, 학생자치회 등 소통의 장이 마련되고, 구성원들이 함께 학교의 문화를 상달해가는 대토론회가 도입된 것 역시 교육 생태계의 주요 구성원으로서의 학부모의 위상을 인식했기 때문입니다.

때문에, 학부모의 '민원'은 단순히 학교 운영에 대한 불평과 불만으로만 치부돼서는 안 됩니다. 민원은 교육 주체인 학부모의 의견으로, 학교 운영 시 미처 생각하지 못했던 개선해야 할 미비한 부분에 대한 적실한 문제 제기일 수 있습니다. 따라서 민원을 계기 삼아 학교 및 학급 운영의 부족함을 보완하고, 교사와 학부모, 학생의 3주체가 서로를 이해하고 도우며 참여하는 학교 풍토를 만들 수 있어야 합니다.

우선 교사는 학부모가 민원 전화를 걸기까지 오랜 시간 동안 오해를 쌓아왔을 수도 있다는 사실을 명심해야 합니다. 실제 민원 전화를 걸어 온 학부모는 그간 계속해서 참아 왔던 불편 사항을 터뜨린 것일 수도 있습니다. 따라서 민원 전화를 걸어 온 학부모의 불만을 단번에 해결할 수 있다고 생각하는 것은 욕심이 될 수 있습니다.

❶ 민원 사항에 관련한 첫 번째 전화 상담의 가장 큰 목적은 문제를 해결하기 위한 '의견 청취'입니다. 민원인이 오랜 세월에 걸쳐 부정적인 감정을 가지게 됐다는 것을 존중해, 가급적 정확한 메모를 곁들여 가며 민원을 제기한 학부모의 의견을 충분히 경청해야 합니다. 민원을 청취하는 사람으로서 진지하게 듣고 있다는 것을 드러내는 것도 필요합니다. 민원 내용에 관해 확실치 않은 지점을 지적해 질문하거나, 학부모의 말을 반복해 재진술하는 등과 같이 민원 내용 그 자체에 집중함으로써 학부모로 하여금 교사가 경청하고 있다는 느낌을 받을 수 있도록 하는 것입니다.

이러한 경청의 과정만으로도 민원 학부모의 마음이 누굿해지며 상황이 종료되기도 합니다. 학부모님과의 연락을 통해 교사와 학생의 학교생활이 더욱 긍정적으로 변화할 수 있게 됐다는 감사 인사와, 차후 민원 사항에 관해 치러질 세부 회의에 대한 약속, 그리고 민원에 대한 처리 과정을 설명할 수 있는 향후 계획을 밝히는 것으로 첫 번째 민원 전화를 마무리하면 더욱 좋습니다.

❷ 두 번째 대화에서는 민원 내용에 대한 학교 측의 대응 내용을 소상히 밝혀야 합니다. 특히 학교는 민원인의 고충이나 억울한 부분을 충분히 감안해 조치를 취하고 있음을 밝히고, 학교에 대한 신뢰감을 획득하도록 구체적으로 사안 처리를 설명할 필요가 있습니다. 가능하다면 두 번째 대화에서 민원에 대한 문제 해결이 끝났음을 통지하고 이를 확신시켜 줄 수 있어야 합니다.

❸ 또한 해당 민원의 상황이 끝난 이후 시일이 조금 지난 다음에 교사가 먼저 연락해 같은 상황으로 반복적인 어려움을 겪는 것은 아닌지, 또 다른 어려움은 없는지 먼저 물어보면서 대화를 나누는 것도 좋습니다. 이러한 세심한 행동은 학교 및 교사에 대한 신뢰감을 축적하는 데 큰 도움이 됩니다. 교사와 학부모 간의 갈등을 깨끗하게 봉합해 다른 민원의 발생을 미연에 방지할 수 있을 뿐 아니라, 학교와 교사, 학부모가 서로의 사정을 이해하고 포용하는 교육 공동체로서의 학교의 공고화에 기여할 수 있습니다.

학부모의 민원은 저자세로 응대하며 받아 모셔야 할 대상도 아니고, 이기고 지는 승부의 대상도 아닙니다. 더 좋은 학교를 만들기 위한 또 다른 협의회의 시작이라고 보는 것이 적절합니다.

072

학생의 말만 듣고 폭언하는 학부모 대응하기

#학부모 민원 #학부모 폭언 #교원지위법 #교권보호위원회

21초등세종 17초등세종 17중등인천

Q

🧑 계속해서 문제 행동을 보이는 학생이 있습니다. 이대로 있다가는 다른 친구들에게도 나쁜 영향력을 미칠 것 같아 단단히 주의를 줬습니다. 그런데 아이가 무례한 태도로 제 지도를 무시했고, 결국 저는 동급생들이 보는 앞에서 소리를 높여 그 학생을 혼냈습니다. 그런데 그날 저녁 학부모께서 전화하셔서 소리를 지르시더니, 다음 날에는 학교에까지 찾아와 폭언을 하셨습니다. 학생과의 갈등도 계속 골이 깊어지고, 학부모는 화를 풀지 않으시니 답답합니다. 이 문제를 어떻게 해결할 수 있을까요?

A 우선은 학생과의 관계를 회복하는 것이 중요합니다. 다만, 학부모의 폭언에는 그저 참기만 하지 마세요.

교사도 사람인지라 화가 날 수 있고 욱할 수도 있습니다. 교사의 정당한 지도에 학생이 무례하게 대응했을 때 감정을 통제할 수 있는 사람은 그리 많지 않을 것입니다. 학부모의 폭언에 감정이 상하는 것도 당연합니다.

Part 07 _ 학부모 대응 설명서

337

이처럼 학생의 문제 행동과 그 대처 때문에 학부모의 민원이 제기된 상황이라면, 우선 학생과의 관계를 회복하는 것이 중요합니다. 우선 학생과의 자리를 마련해 깊이 있는 대화를 나눠 보세요. 이때 '나 메시지' 전달법을 활용하면 도움이 됩니다. 학생이 당시 취한 행동에 선생님의 감정이 어떠했는지를 전달하는 것입니다. '선생님도 사람이다 보니, 눈앞에서 네게 무시를 당한다는 느낌에 욱했다.'라고 솔직하게 마음을 전하세요. 물론 학생의 마음도 함께 헤아려야 합니다. 특히 이 학생의 경우, 동급생들 앞에서 무안을 당했는데, 또래 관계를 매우 중시하는 학생들의 성향을 떠올려 본다면 마음의 상처를 받았을 확률도 큽니다. 아이가 왜 그런 행동을 했는지, 당시 어떤 마음이었는지를 경청하고, 선생님이 친구들 앞에서 큰소리를 친 것에 관해서는 진심으로 사과를 전해야 합니다. 이러한 과정이 학생과의 신뢰 관계를 형성하고, 문제 행동을 해결하는 실마리가 될 수 있습니다.

다음으로 학부모와의 관계입니다. 사실 학생과의 관계보다 학부모의 민원과 폭언 때문에 마음이 크게 다치셨을 듯합니다. 힘든 마음을 충분히 추스렸다면, 이제 개방적인 자세로 학부모와 대화를 시작해 보는 것을 추천합니다.

❶ 먼저 학부모의 화를 이해하고 공감하며 시작하는 것이 필요합니다. 당시 선생님의 태도에 학생이 상처받을 수 있는 부분이 있었음을 인정하고, 아이에게 진심을 다해 사과했다는 것을 알리세요.

❷ 학부모의 화가 어느 정도 가라앉고 나서는, 당시 상황을 객관적으로 전할 필요가 있습니다. 아이가 일방적으로 자신에게 유리하게 꾸몄을지도 모르는 이야기만 듣고 더 공박하게 군 것일 수도 있으

니까요. 학생에게도 잘못이 있었다는 사실을 듣고 당시 상황을 충분히 파악하게 되면, 이렇게 선생님이 갈등 해결을 시도한 것만으로도 어느 정도 마음이 풀리는 것이 상식적인 학부모의 태도입니다. 이어 자녀가 지속적으로 수업을 방해했던 부분, 선생님에게 무례했던 부분에 대해서도 문제 해결의 의지를 보여줄 것입니다. 또한 물론 오해로 빚어졌겠지만, 학부모가 언성을 높이고 선생님에게 과도하게 대응한 것, 무엇보다 폭언을 가한 부분에 대해서는 명확하게 사과를 받아야 합니다.

❸ 만약 학부모와의 대화에도 이 일이 해결되지 않고 도 넘은 행동이 지속된다면, 학년 부장 선생님과 교감·교장 선생님에게 정확한 상황을 설명하고 도움을 요청할 필요가 있습니다. 전후 상황을 정확히 보고하고, 관리자로부터 적절한 대응 지침을 받아야 합니다. 특히 학부모의 모든 폭언과 민원 사항은 교무수첩에 꼭 기록해 두고, 가능하다면 나이스에도 기록해 두는 것이 좋습니다. 이는 악성 민원으로의 변질 여부에 따라 적시에 유용한 법적 근거자료가 될 수 있습니다.

그리고 그 정도가 심하다고 판단될 경우, 교권보호위원회 개최를 요청할 수 있습니다. 교권보호위원회는 교육 활동 중 교권 침해로 인해 고통받는 교원을 제도적으로 보호하기 위해 마련된 것입니다.

교사는 무조건 참아야 하는 을이 아닙니다. 학부모의 적절치 못한 폭언, 협박에 제대로 대응할 필요가 있습니다. 이 상황이 지속돼 교사가 교육 활동에 전념하지 못하고 고통받게 된다면, 결국 그 피해는 고스란히 학생들에게 돌아가기 때문입니다.

학부모 폭언, 고발할 수 있다! 개정된 「교원지위법」

서울시 교육청은 어느 중학교에서 학부모가 교사에게 폭언과 욕설을 퍼부은 사항과 관련, 해당 학부모를 경찰에 고발했습니다. 이는 교권 침해 행위 발생 시 관할 교육청이 수사기관에 고발하도록 한 개정 「교원의 지위 향상 및 교육 활동 보호를 위한 특별법」(약칭: 교원지위법, 2019. 4. 일부개정, 2019. 10. 시행) 시행 이후 교육청이 가해자를 고발한 첫 사례가 됐습니다. 학부모 A씨는 자녀 문제로 학교폭력대책자치위원회에 참석할 예정이었지만, 장소 변경을 미리 통보받지 못해 10분 넘게 복도에서 기다렸다는 이유로 학교폭력 담당 교사와 자녀의 담임교사에게 폭언과 욕설을 가했다고 합니다.

2019년 10월 개정·시행된 「교원지위법」에 따르면 관할 교육청은 교육 활동 침해행위로 피해를 입은 교원이 요청하는 경우, 가해행위가 형사처벌 규정에 해당한다고 판단하면 관할 수사기관에 고발해야 합니다. 다음은 법제처에서 제공한 해당 법령 개정의 이유입니다.

개정 이유

교육 활동 침해로부터 교원을 보호함으로써 교육 활동에 전념할 수 있도록 교원에 대한 법률상담, 특별휴가, 심리상담 및 조언 등의 보호조치를 마련하고, 교육 활동 침해 시 제재의 실효성을 확보하기 위해 교육 활동 침해 학생에 대해서는 학교교권보호위원회의 심의를 거쳐 전학, 퇴학 등을 포함한 조치를 할 수 있도록 하며, 특별교육 또는 심리치료에 참여할 의무가 있는 보호자가 참여하지 아니한 경우에 300만 원 이하의 과태료를 부과할 수 있도록 하는 등 현행 제도의 운영상 나타난 일부 미비점을 개선·보완하려는 것이다.

073

시도 때도 없는 학부모 전화 대응하기

#학부모 전화 #학부모 상담 #학부모 민원 #네트워크 소통채널 구축
20초등인천

Q

😊 풍운의 꿈을 안고 교사가 됐습니다. 교실에서 아이들과 함께하는 삶은 정말 행복합니다. 그런데 한 학부모께서 거의 매일같이 시도 때도 없이 전화를 합니다. 학기 초반에 '궁금한 것이 있다면 언제든지 연락주세요.'라고 말씀드렸더니, 밤 12시에도 전화하는 상황입니다. 만약 전화를 안 받으면 받을 때까지 계속하시는데, 이 상황을 어떻게 해결하면 좋을까요?

A 연락이 불가능한 시간대를 안내해야 합니다.

시도 때도 없이 전화가 온다는 것을 보면 그리 급한 상황이 아닐 때도 선생님과의 통화를 원하는 듯합니다. 이때는 선생님의 '연락이 불가능한 시간대'를 명확하게 고지할 필요가 있습니다. 늦은 밤에 오는 전화는 절대 받지 말고, 일과 중에 '지난 밤 전화를 주셨네요. 죄송합니다만, 밤늦은 시간에는 연락이 불가합니다. 혹시 급한 일이 있으신가요?'라고 문자메시지를 보내 보세요. 이렇게 몇 번 지속하다 보면 분명히 그 빈도가 감소할 것입니다.

위와 같은 조치에도 불구하고 상황이 나아지지 않는다면, 동료 선생님에게 조언을 구해 보세요. 동일 학부모로부터 비슷한 상황을 겪은 선배교사가 있을지도 모릅니다. 혹시 전화를 받지 않는다고 화를 내거나 폭언으로 이어지는 경우가 있다면, 참지 말고 단호하게 대처하는 것이 필요합니다. 관리자에게 보고하고, 정해진 지침대로 조치를 취해야 합니다. 통화 시작 시에 '상담 및 업무에 관련된 내용으로 해당 사항을 녹취해도 되겠는지'를 질문하는 것도 좋으며, 동의를 얻고 난 뒤 실제 녹취를 진행하는 것은 더욱 좋습니다. 상담 내용, 전화 기록, 부재중 통화 기록 등도 모두 나이스나 교무수첩에 꼼꼼히 적어 두세요. 모든 상황이 어떻게 될지 모르니 준비가 필요합니다.

최근 학부모의 무분별한 연락에 스트레스를 받는 교사들이 많아지고 있습니다. 이를 방지하기 위해서는 학기 초에 '연락과 관련된 사항'을 세세하게 규정할 필요가 있습니다. 교육 안내자료에 '저의 수업 시간표를 첨부해 공강 시간 중 괜찮은 시간을 음영으로 처리해서 공유합니다.'와 같이 '연락 가능 시간'을 명확하게 설정해 안내하고, 이때 오는 연락은 최대한 빠르게 답변을 보내도록 합니다. 이메일이나 학교 직통 전화번호를 표기해 '해당 연락 수단으로의 연락을 선호함'을 명시하는 것도 추천합니다. 의외로 이메일로 연락하는 것을 편하게 여기는 학부모들도 많습니다. 저 같은 경우 이메일이나 손편지로 학부모와 연락을 할 때 훨씬 더 깊이 있는 이야기를 할 수 있었습니다.

개인 연락처를 안내하는 부분에 대해서는 이견이 많은데요. 연락처를 공개했을 때의 부작용 때문에 이를 꺼릴 수 있습니다. 이에 사적인 연락처는 공개하지 않고, 카카오톡 채널(Kakaotalk Channel)이나 네이버 밴드(Naver Band), 블로그(Blog), 클래스팅(Classting), 다양한 메신저 프로그램과 같이 사적인 연락처 없이도 빠르게 통·수신할 수 있는 네트 워크 채널을 구축하는 방식도 많이 활용되고 있습니다. 학부모들 역시 해당 플랫폼을 이용해 연락하는 데 큰 어려움이 없기에 굳이 전화번호 를 요구하지 않습니다. 오히려 소통하기에 훨씬 수월하고, 학생들의 사 진·영상을 비롯해 학교에서의 모습을 알려드리기에도 좋습니다. 2개의 핸드폰을 쓰거나, 투 넘버 서비스에 가입해 업무용 핸드폰과 개인용 핸 드폰을 분리해 활용할 수도 있습니다. 일과 삶의 밸런스를 적정히 유지 하는 것은 결국 교육의 질을 높이는 데에도 도움이 됩니다. 만약 학부모 의 연락에 불편함을 느끼고 있다면 본인의 연락처를 공개하지 말고, 위 와 같이 연락 가능 수단을 따로 생성하는 것을 추천합니다.

저의 경우 학부모님과의 통화가 필요할 때가 많아 개인 연락처를 알려 드리는 편입니다. 다만, 통신문을 통해 제 연락처와 연락 가능한 시간대 를 명확하게 안내하고, 이때가 아니면 답변이 늦을 수 있다고 적어 둡니 다. 이때 '근무시간에 연락 바랍니다.'보다는, '필요한 때 편하게 연락 주 십시오. 다만 정해진 시간이 아니면 답변이 늦을 수 있으니 양해 부탁드 립니다.'와 같은 문장을 활용해 안내했습니다. 전자의 경우는 학부모와 소통할 의지가 부족하다는 느낌이 전달됐는지 학급 운영에 어려움을 겪 었는데, 후자의 문장을 적고 나서는 '이렇게 노력하시는데, 선생님이 답 변하기 편할 때 연락을 드려야겠다'며 존중받는 경우가 많았습니다.

074

아이의 문제를 전혀 모르는 학부모와 상담하기

#학부모 상담 #문제행동학생 #학부모 협조 구하기 #교육 공동체

22초등충북 21초등세종 18초등서울 18중등인천 17중등인천

Q

저희 반에는 기본 생활습관은 물론 위생 상태가 좋지 않아 주변 친구들이 기피하는 학생이 한 명 있습니다. 이 학생은 화를 자주 내고 폭력적인 성향도 있는 데다가 감정 기복이 심해 학급 활동에 잘 어울리지 못합니다. 그래서 학부모께 학생의 상황을 알리고 잘 보살펴 주실 것을 전화로 당부드렸더니, '우리 아이는 사회성이 조금 부족할 뿐이며, 선생님이 너무 유별난 것 같다'는 대수롭지 않은 반응만 돌아왔네요. 다음 주에 학교로 찾아와 상담을 하겠다고 하시는데, 학부모 상담이 원활히 진행될 수 있을지 걱정됩니다.

A 학부모의 협조가 절실합니다.

제자를 걱정하며 선의를 보였지만, 학부모가 소홀한 모습으로 응대할 때는 참 허탈하지요. 특히 선생님 학급의 학생은 폭력적인 성향을 보이며 학급 분위기를 해치고 있다고 하니 더욱 조치가 시급한 상황입니다. 학부모에게 학생의 상태를 정확하게 알리고, 가정과 학교가 협력해 문제 상황을 해결해 나가야 합니다.

이런 상황에서 가장 중요한 것은 학부모의 협조입니다. 학생에 대한 학교의 걱정이 유별나다고 판단하는 데에는 이유가 있을 겁니다. 불편하더라도 꾸준히 학부모와 소통을 시도하는 것이 필요합니다. 특히 상담 시에는 '학생이 집에서 어떻게 지내는지', '부모님이 아이와 대화를 자주 하는지' 등을 알아보는 것이 좋습니다. 의외로 학교에서의 모습과 집에서의 모습이 달라 부모가 심각성을 인지하지 못하는 경우가 꽤 많습니다.

학부모마다 자녀를 양육하는 가치관이 다를 수 있습니다. 따라서 이때 무조건 학부모가 아이의 상황을 오판하고 있다고 단언하기보다는, 양육의 관점과 그 이유에 대해 이해해 보려는 노력이 선행돼야 합니다. 특히 상담 중에 학부모의 잘못을 추궁하거나 양육 태도에 대한 훈계를 행한다면, 학부모의 감정이 상할 뿐만 아니라 학부모와 자녀, 자녀와 교사의 관계까지 틀어질 수 있습니다. 상담 시에는 최대한 경청하고 공감하면서, 학부모와 교사 간의 우호 관계를 구축하는 것이 중요합니다. 그래야지만 교사와 학부모의 협력적 관계도 이어갈 수 있으며, 학부모의 부족한 양육 방식도 조금씩 개선해 나갈 수 있습니다.

어느 정도 학부모와 교사 간에 원만한 관계가 성립됐다면, 그 이후 상담에는 학생의 평소 태도를 보여 줄 수 있는 객관적인 자료와 기록 등을 준비해 심층적인 상담을 시도하는 것이 좋습니다. 현재 학생에 대한 걱정은 교사 혼자만의 주관적인 우려가 아니라, 교사와 학부모의 도움이 어느 정도 필요한 상황이라는 것을 뒷받침할 수 있는 근거를 갖춰 두는 것입니다. 이처럼 전문적인 판단과 세심한 관찰을 기반으로 한 상담은 학부모에게 신뢰를 줍니다.

이를 위해서는 평소 학생들의 모습을 늘 주의 깊게 관찰하는 태도가 필요합니다. 그간 학생 상담 기록이나 교실 내 상황에 대한 기록들을 남겨 두지 않고 있었다면, 교무수첩이나 나이스 학생 발달 누가 기록에 항상 '기록'해 두는 습관을 들이길 바랍니다. 이는 학생에게 필요한 조치가 무엇인지를 확인하고 계획하기에 적실한 자료이자, 학생의 성장 과정을 가시적으로 확인하는 데 용이한 일종의 학생 성장 포트폴리오가 될 것입니다.

더불어 이 경우, 학생에 대한 상담도 병행돼야 합니다. 학생과의 지속적인 상담을 통해 라포를 형성하고, 학생의 문제 행동 원인을 파악하고 적절히 지도할 필요가 있습니다. 이 밖에 Wee클래스와 연계해 전문적인 상담 지도를 진행하는 것도 좋을 듯합니다. Wee클래스 선생님의 학부모 대상 상담 프로그램도 효과가 좋으니 참고하시길 바랍니다.

학부모와 교사는 어엿한 '교육 공동체'입니다. 학생에게 행복한 성장이 일어나기 위해서는 학부모와 교사가 한 팀이 돼 팀워크를 발휘해야 합니다. 팀워크의 전제는 상호 간 믿음입니다. 학생을 진심으로 걱정하고 사랑하는 선생님의 마음이 전해진다면, 학부모 역시 선생님을 믿고 신뢰할 것입니다.

학교생활 Tip 　학부모 상담 시 라포 쌓는 방법

학부모 상담 시 가장 중요한 것은 교사와 학부모 간의 라포를 쌓는 것입니다. 상대방에게 신뢰감과 친밀감을 줌으로써, 마음을 열 수 있어야 합니다.

1. 그러기 위해서는 먼저, 적극적으로 경청하며 학부모의 생각과 느낌을 깊이 있게 이해할 수 있어야 합니다. 고갯짓과 손짓, 눈빛을 활용하거나 혹은 상대의 질문이나 재진술 등을 통해 '나는 당신의 이야기에 집중하고 있다'는 의미를 전달하는 것도 중요합니다.

2. 또한 학부모의 감정과 정서를 캐치하고, 공감과 격려를 적극적으로 표현하는 것이 필요합니다. 사실 교사를 만나 상담하러 온 학부모라면 현재의 문제 상황의 심각성을 어느 정도 인지하고 불안감을 느끼고 있을 확률이 높습니다. 교사는 이러한 학부모의 마음을 이해하고, 보다 직접적으로 위로해 주며, 학생에게 발생한 문제 상황의 개선 가능성과 희망을 제시할 수 있어야 합니다. 더불어 학부모의 노력에 대해서는 긍정적인 피드백과 지지를 보낼 수 있어야 합니다.

3. 마지막으로, 편안한 환경을 조성해 학부모가 마음을 열 수 있도록 해야 합니다. 적절한 유머를 섞어 안정된 분위기를 연출하는 것도 좋습니다. 학교에 적당한 상담 공간이 따로 마련돼 있지 않다면, 학생이 모두 하교한 후 조용한 학급 교실에서 진행하는 것도 좋습니다.

075

햇병아리 신규라고 저를 못 믿으시면 어쩌죠?

#학부모 총회 #학부모 편지 #학부모 신뢰 #학부모 상담

20초등대구 17초등강원

Q

신규교사입니다. 곧 있으면 학부모 총회가 있습니다. 처음으로 학부모를 만나는 자리인데, 사실 제가 신규인 것을 들키고 싶지 않습니다. 초보교사라고 생각하시고 절 신뢰하지 않으실 것 같기 때문입니다. 어떻게 하면 학부모께 신뢰를 드릴 수 있을까요?

A 학부모는 학생을 위하는 교사를 가장 신뢰합니다.

첫 학부모 총회 때가 생각이 나면서, 선생님이 어떤 마음일지 충분히 이해가 갑니다. 학부모 총회를 앞두고 혹시라도 학부모에게 초보교사라는 이유로 믿음을 드리지 못하게 되는 것은 아닐까 노심초사하게 되는 심정, 교사라면 모두가 다 공감할 것입니다.

최근 우리나라 학부모의 공교육 신뢰도가 날이 갈수록 하락하고 있습니다. 한국교육개발원(KEDI)이 실시한 교육여론조사에 따르면 우리나라

초·중·고 학부모는 교사의 능력을 신뢰하지 않으며, 98%에 달하는 학부모들이 자녀에게 사교육을 시키고 있습니다. 특히 갑작스런 코로나19 사태로 준비되지 않은 채 원격 수업이 진행됐던 2020~2021년 당시, 학부모 불만은 더욱 심화됐습니다.

교사에게 학부모의 신뢰를 얻는 것은 매우 중요한 사안입니다. 특히 담임교사일 경우에는 더욱 그렇습니다. 학부모의 협조를 필요로 할 때가 많기 때문입니다. 어떻게 하면 학부모와 신뢰 관계를 구축할 수 있을까요? 먼저 3월 첫 주부터 학부모에게 안정감을 주는 교사가 돼야 합니다. 저는 학기가 시작되는 첫날, 학부모에게 "아이의 담임교사인 저에게 아이에 대해서 혹은 가정에 대해서, 부모님에 대해서 알려 주고 싶은 내용이 있다면 편하게 적어 주세요."라고 문자 메시지를 보내고, 설문조사를 진행해 관련 내용을 수집합니다. 이때 네이버 폼이나 구글 폼과 같은 인터넷 설문조사 도구를 활용하면, 어렵지 않게 설문(정보제공 동의받기 과정은 필수)을 진행할 수 있습니다. 이렇게 하면, 학생의 민감한 기초정보를 보안 문제없이 수집할 수 있고, 학생 개개인에게 관심을 갖는 교사임을 보여 좋은 첫인상을 남길 수 있습니다.

학부모 총회 역시 전문적이면서도 학생을 사랑하는 선생님의 본래 모습을 선뵈는 것이 중요합니다. 학부모 총회 때 제공하는 안내자료를 구체적으로 만들어 제공하는 것을 추천합니다. 학급에서 이뤄지는 총회 시 활용할 프레젠테이션(PPT 활용)을 따로 준비해 간단한 교사 소개와 학교 및 학급 생활에 대한 안내 발표도 진행합니다. 아울러 이 자료를 총회에 참석하지 못한 학부모님들도 받으실 수 있도록 조치합니다.

1학년 O반 학생 학부모님 안녕하세요, 학생의 담임교사를 맡은 OOO입니다.

인사가 늦었습니다. 학년 초 보내주신 소중한 자료는 학생 상담의 기초자료로 유용하게 사용하고 있습니다. 덕분에 아이들과의 소통을 빠르게 시작할 수 있었습니다. 감사합니다.

지난주부터 이어진 28명의 모든 학생 기초 상담과 주중에 치러진 학부모 총회까지 무사히 마무리되었습니다. 찾아주신 학부모님들께 편지를 통해 다시금 감사드립니다. 또한 상담 주간을 이용하여 아이들의 이야기를 전해 주시는 부모님들께도 감사합니다. 이제 갓 고등학교에 입학한 아이들을 지켜보시는 데 고민이 많으실 것 같아 편지로 찾아뵙게 되었습니다. 이제 갓 한 달 남짓 지내 온 저희 O반 아이들은 누구보다도 빠르게 적응하여 즐겁게 학교생활에 임하고 있습니다. 학습 태도도 좋은 편이고, 생활 방식도 건강합니다. 최근 아이들과의 1 대 1 기초 상담을 다 끝낸 상태인데요. 다행히 대부분의 아이들이 학교생활과 학급생활에 큰 어려움은 없는 듯 보이네요. 담임교사인 저를 잘 따라주고, 학급자치도 나름대로 잘 적응해 가고 있어 매우 고맙고 기특합니다. 이에 저희 O반 아이들을 위해서 학부모님들께 몇 가지 부탁드리고자 합니다.

다양한 소통 창구를 마련하는 것도 중요합니다. 매월 학부모에게 간단한 편지를 써서 보내는 것도 좋습니다. 3월에는 첫인사를 전하는 편지, 4월에는 중간고사 대비 편지, 5월에는 가정의 달을 축복하는 편지 등 매월 '학부모님께 드리는 편지'를 작성해서 보내면 좋습니다. 그러면 간혹 길이가 긴 답장을 보내 주시는 학부모들도 있습니다. 또한 간단한 안내 사항을 적은 학급 가정통신문, 알림장, SNS를 활용해 학부모에게 학교와 자녀의 상황을 꾸준히 전하고, 학부모의 이야기를 듣고자 노력하는 것도 필요합니다. 학부모들은 자신들의 이야기가 교사에게 직접 닿을 수 있는 창구가 마련돼 있다는 것만으로도 안심하게 됩니다.

수련회나 수학여행, 외부 체험학습 활동 등 각종 규모 있는 행사가 이뤄질 때는 물론이고, 가능하다면 평소에도 자주 학생들의 모습을 사진으로 찍어 학부모에게 공유하는 것이 좋습니다. 단체 톡이나 혹은 개인 메시지, 학부모와 소통하는 네이버 밴드 등에 업로드하는 방법 등이 있겠네요. 학부모는 우리 아이들이 밖에서 어떻게 지내는지 순간순간을 궁금해 하고 걱정합니다. 이에 담임교사가 조금만 신경 써서 학부모에게 학생들의 모습을 전하며, 학생들이 잘 성장해 가고 있다고 안심시켜 준다면, 학부모는 선생님에게 고마움을 느끼고 담임교사를 크게 신뢰하게 될 것입니다.

사실 학생들과의 우호적 관계가 먼저 갖춰지면, 학부모와 신뢰를 쌓는 것은 그다지 어렵지 않습니다. 따라서 학생들과의 관계부터 단단해지는 것이 필요합니다. 이때 중요한 것은 좋은 관계를 맺기 위해 마냥 '다 봐주기만' 해서는 안 된다는 것입니다. 잘했을 때는 칭찬을 아끼지 않고, 못했을 때는 이를 교정하기 위한 피드백을 제공해야 합니다. 아울러 일관적이고 민주적으로 학급을 운영하도록 노력해야 합니다.

실제 '학생에 대한 꾸준한 관심'을 지속하는 것도 중요합니다. 학부모는 자녀가 교사로부터 관심의 대상이 되며 존중을 받는다는 생각이 들 때 교사를 신뢰합니다. 그러므로 학생과 계속해서 상담하면서 장점이나 단점, 특성, 진로 문제, 고민이나 친구와의 문제 등을 파악해 두는 것이 필요합니다. 이는 비단 학부모와의 관계 때문만이 아니라, 학생의 성장을 독려하는 교사로서 당연한 태도입니다.

076

수업 중 안전사고 처리에 불만을 지닌 학부모 대응

#안전사고 #학부모 민원 #학교안전공제회 #치료비 청구

21중등인천 19비교과경기 19비교과서울 19중등인천

Q

🧑 하루하루 정신없이 학교생활을 하고 있는 신규교사입니다. 그런데 어느 날 다음과 같은 학부모의 항의 전화를 받게 됐습니다. 이런 경우는 처음이라서 어떻게 대처해야 할지 몰라 몹시 당황스럽습니다. 어떻게 해야 할까요?

> 선생님, 민수가 점심시간에 친구들과 농구를 하다가 발목을 다친 것 같더라고요. 응급처치가 이뤄지지도 않고 집에까지 절뚝이며 왔는데, 선생님 혹시 알고 계셨나요? 알고 계셨으면 그 자리에서 치료를 하든, 병원을 보내든 조치를 취하셨어야 하지 않나요?

A 안전사고의 수습은 학교의 책임을 분명하게 인정하는 것이 우선입니다.

학교에서 일어나는 모든 안전사고에는 반드시 학교의 책임이 따릅니다. 학부모 입장에서는 아이가 다쳤는데 적절한 조치를 받지 못했으니 충분히 항의할 수 있는 상황입니다. 이러한 학부모의 민원 전화가 왔을 때는 어떻게 대처해야 할까요?

❶ 우선 공감하는 태도가 필요합니다. 학부모의 이야기를 경청하고 학부모의 입장에 서서, 화나고 속상한 마음부터 진정시켜야 합니다. 그러고 나서, 학생의 상태가 현재 어떤 상황인지를 정확하게 알아봐야 합니다. 언제부터 아팠는지, 상처는 어떠한지, 병원에는 다녀왔는지 등과 같이 현재 학생의 상태를 확인하는 것입니다. 학부모에게 직접 물어보는 것에서 끝내지 말고, 학생에게도 꼭 다시 연락해 확인하는 것이 필요합니다.

❷ 또한 당시의 조치에 관해 상세하고도 정확하게 설명해야 합니다. 부족했던 부분이 있었다면 변명 없이 인정하고, 앞으로 어떤 식으로 사안을 해결해 나갈 것인지를 체계적으로 제시합니다. 학교에서 일어났던 해당 사안을 선생님이 파악하고 있었다면 당시 어떤 조처를 했고, 앞으로는 어떤 조치를 취할 것임을 상세하게 말씀드려야 합니다. 만약 해당 사안을 파악하지 못하고 있었다면, 학부모가 파악한 내용을 경청하고 난 뒤, 당시 상황을 정확하게 알아보겠다고 이야기합니다. 이후 해당 학생에게 어떠한 연유인지 상세한 상황을 확인하고, 보건 선생님이나 함께 농구를 했던 친구들에게 연락해 전후 상황과 맥락을 정확히 톺아보고 필요한 조치를 정리해 다시 학부모에게 연락하도록 합니다.

❸ 이때 제일 중요한 것은 단순히 민원 사항만 해결하고 끝나서는 안 된다는 것입니다. 부족했던 부분에 관한 사후 조치가 이뤄져야 하며, 학부모에게 교사가 사후에 이를 놓치지 않고 '조치했음'을 명확하게 인지시켜야 합니다.

이를 위해서는 먼저 전후 상황과 맥락을 정확히 파악해야 합니다. 농구를 하다가 왜 다쳤는지, 언제 어떤 경위로 다쳤는지, 혹시 그 상황에서 친구와 다툼이 있었던 것은 아닌지 등 정확한 상황 파악이 이뤄져야 합니다. 놀라고 아팠을 학생을 위로하고, 단순히 농구를 하다가 혼자서 넘어져 다쳤다면 학생에게 운동 중 주의를 기울일 것을 당부해야 합니다. 혹시라도 학교폭력 행위나 친구들과의 관계 및 다툼 상황 때문에 일어난 사고임을 확인한다면, 사안의 경중에 따른 적절한 대응이 필요합니다. 지나간 일로 치부하고 넘어가서는 안 됩니다.

아울러 이러한 교사의 상세 조치 사항에 대한 모든 내역은 학생과 학부모에게 세세하게 안내돼야 합니다. 사건이 종결된 이후에도 학생의 안전 상황을 꾸준히 체크하고, 학부모에게 상황을 공유하면 더욱 좋습니다.

❹ 덧붙여, 학생이 학교에서 다쳐 치료비가 발생한 경우는 '학교안전공제회'에 치료비를 청구할 수 있음을 안내하는 것이 좋습니다. 학교안전공제회는 학교에서 일어나는 안전사고를 예방하고 교육 활동 중에 발생한 사고에 대한 보상을 담당하는 기관입니다. 수업 시간에 발생한 사항은 물론이고 점심시간에 운동을 한 사항 역시 학교생활 중 이뤄진 것이므로 치료비 보상이 가능합니다. 학부모가 직접 치료비 발생 부분에 대한 공제급여를 요청해야 하며, '학교안전사고 보상지원 시스템'을 이용해 청구할 수 있습니다.

공제급여 지급 범위

- 학교 내 교육 활동 중 발생한 사고
- 등·하교 중 발생한 사고
- 소풍·수학여행 및 교외 학습 활동 중 사고
- 학교폭력에 의한 사고

다만 ▷보건실 등에서 간단히 치료해 종결된 경우 ▷의료기관에서 치료를 받지 않아도 될 경우 ▷향후 공제회에서 보상 청구를 하지 않을 경우 ▷교육 활동 중 발생한 사고가 아닌 지병의 경우에는 사고 통지 제외 사안이 됩니다.

학교 안전공제회 신청 절차(교사)

학교 안전공제회 학교안전사고 보상지원 시스템(www.schoolsafe.or.kr)

1. 사고를 인지한 즉시 지체 없이 통지해야 합니다. 만약 사고 통지가 지연된 경우에는 학교장 지연사유서 및 보건일지 또는 병원 초진기록지를 첨부해야 합니다.

2. 사이트에 들어가 로그인을 합니다(학교에서만 가능. 기타지역 접속 불가). 학교 아이디와 비밀번호를 모른다면 담당 선생님께 여쭤보세요. 학교마다 다를 수 있지만, 보통은 '보건 선생님'이 담당하고 계십니다. 절대 학부모에게 아이디와 비밀번호를 알려 주시면 안 됩니다.

3. 상단의 '학교안전사고통지' 메뉴를 클릭해 접속합니다. 페이지에서 '사고등록'을 클릭해 사고 발생 사안을 상세히 작성하면 됩니다. 학교 안전사고통지서 입력 양식은 시스템 메인 페이지 '학교 사용자 매뉴얼'을 다운받아 확인하면 보다 정확하게 알고 작성할 수 있습니다.

4. 사고 통지서 작성을 마무리하면 사고등록 완료 버튼을 클릭하세요. 통지서 작성이 끝나면 사고통지 목록에서 작성한 내용을 확인할 수 있습니다. 이때 주의 사항이 있습니다. 통지서 작성으로 끝나는 것이 아니라, 학교장의 결재를 맡아야만 합니다. 학교장 결재는 '온라인 결재'와 '오프라인 결재'가 있습니다. 학교마다 확인하는 방식이 다를 수 있으니 알아보고 결재를 받으면 됩니다.

5. 학교장 결재가 끝나면 지체 없이 통보를 요청해야 합니다(온라인일 경우엔 자동 통보). 사고 발생번호 앞 체크박스에 체크 후, 통보 버튼을 클릭합니다.

6. 통보에 대한 문서상태가 '보완'이라고 나오면 통지 내용 및 자료를 보완해서 재신청해야 합니다. '반려'일 경우에는 공제회 지원 대상이 아닌 경우가 많습니다.

7. 청구 역시 동 사이트에서 할 수 있습니다. 모든 치료가 완료된 후 공제급여를 청구하면 됩니다. 이때 치료비 발생에 대한 영수증을 반드시 첨부해야 청구가 가능합니다. 따라서 학부모께 영수증을 버리지 말고 모아 두시도록 미리 안내드리는 것이 중요합니다. 청구 시에는 치료에 들어간 금액을 합산해 청구합니다.

학교사용설명서

교직 생활 설명서

PART

08

077

굳이 수업을 공개해야 하나요?

#수업 공개 #수업 나눔 #수업 성찰 #교사 성장 #수업 성장

18초등세종 17중등세종

Q

저는 나름대로 교재 연구도 열심히 하고 있고, 제 기준에는 만족스러운 수업을 운영하고 있다고 생각합니다. 일부 학생들의 반응이 좋지는 않지만, 그건 그 반 아이들의 문제라고 생각해요. 그런데 최근 수석 선생님이 수업을 공개하고 함께 나누는 모임에 참여하라고 하십니다. 솔직히 저는 제 수업에 다른 선생님이 들어오시는 것이 너무 불편합니다. 어차피 수업 장학도 큰 도움이 안 되는 것 아닌가요? 제가 스스로 노력하고 있으니 충분히 수업이 발전할 수 있다고 생각해요.

A 수업은 함께할수록 꾸준히 성장합니다.

수업은 하나의 유기체와 같다는 말이 있습니다. 교사, 학생, 학교, 교실, 수업 내용과 교재, 다양한 교구 등이 모여서 하나의 예술 작품으로 구성된 것이 수업이라는 이야기입니다. 그렇기 때문에 수업은 반드시 어제와 다르게 변화합니다. 설령 같은 범위의 내용을 다시 다루는 것이라 하더라도, 절대 똑같을 수가 없습니다. 그날의 학생들이 다르고, 그때의 선생님이 다르기 때문입니다.

이에 존 듀이(John Dewey)는 '어제 가르친 그대로 오늘도 가르치는 것은 아이들의 내일을 빼앗는 짓'이라고 했습니다. 본인 생각에 만족스러운 수업이고 나름대로 교재 연구도 열심히 하고 있다 하더라도, 학생들의 반응이 좋지 않다면 분명히 반성하고 성장시킬 지점이 있는 것입니다. 교사만 만족하는 수업은 절대 좋은 수업이라 할 수 없습니다.

교사 혼자서는 발견할 수 없는 부족한 부분은 수업 성찰과 수업 나눔을 통해 발견할 수 있습니다. '수업 성찰', '수업 나눔'은 기존의 수업 장학이 형식적이고 피상적인 데에 그치는 것을 비판하며 대두된 개념입니다. 교사의 '가르침'보다, 학생들의 '배움'에 주목하고 있습니다. 수업에 참여하는 학생들에게 의미 있는 배움 과정이 나타났는지, 학생 활동에서는 어떤 부분에서 보완이 필요한지, 교사의 설계대로 잘 진행되고 있는지 등을 스스로 바라보고, 또 '수업 친구'인 동료 선생님들과 함께 성찰하는 것입니다.

수업 성찰과 수업 나눔의 개념은 교사를 성찰적 실천가로 여기고 수업을 예술적, 실천적, 총체적으로 이해하고 있습니다. 단순한 수업 기술에 대한 비판이나 평가를 하기 위한 것이 아닙니다. 진정한 수업 성찰과 나눔이 이뤄지기 위해서는 수업 속 학생과 교사의 상호작용이 어떻게 일어나는지를 내면에서 함께 살피고, 수업 속 교사의 고민·아픔·의도·생각·두려움 등 '마음'까지 함께 나누는 것이 중요합니다.

그렇다면 수업 성찰과 수업 나눔의 차이는 무엇일까요? 수업 성찰은 수업자가 수업 속 자신의 마음과 생각을 돌아보는 것입니다. 문제의 원인을 타자나 다른 대상에서 찾으면 성찰이 일어나지 않지요. 수업의 철학과 관점을 담아 의도대로 잘 설계·운영됐는지, 수업 중 발생되는 상황에 잘 대처했는지, 배움과 나눔에서 소외된 학생은 없었는지, 교육과정과 과정중심평가의 일체화는 잘 이뤄졌는지 등 직접 자신의 수업을 성찰하는 것이 중요합니다.

수업 나눔은 이러한 수업 성찰을 바탕으로 소그룹으로 구성된 교사들과 허심탄회하게 자신의 수업을 내보이고, 수업의 의미를 함께 찾으며, 함께 고민을 하는 과정입니다. 함께하는 수업 성찰 과정이라 생각하면 좋습니다. 공개한 수업에 대한 이야기를 나눌 때에는 경청과 공감의 태도를 바탕으로 자율적인 협의가 이뤄집니다. 특히 교사의 수업 고민을 함께하며 문제를 해결하고자 노력합니다.

수업을 성장시키고 싶다는 욕심은 교사라면 누구나 가지고 있을 것입니다. 일상에서 상시적으로 이뤄지는 수업 공개와 수업 성찰, 수업 나눔은 수업을 성장시키는 데 큰 도움이 될 것이므로, 적극 추천합니다. 사실 수업 공개는 부담도 되고 쉬운 일이 아닙니다. 그러다 보니 학교 현장에서 수업 참관 및 나눔을 할 수 있는 기회가 흔치 않습니다. 선생님에게 건의를 한 수석 선생님은 학교에 성장의 바람을 불어넣고자 노력하는 것으로 보입니다. 물론 중요한 것은, 수업 성찰과 수업 나눔에 참여하는 교사 본인의 태도와 필요성에 대한 인식입니다.

078

피할 수 없으면 즐겨라, 업무 역량 키우기

#K-에듀파인 #업무 역량 #교직 전문성 #전임자 교사와 관계 구축

20초등인천 19중등세종 18중등인천 18중등평가원 18비교과평가원

Q

👩 다른 선생님들이 기피하는 업무를 맡게 됐습니다. 아직 학교에 제대로 적응하지 못한 신규교사인데, 이러한 상황을 겪게 되니 무섭기까지 합니다. 배정 업무도 많은 편인데, 정말 힘든 것은 이게 업무가 많은 것인지도 모를 정도로 제가 무지하다는 겁니다. 옆자리 선생님께 어렵게 도움을 요청했더니, 본인도 바쁘신지 적당히 처리하라는 식으로 답변하셔서 당황스럽습니다. 어떻게 하면 이 문제를 극복할 수 있을까요?

A 업무 역량 신장 역시 교직 전문성을 함양하기 위한 노력에 해당합니다.

최근 학령인구 감소에 따라 교원 수가 감축되면서, 신규교사에게도 소위 '어려운' 업무가 주어지는 경우가 종종 있습니다. 이는 수업도 학생도 처음인 신규 선생님들에게 가혹한 처사지요. 그러나 업무 역량 역시 교직 전문성의 구성요소 중 하나로, 업무를 잘 해내야 하는 것 역시 '교사'라는 직업의 역할 중 하나입니다.

우선 모르는 것은 질문해야 합니다. 업무 처리방식이 개별 학교마다 다를 수 있으니 교내 동료 선생님들에게 직접 물어보는 것이 좋습니다. 제일 좋은 것은 전임자로부터 업무 인수인계를 체계적으로 받는 것인데, 모두가 바쁜 2월 중 업무 인계는 쉽지 않은 일입니다. 그러나 어렵더라도 한 번은 해당 부서 선생님이나 전임자 선생님에게 업무 매뉴얼을 요청해 본인 스스로 숙지하는 것이 필요합니다. 특히 직속 부장 선생님에게 물어보세요. 교직 사회에서 부장님은 '상사'가 아니라 선생님에게 협조하며 업무를 함께 해결해 나가는 동료이자 선배교사입니다. 사소하더라도 명확하지 않은 부분이 있다면 꼭 부장 선생님에게 확인하고 검토를 요청할 수 있어야 합니다.

혹시 현재 진행하는 일에 방해되거나 시간 빼앗는 일이 아닐지 걱정돼 주변에 물어보기 면구스럽다면, 메신저 프로그램을 활용해 정중한 메시지를 보내 상대방이 편한 시간대에 알려 주기를 부탁해 보세요. 교내 다른 선생님 중 해당 업무를 담당한 경험이 있는 선생님이 계실 수도 있으니 전체 메시지를 통해 도움을 요청하는 것도 방법입니다. 몰라서 묻는 것은 잘못이 아닙니다. 오히려 알지 못하는 내용을 혼자서 해결하려 애쓰다가 중요한 것을 놓쳐 일이 커지는 경우가 많습니다. 신규 선생님에게 가장 필요한 덕목은 배우겠다는 의지입니다. 동료 선생님들 역시 어리바리한 첫해를 경험했던 경력 교사입니다. 선생님이 배우겠단 의지를 내보이면, 대부분의 교사들은 십시일반 선생님을 도와주고자 할 것입니다.

또한 시간을 내어 'K-에듀파인(업무포털)'의 '문서관리-문서등록대장'에 들어가 보세요. K-에듀파인은 지방 교육 행정·재정 통합 시스템으로, 교직원이 활용하는 업무 및 재정 관리 프로그램입니다. K-에듀파인에서는 1년 동안 선생님 업무를 맡았던 전임자가 올렸던 공문 기안 중 공개된 문서들을 살펴볼 수 있습니다. 저는 새로운 업무를 맡을 때마다 이를 전부 다운받아 월별 폴더를 만들어 저장해 둡니다. 그리고 학사일정을 고려해서 '어떤 시기에 어떤 일을 해야 하는지'를 대충 파악합니다. 전임자 선생님이나 직속 부장님에게 이렇게 자신이 정리한 일정을 확인받아 보는 것 역시 추천합니다.

특히 전임자 선생님에게는 업무상 종종 도움을 받을 일이 있으니 좋은 인상을 남겨 두는 것이 좋습니다. 저는 겨우 학교에 적응할 것 같았던 2년차에 나이스 업무를 맡게 됐는데, 하나부터 열까지 다 어렵더라고요. 전임자 선생님에게 짧게 부탁하는 편지와 작은 쿠키를 선물하고, 이후 모르는 것이 있으면 바로 달려가 여쭤보고는 했습니다. 전임자 선생님과 사이가 좋아지니 일도 금세 늘었고, 감사함을 표현하는 모습 그 자체를 좋게 본 주변 선생님들도 도와주셔서 즐겁게 업무에 임할 수 있었습니다.

교사들이 모이는 인터넷 커뮤니티나 교사 모임을 적극 활용하는 것도 좋습니다. 업무 역량이야말로 교사가 지니는 대표적인 실천적 지식입니다. 전국 각지에서 모인 다양한 교사들과 함께 해결 방안을 논의해 보세요. 선생님이 겪는 어려움을 먼저 겪은 선배 선생님들이 손을 모아 도와줄 것입니다.

이때, 절대 잊지 말아야 할 것이 있습니다. 업무가 우리 학생들보다 먼저일 수는 없다는 것입니다. 업무 때문에 수업 결손이 발생해서는 안 됩니다. 업무 우선의 풍조는 생각보다 많은 학교에서 비일비재하게 일어나고 있지만, 절대 옳은 일이 아닙니다. 업무 역량을 키워 자신이 맡은 역할에 충실하되, 수업과 학생에게도 최선을 다하는 것이 가장 좋습니다. 만약 둘 중 하나의 상황을 선택하고 집중해야 한다면 학생들과의 시간과 약속을 우선시해야 한다는 것을 명심하길 바랍니다.

Tip 어려움에 처한 교사들을 위한 온라인 공간

초등교사들의 아지트 '인디스쿨' http://indischool.com/

초등학교 선생님들의 익명모임으로, 교사인증이 필요한 교사 커뮤니티입니다. 사용자가 많아 활성화돼 있어 무궁무진한 자료, 공식적·비공식적인 학교 이야기, 선배교사의 유익한 조언들까지 없는 게 없지요.

중등교사들을 위한 '돌봄치유교실' 운영 단체 오픈 채팅방
https://cafe.naver.com/ket21/11000

중등학교 선생님들을 위한 교과 및 업무 관련 단체 오픈 채팅방입니다. 퇴임 교사이신 송형호 선생님이 매니저인 '돌봄치유교실 카페'에서 운영하는 단체 채팅방이 교과별·학교급별·업무별로 구성돼 있습니다. 신규교사를 위한 단톡방부터 거의 대부분의 교과에 대한 오픈 채팅방이 구성돼 있어요. 필요한 카톡방에 참여하면 많은 도움을 받을 수 있습니다.

교직 실무와 관련된 유튜브 채널
http://youtube.com/c/기막힌쌤의진짜교직실무자료

코로나19 이후 현직 교사가 운영하는 유튜브 채널이 많아졌습니다. 이를 통해 실제 학교 현장에 대한 다양한 정보를 얻을 수 있는데요. 전북 익산의 김학희 선생님께서 운영하는 '기막힌 쌤의 교직 실무' 유튜브 채널은 교직 생활에서의 실무와 관련된 유용하고도 정확한 영상 자료를 공유하고 있어, 현직의 많은 교사들이 도움을 받고 있습니다.

079

우리 반 아이들이 특정 선생님과 사이가 좋지 않아요

#동료교사 #교사와 학생 사이 #관계적 상담 #갈등 해소
23중등서울 22중등경기 20초등대구

Q

학생들이 미술 시간을 싫어합니다. 아이들 이야기를 들어 보니 미술 선생님께서 너무 권위적인 방식으로 학생들을 지도하시는 것 같아요. 얼마 전에는 저희 반 아이가 미술 선생님께 혼이 난 후 화를 주체하지 못하고 교실 문을 내리쳐 크게 다치기도 했습니다. 담임교사로서 어떻게 하는 것이 맞는지, 동료 선생님과는 어떻게 지내야 하는 것인지 잘 모르겠습니다.

A 모든 것은 '관계'로 풀어 나가야 합니다.

참 어려운 일이지만, 선생님의 고민은 담임교사들이 흔히 겪는 일이기도 합니다. 담임교사라는 역할 지위에서 생각하면 학생들이 오죽하면 그럴까 싶기도 하지만, 또 입장을 바꿔 곰곰이 살펴보면 그 미술 선생님에게는 우리 반 수업이 유독 지치고 힘든 수업일 수도 있습니다.

우선 미술 선생님과 우리 반 학생들 간에 어떤 갈등이 있었는지 상황을 파악하는 것이 필요합니다. 교사와 학생들 간 일어난 일들을 학생들에게 물어 확인하고, 그 과정에서 학생들의 잘못 여부도 파악해야 합니다. 이때 객관적인 시선을 견지할 필요가 있습니다. 학생 입장에서 경청하되, 아이들이 잘못한 부분이 있다면 제대로 지도해 주셔야 합니다.

여기서 중요한 것은 미술 선생님에 대한 '험담'에 동참해서는 안 된다는 점입니다. 현재의 갈등을 해결하기 위해서는 미술 선생님에 대한 학생들의 불만을 잠재우고, 미술 선생님의 입장과 행동을 이해시키는 것이 필요합니다. 학생들의 이야기만 듣고 미술 선생님을 험담한다면 그 화살은 그대로 선생님에게 돌아옵니다. 동료 선생님과의 관계가 껄끄러워질 뿐만 아니라 학생들도 어른답지 못한 선생님에게 실망할 수 있습니다.

학급자치회의를 실시하는 것도 방법입니다. 미술 시간의 우리 학급을 스스로 돌아보게 함으로써, 학생들은 그 당시 친구들이나 자신의 행동에 잘못된 부분이 있다는 것을 알게 될 수 있습니다. 해당 교사와 관계가 좋지 않다 보니까, 수업 시간 중 일부러 교사가 싫어하는 행동을 하는 경우도 종종 있습니다. '이러한 행동은 너희들 자신에게도 좋지 못한 행위이고, 너희들의 태도가 긍정적으로 바뀌면 미술 선생님도 너희를 달리 보실 것'이라고 말해 주는 것이 필요합니다. 감정의 골이 단번에 좁혀지기는 어려울 수 있습니다. 그러나 꾸준히 성찰과 반성의 기회를 제공하다 보면, 느끼는 바가 있는 학생들을 중심으로 행복한 미술 시간을 위해 직접 수업 규칙을 정하고 실천하고자 노력하는 등 긍정적인 학급 분위기가 형성될 것입니다.

또한 미술 선생님과도 직접 대화를 시도할 필요가 있습니다. 사실 경력이 얼마 되지 않은 교사가 선배교사와 이와 같은 불편한 내용으로 대화를 한다는 것은 쉬운 일이 아닙니다. 그러나 학생들을 위해, 그리고 우리 반 수업을 힘들어하고 있을 미술 선생님을 위해 꼭 이야기를 나눠 봐야 합니다. 학생들과의 관계에서의 어려움은 선생님도, 저도 언제든 겪을 수 있는 일이기 때문입니다. 이에 정중히 시간 약속을 잡고 찾아뵙는 것을 추천합니다.

이럴 때 양측의 이야기를 들어 보면, 의외로 모두의 입장이 이해되기도 합니다. 다만 미술 선생님과 대화할 때 학생들 편에 치우친 상태로 대화를 전개하는 것은 위험합니다. 미술 선생님이 '담임이 애들 말만 듣고 나랑 싸우러 왔구나!' 하고 감정이 상할 수 있기 때문이지요. 우선 오해를 풀도록 유도하고, 학생들이 나름대로 자신들의 태도를 성찰하고 고쳐 나가고 있음을 알려야 합니다. 또한 중간에서 담임교사로서 열심히 노력하고 있다는 점을 말하는 것도 좋습니다. 회의를 통해 규칙도 정했으니 지켜봐 달라는 말과 함께 칭찬해 주시면 감사하겠다는 부탁을 건네는 것은 어떨까요? 사실 학생과의 갈등에 지쳤을 미술 선생님의 입장에 공감하는 액션만 취해도, 미술 선생님과의 갈등이 충분히 누그러들 수 있습니다. 미술 선생님 입장에서는 후배교사가 신경 쓰고 있다는 점을 알게 되면서, 학생들과의 마찰을 해결하고자 본인이 직접 노력하게 될 수도 있고요. 이처럼 선생님과 미술 선생님 사이가 좋아지면 문제는 쉽게 해결될 수 있습니다. 학교라는 교육 생태계 자체가 관계의 맥락 속에서 이뤄지기 때문입니다.

학생들은 학교에서의 배움을 통해 다원적인 세상을 이해하는 역량을 함양해야 합니다. 그러기 위해서는 교사 역시 다양한 시각으로 사건을 바라보는 능력이 필요합니다. 손뼉이 맞아야 박수 소리가 나듯 일방적인 관계는 없습니다. 갈등을 해결하기 위해서는 학생들이 우선 자신들을 성찰하는 데서 시작해야 한다는 것을 알려 주세요. 그리고 동료 선생님과도 '관계'로 문제를 극복해 나가는 것이 유효합니다.

080

동료 선생님과 자꾸 갈등을 빚게 됩니다

#동료교사 #갈등 #교사 간 관계 #타자 이해 #공감 #배려

23초등세종 23중등평가원 20초등인천 20중등평가원 18초등세종

Q

신규교사인데, 동료 선생님과 사사건건 부딪힙니다. 얼마 전에는 저희 반이 체육관을 사용할 차례여서 체육관으로 이동했는데, 그 선생님이 반 아이들과 함께 체육관을 사용하고 계시더라고요. 아이들 앞이기도 해서 그냥 돌아왔는데, 너무 속이 상해서 메신저로 몇 마디 했습니다. 그랬더니 오가면서 마주칠 때마다 눈살을 찌푸리고, 교직원 회의 때에도 제 인사를 무시하십니다. 아이들에게도 제 흉을 보신 것 같아요. 앞으로 5년은 봐야 할 텐데, 어떻게 해야 할까요?

A 허심탄회하게 이야기를 나눠 보세요.

동료 선생님과의 관계가 틀어지는 것은 학교생활을 어렵게 하는 주된 요소 중 하나입니다. 특히 이제 갓 발령이 나서 학교를 차차 알아가고 있는 신규교사의 입장에서 선배교사와 사사건건 부딪힌다니, 힘든 것이 당연합니다.

이런 경우에는 우선 이런 일이 왜 발생했고, 동료 선생님이 어떠한 이유로 나에게 감정이 상했을지, 나는 그 사람에게 어떻게 대했는지에 대해서 스스로를 돌아보는 것이 필요합니다. 신규 선생님들과 관리자, 선배 교사 사이에 발생하는 갈등에는 의외로 '말투'와 같은 사소한 문제가 원인인 경우가 많다고 합니다. 혹시 자신이 놓쳤을지도 모르는 태도적인 측면도 꼼꼼히 되짚어 보는 것이 좋겠습니다.

불편하겠지만 해당 선생님과 직접 이야기해 보는 것이 어떨는지요? 해당 선생님에게 메신저 메시지를 보내 약속을 잡아 보세요. 이때 메시지를 읽지 못하거나, 텍스트의 특성상 오해가 생길 수도 있으므로 직접 교무실로 찾아가 약속을 잡는 것도 방법입니다. 어색하더라도 가볍게 안부 인사부터 건네면서, 편한 시간에 이야기를 나누고 싶다는 말을 전해 봅시다.

어렵게 마련된 둘만의 자리에서는 현재의 갈등 상황에 대해 차분하게 정리하고 허심탄회한 이야기를 나누는 것이 필요합니다. '지난번 체육관 일로 혹시 기분이 언짢으셨다면 정말 죄송하다. 나는 이러한 상황이었고, 그로 인해 기분이 상한 상태였다.'라고 솔직하게 이야기해 보세요. 대화 도중 선생님 본인이 잘못한 일을 발견했다면 진실하게 사과하고, 오해 상황이 있다면 해결하면 됩니다. 감정을 상하게 할 수 있는 언어는 최대한 배제하고, 상대방의 이야기를 경청하는 태도도 중요합니다. 괜한 감정싸움은 학교 분위기와 앞으로의 사회생활에 방해가 될 뿐이며, 그 피해는 학생들이 고스란히 받을 수 있다는 것을 기억해야 합니다.

선배교사와의 문제는 세대 간 격차에 따른 갈등일 수도 있겠습니다. '인생관', '교직에 대한 가치관'이 '다르다'는 본질적인 문제에서 기인된 셈이지요. 최근 학교 현장에서는 MZ세대와 기존 세대와의 갈등이 종종 발생하고 있습니다. 이러한 문제를 해결하기 위해서는 상대방이 나와 다름을 이해하고 공감하려는 노력이 선행돼야 합니다. 기존에 학교에서 근무했던 세대들도, 새로운 가치관으로 학교에서 일하기 시작한 세대들도 모두 마찬가지입니다.

선배교사는 후배교사에게 자신의 협소한 경험만을 바탕으로 편견을 심지 않도록 노력해야 하며, 후배교사는 선배교사의 확장된 시야와 다양한 경험을 통해 이해하고 배우고자 하는 자세를 가질 수 있어야 합니다. 학교는 학생들에게 '더불어 사는 방법'을 알려 주는 곳으로, 다른 세대를 포함한 '타인'과 상생하는 방법을 가르치는 공간입니다. 이는 학생들을 교육하는 교사에게도 필수적인 역량입니다.

081

잔소리하는 선배 선생님, 학교에 가기 싫어집니다

#선배교사 #MZ세대 #교사 갈등 #협력 #공동체 #소통

23초등경기 21초등평가원 19초등평가원 19중등평가원 19비교과평가원

Q

😊 학교에 발령받은 지 이제 3개월째인 신규교사입니다. 고되고 힘들어서 솔직히 학교에 가기 싫을 때도 많아요. 여기에 매번 간섭하고 트집을 잡는 동 교과 선생님 때문에 더 힘이 듭니다. 선배교사로서 충고해 주신다면서 '평가 활동의 개선이 필요하다', '학급 운영을 그렇게 하면 안 된다'는 말씀은 물론 걸핏하면 회식하자고 불러내 곤혹스러울 때가 많습니다. 좋은 의도인 것은 알지만, 솔직히 제가 알아서 잘하고 있다고 생각합니다. 다만 저는 그 시간에 제 일과 제 연구를 더 하고, 1분이라도 더 쉬고 싶어요.

A 교직 사회는 협업과 상생이 필요합니다.

신규 발령 3개월 차라니, 많이 고되고 힘들지요? 어려운 수업 준비에, 학생들도 낯설고, 처음 하는 업무까지 해내야 하니 매일이 바쁘고 벅찰 것입니다. 퇴근하면 집에서 푹 쉬고 싶은 마음이 더 클 수밖에 없지요. 저도 이렇게 안쓰러운데, 아마 옆에서 지켜보는 동 교과 선생님도 선배교사의 마음으로 하나라도 더 챙겨 주려는 마음은 아니었을까요?

최근 MZ세대와 학교 현장을 바꾸는 역량 있는 신규 교사들의 등장으로 교직 사회 풍토가 바뀌어 가고 있습니다. 상명하복의 수직적이었던 교직 사회의 부조리와 성인지 감수성 부족 등 다양한 분야에서 비판받고 있지요. 덕분에 경직됐던 학교 문화가 조금씩 유연해지고 있는데, 이는 매우 긍정적인 현상입니다. 다만, 이와 함께 '개인주의적'인 성향도 강해지고 있다는 평가도 종종 이어집니다. 얼핏 합리적인 듯 보이지만, '나'만 생각하는 이기적인 문화도 간혹 눈에 띕니다. 더불어 사는 세상을 준비하도록 해야 하는 학교에서, 막상 교사들의 사회는 '따로', '갈등'을 겪고 있는 모습이 아쉬울 때가 많습니다. 최근 동료교사와의 협업 문제가 임용 2차 면접에 자주 등장하는 것도 이런 이유에서 기인한 것으로 보입니다.

교직 사회는 기본적으로 '전문가' 집단이기 때문에 협업이 필요하지 않다고 보는 사람들이 많습니다. 내가 맡은 수업과 업무만 해내면 된다고 보는 것이지요. 그러나 실제로 모든 학교의 업무는 '학교 교육과정'이라는 거시적인 흐름 안에서 존재합니다. 학교의 모든 일은 연결되기에, 그 누구도 혼자서 일할 수는 없습니다. 한 사람이라도 자신의 이익만을 위해 움직일 경우, 그 피해는 고스란히 학생들에게 가게 됩니다. 학생의 피해를 조금이라도 막기 위해 선생님들이 고생해야 하고요.

동료 선생님의 조언을 '간섭'으로 여길 것이 아니라, 따듯한 한마디라 생각하고 마음을 열고 경청해 보는 것은 어떨까요? 교직생활에서는 경험이 있어야만 보이는 문제점들이 더러 있습니다. 학급 운영과 평가, 수업 운영에서는 더욱 그러합니다. 신규교사가 미처 보지 못했던 부족한 부분이 선배교사에게는 보일 수 있습니다.

교사에게는 개방적이고 겸허한 자세가 필요합니다. 여기에 스스로 돌아보는 성찰 과정도 꼭 필요합니다. 자신의 부족함을 직접 살펴보고, 이를 개선하기 위해 노력하는 것이야말로 교사가 가져야 할 덕목입니다.

아울러 어려움을 겪을 때에는 주변 동료교사에게 도움을 요청하는 자세도 필요합니다. 더불어, 주변에서 도움을 요청했을 때에는 선생님이 힘들었던 때를 떠올리고 도와주는 협력적 태도도 중요합니다. 저는 교사들에게 가장 중요한 역량이 무엇이냐 물어보면, '의사소통 역량'이라고 이야기합니다. 주변과의 협업은 '소통'을 기반으로 일어나기 때문입니다. 선생님의 선배교사는 선생님이 불편해하는 것을 느끼고 소통의 자리를 만들고 싶었던 것일지도 모르겠습니다. 동료교사에게 불편한 감정을 느끼고 있다면 불편의 원인을 스스로 고찰해 보는 것도 중요합니다. 선생님이 이야기한 것처럼, 앞으로 오래도록 함께 일할 동료이니까요.

만약 주기적인 소통의 장이 필요하다고 느꼈다면, '전문적 학습공동체(교원학습공동체)'를 활용하는 것도 좋습니다. 다만 학습공동체는 학기 단위로 개설이 가능하기 때문에 이미 시작한 학기 중에는 간단한 소모임을 운영하는 것으로 대체해야 할 듯합니다. 동 교과 선생님이니 학습 내용과 업무에 대해 주기적으로 대화를 나누는 자리를 마련한다면, 함께 성장하고 발전해 나갈 기회들이 꾸준히 만들어질 수 있습니다.

학교의 목적은 학생의 행복한 성장에 있습니다. 그렇기에 선생님의 직장인 교직 사회는 화합하고 상생하는 것이 중요합니다. 학생들에게는 교사들이 본보기이자 모델이고, 앞으로의 미래 사회는 협력하며 소통하고 공감하는 역량이 중요할 것이기 때문입니다.

082

개인정보 보호법 위반 사례 알아 두기

#개인정보 보호법 #개인정보 #민감정보 #정보계
20중등경기

Q

학교에서 정보부 계원을 맡았습니다. 개인정보 보호 교육을 해야 하는데, 선생님들께서 도대체 어떤 상황이 개인정보 보호 법률을 위반한 것인지 알 수 없다고 하십니다. 다음의 상황이 「개인정보 보호법」 위반 사례인지를 알려달라는 요청이 들어왔는데, 어떻게 해야 위반인지 아닌지 알 수 있을까요?

- 학생 상담 내용을 잘못해서 유출했는데, 학생의 '성'이 적혀있었습니다.
- 교무수첩에 학생 상담의 내용을 기록해 뒀습니다. 이 내용을 익년도 담임교사에게 인계하고 싶습니다.
- 학생들 간에 문제가 생겼는데, 피해자 학부모님께서 가해학생의 전화번호를 달라고 하셔서 드렸습니다.
- 우리 반 단체 사진을 허락 없이 제 개인 SNS에 업로드해 공유했습니다.
- 졸업앨범 담당입니다. 1학년 선생님께서 이번 졸업앨범 제작 시 새로 사진을 찍지 않으셨는데, 사진관이 보유한 작년 졸업앨범 때의 사진이 있어 그냥 넣었습니다.

A 해당 사례는 모두 개인정보 보호법 위반에 해당합니다.

개인정보란 살아있는 개인에 관한 정보로서 성명, 주민등록번호를 비롯해 영상 등을 통해 개인을 알아볼 수 있는 정보를 말합니다. 이때 주의

해야 할 것은 해당 정보만으로 특정인을 알아볼 수 없더라도 다른 정보와 쉽게 결합해 알아볼 수 있는 것까지 개인정보에 포함된다는 점입니다.

우선 주민등록번호, 이름, 주소, 전화번호는 물론 GPS, 교육 정보, 근로 정보, 자격 정보, 기호나 성향, 신념과 사상, 신체 정보, 의료와 건강 정보, 개인신용 정보, 부동산이나 주식과 같은 재산적 정보도 개인정보에 포함됩니다. 그러므로 질문의 첫 번째 사례의 경우, 학생의 '성'만 공개됐다고 하더라도, 상담 내용 및 '성'이 결합돼 충분히 해당 학생임을 유추할 수 있다면 개인정보 보호의 의무를 위반한 것으로 볼 수 있습니다. 특히나 상담 내용은 민감정보에 포함될 수 있기에 더욱 조심해야 합니다.

담임교사 업무를 수행하면서 학생을 상담한 내용을 교무수첩에 기록한 것 자체는 학생의 동의를 얻었다면 위반 사항은 아닙니다. 다만 담임을 하면서 처리된 인적 사항 및 상담 기록 등의 개인정보는 학생 지도 및 교육적 목적을 위해서만 수집·이용·처리·관리돼야 합니다. 그 보유기간은 담임교사를 하고 있는 동안이라고 할 수 있으며, 이 기간이 종료되면 해당 수첩의 내용은 부분 삭제 처리를 하거나 아예 수첩을 파쇄 또는 소각해야 합니다. 다른 사람에게 인계하는 것은 심각한 정보 유출로, 절대 불가합니다.

학생 간에 문제가 생겼을 때, 상대방에 대한 정보는 모두 개인정보로서 보호될 필요가 있습니다. 피해자 측의 학부모가 가해학생의 개인정보를 요구하는 경우, 학교는 가해학생과 학부모의 동의를 명확히 받고 이를 제공해야 합니다. 당연히 학부모 연락처 등을 제공할 때도 그 동의가 필요합니다.

졸업앨범에 교사의 사진과 연락처를 수록할 때에는, 교사 개인의 이용 동의를 받아야만 합니다. 이에 최근 많은 교사들이 졸업앨범에서 자신의 사진을 뺄 것을 요구하고 있습니다. 혹시 모를 범죄의 타깃이 되거나, 개인정보가 노출되는 것을 우려하기 때문입니다. 2020년 서울교사노조의 조사에 따르면, 무려 70.6%의 교사들이 '나의 사진 자료가 범죄에 악용될까 불안하다'고 답변했습니다. 본인이 원하지 않았는데 교사의 사진을 졸업앨범에 싣는 것은 「개인정보 보호법」 제15조 1항 1호에 어긋나는 것입니다.

 개인정보 보호의 기본적인 처리 원칙

- 처리 목적의 명확화 목적 내에서 적법하고 정당하게 최소 수집
- 처리 목적 내에서 처리, 목적 외 활용 금지
- 처리 목적 내에서 정확성·완전성·최신성 보장
- 정보 주체의 권리침해 위험성 등을 고려해 안전하게 관리
- 개인정보 처리 사항 공개, 정보 주체의 권리 보장
- 사생활 침해 최소화 방법으로 처리
- 가능한 경우 최대한 익명 처리
- 개인정보 처리자의 책임 준수, 정보 주체의 신뢰성 확보

083

교원에 대한 평가와 교사의 성장

#교원업적평가 #교원능력개발평가 #교사의 성장 #수업권 존중

Q

교원능력개발평가를 시행했습니다. 만족도 조사 결과를 보면 기분이 나빠져서, 아예 보지도 않는 선생님이 있다고 들었습니다. 보지 않아도 될까요?

A 평가의 근본 취지를 기억하고, 평가를 성장의 발판으로 이용하길 바랍니다.

교사들이 받는 평가는 크게 2가지로 구분됩니다. 바로 '교원업적평가'와 '교원능력개발평가'입니다. '교원업적평가'는 다시 교장 선생님과 교감 선생님이 평가하는 '근무성적평정'과 '다면평가관리위원회'가 평가하는 '다면평가'로 나뉩니다.

'근무성적평정'은 정성평가로서, 모든 교원의 등수를 매기며 그 결과는 공개하지 않습니다. 보통 승진과 관련해 1순위의 여부가 중요한 상황이 아니라면, 교사가 이에 대해 관심을 가질 일은 크게 없습니다. '다면평가'는 '근무성적평정'과 같이 승진에도 이용되지만, '개인성과급'에 반영이 된다는 점에서 차이가 있습니다. 학교별 '다면평가관리위원회'의 규정에 따른 평가 결과는 'S등급, A등급, B등급' 중에 하나로 교사에게 통보됩니다. 개인성과급 중 50%는 균등 지급되고, 차등 지급률은 학교에서 자율적으로 선택해 지급됩니다.

'교원업적평가'는 평가자가 모두 관리자이거나 동료교사입니다. 그런데 '교원능력개발평가'에는 학생과 학부모의 만족도 조사가 있다는 점에서 중요한 차이가 있습니다. 2020학년도는 코로나19로 인해 한시적으로 교원능력개발평가를 유예했습니다. 2021학년도부터는 다시 학생과 학부모의 만족도 조사가 실시됐습니다.

교원능력개발평가 형식은 크게 5단 척도의 체크리스트와 자유서술식 문항으로 구분됩니다. 저는 특히 자유서술식 문항에 대한 학생과 학부모의 답변이 교사의 수업 개선에 크게 도움이 될 수 있다고 생각합니다. 모든 평가 조치에 있어 철저한 익명이 보장되기에, 교사에게 직접 말하지 못했던 수업 중 아쉬움을 평가창에 적을 수 있습니다. 이에 평소에 학생들에게 자유서술식 답변이 선생님의 수업을 발전시키는 주요한 루트가 될 수 있음을 알려 주고, 학생들이 장난스럽게 평가에 임하지 않도록 책임감을 심어 주는 것이 필요합니다.

'교원능력개발평가'는 1년에 한 번, 10월경에 이뤄집니다. 때문에 교사와 학생, 학부모가 별다른 소통 없이 지내다, 익명으로 교원평가를 하게 되면 그간의 답답함에 오해가 빚어질 수 있습니다. 따라서 교원능력개발평가 시기가 아니라 하더라도, 교사는 자체적으로 '학급 운영 및 수업에 대한 자기 평가'의 기회를 가지는 것이 필요합니다. 이때 학생 및 학부모의 평가를 개별적으로 받아보는 것도 좋습니다. 평소 꾸준한 소통이 교사에게는 오히려 교사로서의 수업권을 존중받는 기회가 될 수 있습니다.

요즘 교사들은 교원능력개발평가 실시 이후, 그 결과를 사회적 소통망에 기록하고 공개적으로 자기 피드백을 하기도 합니다. 잘한 부분에 대해서는 스스로 격려하고, 부족한 부분에 대해서는 성찰을 바탕으로 성장의 기회로 삼는 것입니다.

사실 교사는 교육자로 살아가면서, 평가 실행의 주체가 되는 경우는 많아도 평가를 받게 되는 경우는 흔치 않습니다. 이 귀한 기회를 잘 활용할 수 있어야 하지 않을까요? 물론 평가의 영역이나 방식에 대해 지금보다 개선할 필요가 있다는 지적에는 공감합니다. 그러나 교사의 교육 행위에 대한 학생의 평가를 '학생들이 어려서', '교육 행위에 대한 평가가 아니라 학생 개개인의 호불호에 따른 비난이라서' 보지 않는다는 이야기는 학생을 그저 '애들'로만 보아 온 편견 때문일 수 있습니다. 물론 교사의 마음을 알아주지 않고 모난 소리로 상처를 주는 학생들도 더러 있습니다. 하지만 그런 몇몇 이야기 때문에 많은 학생의 진심 어린 평가와 애정 가득한 조언을 무시하는 것은 바람직하지 않습니다.

084

우리 반 아이들이 저를 만만하게 봅니다

#교사의 권위 #친절하되 단호하기 #교권 보호 #학습권 보호
23중등강원 18초등경기 17초등강원

Q

저희 반 아이들이 저를 만만하게 봅니다. 정중히 부탁한 일에도 제 말을 무시하면서 듣지 않습니다. 정당한 지도에도 불응하기 일쑤고요. 몇몇 친구들이 주도해 교실 분위기를 흐리니, 수업이 제대로 진행되지 않고 학급 분위기도 엉망진창입니다. 제가 교사인데 학교에 가기 싫다는 말을 하게 될 줄은 몰랐어요.

A 교사는 학생이 가장 가깝게 만나는 어른입니다.

아이들이 어른에 대한 신뢰와 존경을 바탕으로 자발적으로 그 지도를 따르게 될 때, 우리는 '권위'가 있다고 이야기합니다. 교사의 권위를 내세운 교육 활동은 지양해야 하지만, 학급에서 교사가 권위를 잃게 될 때 학생들은 신뢰하고 의지하는 어른을 잃게 될 수 있습니다. 교사의 지도가 전혀 통하지 않기 때문에 학급 분위기는 흐트러지고, 그 피해는 고스란히 아이들이 감당하게 되지요.

여기서 교사의 권위는 정해진 규칙과 정당성을 갖춘 제도에 기반한 합리적인 권위를 뜻합니다. 막스 베버(Max Weber)는 '권위(authority)'를 3가지로 구분해 설명합니다. 전통적 윤리, 신분이나 관습적 차원을 기초로 하는 '전통적 권위', 탁월한 통솔력이나 인기에 토대한 '카리스마적 권위', 그리고 집단의 구성원들이 정당하고 합리적이라 여기는 제도와 법에 의한 '합리적 권위'가 그것입니다.

이러한 권위는 타인의 의사와 관계없이, 타인의 행동을 통제하는 힘인 '권력(power)'과는 다릅니다. 따라서 권위는 줄다리기 싸움같이 한쪽이 우세해지면 다른 한쪽이 약해지는 그런 차원의 것이 아닙니다. 학생의 권리와 교권은 함께 존중돼야 마땅한 것이며, 합리적인 권위의 근간인 정당성을 갖춘 제도와 규칙을 생성하는 것을 중시해야 합니다.

때문에 교사는 적당한 권위를 바탕으로 친절하되 단호해야 합니다. 우선, 상황을 파악하기 위해 감정과 화를 누르고 친절할 수 있어야 합니다. 주도하는 몇몇 친구들에게, 왜 교사에게 이러한 태도를 보이고 있는 것인지, 그 이유는 무엇인지를 차근히 물어야 합니다. 그러기 위해서는 따로 대화할 시간을 마련하는 것이 가장 중요합니다. 이 경우 집단 면담보다는 개별 면담이 효과적입니다. 그 배경을 파악해 보면, 의외로 학생들은 '반항하는 행위' 그 자체를 목적으로 두고 있는 경우가 많습니다. 다른 친구들 앞에서 소위 말해 '세 보이고' 싶었던 것이지요. 이 교실 내에서 어른인 교사보다 자신의 권위가 높음을 보여줌으로써 학급 친구들에게 인정받고 싶은 욕구 때문입니다. 그 정도가 심각하고 대화로 해결되지 않는다면, 이에 대해서는 단호하게 대처할 필요가 있습니다. 잘못된 행동에 대해서는 '교육'할 수 있어야 합니다. 상황에 따라 교권보호위원회 개최를 요청하는 등 법적·제도적으로 대응하는 것도 필요합니다.

수업 시간에 교사가 수업하는 교단에 드러누워 핸드폰을 충전하는 학생, 잘못된 행동을 나무라는 교사에게 왜 간섭을 하냐며 주먹질하는 학생, 교사의 등 뒤에서 춤을 추며 보란 듯이 수업을 방해하는 학생 등을 마주합니다. 학교 현장에서 교사의 권위가 크게 떨어지고 있음을 느낍니다. 가장 심각한 문제는 현재의 제도적 상황으로는 교사들이 자신의 권위를 지켜내는 것에 적극적으로 행동하기 어렵다는 것입니다. 따라서 학생 인권과 조화를 이루면서 교권을 회복시키기 위해서는 학부모와 학생의 사회적 인식 제고, 학교에서의 보다 적극적인 교권 침해 대응과 같은 노력들이 병행될 필요가 있습니다.

특히 교사의 권위를 높이기 위해서는 먼저 교육부에서 교육 가족으로서의 교사를 존중하고 그 위신을 세워 주는 것이 필요합니다. 즉, 교권 보호에 대한 제도적 지원과 교사의 권익을 보호하기 위한 실질적인 지원이 병행돼야 합니다. 교사의 경우 전문성을 신장하기 위한 노력은 물론 학생들과 신뢰감·유대감을 형성하도록 해야 하며, 직업에 대한 자긍심을 회복하는 것도 중요합니다. 교사 모임이나 단체에 참여해 교사로서의 소속감을 느끼고, 교권 보호 캠페인 및 연수를 진행할 수도 있습니다. 교내 활동으로는 '교사에게 편지 쓰기'나 '사제동행 활동'과 같은 프로그램을 전개할 수 있습니다. 또한 학생과 학부모는 교사에 대한 편견을 버리고 교사의 진심을 믿어 주며, 그 권위를 인정해 주는 태도가 필요합니다.

교사의 권위를 지키는 것은 결국 학생들의 학습권을 보호해 준다는 점에서도 매우 중요합니다. 따라서 권위적인 교사가 돼서는 안 되겠지만, 권위를 지닌 교사가 되는 것은 꼭 필요합니다.

085

전문적 학습공동체의 활성화 방안

#교원학습공동체 #전문적 학습공동체 #교원공동체 #전학공 #내실화

23초등평가원 23비교과서울 22초등충북 22중등서울 21초등서울 19초등경기 19중등경기
18초등강원 18초등서울 18초등세종 17중등세종

Q

👤 연구부 소속 교사입니다. 최근 교육부나 교육청에서 계속 교원공동체 활성화를 주문하는 공문이 내려오는데요. 선생님들께 따로 시간을 마련해 공동체 활동을 하도록 독려해도, 바쁘다는 핑계로 다들 불참해 공동체가 제대로 운영되질 않고 있습니다. 어떻게 하면 교내 교원학습공동체를 활성화시킬 수 있을까요?

A 백지장도 제대로 맞들면 낫다고 하지요.

전문적 학습공동체는 학교 구성원의 동료성을 기반으로 한 학습공동체로, 학교를 학습 조직화하고 공동연구와 공동 실천을 통한 동반 성장과 집단지성의 전문성을 신장하며 학교자치 역량을 강화하기 위한 제도입니다. 학교 공동체의 행복한 성장을 목적으로 하며, 공동의 가치와 비전을 지니고 함께 전문성을 신장시켜 나가는 교원들의 자발적이고 협력적인 학습공동체라고 할 수 있습니다.

전문적 학습공동체는 취미와 친목 도모를 위한 교사 동호회나 동아리 등의 비공식 조직과는 다릅니다. 전문적 학습공동체는 공식과 비공식적 측면이 공존하는 조직으로, 교사들이 공동의 연수 주제를 설정해 공동 작업을 수행하며 수업 개방과 수업 나눔 등의 동료 간 자기 개발 활동을 통해 자율 역량을 높이는 제도입니다.

이 전문적 학습공동체는 '학교 안 전문적 학습공동체'와 '학교 밖 전문적 학습공동체'로 구분됩니다. '학교 안 전문적 학습공동체'는 소속 학교의 교직원들로 구성·운영되며 직무연수를 신청해 이수할 경우 학점으로 인정하는 직무연수 학점화 정책과 병행해 운영되고 있습니다. '학교 밖 전문적 학습공동체'는 여러 학교 교원들이 관심 분야 연구와 교육의 공공성을 나누기 위해 학교 밖에서 운영하는 것으로, 교원의 전문성 신장 및 학교 간 공동 문제 해결과 공동 성장을 위한 학습 네트워크입니다.

전문적 학습공동체가 제대로 운영되면 다음과 같은 결과를 가져올 수 있습니다.

❶ 첫째, 참여하는 교사들이 공동으로 연구하고 함께 실천해 교육과정, 수업·평가, 생활교육을 개선함으로써 학생이 전인적으로 성장할 수 있도록 도와줍니다.

❷ 둘째, 교사들이 함께 전문성을 신장하고 학습(연구)의 결과를 잘 축적해 교사로서의 자긍심을 높여 행복한 교사로 성장합니다.

❸ 셋째, 동료들과 자율적이고 협력적인 활동을 통해 동료성을 확대해 민주적으로 소통하는 학교 문화를 실현합니다.

❹ 넷째, 개방과 공유를 통해 함께 성장하는 교육공동체(교사, 학생, 학부모, 지역 사회)를 만들어 갑니다.

이에 전문적 학습공동체의 활성화를 위해서 ▷정기적인 학습공동체의 날이나 고정 연구 시간 도입 ▷원격 직무연수의 활용 ▷교육과정 및 학교 공동의 실행연구 과제 설정 ▷교과별·학년별 학습공동체의 활성화 ▷전문적 학습공동체 성공 사례집의 개발 및 배부 등의 노력이 전개됐습니다.

최근 전문적 학습공동체 운영에 어려움을 겪는 학교가 많아 내실화에 대한 요청이 높아지고 있습니다. 학교의 여건에 따라 다르겠지만, 일반적으로 제시되는 문제점은 ▷형식적이고 획일적인 학교 문화 ▷행정 업무·학교 행사·수업 준비 등 교육 활동 업무 과다로 인한 연구 시간의 부족 ▷연구 공간의 부족과 예산 편성 미비로 인한 부족한 지원 ▷리더 교사의 역할과 전문성 부족 ▷개인주의 교직 문화로 인한 공동체 운영의 어려움 등이 꼽히고 있습니다.

이러한 문제점을 극복하고 내실화를 기하기 위해서 ▷수직적인 분위기를 해소하고 민주적이고 수평적인 학교 문화를 설정해 학습공동체 구성원의 의사가 충분히 반영되도록 운영의 자율성을 줄 것 ▷불필요한 행사를 줄이고 행정업무를 간소화해 연구 시간을 확보해 줄 것 ▷학교 공간 재구조화를 통해 연구 활동에 필요한 공간을 확보하고 교원 역량 강화를 위한 예산을 최대한 확보해 지원할 것 ▷교육청 차원에서 학습공동체의 대표 교사의 역량을 강화하는 워크숍이나 연수를 개설하고 지역 내 학교 간 리더 교사 네트워크를 생성할 것 ▷일상적인 수업 개방 풍토 마련과 공동체 간 융합 연구 주제를 권장할 것 등의 해결 방안이 논의되고 있습니다.

가장 중요한 것은 참여하는 교사 본인의 의지와 선택의 존중입니다. 교내 선생님들에게 자신이 하고 싶은 주제를 먼저 고민하도록 하고, 관련된 전문적 학습공동체를 탐색할 수 있게 안내하거나 혹은 직접 만들어 볼 것을 권해 보는 것은 어떨까요? 억지로 참여하게 하면 당연히 취지대로 이뤄지기 어렵습니다.

몇 해 전 제가 직접 개설을 요청한 인권 수업 전학공 활동을 통해 학교 축제에서 '교사와 학생이 함께 만들어 가는 인권 부스'를 재미있게 운영한 추억이 떠오르네요. 전문적 학습공동체를 통해 뜻이 맞는 교사들과 함께 다양한 방면의 역량을 함양시켜 가는 교사들이 많으니, 부디 내실 있는 운영으로 교내 교사들에게 좋은 기회를 제공해 주기를 바랍니다.

다양한 '전문적 학습공동체' 사례

- 창의 융합형 인재를 양성하는 체인지 메이커 교육 연구 공동체
- 학생 진로를 함께 고민하는 JOB 이야기 공동체
- 독서교육 토론 공동체
- 학생 중심 교육과정 개발 공동체
- 수업 친구 모임을 통해 수업 나눔 실천하기 공동체
- STEAM 융합교육 공동체
- 회복적 생활교육 실천 공동체
- 학교 민주주의를 통해 세계시민 육성하기 공동체
- 학생과 함께 인권 교육에 대해 연구 · 토론하는 인권교육 공동체
- 우리 학교와 마을 교육을 잇는 마을−학교 잇기 공동체
- 학교와 동네의 역사와 교육을 고민하는 '학교사 + 지역사' 교육 공동체

학교사용설명서

학교와 교육정책 설명서

PART

09

086

민주적 사회의 힘, 민주시민교육

#보이텔스바흐 협약 #민주시민교육의 정의 #포용성 #비경쟁식 토론 #사회 현안 #기본 소양

23중등세종 20초등강원 20중등세종 19초등강원 19중등경기 19중등서울 18중등강원
17초등인천 17중등경기 17중등세종

Q

👩 학급 내의 학생들 사이에서 정치에 대한 이야기가 많이 나오고 있습니다. 마침 여러 선거를 직간접적으로 겪고, 정치에 대한 여러 언론과 커뮤니티의 영향을 받은 것도 있겠지만 학생들의 정치에 대한 관심 자체가 예전에 비해 큰 것으로 보입니다. 그런데 학생들의 정치 관련 이야기에 편견과 혐오가 담겨 있는 것을 발견할 때가 있습니다. 교사로서 정치 이슈를 다루는 것이 쉽지 않은데, 어떻게 해야 할까요?

A 민주시민교육을 통해, 정치적 중립을 지키면서도 정치교육을 할 수 있습니다.

1976년 독일의 보이텔스바흐에 교육전문가들이 모여 학회를 엽니다. 당시에 독일이 겪는 이념 대립과 이에 대한 교육계의 접근에 대해 합의점을 찾기 위해서입니다. 그리고 이를 통해 '강압(교화) 금지, 논쟁의 필요, 이해관계 인지'라는 3개의 원칙을 기본으로 한 협약을 이끌어 냅니다. 이것이 '보이텔스바흐 협약'입니다. 이제 우리의 교육도 정치적 대립 현장의 목격 수준에서 더 나아가, '교복을 입은 시민'인 학생을 위한 구체적인 노력들이 '민주시민교육'의 이름으로 나타나고 있습니다.

「2022 개정 교육과정」은 민주시민교육을 '학생이 자기 자신과 공동체적 삶의 주인임을 자각하고, 비판적 사고를 통해 자신이 속한 공동체의 문제를 상호 연대해 해결할 수 있도록 지원하는 교육'으로 정의하고 있습니다. 그리고 「2022 개정 교육과정」의 지향점에 따르면, '인간상 설정 시 고려 사항'으로 자기주도성, 창의와 혁신과 더불어 '포용성과 시민성'을 꼽고 있습니다. 그리고 포용성은 '사회 구성원들 사이의 차이와 다양성에 대한 상호 이해와 존중을 바탕으로, 개개인의 교육적 성장과 공정하고 지속 가능한 사회를 함께 실현해 나가고자 하는 태도 및 소양'이라고 밝히고 있습니다. 이렇듯 '민주시민교육'은 앞으로의 교육과정의 근간으로 자리 잡고 있습니다.

민주시민교육을 학교에서 구체적으로 실천할 수 있는 교육 방법으로는 '민주주의의 절차와 수단에 관계된 교육', '사회적 현안과 관계된 교육', '민주주의 소양과 관계된 교육'으로 나눠 볼 수 있습니다.

❶ '민주주의의 절차와 수단에 관계된 교육'은 회의와 토론에 대한 교육을 대표적인 예로 들 수 있습니다. 서로의 이해관계를 있는 그대로 이해하고 존중해야 하는 것은 알지만, 구체적으로 어떤 방법으로 할 수 있는지에 대한 교육은 부족했습니다. 또한 그간의 교육 방법은 논쟁을 논쟁으로서 다루지 못하고 경쟁을 통해 승부를 가리고 결과를 도출하는 것에만 주력해 왔습니다.

이에 대한 반성으로 모든 시민이 똑같지는 않아도 조화를 이룰 수는 있다는 화이부동(和而不同)을 가능케 하는 여러 회의와, 특히 비경쟁식 토론 등을 구체적으로 가르쳐 주는 교육이 필요합니다. 이를 통해 민주적 의사결정의 필요성을 인식하는 것에서 더 나아가, 그것을 구체적으로 사용할 줄 아는 역량 중심의 민주시민교육이 실천될 것입니다.

❷ '사회적 현안과 관계된 교육'은 '선거'나 '학급 내의 국가 건설'과 같이 실제 현실과 연계해 참여와 실천 중심으로 민주시민교육을 하는 것입니다. 민주시민교육을 교사 주도의 주입식으로 하는 것은 비민주적입니다. 민주시민교육은 가르치는 것으로 완성되는 것이 아니라 하는 것으로 완성됩니다. 교육의 경계를 허물고 사회의 현안을 직접 교육 현장으로 가지고 와 민주시민이 될 수 있는 기회를 마련하는 것이 중요합니다.

❸ 마지막으로 '민주주의 소양과 관계된 교육'은 집단지성의 제고를 통해 민주주의의 단점을 보완하는 민주시민교육을 하는 것입니다. 집단이 형성되고 민주적으로 모든 권력이 주어진다고 해도 꼭 좋은 결과만을 가지고 오는 것은 아닙니다. 함께 가면 멀리 갈 수 있지만, 함께 잘못된 방향으로 멀리 갈 수도 있음을 염두에 둬야 합니다. 따라서 민주시민교육의 올바른 방향성 정립을 위해서는 '인문학, 인권, 성평등'과 같은 분야에 대한 교육으로 민주시민의 기본 소양을 기를 수 있는 교육이 밑바탕 돼야 합니다. 이를 통해 '집단지성'이 '집단무지성'으로 변질되지 않게 할 수 있습니다.

「2022 개정 교육과정」에 따르면, 생태전환교육과 더불어 민주시민교육을 모든 교과에 반영하게 됐습니다. 기존의 '선택과목'으로서의 민주시민교육이나 '창체교육'으로 프로젝트 활동 중심의 교육과의 조화가 이뤄져 '학교에 다니는 것 자체가 민주시민교육'이 되는 여건이 마련된 것입니다. 이러한 상황에서 유독 교사는 공무원으로서 '정치적 중립의 의무'를 지켜야 한다는 이유로 민주시민교육의 논쟁적 특성에 대해 멀리해 왔습니다. 그리고 일부 교사는 학생들도 민주시민으로서 이해관계가 있다는 것을 인정하지 못하고 학생들의 정치 활동을 금기시한 경우도 있었으며, 교육 현장에서 강압적으로 대응하기도 했습니다. 이러한 상황에서 교사와 학생 간 심각한 대립이 발생해 법적 문제로 번지는 사례도 발생했습니다.

교사도 민주시민입니다. 민주시민으로서의 역할을 다하기 위해서라도 민주주의와 민주시민교육에 대한 전문성 신장을 바탕으로 민주시민교육을 해야 합니다. 이러한 노력이 바탕이 돼, 요즘의 심각한 사회문제인 혐오는 줄이면서 건전한 논쟁은 이어나갈 수 있는 지속 가능한 민주 사회를 이뤄 낼 수 있습니다.

087

힘세고 오래가는 학생자치

#학생자치 시간 #학생자치 공간 #자치위원회 #자치 효능감
#학생자치교육 #학생자치의 대가

23초등세종 23중등세종 22중등충북 22비교과충북 21초등평가원 20초등세종 20중등서울
19초등세종 19중등서울 19비교과서울 19중등인천 18중등세종 18비교과세종 17중등경기

Q

🙂 우리 학교 학생자치에 위기가 찾아왔습니다. 학생회와 학급회장 선거에 입후보하는 학생 수가 현저히 줄었기 때문입니다. 이대로 가다가는 전교회장에 입후보를 할 학생이 없어서 반강제적으로 후보자를 만들어야 하는 것은 아닌지 우려가 나오기 시작했습니다. 어떻게 하면 학생자치를 활성화할 수 있을까요?

A 학생들이 자치 무기력에 빠진 상황으로 판단됩니다. 이를 위해서는 작은 성공의 기회부터 갖게 해줌으로써 자치에 효능감을 가질 수 있도록 해야 합니다.

1929년 11월 3일, 통학열차 안에서 일본인 학생이 우리나라 여학생을 희롱한 사건을 계기로 벌어진 광주 학생 항일 운동의 주체는 학생이었습니다. 1958년의 충남 강경여자중고등학교의 청소년적십자(RCY) 학생들은 자치적으로 뜻을 모아 병환 중에 계시거나 퇴직한 선생님을 위로하며 스승의 날을 만들어 냅니다. 6·25 전쟁에 참전해 나라를 지켜내는 자리에도, 반독재 운동에 앞장서 민주화를 이뤄낸 자리에도 학생들이 있

었습니다. 나라의 일을 자신의 일이라고 생각하고, 스스로 다스리고자 했던 우리네 선배들의 위대한 자치(自治)활동들입니다.

❶ 학생자치의 성공 열쇠는 '스스로'에 있습니다. 반대로 타율에 의한 다는 것은 학생자치 실패의 지름길입니다. 학생자치 활성화를 위해서는 먼저 학생들이 '스스로' 할 수 있게 하는 기반이 구축돼 있는지를 검토해야 합니다. 아무리 맛있는 음식도 남이 강제로 먹이면 고문이 될 수 있습니다. 혹시 학생들에게 '안내'나 '조언', 혹은 '제안'이라는 이름으로 학생을 강제하고 동원한 것은 없는지 확인해 보기 바랍니다. 아무리 미진해 보이고 답답하더라도 '학급자치 시간'은 오롯이 학생에게 맡겨야 합니다. 이 시간에서 만큼은 교사가 학생과 대화를 하더라도, 스승 대 제자가 아니라 민주시민 대 민주시민으로 학생을 존중해야 합니다.

❷ '학급자치 공간'의 측면에서 학생회실의 구축과 운영도 마찬가지입니다. 안전성 확보를 전제로, 학생들의 공간은 오롯이 학생들을 위해 열어 주기를 바랍니다. 우리만의 공간에서 우리만의 시간을 보낸 것만으로도 학생들은 자치의 기쁨을 맛볼 수 있을 것입니다.

❸ 이어서 사소한 것일지라도 학교의 운영에 학생 참여를 보장함으로써, 학생의 위상을 존중해 줄 수 있는 계기를 마련하기 바랍니다. '학교운영위원회'에서부터 학생 이벤트 상품을 정하는 회의에 이르기까지 중요도를 막론하고 학생들의 참여를 보장하고 의견을 존중해 주기 바랍니다. 급식이 맛없다는 불평을 내버려둘 것이 아니라, 학생들이 직접 급식소위원회에 참여할 수 있게 함으로써 주스 하

나의 품목을 바꾸는 것만으로도 학생들의 자치 효능감에 큰 영향을 미칩니다. 사소하더라도 학교를 더 좋은 방향으로 바꿨다는 사실 하나가 학교 내에 번지게 되면, 학생으로서 우리도 학교 공동체에 영향을 미칠 수 있는 능력이 있다는 기대와 신념이 상승하는 효과를 낳게 됩니다.

❹ '학생참여예산제'와 같은 제도로 경제적 자율권을 보장하면서 학생 스스로 학생자치 사업을 운영하게 해 주는 것은 가장 대표적인 자치활동의 유형이 될 것입니다. 교사가 짜놓은 판에 학생들이 참여하는 것보다는, 판을 만드는 것도 그 위에서 뛰어노는 것도 모두 학생이 돼야 합니다. 교사는 문제 상황이나 요청에 대해서만 도움을 주는 조력자의 역할을 수행하면 됩니다. 특히 예산에 대한 권한을 갖는 것은 학생에게 굉장한 자치 효능감을 부여해 줄 수 있습니다. 당연히 교사보다 살림살이에 있어 부족한 측면이 많을 수밖에 없겠지만, 때로 갈등도 하고 위기도 겪으면서 학생자치는 더욱 성숙할 수 있습니다.

❺ 학생자치의 성숙을 위한 교육도 학생들이 주체가 돼 실시하는 것이 좋습니다. 아무리 좋은 내용도 교사가 전달하는 것과 학생들이 서로 나누는 것의 자치적 효과성은 확연하게 차이가 납니다. 학생자치에 대한 교사의 피드백은 학생들에게 잔소리로 들리기 쉽습니다. 하지만 학생들끼리의 피드백은 또래 집단의 건전한 자극으로서 학생들에게 더 효과적으로 다가갈 수 있습니다.

이를 위해서는 학교 내에서의 학생회의와 학교 간, 학교 밖 학생회의가 활성화될 수 있어야 합니다. 학생들의 눈높이에서 학생자치의 노하우를 서로 공유하고 서로 발전적인 조언을 해 줌으로써 자치에 대한 자신감을 잃지 않으면서도 더 발전적인 변화와 근본적인 성숙을 이뤄 낼 수 있습니다.

❻ 아울러, 이러한 모든 학생자치 활동의 결과물은 오롯이 학생자치 자체로 보상받을 수 있도록 해야 합니다. 보상으로 초코파이를 걸고 참여를 유도하던 시대는 지났습니다. 고생한 학생들을 위해서 최소한의 보상이라고 생각했던 각종 강화물이나 가산점과 같은 대가가 오히려 진정한 학생자치 활동을 방해하기도 합니다. 생활기록부에 한 줄이라도 더 기록하기 위해 학생자치 활동에 적극적으로 참여하는 문화가 형성돼서는 안 됩니다. 자치 활동의 근본 취지와 목적을 잃고, 당근과 채찍이라는 수단으로만 학생자치를 이어나가면 오래가지 못합니다.

11월 3일은 학생독립운동기념일(학생의 날)입니다. 1년에 하루만이라도 학생들 스스로 자신이 학생인 것에 대한 자부심이 가득한 채로 하루를 보낼 수 있기를 바랍니다. 또한 교사로서 그날 하루만큼이라도 학생들을 더욱 존경하는 마음으로 보내며, 학생들은 이런 존경을 부끄러움 없이 자랑스럽게 받아들일 수 있는 분위기가 형성될 수 있기를 바랍니다.

088

동아리다운 동아리 활동

#동아리 활동 준비 #동아리 활동 안내 #동아리 활동 동기유발 #동아리 종류

23비교과세종 21중등인천 21비교과서울 18비교과경기 18비교과서울 17중등세종

Q

발령을 받자마자 새 학년 준비 연수에서 동아리를 선택하라는 연락을 받았습니다. 동아리를 아무거나 하고 싶지는 않은데, 막상 선택권도 넓지 않고 어떻게 운영을 하는 것인지도 모르겠습니다. 일단 하라는 대로 하면 될까요?

A 학교의 상황을 충분히 고려하시되, 선생님과 학생들이 교육적으로 한패가 될 수 있는 선생님만의 동아리 활동 계획을 수립해 보시기 바랍니다.

동아리! 갈수록 외국어가 남용되는 상황에서, 클럽이나 서클과 같은 외국어를 물리치고 당당하게 살아남은 우리말입니다. 학생들이 한패를 이루는 것 자체를 부정적으로 보던 굴곡진 근현대사를 지나, 이제는 학생들이 뜻을 모으고 이를 통해 적극적으로 자아를 실현한다는 것이 매우 권장할 만한 일이 됐습니다. 실제로 학생들의 학교생활에 생각보다 더 중요한 영향을 미치는 것이 동아리입니다. 왜냐하면 학년, 학급, 교과 등은 모두 학교가 정하기 때문에 학생의 선택권이 없지만, 동아리만큼은 학생이 직접 주도적으로 선택할 수 있는 몇 안 되는 학교 활동이기 때문입니다.

그런데 동아리 활동의 운영은 세부적인 측면에서 학교마다 다른 점이 꽤 많습니다. 따라서 교사는 우선 자신이 경험했던 자신의 학창시절의 동아리 활동을 기준으로 생각하고 활동을 설계할 것이 아니라, 현재 학교의 동아리 활동 운영 규정을 숙지하고 동아리의 종류 및 특성 등을 명확히 파악하고 있어야 합니다. 이를테면, 선생님의 동아리가 학기 초에 정해놓은 동아리 활동 일자에만 활동을 하는 정규 창체 동아리인지, 아니면 창체 시간과 더불어 그 외에도 수시로 활동을 하는 상설 동아리인지 확인을 하기 바랍니다. 보통 동아리 활동은 학생들이 그 이름만 보거나 친구를 따라 가입하는 경우도 많기 때문에, 사전에 이에 대한 제대로 된 안내가 없으면 학생과 교사 모두 다른 생각을 하며 동아리가 시작될 수도 있습니다. 이런 상황에서는 교사와 학생이 제대로 한패를 이루기 어려우며 결국 동아리 활동이 오히려 지긋지긋한 기억으로 남게 될 우려도 있습니다.

이를 미연에 방지하고자, 동아리 활동이 잘 이뤄지는 학교에서는 동아리 연합 안내자료를 배포하고 동아리 설명회 등을 열어 학생들도 동아리 활동에 대한 것들을 미리 숙지하고 신중하게 선택해 적극적으로 활동할 수 있는 계기를 마련하기도 합니다. 정규 창체 시간과 관계없이 완전히 학생 주도로 조직이 되는 동아리인 자율 동아리도 있습니다. 교사는 지원의 역할을 할 뿐, 시작부터 운영까지 모든 것이 학생들의 순수 자발적 의지에 따른 동아리이기에, 가장 동아리다운 동아리라고 할 수 있을 것입니다. 다만, 대입제도 공정성 강화 발표에 따라 정규 동아리를 제외한 자율 동아리는 2024학년도 대학 입시부터 미반영됩니다. 이에 따라 자율 동아리는 활동 축소의 움직임이 뒤따를 것으로 전망되지만, 오히려 대학 입시 준비를 위한 스펙 쌓기를 뛰어넘는 진정한 동아리 활동에 대한 준비와 실천이 이뤄지는 기회로 삼을 수 있을 것입니다.

    동아리의 종류를 성격이나 활동 내용에 따라 다양하게 구분하기도 합니다. 교과적 성격, 학술적 성격, 취미 활동적 성격, 진로 활동적 성격, 학생회 및 학생 친목 성격, 예술 및 체육적 성격 등이 그것입니다. 이러한 동아리들이 정확히 분별되는 것은 아니지만 각각의 동아리별 장단점을 바탕으로 교사와 학생이 동아리의 철학을 미리 만들고 공유한 뒤에 활동을 시작하는 것이 바람직합니다.

❶ 교과적 성격의 동아리는 동아리 이름에 교과명이 있기 때문에 이름만 들어도 동아리 활동을 어느 정도 파악할 수 있다는 장점이 있습니다. 하지만 교과 수업의 연장이 될 수 있다는 위험성을 항상 내포하고 있기 때문에 교과를 중심으로 하되, 교과 수업과 차별화되는 활동 계획이 반드시 있어야 합니다.

❷ 학술적 성격의 동아리는 교과 수업만으로 다룰 수 없는 학문을 깊이 있게 탐구할 수 있다는 장점이 있습니다. 하지만 각종 입시와 관련이 되면서 마치 입시를 준비하기 위한 우열반 형태의 접근이 될 수도 있다는 것을 경계해야 합니다.

❸ 취미 활동적 성격의 동아리는 즐거움이 가장 큰 목적이기 때문에 학교에서의 스트레스를 해소할 수 있다는 장점이 있습니다. 하지만 웃고 즐기기에만 열중한 나머지 자칫하면 교육적인 성장의 계기를 놓칠 수도 있다는 점에 유의해야 합니다.

❹ 진로 활동적 성격의 동아리는 학생이 미래를 준비해 볼 수 있게 한다는 점에 의의가 있습니다. 하지만 넓은 진로를 다양하게 탐구할 가능성을 저해할 수 있다는 점을 생각해야 할 것입니다.

❺ 학생회 및 학생 친목 성격의 동아리는 민주시민으로서 학교의 주체가

돼 학교의 발전을 이룩하는 경험을 할 수 있다는 장점이 있습니다. 하지만 고되고 지난한 학생회 생활로 동아리 활동에 회의감을 느끼거나 오히려 너무 친목에 국한돼 활동하게 되는 단점이 있을 수 있습니다.

⑥ 예술 및 체육적 성격의 동아리는 예술과 체육이 인간에게 끼치는 긍정적인 영향을 함께 누릴 수 있다는 장점이 있습니다. 하지만 엘리트 위주의 예술 및 체육으로, 대중적인 동아리 활동이 되지 못할 수 있다는 점에 유의해야 합니다.

항상 3월의 첫 동아리 활동 내용은 오리엔테이션과 연간 계획 수립입니다. 첫 단추를 꿰는 일은 언제나 중요합니다. 어느 하나 일방적이지 않게 학교의 상황과, 교사 및 학생의 동아리에 대한 철학과, 동아리 활동에 대한 기대 및 관련 역량이 잘 조화를 이뤄야 합니다. 그래서 한패로서 더불어 함께하는 것의 가치와 아름다움을 느낄 수 있게 되기를 바랍니다.

 마을결합형 동아리 활동 사례

- 학생들이 마을 속에서 자신의 삶과 직접 관련된 역량을 키울 수 있는 동아리 교육과정을 만든다.
- 동아리 활동의 홍보와 지원 및 구성 절차를 체계적으로 갖춰, 동아리 활동의 자율성과 책무성을 두루 갖춘다.
- 첫 동아리 활동은 연간 계획을 같이 수립하는 것으로 하며, 학생들의 의견을 최대한 존중한다.
- 동아리 활동 예산을 학생들에게도 투명하게 공개하고, 예산 집행의 권한도 준다.
- 학교를 벗어나 마을에서 동아리 활동을 실천함으로써 마을결합형 동아리 활동을 실시한다.
- 마을의 강사, 시설, 환경을 두루 이용해 전인교육을 이루도록 한다.
- 활동 결과는 다음 동아리 활동을 위해 자료집 등으로 제작한다.

089

현장체험학습과 개인체험학습

#현장체험학습의 필요성 #개인체험학습 유의점 #현장체험학습 계획 수립 #민주적 현장체험학습
18비교과세종

Q

😊 우리 학교에는 코로나19로 인해 지난 학교급에서 현장체험학습을 경험하지 못했던 학생들이 많습니다. 이에 학교에서는 지역의 공원으로 단체 현장체험학습을 가기로 결정했습니다. 그런데 막상 현장체험학습을 가려고 하니, 가고 싶지 않아 하는 학생도 많고, 안전 문제도 신경이 쓰입니다. 체험학습은 어떤 점을 고려해야 할까요?

A 현장체험학습은 단순히 교실을 벗어나는 활동이 아닙니다. '누가, 언제, 어디서, 무엇을, 어떻게, 왜'의 원칙적 측면에서 교육 주체가 모두 관심을 가지고 준비해야 하며, 특히 안전에 항상 만전을 기해야 합니다.

신라시대의 화랑들도 현장체험학습을 했습니다. 산수를 유람하며 아무리 먼 곳이라도 찾아가 연마의 기회를 마련했습니다. 현장체험학습의 중요성은 역사적으로 증명이 된 셈입니다. 그런데 그간 현장체험학습으로 인한 사건과 사고도 많았을 뿐더러, 코로나19로 인한 팬데믹은 현장체험학습을 크게 위축시켰습니다. 그리고 4차 산업혁명 이후 각종 디지털 기술의 도움을 받은 미래형 체험학습들이 현장체험학습의 빈자리를 메워 가고 있습니다.

그러나 오히려 이런 상황에서 반대급부로 현장체험학습의 필요성이 높아지고 있습니다. 아무리 추상성을 극복하고 구체성을 지닌 기술들이 발달하고 있다고 해도, 직접 물성을 느낄 수 있는 실제 체험을 따라갈 수 없기 때문입니다.

이제 현장체험학습은 실시 여부의 판단을 넘어 교육과정의 하나로서 섬세하게 접근해야 합니다. 특히 예측하기 어려운 복잡한 사회 현실과 더불어 학생들의 개별적인 특성과 다양성이 중시되는 요즘이기에, 현장 체험학습의 준비, 실행, 사후 활동에 이르기까지 모든 과정을 민주적으로 준비해 현장체험학습의 효과성을 높이고 신체적, 정신적 안전성을 확보할 수 있도록 하는 것이 중요해졌습니다. 여기서는 현장체험학습 준비를 위한 계획 수립에 있어 육하원칙을 중심으로 이야기해 보도록 하겠습니다.

❶ 먼저 '누가'의 측면입니다. 기존 대규모 집단형 현장체험학습에서 소규모의 테마형 집단으로 현장체험학습을 실시할 수 있습니다. 기존의 한 학년 단위 '수학여행'이 '소규모 테마형 교육여행'으로 바뀐 것은 잘 알려진 사례입니다. 이는 운영에 있어 안전을 확보하기 위한 것이기도 하지만, 교육적 효과에 있어서도 매우 중요한 변화입니다. 대규모의 운영은 효율성을 위해서 일방적으로 흘러갈 가능성이 큽니다. 체험학습 과정에서의 활발한 소통과 참여를 위해서는 소규모 학생들의 요구가 반영된 집단으로의 준비가 필요합니다.

❷ 다음으로 '언제'의 측면입니다. 현장의 실제 환경, 학교의 교육 계획, 체험학습의 취지와 목적을 두루 고려해 시기를 결정해야 합니다. 봄, 여름, 가을, 겨울과 같은 사계절이야말로 대표적인 추상적 개념입니다. 학생들의 현장체험학습과 관련한 대표적인 불만 중 하나는 더위, 추위와 같은 날씨인데 이 또한 개인적 감수성에 따라 다릅니다. 추상적 시간 개념과 개인의 기호에 휘둘리지 않도록 구체적 맥락을 고려해 준비해야 합니다.

❸ 이어서 '어디서'의 측면입니다. 현장학습의 취지에 따라 학교 주변, 학교 밖 관내, 학교 밖 관외 등으로 다양하게 검토할 수 있어야 합니다. 어디서 현장체험학습이 이뤄지는지는 학생들이 가장 관심 있어 하는 부분입니다. 학생들의 의견에 귀 기울이는 것도 중요하지만, 무조건 놀이공원에 가는 것이 능사는 아닙니다. 실제로 학생들이 좋아하는 놀이공원에 가도, 그 의미를 찾지 못하고 집에 갈 시간만 기다리며 억지로 남아 있는 학생도 적지 않습니다. 학생들의 선호도가 비교적 떨어지는 문학관에 가도, 누구와 어떻게 무엇을 하느냐에 따라 달라질 수 있다는 것을 보여 주는 계기가 돼야 합니다.

❹ 그리고 '무엇을'과 '어떻게'의 측면입니다. 이것은 교육과정, 교사의 전문성, 학생의 개별성이 가장 조화를 이뤄야 하는 부분입니다. '누가', '언제', '어디서'로 예측할 수 있는 체험학습의 성패가 '무엇을', '어떻게'에 따라 완전히 뒤바뀔 수 있습니다. '무엇을'과 '어떻게'가 매력적이지 않으면, 현장체험학습은 그야말로 안 하느니만 못하게 됩니다. '무엇을'에 해당하는 것으로는 유람형, 체험형, 봉사형, 자

치형, 학습형 등으로 셀 수 없이 많을뿐더러, 이들 사이의 융합도 가능합니다. 또한 반일형, 종일형, 숙박형과 같이 시간을 어느 정도로 하느냐에 따라 또 다른 'small how'가 끊임없이 파생됩니다. 끝도 없는 준비에 힘이 들기도 하겠지만, 이 과정 또한 '현장체험학습'의 교육적 과정으로 학생과 함께할 수 있기를 바랍니다. 특히 안전을 위해서는 관련 매뉴얼의 숙지와 섬세한 계획 및 이에 따른 안전 예방 교육이 반드시 필요합니다.

❺ 마지막으로 '왜'의 측면입니다. 현장체험학습의 취지, 목적, 기대효과는 체험학습 계획서뿐만 아니라, 학생들과도 공유돼야 하는 부분입니다. 인터넷 강의가 학교를 대체할 수 없는 것처럼, 여행이 현장체험학습을 대체할 수 없습니다. 이렇듯 '왜'는 현장체험학습과 개인적인 여행이 구분되는 지점을 학생들과 나누는 것입니다. 이를 위해서는 지금까지의 모든 과정에서 '왜'라는 질문을 던지는 과정이 필요합니다. 이러한 응답의 과정을 통해 현장체험학습은 그 취지와 목적을 살리고 긍정적인 효과를 낳을 수 있습니다. '왜'는 육하원칙상으로 가장 마지막에 존재하지만, 현장체험학습에 있어서는 가장 첫머리에 놓이기도 하고 매 원칙마다 놓이게 되는 것입니다.

학교의 현장체험학습에 이어서, 시대의 변화에 따라 활성화되고 있는 것이 개인체험학습입니다. 예전의 결석은 주로 질병이나 특별한 인정의 사유가 있을 때에 하는 것이었지만, 갈수록 개인체험학습을 목적으로 한 인정결석이 많아지고 있습니다. 개인체험학습 또한 현장체험학습에 준해 준비와 실행 및 사후 활동에 있어 관리에 만전을 기해야 합니다. 개인체험학습도 타당한 목적에 따른 구체적인 계획하에서 실시돼야 하며, 각 학교의 개인체험학습 절차가 제대로 준수돼 관리될 수 있도록 그 규정을 학생과 학부모에게 미리 안내해야 합니다. 이 과정에서 미흡한 것이 있다면 서면뿐만 아니라, 소통 체계를 구축해 지속적으로 안내하고 응답을 받을 수 있어야 합니다.

이러한 지속적인 소통은 개인체험학습의 과정 중에서도 중요합니다. 특히 장기적이고도 특수한 목적을 가지고 있는 체험학습의 경우에는 '학생 상담과 안전의 측면'에서라도 학생과 안부를 나누며 소통을 하는 시간을 가지기를 추천합니다. 질문과 피드백을 나누는 것을 통해 학생의 개인체험학습의 교육적 의미를 찾도록 도울 수 있으며, 이는 사후 개인체험학습 보고서 작성에도 도움이 됩니다. 이를 위해서는 평소에도 교사가 학생들의 삶에 관심을 가지고 꾸준히 상담하며 소통하는 풍토가 조성돼 있어야 합니다.

교실을 벗어나 야외에서 하루만이라도 마음껏 놀 수 있었던 소풍을 손꼽아 기다리던 경험이 다들 있을 것입니다. 학생들의 미래 역량을 키워 주기 위해서라도 현장체험학습은 이어져야 합니다. 다만, 지속 가능한 현장체험학습을 위해서는 교사가 일회적 업무로 인식할 것이 아니라, 상시 다양한 형태로 교육 주체가 모두 함께 협력해 실시함으로써 그 가치를 모두가 누릴 수 있어야 할 것입니다.

090

사회의 변화에 맞는 진로교육

#진로의 의미 #진로 체험 #진로 수업 #마을결합형 진로교육 #진로 상담

22중등경기 22비교과충북 21초등강원 21비교과경기 20중등서울 20중등인천 19중등강원
19중등경기 19중등서울 18비교과경기 18중등세종 18비교과세종 17중등강원 17중등세종

Q 우리 학교에서 1학기를 마무리하며 실시한 중간 학교평가 결과가 나왔습니다. 자유서술식 의견으로 다양한 의견이 있었지만, 학생과 학부모 공통으로 나온 의견 중에 '학교에서 실시하는 진로교육이 시대에 맞지 않아 아쉽다.'라는 내용이 있었습니다. 진로교육이 중요한 것은 알지만, 어떻게 할 수 있을지가 생각보다 큰 고민이 됩니다. 미래 진로교육은 어떻게 실시할 수 있을까요?

A 진학과 취직을 포함해, 학생의 생애 전 과정을 자기주도적으로 설계할 수 있는 진로 역량을 키워 주시기 바랍니다.

학교의 역할이 상급학교로의 진학이었던 시기에는 진로 상담의 내용이 간단했습니다. 상급학교의 진학은 공정성에 의거해 성적이 가장 중요하기 때문에, 학생에게 할 수 있는 진로 상담은 '일단 성적을 올리자'가 주된 내용이었으며, 성적을 올리기 위한 수단과 방법이 진로 상담을 대신했습니다. 물론 진학의 전형이 다양화되면서 진로 상담 또한 자세해졌습니다. 하지만 결국 가까운 미래의 성과를 중시하는 측면은 한결같습니다.

진로(進路)의 사전적인 의미는 '나아갈 길'입니다. 인생을 흔히 길에 빗대어 표현하는데, 이것이 단어로 굳어진 것이지요. 그래서 진로교육이란, 이 길을 걸어가는 학생의 삶 자체에 대한 개별적인 이해가 밑바탕이 돼야 합니다. 이런 점에서 그간의 진로교육이 학교나 직업에 대한 정보 전달에 불과한 것은 아니었는지를 반성해 봐야 합니다. 물론 지금도 정보는 중요한 것이지만, 예전과 달리 이제는 너무나 많은 정보를 쉽게 얻을 수 있는 세상이 됐습니다. 진로 상담이 쇼핑이라면, 이런저런 옷을 잔뜩 입어 보라고 하는 것이 아니라 학생이 골라 입어 본 옷을 하나하나 자세히 봐주는 것이라고 할 수 있습니다. 그리고 가장 비싸고 유명한 옷을 골라 주는 것이 아니라, 학생에게 가장 잘 맞는 옷을 함께 찾아봐 주는 과정이라고 할 수 있습니다.

교육부와 한국직업능력연구원이 발표한 「2021년 초·중등 진로교육 현황조사」에 따르면, 희망 직업이 없는 학생은 '내가 무엇을 좋아하는지 몰라서', '내가 잘하는 것과 못하는 것을 몰라서' 선택에 어려움을 겪고 있다고 합니다. 한창 진로 탐색의 시기인 학생들에게 진로의 어려움은 자연스러운 것이면서도, 무엇보다 자기 자신에 대한 이해가 중요하다는 것을 알려 줘야 합니다.

「진로교육법」에는 진로교육을 통해 학생에게 제공해야 할 것들로 '진로 수업, 진로 심리검사, 진로 상담, 진로 정보 제공, 진로 체험, 취업 지원 등'을 들고 있습니다. 교사는 이 모든 영역에 대해 전문성을 가지고 있어야 합니다. 앞선 조사에 따르면, 이 중 학생들이 가장 선호하는 것은 진로체험이며, 진로에 도움이 되고 향후에도 계속하고 싶은 진로 체험 유형으로는 현장직업체험형을 꼽았습니다. 이는 추상적인 진로교육과 수

박 겉핥기식의 진로체험에서 벗어나 실제 맥락 중심으로 생생한 현장에서 경험하는 진로교육의 중요성을 역설하는 것입니다.

이를 위해 학교에서는 진로진학 상담교사와 진로진학 상담부를 중심으로 '진로 체험의 날'을 운영하고 있지만 이것만으로는 부족합니다. 담임 및 교과교사로서도 소규모로 진로현장체험 교육을 이룩할 수 있도록 현장을 발굴하고 유기적인 협조 체제를 구축하는 것이 그 자체로 교사의 진로교육 역량이 될 것입니다.

진로 수업은 모든 교사가 자연스럽게 진로교육을 실시할 수 있는 계기가 되면서도, 가장 등한시하기 쉬운 진로교육 방법입니다. 학생들로 하여금 교과 역량을 기르게 하기 위해서라도 교과 수업에서 학생들의 참여 중심으로 실제 문제를 해결하게 하는 것이 중요한데, 이는 교과 수업과 진로교육이 융합될 수 있는 부분입니다. 예를 들어, '면담하기' 수업이 있다면 면담하기와 관련한 교과서 진도만 나갈 것이 아니라, 평가까지 연계해 실제 '직업인을 면담'하는 수업을 설계함으로써 교과 수업에서 진로교육까지 이뤄 낼 수 있을 것입니다.

'마을'이라는 아이들의 주요한 경험 세계를 진로교육으로 이용하는 것도 좋은 방법입니다. '진로 정보'가 너무나 많은 요즘의 상황에서, '마을'은 지금 당장 아이들의 현실과 직접 연계된 것들로 정보를 정제할 수 있는 키워드가 됩니다. '마을의 직업', '마을의 직업인', '마을의 전통', '마을의 신산업', '마을의 일터'에 대한 정보는 아이들에게 좀 더 현장성을 갖는 생생한 정보로 다가옵니다. 마을과 함께하는 진로교육은 공동체성이 중시되던 과거에는 자연스러운 것이었습니다. 하지만 이제는 학교와 교사가 적극성을 가지고 마을과 연계해 건강한 진로교육 생태계를 조성하는 것이 필요합니다.

마지막으로 '진로 상담'의 측면에서는, 학생들에게 진로 주도권이 있음을 명확하게 알리면서도 교사와 학부모 및 전문가들이 함께 소통체계를 구축해 과정 중심의 진로 상담이 이뤄져야 합니다. 진로와 관련해서는 학생은 학생대로, 교사는 교사대로, 학부모 및 전문가들은 그 나름대로 각각의 역할이 존재합니다. 그런데 이 사이에서 소통이 이뤄지지 않으면, 통일성 있는 진로교육이 되지 않아 학생에게 혼란을 줄 수 있습니다. 진로(進路)가 길을 걷는 것이라면, 길은 다양한 길을 만나며 더욱 큰 길이 돼야 합니다. 다양한 길을 걷는 것이 갈림길로서의 부담이 되지 않도록 여러 길들 사이의 소통을 통해서 학생의 진로 경험이 두터워지는 계기로 작용해야 할 것입니다. 물론 그 길을 걷는 사람은 학생 본인이어야 한다는 것은 당연합니다.

2022년에 열린 '반 클라이번 국제 피아노 콩쿠르'에서 역대 최연소인 18세의 나이로 우승한 피아니스트 임윤찬의 진로와 이에 대한 요즘 학생들의 반응은 진로교육에 시사하는 바가 큽니다. 그는 우승 이후 인터뷰에서, "큰 콩쿠르에서 우승했다고 달라진 건 없습니다. 우승했기 때문에 실력이 느는 건 아니니까요. 늘 계속 연습할 뿐입니다."라고 말했습니다. 이는 진로가 하나의 성취로만 귀결되는 것은 아니라는 것을 일깨워주는 대목입니다.

이것보다 더 큰 울림을 주는 것은, 이른바 성공 신화를 이룬 존재에 대한 학생들의 반응입니다. 학생들은 성공 신화를 일궈낸 진로 개척자에게 박수를 보내면서도, 그들의 진로와 자신들의 진로를 명백히 구분하려는 반응을 보입니다. 그러나 아직도 기성세대는 '롤모델'이라는 이름으로 '제2의' 누군가를 꿈꾸며 성공 신화를 따라잡기에 바쁩니다. 인간에게 귀천은 없습니다. 따라서 직업에도, 출신학교에도 귀천은 없습니다. 그렇기 때문에 진로에도 귀천이 없다는 것을 잊어서는 안 됩니다.

 진로 영화제를 통한 학생의 선택권 보장

학생이 선택할 수 있는 진로 영화관

- 1관: 음악 – '라라랜드'
- 2관: 항공 – '해피플라이트'
- 3관: 법률 – '변호인'
- 4관: 음식 – '아메리칸 셰프'
- 5관: 무용 – '빌리 엘리어트'
- 6관: 스포츠 – '머니볼'
- 7관: 교육 – '프리덤 라이터스'
- 8관: 농업 – '리틀 포레스트'
- 9관: 수학 – '이상한 나라의 수학자'
- 10관: 공학 – 'AI'

운영 세부 계획

- 영화 선정은 관련 영화로 진로 수업을 준비할 수 있는 교사가 한다.
- 시기는 전환기 수업이 필요한 시기이며, 학년 전체 활동으로 운영한다.
- 영화의 선택은 학생이 한다.
- 교실은 영화관이 되며, 학생들은 자신이 선택한 영화관으로 이동한다.
- 블록타임으로 수업을 운영한다.
- 영화 감상뿐만 아니라, 관련 진로 수업을 체계적으로 운영한다.

091

학생의 선택을 보장하는 고교학점제

#단위와 학점 #심화과목 #선택과 책무성 #성취평가제 #고교학점제를 위한 환경 #고교학점제 준비

23중등강원 21중등강원 18중등경기

Q 저는 고등학교에서 근무하고 있지는 않지만, 2025학년도에 고교학점제가 전면적으로 실시되기 때문에 이에 대한 관심은 가져야 한다고 생각합니다. 학생들은 각종 언론의 보도를 통해 고교학점제에 대해 어느 정도는 알고 있지만, 아직은 '어렵고 부담스러운 것'으로 인식하고 있습니다. 고등학교에 근무하지 않는 제가 학생들에게 고교학점제를 안내하기 위해서는 어떤 준비를 해야 할까요?

A '고교학점제'로 나타난 교육 패러다임의 변화 양상을 학생과 공유하고, '고교학점제'와 직접적인 관련성이 없어도 그 패러다임을 간접적으로 실천할 수 있는 방법을 모색하기를 바랍니다.

　그동안 '캠퍼스'라는 말은 고등학교와 어울리지 않는 말이었습니다. 학생이 저마다의 전공을 가지고, 저마다 원하는 수업을 선택해 수강 신청을 한 뒤, 일정 학점을 채워 졸업을 하기 위해 캠퍼스를 바삐 오가는 것은 대학교의 모습이었지요. 그런데 이제 이 캠퍼스의 모습이 고등학교에서도 나타나게 됐습니다.

고교학점제로의 방향성은 이미 「제7차 교육과정」에서부터 확인할 수 있습니다. 실질적인 비율과 그 다양성은 부족했지만, 선택과목을 운영할 수 있었기 때문에 전문적인 심화 교과가 나타날 수 있는 계기가 됐습니다. 이후 교육과정의 개정을 거치면서 「2022 개정 교육과정」에서 전면적으로 등장한 고교학점제는 2020년에 산업수요와 연계해 기술 장인을 육성하기 위해 만든 고등학교인 마이스터고등학교에 우선 도입됐습니다. 그리고 특성화고등학교는 2022년부터 도입이 됐고, 일반계고등학교는 2023년부터 현재 사용하는 한 학년에 '204단위' 대신에 '192학점'이 도입되면서 단계적으로 적용이 시작됩니다. 2024년까지는 전국의 일반계고가 고교학점제 연구 및 선도학교가 되며, '전 과목 미이수제'와 '모든 선택과목 성취평가제'까지 도입하는 2025학년도가 고교학점제 전면 적용의 종착점이 됩니다.

고등학교는 곧 성년을 앞둔 시기로서, 지금까지의 진로 탐색을 바탕으로 진로를 선택해야 하는 매우 중요한 시기입니다. 그런데 이 소중한 시기를 단순히 진학을 위한 입시 준비로만 보내는 것이 현실이었습니다. 이에 대한 반성으로 등장한 고교학점제는 학생의 소질과 적성에 맞는 교육을 보장해 주려는 교육 정상화 정책의 핵심이라고 할 수 있습니다. 이러한 고교학점제의 가장 큰 특성은 학생의 '선택'이 보장된다는 것입니다. 시간표를 스스로 짜봄으로써 자신에게 최적화된 교육과정을 자신이 직접 맞춤형으로 운영해 학업의 의미를 찾을 수 있게 됐습니다.

그러나 선택이 보장된다는 것은 그만큼 학생 스스로 책무성을 가지게 된다는 의미도 있습니다. 자신의 선택권이 보장된 이상, 그 선택으로 인한 결과에 대해서는 자신이 책임을 질 수 있어야 합니다. 지금까지는 출석 일수만 채우면 졸업을 할 수 있었지만, 이제 출석 일수와 함께 일정 성취를 달성하지 않으면 이수를 하지 못하는 '미이수제'가 적용됩니다. 성적표는 안 보면 그만이었던 학생들도 졸업을 위해서는 최소한의 성취를 달성하고자 노력을 해야 하는 상황이 됐습니다. 이는 자신의 역량과 그에 따른 성취를 각 교과에 세부적으로 점검하게 하면서, 교육 현장의 배움의 질을 제고할 수 있는 계기도 될 것입니다.

또한 고교학점제는 선택과목에 성취평가제를 도입해 학생들을 상대적으로 서열화하는 학교 문화에서 탈피해, 학생의 성장을 강조하는 교육 풍토를 조성할 수 있습니다. 물론 공통과목이 존재하지만, 선택과목에 있어서만큼은 경쟁에서 벗어나 자신의 꿈과 끼를 마음껏 발휘할 수 있는 여건이 마련된 것입니다. 자기가 아무리 좋아하는 공부라고 할지라도, 등수를 매기는 이상 결국 등수를 잘 따기 위한 방법으로 공부를 하게 되기 마련입니다. 하지만 고교학점제는 학생들의 학업 부담을 줄여 주면서 자신의 역량을 개별적으로 깊이 있게 키울 수 있는 여건을 마련해 준다는 점에서 진정한 진로교육에도 도움이 될 것으로 기대되고 있습니다.

그리고 고교학점제의 정착은 현재의 교육 환경에 지대한 변화를 가져오게 될 것입니다. 현재의 학교 구조는 고효율을 위한 학급 교실 형태가 대부분입니다. 교실 환경이 고정적인 상태에서 각 개별적 교육과정이 제대로 운영될 리가 없습니다. 고교학점제에 맞춰, 공강 시간 활용 가능성까지 포함해 학생 주도적으로 유연하게 이용할 수 있는 개방된 학교 공간, 심화 수업을 도울 수 있는 전문적인 교과교실제 등이 계속 도입되고 있습니다.

또한 소인수 심화 교과에 대한 보장을 위해 학교 간 수업의 공유로 공동 교육과정을 혼합형으로 준비하고, 필요에 따라 마을과 결합해 교육과정을 운영하는 마을결합형 교육과정도 자연스럽게 등장하고 있습니다. 이처럼 그간 다소 형식적이고 일부의 특색에 불과했던 학교 혁신의 방향이 고교학점제를 중심으로 해 교육 현장에 전면적으로 등장하게 됐습니다.

이러한 고교학점제를 통한 교육 패러다임의 변화는 비단 고등학교에만 해당하는 것이 아닙니다. 「2022 개정 교육과정」에 따르면 이제 초등학교도 3~6학년은 매 학기 68시간 범위 내에서 선택과목을 신설해 운영할 수 있게 됐기 때문입니다. 그리고 중학교는 자유학기제의 '주제선택' 영역이 고교학점제의 특성을 반영하고 있습니다. 이처럼 학생의 선택권 보장권은 앞으로도 계속 확대될 전망입니다. 이를 위해서는 교사 중심의 교육과정에서 벗어나 학생 중심의 교육과정 준비가 뒷받침돼야 합니다. 내용 지식을 주입식으로 전달하며 이에 대한 동기유발의 방법으로 경쟁을 사용하는 구시대적인 교육은 학생의 선택을 받을 수 없습니다.

이를 위해 교사는 자신의 교과 전문성에 대한 성찰과 비평을 바탕으로 미래 세대를 고려한 맞춤·심화형 교육과정을 개발하고 실천하는 노력을 계속해야 할 것입니다. 또한 혼자서 하기 힘든 교육과정 개발을 학교 내외의 동료교사 및 주변의 전문가 집단과 협업을 통해 실천할 필요가 있습니다. 무엇보다 학생이 한 번이라도 더 주도적으로 선택하고 그에 대한 책무를 지는 기회를 부여해야 합니다. 창의적 체험 활동으로 실시되는 자율 활동, 동아리 활동을 포함한 각종 특색적 교육 활동을 학생의 개별성을 반영해 다양화하고, 여기에 학생 선택 제도를 도입함으로써 모든 학생이 고교학점제를 준비할 수 있어야 합니다.

고교학점제의 가장 큰 걸림돌은 현행 대입제도와 과도기에 생겨날 수밖에 없는 미봉책들입니다. 고등학교의 교육 패러다임은 혁신적으로 바뀌면서 대입제도가 과거를 답습한다면, 결국 고교학점제는 성공적으로 정착될 수 없을 것입니다. 또한 당장의 문제를 해결하기 위해 근시안적인 정책을 적용한다면 결국 그 부작용은 학생들에게 고스란히 돌아갈 수 있습니다.

벌써부터 사교육 시장은 고교학점제에 대비한 입시 지도 노하우를 저마다의 특색으로 삼아 홍보에 이용하고 있는데, 고교학점제의 본래 취지에서 방향성이 벗어난 내용들이 많은 것이 현실입니다. 「2028 대입제도 개편안」이 2024년 2월에 발표됩니다. 이 대입제도 개편안에 공정성을 확보하면서도 고교학점이 갖는 미래교육의 패러다임이 담길 수 있어야 합니다.

092

온 마을이 함께하는 마을결합형 교육

#마을결합형 교육의 필요성 #마을결합형 교육의 의미 #마을결합형 교육을 위한 노력

23초등평가원 22비교과충북 21초등세종 20초등경기 20초등인천 20비교과경기 18중등강원
18중등세종 18비교과세종

Q

한 번도 가본 적이 없는 지역에 발령을 받았습니다. 이 지역에 대해서 아는 것이 없는데, 이번에 학교가 마을결합형 학교 사업을 실시한다고 합니다. 마을결합형 학교와 관련해 알아 둬야 할 것이 있을까요?

A 선생님이 그 학교에서 근무하는 동안 학교가 있는 마을이 제2의 고향이라고 생각해 보세요.

마을결합형 교육의 힘은 오히려 사소한 데에서 깊게 느낄 수 있습니다. 1980년대의 경기도 부천을 배경으로 하는 양귀자의 소설 『원미동 사람들』을 가르치면서 이 작품의 주제의식을 어떻게 가르칠지 고민하던 적이 있습니다. 그런데 작품을 읽던 한 학생이 자신도 모르게 "야 이거 완전 B베이커리 이야기네!"라고 외치는 순간, 교실에는 전에 없던 활기가 가득해졌습니다.

이유인 즉, 작품 속의 세 가게의 갈등이 업종은 다르지만 실제로 자신들의 마을에도 벌어지고 있다는 것을 의식하게 됐기 때문입니다. 교과서

의 제재가 실제 학생들의 마을의 삶과 연관되는 순간 아이들이 눈을 뜨게 됩니다. 교과서의 이야기가 자신의 이야기가 됐기 때문입니다. 이것이 마을결합형 교육이 필요한 가장 기본적인 이유입니다.

마을결합형 교육이 갈수록 중요해진 이유에는 여러 가지 측면이 더 있습니다. 우선, 과거에 마을에서 자연스럽게 담당했던 아이들에 대한 돌봄 및 교육적인 역할이 사회의 변화로 자취를 감추게 됐기 때문입니다. 과거에는 학생들이 방과 후에 군이 학원을 가지 않아도, 마을에는 항상 선배나 또래 친구들 및 동생들과 그들의 부모를 함께 만날 수 있었습니다. 그리고 '우리'라는 이름으로 너와 나의 구분이나 네 자식, 내 자식 구분 없이 함께 공동으로 어울리고 돌보면서, 특히 놀이 및 체험 활동을 통해 정의, 공존, 협력 등의 가치를 일깨우는 정서적인 교육이 자연스럽게 이뤄질 수 있었습니다. 그러나 이제 더 이상 아이들이 자연스럽게 모이는 골목은 존재하지 않는 사회가 됐습니다. 이에 따라, 지난날 마을에서 담당하던 교육의 기능을 학교가 구심점이 돼서라도 회복할 필요가 있게 된 것입니다.

또한 인구의 대도시 집중 현상으로 지방의 학령인구가 심각하게 감소하고 있다는 것도 마을결합형 교육에 주목을 하게 된 원인입니다. 교육부 자료에 의하면, 2021년 3월 기준 전국의 폐교 수가 3,855개에 이르고 있습니다. 폐교 등으로 인해 지방의 교육적 여건에 결손이 발생하는 까닭에 지방의 학생들은 다시 도시로 유입되고 있습니다. 이 과정이 끊임없이 반복되면서 인구 밀도가 갑자기 높아진 도시의 신도시 지역에서는 여전히 학교가 부족한 형편이지만, 지방에서는 학생 수가 여전히 크게 부족한 이중적인 어려움이 갈수록 심화되고 있습니다. 이에 따라, 각 지방에서는 그 지방의 미래가 달린 학생들이 오롯이 다시 해당 지역에서 삶의 터전을 일구며 꿈을 이룰 수 있는 방법이자, 지역 살리기 실천 운동의 하나로서 마을결합형 교육을 택하게 되는 것입니다.

그리고 학교교육에 대한 혁신으로 민·관·학의 공동적인 교육 참여가 활성화되면서, 위에서부터 아래로의 국가 주도 하향식이 아닌 아래에서부터 위로의 상향식 교육 민주화가 이뤄진 것도 마을결합형 교육이 활성화될 수 있는 원동력이 됐습니다. 그야말로 우리 앞의 한 아이를 위해서 온 마을이 함께할 수 있는 분위기와 여건이 마련된 것입니다. 특히 이런 여건이 역량을 강조하는 교육과정으로의 개정과 장단을 맞추면서, 학생들이 마을에서 스스로 문제를 찾고 마을과 함께 그것을 해결을 하며 진정한 역량을 즐겁게 키우는 교육 혁신의 하나로 마을결합형 교육이 나타나고 있습니다.

❶ 이러한 마을결합형 교육을 잘 운영하기 위해서는 우선, 교사가 마을에 대한 관심과 애정을 가져야 합니다. 학생들이 마을에서 겪는 일상과 관련해 마을의 맛집에 대한 이야기를 나눠도 마을결합형 교육이 시작될 수 있습니다.

❷ 두 번째로 마을의 구성원과 소통하려는 자세가 필요합니다. 마을의 학생을 포함해 학부모, 지자체의 교육 관련 공무원, 마을 선생님, 마을 사업체 운영자 등 모든 존재와 마을결합형 교육을 실천할 수 있는 넓은 포용력을 갖춰야 할 것입니다.

❸ 마지막으로 마을에 대한 전문성을 키울 수 있어야 합니다. 마을과 관련한 각종 연수 및 마을 연계 교육과정 연구 등을 통해 마을을 이용하는 차원을 넘어, 마을과 학교가 동등하게 품어 안는 비전을 그려야 합니다.

미국의 제16대 대통령인 에이브러햄 링컨(Abraham Lincoln)은 유명한 '게티즈버그 연설'에서 "국민의, 국민에 의한, 국민을 위한"이라는 명언을 남겼습니다. 이 말을 이렇게 바꿔 활용해 봅니다. 마을결합형 교육이란, '마을의, 마을에 의한, 마을을 위한' 교육입니다.

교사가 할 수 있는 마을결합형 교육 사례들

• **마을결합형 교육과정 연구 및 개발**: 교과 성취기준 및 교과 제재와 마을의 만남
• **마을결합형 교과서 개발**: 마을의 역사, 사회, 경제, 문화 등을 다룬 마을 교과서 개발
• **마을결합형 창체 교육**: 마을결합형 동아리 및 봉사 활동, 진로, 자율 활동 실시
• **마을 주민과의 수업**: 마을 교사의 수업 참여에 따른 마을결합형 수업 팀티칭
• **마을과 학교의 공동 행사**: 마을 축제 및 마을 교양 대학의 공동 운영
• **마을을 위한 학교 개방**: 마을과 함께하는 평생학습 측면에서의 마을과 학교의 만남

093

혁신학교에 대한 오해 풀기

#혁신학교 적응 #혁신학교 인식 개선 #혁신학교의 의미 #수업 혁신 #학교 공동체 혁신

21중등강원

Q

이번에 혁신학교로 발령을 받았습니다. 그런데 주변에서 아이들도 드세고 업무가 많아서 적응하기 힘들 것이라며 걱정을 하십니다. 혁신학교가 일반학교와 많이 다른가요?

A 혁신학교와 일반학교는 크게 다르지 않습니다.

혁신학교와 일반학교가 크게 달랐다면, 당연히 선택권이 주어져야 했을 것입니다. 혁신학교와 일반학교의 입학 전형은 같습니다. 누구나 혁신학교에 배정될 수 있습니다. 교사도 마찬가지입니다. 혁신학교가 교사 초빙 등의 인사권이 더 보장된 부분이 있지만, 대부분의 교사는 일반학교와 같은 방법으로 혁신학교에 전입하게 됩니다.

혁신학교에 발령을 받았다면, 혁신학교의 탄생 배경과 혁신학교의 철학에 대해 충분히 생각하는 시간을 가져야 합니다. 이런 준비 없이 혁신학교를 다니게 되면, 부정적인 편견들로 혁신학교의 의미를 찾지 못한 채 혁신학교를 나갈 날만을 기다리게 될 수 있습니다. 반대로 혁신학교를 잘 알고 적극적으로 이용한다면 기회가 될 수도 있습니다.

사실 혁신학교를 다니는 교육 주체들도 혁신학교가 무슨 학교인지 정확히 모르는 경우가 많습니다. 혁신학교들의 공통적인 특징들이 있긴 하지만 무엇이라고 한마디로 정의하기 어려운 까닭은, 혁신학교 자체가 '교육 주체들이 만들어 가는 학교'이기 때문입니다. 혁신학교에서는 어느 누구도 일방적일 수 없습니다. 교육 주체들의 소통과 참여에 의해 비전과 교육 목표가 세워지며, 이런 까닭에 모든 혁신학교들은 제각각 다양한 개성을 바탕으로 공교육의 본질을 회복하기 위해 노력합니다.

혁신학교(革新學校)라는 글자의 의미는 '학교교육의 변화'라는 측면에서 마치 지금껏 보지 못했던 전혀 새로운 것을 추구하는 것으로 오해할 수 있습니다. 그러나 혁신학교의 혁신은 전혀 새로운 것을 의미하지 않습니다. 오히려 교육과정에서 볼 수 있는 '학생들의 기본 능력을 기르기 위한 교육, 바른 인성과 민주시민으로서의 자질을 함양하는 교육'에 주목한다는 점에서 혁신학교의 혁신은 '본래의 가치를 되찾는 형태의 변화'라고 할 수 있습니다.

이런 점에서 혁신학교는 현재 공교육에 대한 반성에서 출발합니다. 현재의 공교육은 학생들의 기본 능력을 기르는 것에 주목하기보다는 서열화된 대학의 진학에 초점이 맞춰져 있습니다. 또한 교육과정의 성취기준을 달성하는 것보다는 대학수학능력시험에서 좋은 성적을 거두기 위한 문제풀이 연습이 더 효율적인 것으로 받아들여지는 것이 현실입니다. 이러한 현실에 대한 보완책으로 대학 입학 전형에서 다양한 방법으로 수시

모집을 강화했지만, 이마저도 성과주의에 매몰돼 오히려 입시에 더 큰 부담을 안게 되고 각종 입시 부정이 발생하는 기현상이 나타나고 있습니다. 대한민국의 중등교육이 오로지 입시만을 위해 존재하는 것인 양 비정상적인 상태로 나아가고 있는 것입니다.

이 과정에서 학생들의 인성도 비정상적이 될 수밖에 없습니다. 아무리 모두가 정해진 성취기준을 달성해도, '등급'이라는 이름 앞에 끝없이 경쟁을 할 수밖에 없습니다. 민주시민으로서 존중받을 기회를 제대로 가져보지도 못한 채 입시 준비로 인생의 중요한 시간을 보내게 됩니다. 교사의 상황도 마찬가지입니다. 교사는 학생의 등급을 잘 나눠야 하기 때문에 '킬러 문항'이라는 끔찍한 이름의 문항을 출제할 수밖에 없습니다. 교사들은 킬러가 되고, 학생들은 킬러에게 쫓기는 신세가 돼 버립니다. 이러한 관계들 속에서 형성되는 시민성이란 한계가 있음이 명확합니다.

❶ 이러한 현실에 대한 혁신학교의 구체적인 반성 중, 첫 번째가 '수업 혁신'입니다. 공교육이 대학 입시의 수단으로만 존재할 때에는 수업에서 말 한마디 나누기 어려운 상태가 되기도 합니다. 예를 들어 영어의 경우는 외국어로서의 사용을 염두에 두고 공부하기보다는 EBS의 연계 지문을 달달 외우는 식으로 공부를 하는 경우도 있습니다. 혁신학교는 이를 변화시키고자 합니다. 수업의 주도권을 교과서나 문제집이 아니라 학생과 교사가 갖게 합니다. 교사는 학생의 역량을 기르기 위해 교육과정을 적극적으로 재구성하고, 학생은 교사가 마련한 학생 참여 중심 수업에 자율성과 적극성을 갖고 참여하게 됩니다. 이 과정에서 토의와 토론 및 협업이 활성화되고 정답을 찾기보다는 다양한 상황에 대한 비판적 능력을 바탕으로

문제해결능력을 기를 수 있는 수업을 중시하게 됩니다.

❷ 이러한 수업 혁신의 정착을 위해 평가 방법도 혁신하게 됩니다. 1년에 4번 보는 지필평가 위주의 평가에서 과정중심평가와 수행평가 및 서·논술형 평가가 활성화됩니다. 학생의 점수보다는 학생의 개별적 특성과 성장에 초점이 맞춰지게 됩니다. 학생의 역량에 대한 성장을 위한 융합 수업도 활성화되면서 융합 수업을 잘 준비하기 위한 각종 학습공동체도 자연스럽게 활성화됩니다.

❸ 수업의 혁신과 더불어 자연스럽게 공동체 문화의 혁신도 가져옵니다. 수업의 혁신을 위한 교사 공동체뿐만 아니라, 더 좋은 학교를 만들어 가기 위한 목적의식을 가지고 교사들의 공동체가 다양하게 나타납니다. 교사뿐만이 아닙니다. 더 좋은 방향으로의 변화를 위해 학부모와 지역 사회가 학교에 참여하고 소통하는 것이 자연스러워집니다. 이 과정에서 학부모 공동체와 지역 사회가 함께하는 교육 공동체들이 형성되고 학교 수업과 행사에 적극적으로 참여하는 등의 선한 영향력을 미치게 됩니다.

공동체 문화의 혁신 중 가장 핵심적 혁신은 학생 공동체 문화의 활성화일 것입니다. 그간 학교는 학생의 미성숙을 문제 삼아 학생을 진정한 민주시민으로 대우하지 못했던 것이 사실입니다. 혁신학교에서는 학생도 시민임을 명확히 해 학생이 자발적으로 학교의 모든 것에 참여하고 원하는 바를 이룰 수 있는 자치 활동의 기회를 충분히 제공합니다. 물론 이 과정에서 실패와 어려움을 겪을 수도 있겠지만 이것이 모두 학생에게는 성장의 밑거름이 되며, 자치의 효용감을 느끼는 것만큼이나 그에 수반되는 엄준한 책임감도 함께 기를 수 있습니다. 궁극적으로는 학생의 인권이 존중되는 가운데, 인권을 존중받은 학생은 다시 주변의 인권을 존중할 수 있게 됩니다. 이 과정에서 모두의 인권을 소중하게 여기는 학교 풍토도 조성됩니다.

이렇게 활성화된 교육 주체들의 공동체가 학교 운영을 주도하면서 혁신학교는 모두가 참여해 만들어 가는 혁신적인 운영의 학교가 됩니다. 가령 교육 사업을 진행하는 데에 있어서는 예산부터 교육 주체들이 주도적인 권한을 가지고 다룰 수 있습니다. 혁신학교에서는 학교의 규정도 영원불변하지 않습니다. 시대와 사회의 변화를 섬세하게 고려해 학교의 규정을 제정하거나 개정하게 됩니다. 이렇게 교육 주체들이 자발적으로 참여하고 소통해 어렵게 정한 규정들이니만큼 학교의 규정들이 더욱 존중되고 잘 지켜질 수 있습니다. 이러한 교육 주체들의 학교 운영과 앞서 말한 수업 혁신 및 공동체 활성화 등을 지원하기 위해서 혁신학교는 일반학교에 비해 더 많은 운영비를 지원받는 혜택도 있습니다.

혁신학교의 궁극적인 종착지는 혁신학교의 혁신을 혁신으로 여기지 않게 되는 것입니다. 수업과 교육 공동체 및 학교 운영의 혁신이 자연스러운 일상이 될 때까지 혁신학교의 혁신은 계속될 것입니다. 이렇게 본다면 소극적인 의미의 혁신으로는 혁신학교가 아닌 학교를 찾기도 드물 것입니다. 아무리 보수적인 학교일지라도 시대의 변화에 맞춰 조금씩은 변화를 꾀하게 되기 때문입니다.

094

수직에서 수평으로, 학교민주주의

#민주적 의사결정 #민주적 거버넌스 #전문성 #책무성 #공공성 #신뢰성 #국가교육위원회

20중등인천 19비교과평가원 18초등경기 18중등평가원 18비교과평가원 17초등경기
17초등세종 17중등경기 17중등인천

Q

우리 학교는 교장 선생님에 대한 평이 좋지 않은 편입니다. 교장 선생님의 독단으로 결정되는 일이 많다고 알려져 있는데, 특히 교사가 학급 아이들과 학급 특색 사업을 준비하는 과정에서 교장선생님의 의견으로 이것이 취소된 경우도 있었다고 합니다. 이러한 상황에서 학교민주주의는 어떠한 방식으로 이룩할 수 있을까요?

A

민주주의는 권력을 모두에게 주는 것만으로 실현되지 않습니다. 쉽지 않지만 학교 민주주의의 의미를 찾고 구체적으로 실천하는 노력을 모든 학교 구성원이 해야 합니다.

플라톤(Plato)은 '지혜의 덕을 갖춘 철학자가 국가를 통치해야 한다'며, 이른바 '철인 정치'를 주장했습니다. 이는 플라톤의 스승인 소크라테스(Socrates)가 민주주의에 의해 사형을 당하는 것을 본 후의 결과입니다. 국민이 권력을 가지고 그 권력을 스스로 행사하며 국민을 위하는 민주주의는 결코 완벽한 정치제도가 아닙니다. 뿐만 아니라 사사건건 오랜 논의를 거쳐야 한다는 점에서 매우 피로한 제도입니다. 그러나 그간 위에

서 아래로 명령과 지시를 수행하며 권력을 유지하기 위한 수단의 역할을 했던 일제강점기와 군부독재 시기의 학교를 생각해 보면, 학교민주주의가 얼마나 소중한 것인지를 느끼게 됩니다.

학교민주주의는 학교의 의사결정에 학교교육 주체가 언제든지, 얼마든지 소통하고 논의할 수 있도록 보장된 거버넌스를 구축하는 것에서부터 출발합니다. 각종 학생, 교사, 학부모 회의에 토론의 요소를 도입하고 크고 작은 다양한 거버넌스들이 활성화될 수 있도록 해야 합니다. 대규모의 거버넌스는 그 안에 또 다른 권력이 형성돼, 결국 민주주의를 표방하지만 실은 숨은 권력 집단의 의도에 의해 학교가 좌지우지될 수 있는 경향이 있습니다. 규모에 숨을 것이 아니라 규모와 상관없이 한 명 한 명 학교민주주의를 위해 최선을 다할 필요가 있습니다. 반대로 소규모의 거버넌스는 거버넌스 활동의 결과를 전체적으로 공유하고 논의를 확장하는 노력이 필요합니다. 소규모의 거버넌스 또한 그 자체로 민주주의에 벗어난 소규모 권력 기구로 작용할 수 있기 때문입니다.

이러한 점에서 민주주의에 참여하는 주체들은 현안에 대한 전문성과 책무성을 스스로 가질 필요가 있습니다. 알지도 못하고 책임지지도 않을 것이면서, 주어진 권력을 함부로 휘두를 수는 없는 노릇입니다. 학교민주주의를 위한 숙의 과정에서 비판을 위한 비판이나 주관성의 개입은 최대한 배제하고, 관련한 연구와 성찰을 통해 근거 있는 토론과 소통이 책임감 있게 전개될 수 있도록 해야 합니다. 여기에서의 전문성과 책무성은 상급 기관에 의한 것이 아니라 교육 공동체 구성원 스스로의 소명에 의한 것임을 명심해야 합니다.

진정한 민주주의의 실현을 위해서는 공동의 번영을 위해야 하며, 이에 대한 신뢰 관계가 구축돼 있어야 합니다. 민주주의의 토론 과정이 하나의 승부라면, 그 토론의 승패는 항상 얼마나 더 공공의 이익을 실현하느냐에 달려 있다고 할 수 있습니다. 모든 논의는 개인의 사익과 안전 및 보신을 위한 것이 아니라, 공공의 측면에서 얼마나 합당한 것인지에 대한 검토가 필요합니다. 또한 모든 민주주의의 구성원들이 이러한 검토를 통해 민주주의를 이룩하고자 하는 것이라는 신뢰관계로서 맺어져 있어야 합니다. 이러한 신뢰가 깨지는 데에서 학교민주주의의 실현이 어려워지기 시작하는 것입니다.

특히 형식적이고 선택적인 민주주의의 적용은 더욱 조심해야 합니다. 대표적으로 '다수결'이 그렇습니다. 소크라테스도 형식적인 민주주의의 희생양입니다. 민주주의는 결론보다 과정에 긍정의 방점이 찍힙니다. 다수와 소수의 토론에서도 서로의 입장을 깊이 있게 확인하는 과정에서 소수의 의견이 존중될 수 있는 여지를 늘 남겨 둬야 합니다.

학교민주주의를 위한 여건은 이미 만들어져 있습니다. 토론이 있는 교직원회의, 학부모 총회, 학교장과 학생회의 간담회와 같은 각종 회의나, 자율성에 기반을 둔 학교평가 같은 것들이 그 사례입니다. 이제는 이미 만들어진 학교민주주의를 위한 제도에 진정한 민주성을 더하는 과정이 필요합니다. 민주주의는 포퓰리즘을 위한 구색 맞추기가 돼서는 안 됩니다. 민주주의를 교묘하게 권력으로 이용하는 것이 민주주의의 적입니다. 이러한 민주주의의 적에 대응할 수 있는 방법은 역시 민주주의밖에 없습니다. 학교의 민주주의 역량을 위해서는 오랜 시간 동안 계속적으로 민주주의의 폭을 넓히고 깊이를 깊게 해야 합니다.

앞서 밝힌 회의와 평가에 전문성과 책무성을 가지고, 학교와 교육 주체를 신뢰하며, 공공의 이익을 실현하겠다는 마음으로 활발하게 참여하기를 바랍니다. 이러한 과정이 꾸준히 이어질 때, 시끌시끌하더라도 어느 한 개인이 함부로 할 수 없는 건강한 민주주의 학교가 될 수 있을 것입니다. 특히 2022년 7월 21일부터 「국가교육위원회 설치 및 운영에 관한 법률」이 시행돼, '국가교육위원회'가 학교민주주의를 넘어 국가적으로 교육의 민주주의를 보장하고, 정부나 교육부 등의 정치성과 관계없이 이미 이룩해 놓은 사회적인 합의를 흔들림 없이 실천할 것으로 기대됩니다. 부디 국가교육위원회가 학교를 포함한 국가적인 범위로 교육민주주의를 꽃피울 수 있기를 바랍니다.

095

전환기 교육의 방향과 사례

#단선형 학제 보완 #대안교육 #생애 전환 #전환기 인식 전환 #전환기 교육 사례
23중등강원 23비교과경기 22중등서울 21비교과세종 19중등경기 18비교과경기 17중등세종

Q

잦은 결석으로 학업 중단의 위기를 맞이한 학생과 학업 중단 숙려제 안
내를 위한 상담을 진행했습니다. 상담을 해 보니, 게을러서 결석이 잦은 것이
아니라 학교에서의 생활이 자신에게 큰 의미가 되지 않는다고 생각해 결석을
하는 것이었습니다. 또한 학교교육 외에 자기가 관심을 두고 있는 일에 대해
나름대로 공부를 하고 있다고 합니다. 그래도 우선 학교는 절대 빠지지 않아
야 훗날 진학에 걸림돌이 되지 않는다는 이야기밖에 하지 못했습니다. 이렇게
이야기를 하는 것이 맞을까요?

A 학생의 생애에서 전환을 돕는 다양한 방법이 있음을 안내하고,
보호자와의 자세한 상담을 전제로 학생이 자신의 삶에 주체성을 갖게
배려해 주시기 바랍니다.

우리나라는 초등학교 6년, 중학교 3년, 고등학교 3년, 대학교 4년의
6-3-3-4 단선형 학제가 광복 이후부터 한 번도 변함없이 진행되고 있
습니다. 단선형 학제는 복선형 학제에 비해, 어느 누구도 차별받지 않고
동등한 교육을 받음으로써 민주적인 교육의 기회 균등을 가지고 왔습니
다. 단선형 학제는 근대 공교육의 핵심 형태로서, 앞으로도 단선형 학제

자체에 대해서는 변화의 여지가 크지 않습니다. 그러나 현재 단선형 학제가 가진 문제점에 대한 인식을 바탕으로 이를 보완하려는 대안교육의 방향이 다양하게 나타나고 있습니다. 단선(單線)형 학제의 문제점은 간단합니다. 학생이 조금만 선을 벗어나고자 해도 탈선(脫線)이라는 부정적 인식이 꼬리표로 따라다니게 되는 것입니다.

전환기 교육에 대한 접근에 있어서 가장 중요한 전제는 학생이 갖고자하는 전환기에 대한 무조건적인 부정적 인식을 거두는 것입니다. 진정한 인생의 방향을 자기 스스로 찾아보기 위해, 전환의 시간을 갖고자 하는 학생에게 함부로 '인생의 실패자'라는 낙인을 찍어서는 안 됩니다. 서구에서는 이미 청소년기에 스스로 자아를 찾아가는 활동을 중시해, '전환학년(transition year)'이나 '갭이어(gap year)'의 이름으로 전환기 교육의 토대가 비교적 잘 갖춰져 있습니다. 덴마크의 경우에는 중학교 과정을 마치고 선택으로 입학하는, 전환기 교육을 위한 자유학교인 '애프터 스콜레'가 오히려 국가적인 교육의 자부심으로 발돋움한 상황입니다.

다만, 무조건 학교를 쉬는 형태만이 전환기의 전부는 아닙니다. 교사는 학생과 학생 가정의 개별적 특성을 고려해 다양한 형태의 전환 방법을 안내해 줄 수 있어야 합니다. 이를 위한 학생의 상담은 전환기 실행의 여부에 중점을 둘 것이 아니라, 현재 학생에게 전환기가 필요한 원인을 분석하고 그에 따라 구체적인 전환기 방안을 선택할 수 있는 구체적 상담이어야 합니다. 가장 먼저, 현재 학교 체제 내에서 전환의 기회를 가질 수는 없는지 살펴보아야 합니다. 사실, 학교에 마련된 방학 프로그램이나 방과후 활동도 모두 전환기 교육으로 이용될 수 있는 것들입니다. 전환기 교육적 성격의 학교와 유관기관 및 지역 사회의 방학 및 방과후 프로그램을 이용하는 것은 전환의 계기와 내용으로는 미약하지만, 그만큼 부담도 적다는 것이 장점입니다.

이와 관련한 사례로, 경기도의 '꿈의 학교' 모델을 들 수 있습니다. '마을교육 공동체'의 이름으로 마련된 수많은 대안적 형태의 교육들을 같이 탐색해 보는 것만으로도 전환이 필요한 학생에게 좋은 상담이 될 수 있습니다. 이어서 검토해 볼 수 있는 전환기 교육의 형태는 대안교육 기관입니다. 대안교육 기관도 운영 주체 및 방법에 따라 수많은 형태가 존재할 수 있습니다. 서울의 '오디세이학교'처럼 교육청 주도에 민관이 협력해 고등학교 1학년을 대상으로 1년 간 운영하며, 고등학교 1학년의 학력을 인정하는 대안학교 모델에서부터 지자체나 시민단체 및 개인이 주도하는 홈스쿨링 모델에 이르기까지 그 사례가 다양합니다.

따라서 이러한 대안교육 기관에 대한 안내를 바탕으로 학생과 학생의 가족이 생각하는 전환기 교육과의 접점이 될 수 있는 방법을 찾아야 합니다. 그리고 상담으로만 그칠 것이 아니라, 실제로 학생과 학부모가 직접 대안교육 기관을 방문해 상담을 받게 하는 것도 매우 좋은 방법입니다.

전환기 교육에 대한 정책과 환경에만 기댈 것이 아니라 단위학교 내에서 학교 주도로 전환기 교육과정에 대한 체계적인 계획을 수립해 실천할 수 있는 역량도 길러야 합니다. 2016년부터 중학교 1학년을 대상으로 전면 실시한 자유학기(년)제의 내실화와 더불어, 모든 학년의 틈새 시간을 전환기 교육의 시간으로 이용하는 것이 필요합니다. 이러한 학교 내의 전환기 교육을 실천하는 데에 있어 주의할 것이 있습니다. 학생들에게 진정한 전환의 계기를 마련해 주기 위해서는 그간 채워놓은 것에 대한 비움의 과정 필요하며, 이를 위해서는 전환기 교육의 취지에 맞는 일정한 체계를 갖추고 있어야 한다는 것입니다. 자칫 전환기 교육을 목적으로 실시하기 위해 마련한 특별한 교육과정이 오히려 학생들에게 또 다른 부담으로 다가가는 경우가 있습니다. 넉넉한 여유 속에서도 전환기 프로그램의 질이 보장될 때 전환기 교육으로서 성공할 수 있습니다.

이러한 측면에서, 전환기 교육은 단순한 휴식의 시간이 아니라 실제 경험을 바탕으로 능력적인 전환을 도모할 수 있는 기회여야 합니다. 수업에서 학생의 역량을 기르며 성장을 중시하는 수업 혁신의 움직임이 나타나고 있지만, 전환기 교육만큼 혁신적 여건이 좋은 경우도 없습니다. 전환기 교육과 일반 수업의 유기적인 조화와 상호 보완으로, 지속 가능한 전환기 교육이 준비돼야 합니다. 무엇보다도 타의가 아닌 학생들의 자의에 의한 전환이어야 한다는 것이 중요합니다. 학생들의 전환을 방해하는 가장 큰 요소는 교사일 수 있습니다. 전환기 교육에서 만큼은 교사가 학생에게 주도권을 내어주는 노력이 필요합니다.

간혹 자유학기제를 고등학교 선행 학습 코스로 이용하는 사교육의 소식을 전해 듣곤 합니다. 일부 학부모들은 대안학교를 스펙 쌓기의 하나로 생각해, 학생을 대안학교로 진학시키는 경우도 있다고 합니다. 이렇듯 더 성공적인 진학이라는 명목으로, 거짓된 전환기 교육을 실시하는 것은 비전환의 극치라고 할 수 있습니다. 각종 경쟁과 마음에도 없는 일방적인 공부 속에서 학생들의 몸과 마음이 병들어 가고 있습니다. 이제 전환기 교육은 일부 학생들만의 특수한 상황이 아니라 보편적으로 필요한 교육이 되고 있습니다.

2022년 개정 교육과정 총론 속 전환기 교육 방향

1. 자유학기(년)제의 축소

가. 시기와 시간
- 중학교 1학년 중 적용학기 자율적 선택(102시간)

나. 영역
- 주제 선택, 진로 탐색, 예술체육, 동아리 활동을 주제 선택과 진로 탐색 활동으로 통합

2. 진로연계학기 도입

가. 시기
- 초등학교 1학년 입학 초기, 초등학교 6학년 2학기, 중학교 3학년 2학기

나. 운영(안)
- 초등학교 1학년 – 학교생활 이해 및 적응, 기초학습 토대 마련
- 초등학교 6학년 – 자유학기 맛보기 체험, 중학교 생활 이해, 교과별 진로교육
- 중학교 1학년(한 학기) – 중학교 적응 지원, 기초소양 함양
- 중학교 3학년(2학기) – 진로 활동, 고교생활 준비(고교학점제)

096

기본학력책임제의 학교 내 운영

#기본학력의 개념 #기초학력과 기본학력 #기본학력책임제 운영

23중등경기 23중등대구 22중등세종 22중등평가원 21중등서울 21비교과서울 21중등세종 20초등대구
20초등세종 20중등강원 20중등경기 19중등강원 19비교과경기 17초등강원

Q

👩 제 수업에서는 겉으로 티가 나지 않아서 몰랐지만, 다른 교과 선생님께서 우리 반의 한 학생이 전혀 수업을 못 따라오는 것 같다는 말씀을 하셨습니다. 이 학생에게 어떤 도움을 줄 수 있을까요?

A 학생과 담임교사 단 둘만으로는 안 됩니다. 학생과 담임교사 모두 '기본학력책임지도'라는 제도 안에서 도움을 받아야 합니다.

우선 학생에게 발생하는 학습 어려움의 원인을 파악하는 것이 급선무일 것 같습니다. 학습 능력의 문제인지, 특정 과목에 대한 이해도가 낮은 것인지, 혹은 다른 개인적인 문제로 인해 집중력이 저하된 것인지 등 학생에게 발생하는 문제를 정확하게 이해할 수 있어야 합니다. 이를 위해서는 학생과의 깊은 소통이 필요합니다. 학생의 상황에 적합한 지원을 통해 기초학력을 보장하고, 학교교육에 어려움 없이 따라올 수 있도록 학생의 상황을 심층적으로 지원해 줄 수 있어야 하겠습니다.

최근 코로나19로 인해 학력 양극화 현상이 갈수록 심해지면서, 교육청

과 학교의 학습 지원 책무성 강화에 대한 사회적 요구가 증대하고 있습니다. 특히 학생의 기초학력을 보장하기 위한 법률적인 지원이 시작됐는데요. 2022년 3월 25일부터 시행된 기초학력 보장법이 그것입니다. 우선 기초학력은 '학교 교육과정을 통해 갖춰야 하는 최소한의 성취기준을 충족하는 학력'을 말합니다. 기초학력은 보통 3RS라고 부르는 읽기(讀, reading), 쓰기(書, writing), 셈하기(算, arithmetic) 능력을 의미합니다. 예전의 기초학력 관련 교육 활동은 이 기초학력만을 신장하는 데에 목적을 둔 반면, 이제는 기초학력능력에 교과학습능력을 합한 '기본학력'의 이름으로 단위학교에서 책임감 있게 지도를 전개해 나가고 있습니다. 뿐만 아니라, 선생님 학급의 학생은 '학습부진아'가 아니라, '학습 지원 대상 학생'이라는 점을 분명하게 인지해야 합니다. 이는 학생을 단순히 부족한 존재로 여기기보다는, 인지적이고 정의적인 다층적 측면에서 지원을 받아야 하는 학생으로 인식을 전환하기 위한 것입니다.

　기본학력책임제의 시작은 '진단검사'입니다. 학급의 학생이 이상하다고 생각만 할 것이 아니라, 구체적으로 진단검사를 받게 해야 합니다. 진단검사는 한 학생을 대상으로 하지 않으며, 모든 중학교 및 고등학교의 중 1~고 3 학생들을 대상으로 매년 진행됩니다. 다만 중 1, 고 1은 표준화 도구 활용이 필수이며, 그 외 학년은 이전 학년도 성적이나 학습 이력이 있을 경우 상담 및 관찰 등을 통한 진단 및 선정이 가능합니다. 따라서 단위학교의 진단계획에 따라 진단검사 결과를 면밀히 검토하거나, 이전 학년도 성적 및 학습 이력 자료를 확보해 학습 지원 대상 학생으로 선정되도록 도울 필요가 있습니다. 다시 한번 강조하지만, 기본학력책임제는 인지적 영역(기초학습능력 + 교과학습능력 = 기본학력) 외에도 정서적 영역이 고려돼야 합니다. 혹시 인지적으로는 진단이 되지 않더라도 학생의 정서적 어려움에 대해서도 주목해야 합니다.

진단을 통해 '학습 지원 대상 학생'으로 선정이 됐다면, 선생님이 직접 '다중지원팀'이 될 수도 있고, 아니면 '다중지원팀'에 계속 도움을 주고받는 관계로 1년을 보낼 수도 있습니다. 예를 들어, 선생님이 직접 방과 후에 교과학습지도 담당교사로 학생을 가르칠 수도 있고, 개별학생의 심리·정서 및 건강·돌봄의 측면에서 상담의 결과를 수시로 다중지원팀과 공유할 수 있습니다. 이런 면에서 담임교사라면, 직접적이냐 간접적이냐의 차이가 있을 뿐, '기본학력책임제 다중지원팀'에 속하게 되는 셈입니다.

교과학습지도 담당교사가 된다면 간과해서는 안 되는 것이 있습니다. 방과 후 교과학습지도 프로그램이 예전처럼 '나머지 공부'의 하나가 돼서는 안 된다는 것입니다. 따라서 '(학교이름) 아카데미' 등으로 멋진 프로그램 이름도 짓고, 한 수업당 최대 5명을 넘지 않는 선에서 개별적인 지원을 꾸준히 하며 성장을 도와야 합니다. 프로그램에 필요한 자료는 한국교육과정평가원의 기초학력 향상 지원 사이트인 '꾸꾸(KU-CU)'를 이용할 수 있고, 각 시도 교육청에서 운영하는 '기초학력진단-보정시스템'을 통해 학습 지원 대상 학생을 계속적으로 진단 및 관리할 수 있습니다.

기본학력책임제는 교실과 학교 안의 지원을 바탕으로 학교 밖과의 조화도 중요합니다. 복합적인 요인을 가진 학습 지원 대상 학생을 위해 지역학습도움센터나 마을 자원 및 전문기관을 이용할 수도 있습니다. 그런데 무엇보다도 기본학력책임지도제의 질은 교사의 질을 뛰어 넘을 수 없습니다. 개별화 지원이나 특별 지원이 이뤄진다고 해도, 기본적으로 선생님의 수업에서 학생을 위한 밑바탕이 꾸준히 다져질 때 기본학력책임지도제도 빛을 발할 수 있습니다. 따라서 다양한 기본학력 지도 역량 강화 연수에 참여해 수업 역량을 키우시기를 권유합니다. 비단 기본학력 지도와 관련한 연수가 아니더라도, 과정중심평가 역량 강화 등과 같이 수업에 대한 혁신적인 변화를 꾀하며 수업의 변화를 고민하는 과정을 통해 해당 학생을 돕는 방법을 찾을 수도 있을 것입니다.

단 한 명도 소외되지 않도록, 단 한 명도 포기하지 않으려는 선생님을 응원합니다. 그 학생이 반드시 미래의 인재가 돼 있을 것입니다.

 기초학력 지원 사이트 '꾸꾸(KUCU)'

▲ 꾸꾸 사이트 메인 화면

기초학력 향상 지원 사이트인 꾸꾸(KUCU, http://http://www.basics.re.kr/)에는 초등·중등 교육 학교급별로 다양한 기초학력 향상 자료들이 업데이트돼 있습니다. 진단 평가와 기초 학습, 교과 학습 및 교과 주제별 자료의 내용들이 탑재돼 있으니 유용하게 활용하시길 바랍니다.

097

그린스마트미래학교와 학교 공간 혁신

#판옵티콘 #민주주의 공간 #놀이와 휴식의 학교 #생태전환을 위한 학교 #디지털 학교

22중등대구 22초등경기 20비교과경기 19초등경기

Q

한국판 뉴딜의 10대 대표 사업으로 '그린스마트미래학교' 사업이 선정된 것으로 알고 있습니다. 약 1400개교가 개축 또는 리모델링되는 대규모 사업이지만, 제가 근무하고 있는 학교 현장에는 아직 그 실체가 와닿지 않습니다. '그린스마트미래학교'는 무엇이며, 이와 더불어 학교 공간 혁신을 위해서 제가 할 수 있는 일이 있을까요?

A '그린스마트미래학교'는 글자 안에 이미 그 방향성이 들어 있습니다. '그린', '스마트', '미래'의 측면에서 공간을 혁신할 수 있는 방법을 모색해 실천해 보시기 바랍니다.

전체적으로 큰 사각형의 학교 건물 안에, 똑같이 사각형으로 된 교실, 그 교실 안의 사각형 벽면을 사각형으로 채운 칠판과 사각형의 화면을 똑같은 모습으로 보고 있는 학생들, 그리고 그 학생들을 가장 잘 볼 수 있는 중앙에 위치한 사각형 교탁 앞에 서 있는 교사의 모습은 누구나 공감하는 가장 일반적인 학교의 모습입니다. 이는 '베이비붐'이라는 갑작스러운 학령인구의 증가를 소화하기 위해 효율을 극대화하기 위한 어쩔 수 없

는 선택이기도 했지만, 영국의 철학자 제러미 벤담(Jeremy Bentham)이 제시한 '판옵티콘(panopticon)'에 의한 설계라는 것도 명백합니다. '판옵티콘' 형태의 학교 건물을 통해 교사는 감시자가 돼 수많은 학생을 효율적으로 감시하고 통제할 수 있었던 것입니다. 프랑스의 철학자 미셸 푸코(Michel Foucault)는 『감시와 처벌』에서 학교의 형태를 감옥, 군대, 수도원과 같은 형태로 보면서 교실에 존재하는 보이지 않는 권력이 피권력자들을 지배하며 순종하게 하고 있다고 성찰했습니다.

이러한 감시와 지배가 숨어 있는 학교 구조는 민주주의가 담보된 현재 시대에 맞지 않습니다. 특히 학생의 개별적인 역량을 키워 주면서 개인의 자아를 실현하는 데에 초점이 맞춰진 미래 교육과정과 견줘 보면 더욱 그러합니다. 결국 이를 해결할 수 있는 궁극적인 방법은 학교를 다시 짓는 것이고, 이렇게 민주주의가 공간적으로도 존중될 수 있는 혁신적인 학교들에 '미래학교'라는 말이 붙는 것입니다.

특히 미래 시대의 학교는 단순히 가르치는 기관으로서 존재하지 않습니다. 학생들이 전인적으로 건강한 인간으로 성장할 수 있도록 학습뿐만 아니라, 놀이와 휴식의 기능이 갈수록 강화되고 있습니다. 「2022 개정 교육과정」에서 초등의 창의적 체험 활동 시간을 줄여 즐거운 생활 수업을 80시간에서 120시간으로 늘리는 것은 이를 잘 보여 줍니다. 학습을 위한 공간만으로 빼곡히 차 있어 학교에 존재하는 것만으로도 부담이 되고, 놀이와 휴식을 위해서는 학습 공간의 틈새를 이용할 수밖에 없었던 학교가 존재의 목적부터 변화하는 것이 미래학교의 또 다른 모습입니다.

'그린스마트미래학교'에서 '그린'이라는 말이 붙는 것도 중요한 가치를 지닙니다. 이는 고도의 성장 중심의 사회였던 지난날들을 반성하고 생태를 전환하는 데에 학교가 앞장서야 한다는 의미를 가집니다. 탄소 중립을 달성하기 위한 생태전환교육이 교육과정에 전면적으로 등장하는 상황에서, 학교교육은 생태전환교육을 배우게 하는 실천의 장으로서의 역할을 하게 될 것입니다. '그린스마트미래학교'는 저탄소, 제로에너지를 실현할 수 있는 각종 기술을 학교에 전면적으로 도입하는 것을 통해서 실제로도 탄소 배출을 상당수 줄일 것으로 기대되며, 기후 위기에 대해 자연스러운 학교생활의 과정에서 학생들이 몸소 깨닫게 해 학생들의 삶에서 생태전환교육을 실천할 수 있게 될 것입니다.

'그린스마트미래학교'에서 '스마트'는 각종 디지털 미디어와 에듀테크를 활용한 것을 의미하는 것으로서, 이미 코로나19를 계기로 그 필요성이 명확히 인식됐습니다. 하지만 코로나19 상황에서의 근시안적인 스마트 기술의 도입은 교사와 학생 모두에게 오히려 부담이 됐고, '역시 수업은 대면 수업이 최고'라는 반디지털적인 인식을 낳기도 했습니다. 이는 땜질식으로 디지털 미디어와 에듀테크들이 도입된 영향입니다. '그린스마트미래학교'는 디지털과 아날로그와 관련한 각종 수단과 방법들이 조화롭지 못했던 코로나19 대응을 위한 학교 체제와는 달리, 학교 공간 생활 자체가 자연스럽게 디지털 생활이 되고 스마트 교육이 되게 할 것입니다.

교사는 이러한 '그린스마트미래학교' 사업이 이뤄질 때까지 기다리고 있어서는 안 됩니다. 학교 공간의 혁신에 대한 필요성을 인식하고, 계속적으로 나타나고 있는 학교 공간 혁신의 사례를 체화해 이에 대한 나름의 전문성을 갖춰야 합니다. 또 이러한 전문성을 바탕으로 단위 학교의 특성에 맞게 학생들과 함께 실천해 보는 시도를 시작할 때입니다. 모름지기 미래학교는 학교의 민주성을 바탕으로 주체들이 적극적으로 참여하는 학교입니다. 따라서 외부 사업 추진에 따라 학교 공간이 혁신되기보다는, 학교 구성원이 주체적으로 학교 공간 혁신 사업을 이용하는 것이 이상적입니다.

공간이 주는 영향이 대단하다는 것은 누구나 동의합니다. 맹자의 어머니가 이사를 3번이나 다닌 이유도, 우리가 분위기 좋은 카페를 찾아다니거나 책이 더 잘 읽히는 도서관을 찾아다니는 이유도, 사람들이 가보지 않은 해외로 여행을 떠나는 이유도 결국 공간의 변화를 통해서 새로운 전환을 맞이하기 위해서입니다. 아무리 소프트웨어를 업데이트해도, 하드웨어가 바뀌지 않으면 업그레이드가 완성될 수 없습니다. 학교의 총체적인 업그레이드를 통해, 학생들이 학교에 존재하는 것만으로도 창의성과 같은 미래 역량이 자극될 수 있는 환경들이 실제 현장에 다양하게 나타나기를 기대합니다.

 학교 공간 혁신에 참여하기

공간 혁신의 실천 과정

- 잘 쓰지 않는 공간을 파악한다.
- 본래의 쓰임과 멀어진 공간을 파악한다.
- 필요한 공간이 혁신돼야 하는 취지와 목적 및 기대효과를 분명히 한다.
- 이미 존재하는 관련 공간 혁신 사례를 검토한다.
- 이를 바탕으로 공간 혁신의 계획을 구체화한다.
- 학생을 포함한 교육 주체들과 계획에 대해 논의하며 검토를 받는다.
- 각종 예산 지원을 받는다.
- 공간의 쓰임을 위해 꾸준히 관리하고 가꾸며 업그레이드를 한다.

098

생태전환교육의 방향과 실천 방법

#파리기후변화협약 #교과 생태전환교육 #생태전환교육 네트워크 #생태전환교육 거버넌스

23중등평가원 23비교과경기 23비교과서울 22초등강원 22초등충북 22중등서울 22중등세종
21초등경기 21중등인천 20중등세종 17초등서울

Q

매번 학교에서 마스크를 쓰고 있는 학생들을 보면 안타까운 마음이 듭니다. 또한 기후 위기가 심각해지면서 생겨난 여러 관련 교육 사업과 연계해 제 나름의 생태전환교육을 실천해 보고 싶은 마음도 있습니다. 어떤 교육을 해보면 좋을까요?

A 'How dare you?'라고 외쳤던 한 소녀를 통해, '생태전환교육'의 필요성과 방법을 찾을 수 있습니다.

2019년 유엔 기후행동 정상회의에서 각국의 정상들을 향해 "How dare you?(어떻게 감히 그럴 수 있나요?)"라고 외친 소녀가 있습니다. 이 소녀는 2019년 미국의 시사 주간지인 『타임』의 올해의 인물로도 선정된 스웨덴 출신의 기후 운동가 그레타 툰베리(Greta Thunberg)입니다. 이 소녀에 대해 이야기하기 전에, 기후와 환경에 관한 국제 정세의 변천 과정을 이해할 필요가 있습니다.

기후에 관해서 만큼은 범지구적 차원의 노력이 필요하다는 인식이 모이면서 1992년 5월 브라질 리우에서 열린 환경 회의에서 '유엔기후변화협약(UNFCCC)'이 채택됐습니다. 그리고 대한민국은 1993년 12월에 이 협약에 가입하게 됩니다. 이 협약으로 당사국들은 온실가스 배출량 감축을 위한 국가 전략을 세우게 됐지만, 강제성이 없기 때문에 구체적인 실천으로 이어지지는 못했습니다.

그래서 1997년 12월 일본 교토에서 열린 3차 당사국 총회에서는 '선진국들의 1990년 온실가스 배출량 대비 평균 5.2퍼센트 감축'을 주요 내용으로 하는 '교토 의정서'를 채택하게 됩니다. 그러나 전 세계 최대 온실가스 배출국인 중국과 인도는 선진국이 아니라는 이유로 의무 감축 대상에서 제외됐으며, 이를 문제 삼은 미국이 2001년 탈퇴하고 2012년부터 일본, 러시아, 캐나다가 사실상 의무 감축국 대상에서 제외되면서 유명무실(有名無實)해졌습니다.

그 후, 2015년 12월 파리에서 열린 21차 당사국 총회에서는 2020년 12월 31일까지였던 교토 의정서를 대신해, '파리기후변화협약'을 맺습니다. 이 협약의 주요 내용은 지구 온난화로 인한 기온 상승을 산업화 이전 대비 2℃ 아래로 막는다는 것이며, 궁극적으로는 배출한 이산화탄소를 다시 흡수해 실질적인 이산화탄소 배출량을 0으로 만드는 '탄소 중립'의 화두를 가져 왔습니다. 그런데 195개 당사국 중에 미국은 2019년 유일하게 '파리기후변화협약' 공식 탈퇴를 통보하게 됩니다. 이러한 상황에서 그레타 툰베리는 "How dare you?"라고 외친 것입니다.

15세가 되던 2018년 8월, 학교를 빠지고 '기후를 위한 학교 파업'을 벌인 그레타 툰베리가 시사하는 바는 큽니다. 이 소녀의 용기는 기존 소극적이고 개인적인 환경 보호적 접근에서, 적극적이고 사회적인 생태 관련 대전환으로 기후 위기에 대한 인식의 전환이 필요하다는 것을 일깨워 줬습니다. 그리고 미래 사회의 주역인 청소년이 미래를 위해 현재 학교에서 준비만 하는 것이 아니라, 민주시민으로서 정치에 즉시적인 영향력을 행사할 수 있음을 보여 줬습니다. 이는 생태전환교육이 미래 인재의 인간상을 구현할 수 있는 실천적인 민주시민교육과 연계해 역량을 기를 수 있어야 함을 보여 줍니다.

마지막으로는 실질적으로 기후 문제에 대한 해결을 위해 실제적인 삶의 총체적인 변화를 염두에 둬야 한다는 것을 들 수 있습니다. 실제 탄소를 줄일 수 있는 실천적인 활동과 이의 공유 및 확산을 통해 학교와 사회가 함께 연대할 수 있는 방법의 모색이 필요합니다.

교사로서 생태전환교육을 실천할 수 있는 가장 기본적인 방법은 「2022 개정 교육과정」에 발맞춰, 교과 내 교육과정에 생태전환교육과 연계할 수 있는 부분을 찾고 교육과정 재구성을 통해 교과교육에서 생태전환교육을 이룩하는 것입니다. 실제로 「2022 개정 교육과정」에서는 '모든 교과'에서 생태전환교육의 내용 기준 개발이 이뤄지고 있으며, 교과뿐만 아니라 창의적 체험 활동에서도 생태전환교육을 모색할 수 있습니다.

기후 행동과 관련한 네트워크에 가입해 지속적인 생태전환교육을 실천할 수 있는 계기를 마련하는 것도 중요합니다. 교사와 학생, 학부모와

시민이 연대해 네트워크를 형성하고 서로 유의미한 교류 속에서 모든 학교 구성원이 함께 생태전환교육을 할 수 있도록 네트워크를 조직하는 것만으로 매우 중요한 생태전환교육의 실천 사항이 될 것입니다.

생태전환교육과 관련한 시범학교나 중점(연구, 선도)학교로서 활동하는 것도 좋겠지만, 이에 준하는 다양한 생태전환교육 사업을 맡아 책임감 있게 운영한다면 단위 학교에 실질적인 생태전환교육이 뿌리를 내릴 수 있을 것입니다. 그리고 생태전환교육을 자신감 있게 실천할 수 있도록 학습공동체나 교원 역량 강화 연수 및 워크숍을 통해 꾸준히 학습하는 것도 필요합니다. 예를 들어, '분리수거'라는 말 대신에 생태전환을 실천하는 사람으로서 '분리배출'로 표현해야 한다는 지식만으로도 생태전환을 위한 삶에 상당히 큰 영향을 미칠 수 있습니다.

끝으로 생태전환교육은 우리 마을부터 바꿔 나갈 수 있어야 한다는 측면에서 지역 연계 생태전환 교육을 고려하지 않을 수 없습니다. 지역의 민·관·학이 연계해 각종 협력을 바탕으로 생태전환교육을 의미 있게 실천해야 합니다.

2021년 10월 대한민국은 '탄소 중립 시나리오'를 최종 발표했습니다. 이 시나리오 안에 '대한민국의 그레타 툰베리'들의 목소리와 행동이 함께 담겨 있기를 바랍니다.

099

아무리 강조해도 지나치지 않은 학교안전

#학교안전법 #학교안전 7대 표준안 #안전 역량 기르기 #안전교육 유형 #학교안전 3대 진단
23초등대구 22초등인천 22중등세종 21초등인천 19비교과경기 18비교과세종 17중등경기 17중등인천

Q 이번에 맡은 학급은 아이들끼리 의기투합이 잘 됩니다. 그래서 그런지 아이들이 방학을 맞이해 교실에서 삼겹살 파티를 하겠다고 합니다. 학교 예산으로 진행하는 것도 아니어서 별다른 고민 없이 허락해 줬습니다. 그런데 교과 수업 때 아이들로부터 말씀을 전해 들으신 선배교사께서 우려의 기색을 내비치며, 내부결재 등을 준비하라고 조언해 주셨습니다. 사사건건 결재를 받는 것에 회의감이 드는데, 이 선생님 말씀대로 해야 할까요?

A 안전을 위해서라면 아주 섬세한 부분까지 검토를 받고 계획을 세워야 하며, 선생님부터 안전 역량을 지니고 있어야 합니다.

2017년 포항에서 발생한 지진으로 대학수학능력시험이 연기된 초유의 사태를 기억할 것입니다. 이러한 사례는 한 교사의 힘만으로는 절대 예측하고 대응할 수 없는 국가적 재난입니다. 하지만 학교안전교육은 이러한 큰 위기 속에서도 학교 구성원이 힘을 합쳐 이어질 수 있는 사고들을 최대한 미연에 방지하고, 그래도 발생하는 불의의 사고에 대해서는 최선의 대응으로 피해를 최소화하는 역량을 키우는 데에 핵심이 있습니다.

사람이 있는 곳에는 항상 사고가 뒤따르기 마련입니다. 안전사고의 가장 큰 요인이 '인적 요인의 불안전한 행동'이라는 점에서 아직 성숙하지 못한 학생들이 모여 있는 학교에서는 안전사고가 일어나기 쉽습니다. 따라서 안전사고에 대해 항상 촉각을 곤두세워야 합니다. 특히 학교의 안전을 위한 안전교육은 법률로서 의무적인 사항이기 때문에 선택이 아닌 필수입니다. 그러므로 교사는 안전교육과 관련한 깊이 있는 소양을 바탕으로 모든 교육 활동에 안전을 고려한 안전교육과 안전사고 예방을 위한 준비가 늘 병행돼야 합니다.

교육부에서는 체계적이고 효과적인 안전교육을 위해 '학교안전교육 7대 표준안'을 제시하고 있는데, 그것은 '생활안전교육, 교통안전교육, 폭력예방 및 신변보호교육, 약물 및 사이버 중독 예방 교육, 재난안전교육, 직업안전교육, 응급처치교육'입니다. 7대 표준안의 명칭에서 살펴볼 수 있듯이, 안전교육의 범위는 학생이 겪을 수 있는 모든 불안전한 요소를 포함합니다. 따라서 교사는 자신의 교과적 특수성이나 업무 분장, 담임의 여부와 관계없이, 7대 표준안이 제시하는 다양한 안전교육의 내용을 두루 섭렵해 자신의 교과 및 업무와의 능동적인 조화를 통해 이를 구체화할 수 있는 역량을 갖춰야 합니다.

예컨대 학교에서 학급행사로 삼겹살을 구워 먹는 것은 행위적으로는 간단해 보이지만 깊이 생각해 보면 여러 사고의 위험을 내포하고 있습니다. 식재료를 준비하는 측면에서 식중독 사고로 이어지지 않도록 신경을 써야 할 것이고, 조리를 한다는 측면에서 화기 사용에 대한 안전도 고려해야 하며, 학생들의 자치 활동의 측면에서 학생들 사이의 언어폭력 등이 나타날 수도 있음을 염두에 둬야 합니다. 그런데 여기서 오해하면 안

되는 것이 있습니다. 이러한 안전에 대한 염려가 있다는 것이 학급 행사를 하면 안 된다는 뜻은 아니라는 것입니다. 매사에 안전에 대한 고려를 바탕으로, 안전교육을 포함한 계획을 수립해 내부결재까지 받는 것이 처음에는 번거로운 절차로만 느껴질 수도 있지만, 꾸준한 실천과 피드백을 통해 이러한 과정이 능수능란해질 것입니다. 그리고 이를 통해, 체험 활동 중심으로 학생들의 안전 역량 및 위기 대응 역량도 키워줄 수 있는 교사가 될 수 있습니다.

일회적인 안전 지식 전달 위주의 교육만으로는 진정한 학교안전 역량이 증대될 수 없습니다. 따라서 기본적으로 교과와 연계한 안전교육과 더불어 창의적 체험 활동 연계 안전교육 및 외부 체험 활동을 통한 안전교육이 균형 있게 이뤄져야 합니다. 초·중·고 학교 급별로 안전교육의 수준과 방법이 다양하게 전개될 수 있습니다. 또한 새로운 학년도에 들어가기 전 교육계획을 수립하는 단계에서부터 안전교육이 모든 교육계획에 연계돼야 합니다. 그래서 교과 및 창체 수업과 연계된 안전교육이든, 외부 체험을 통한 안전교육이든 안전교육이 법적인 강압에 의한 것이 아니라, 그 취지와 목적을 함께 인식한 학교 구성원이 자발적으로 실천해 나갈 때 안전교육의 효과성도 더 증대될 것입니다.

또한 학교는 안전교육을 뒷받침하기 위해 '위험성 진단, 학교안전풍토 진단, 교원안전역량 진단'이라고 하는 3대 진단 내용이 포함된 자가 점검을 꾸준히 실시하고 있습니다. 이러한 자가 점검이야말로 형식적이고도 업무적인 속성을 탈피해 모든 교육 구성원이 함께 꾸준히 점검하고 더 나은 방향으로 나아갈 수 있도록 힘을 합쳐야 하는 부분입니다. 학교 주변의 상황, 학교의 시설, 학생의 특수한 상황이나 불안전한 행동 등과 관련해 어느 하나도 사소하게 여기는 법 없이 섬세하게 점검하면서 이에 대한 내용이 학교 전체에 공유돼 학교의 안전이 문화적이고도 풍토적으로 보장될 수 있도록 해야 합니다.

안전교육은 혼자서 할 수 없습니다. 학교 내의 모든 구성원과 더불어 학부모와의 안전에 대한 소통 및 유관기관의 협조 관계 속에서, 총체적으로 안전망을 구축해 안전을 이룩해 나가야 합니다. 안전에 대해서만큼은 과유불급(過猶不及)이 없다는 것을 다시 한번 강조합니다. 그러나 교사의 근심과 염려만으로 안전이 담보되지는 않습니다. 봄철에 황사가 불어올 때면 황사 탓만 할 것이 아니라, 황사로부터 건강을 지킬 수 있는 안전교육이 있어야 합니다. 여름방학을 앞두고 늘 들려오는 익사 사고 소식에 대해서도 학생들을 걱정만 할 것이 아니라, 구체적인 수상안전교육이 있어야 합니다.

학교가 안전과 관련해 근심과 걱정을 덜 수 있는 궁극적인 방법은, 오히려 학교안전사고 예방을 위한 정확한 이해와 구체적인 실천의 과정에 있음을 명심해야 합니다.

100

통일을 이루기 위한 평화통일교육

#평화통일교육 방향 #평화통일교육 사례 #평화통일 거버넌스 #학교 평화통일교육 공동 비전
19초등세종

Q

역사 교사로서, 최근 한국전쟁(6·25 전쟁)에 대해 수업하게 됐습니다. 학생들이 얼마 전 사회 시간에도 통일에 대해 배웠다고 해 수업이 한결 수월할 줄 알았는데 아니었습니다. 학생들은 오히려 "선생님, 이렇게 총 겨누고 싸웠는데 꼭 통일해야 해요?"라고 묻기도 했습니다. 저는 자라면서 통일의 당위성에 대해 의심한 적이 없었기에, 질문을 받고 몹시 당황했습니다. 통일교육을 어떻게 실현할 수 있을까요?

A 고정관념을 없애고 일상에서 의식적으로 평화통일교육을 실현하는 것이 중요합니다.

교육부와 통일부가 실시한 「2021년 학교 통일교육 실태조사」에 따르면 학생들의 52.6%가 북한에 대해 '협력 대상', 그리고 27.1%가 '경계 대상'이라고 응답했습니다. 학생들의 이러한 응답은 사회적으로 북한과의 관계가 '협력과 경계'라고 하는 이중적인 상황에 놓여 있다는 것을 학생들도 인식하고 있음을 보여 줍니다. 특히 61.2%의 학생들이 '통일이 필요하다'고 대답했지만, '통일이 필요하지 않다'고 응답한 학생이 2019년의

19.4%에서 2021년에 25.0%로 증가하면서 평화통일교육에 대한 필요성이 대두되고 있습니다.

평화통일교육과 관련해, 우선 그간 한반도의 통일 관련 정세를 살펴볼 필요가 있습니다. 2018년 평창동계올림픽을 계기로 그해 4월 4·27 남북정상회담이 성사되면서 남북 관계와 한반도 통일에 대한 환경이 크게 변화했습니다. 그리고 그해 5월과 9월에도 3차례의 남북정상회담이 이어지면서 남북 정상들은 한반도의 항구적이며 공고한 평화 체제 구축을 위해 노력할 것을 선언했습니다. 해당 선언에 따라 한반도에서의 전쟁 위험을 제거하기 위한 상징적인 노력과 실질적인 조치가 함께 실행됐습니다. 이에 1950년 한국전쟁 이후 이어져 온 정전 상태의 종식과 항구적 평화 체제 수립에 대한 국민의 기대가 크게 높아졌습니다. 하지만 그 이후 북한과 미국, 미국과 중국의 관계가 악화일로를 걷게 되고, 코로나19로 모든 국제 관계가 얼어붙으면서 진전됐던 남북 대화는 멈춤 상태가 됐습니다.

하지만 정세와 상관없이 평화통일교육은 멈추지 않아야 합니다. 아울러, 각종 전쟁과 분쟁으로 국제 정세가 어지러운 현실에서의 평화통일교육은 단순히 한반도가 하나가 되면 문제가 해결될 것이라는 통일지상주의에서 벗어나야 합니다. 그리고 한반도 평화를 비롯한 전 세계의 지속 가능한 평화를 위해 어떤 교육이 이뤄져야 하는지에 대한 근본적인 성찰이 필요합니다. 이에 통일부는 2018년 「평화·통일교육 방향과 관점」을 통해 15개 항의 평화통일교육 중점 방향을 설정하고 통일교육의 방향을 새롭게 제시했습니다. 교육부 역시 「학교 평화·통일교육 활성화 계획」을 발표해 기존 남북 대결과 위협적 환경에서 진행된 통일·안보교육을 지양하고, 상호 존중과 협력을 바탕으로 한반도의 평화와 번영을 지향하는

'평화·통일교육'을 제시했습니다.

평화통일교육을 통해 학생들로 하여금 통일 실현 의지를 함양하게 하기 위해서는 무엇보다 통일교육의 목적을 이해하도록 도와 평화통일 감수성을 제고하는 것이 중요합니다. 통일을 전제한 통일·안보 그림 그리기, 통일 주장 글짓기 같은 이벤트성 교육에서 더 나아가야 합니다. 현재의 학생들은 민주시민교육을 통해, 민주적 과정에서 타인과 다름을 인정하면서 여기에 관용과 포용을 통해 평화를 의식적으로 함양해 나가는 교육적 방향이 익숙하기 때문입니다.

이를 위해서는 통일의 필요성을 지식처럼 주입하는 기존의 교육에서 벗어나 전 세계적인 실제 문제에 대해 실천과 체험 및 활동 중심으로 평화통일교육이 이뤄져야 합니다. 그리고 이 과정에서 학생들이 상호 협력을 통해 비판적 이해, 갈등 조정, 연대와 협력을 실천함으로써 평화에 대한 감수성과 공존의 역량을 함양하는 역량 중심의 교육 활동이 구상돼야 합니다. 이러한 측면에서 평화통일교육은 다른 교육 활동과 복합적으로 실현될 수 있습니다. 동아리교육과 연계한 '통일 동아리 활동', 예술체육교육과 연계한 '통일 예술체육 활동', 독서 및 인문학교육과 연계한 '통일 독서 인문학 활동', 생태전환교육과 연계한 '국제적 생태전환 활동', 새로운 기술을 활용한 '통일 메타버스 게임 활동' 등이 그 예입니다.

특히나 평화통일교육은 학교 안에서 뿐만 아니라, 학교 밖과 연계해 이뤄져야 합니다. 그리고 이러한 연계를 통해 실현하는 평화통일교육은 정치, 사회 수준의 거대담론이 아니라 최대한 학생들의 일상과 연계할 수 있어야 합니다.

아울러, 이를 꾸준히 실천하기 위해서는 교사가 평화통일과 관련한 여러 거버넌스에 직간접적으로 연계돼 있어야 합니다. 이를 통해 교과적으로 평화통일교육을 실현할 수 있는 방법을 모색하거나, 평화통일과 관련된 좋은 교육 체험을 학생들에게 안내하고 참여를 독려하는 것도 좋은 실천 사례가 될 것입니다.

오랜 분단의 세월로 인해, 통일에 대한 간절함이 예전 같지 않은 것은 비단 학생들뿐만이 아닐 것입니다. 평화통일교육은 모든 학생들에게 모두 똑같은 '통일'이라는 소원을 억지로 갖게 만드는 것이 아닙니다. 앞으로의 평화통일교육은 모든 사람이 자신의 일상 속에서 '함께 공존하기 위한 평화'를 이야기할 수 있는 감수성을 갖는 것이 우선입니다. 그리고 이를 바탕으로 남과 북을 아우른 전 지구적 평화까지 고려할 수 있는 역량으로까지 단계적으로 갖춰 나갈 때, 한반도의 통일 또한 진정으로 이룩할 수 있을 것입니다.

읽기자료 **학교 평화 · 통일교육 공동 비전**

1. **비전**: 평화·통일 시대를 열어가는 시민교육
2. **목표**: 한반도 평화와 통일에 대한 성찰과 평화 감수성을 갖춘 시민 양성
3. **추진전략**
   - **주체**: 일상생활 속에서 분단과 한반도 평화·통일에 대해 능동적으로 성찰하는 학습자
   - **내용**: 평화와 통일 시대를 열어가기 위해 필요한 역량을 함양하는 교육
   - **방법**: 지식과 경험에 기반을 둔 참여·체험형 평화·통일교육 활성화
   - **체계**: 공공기관, 학교, 시민사회의 협력적 평화·통일교육 거버넌스 구축 및 운영

출처: 2021년 5월 28일자 교육부 보도자료

참고
문헌

1. 논문

교육부 및 전국 지역 교육청 각종 보도자료
김경진, 「학습이 이루어지기 위한 교사와 학생의 관계 고찰」, 『학습자중심교과교육연구』18-16, 2018.
김혜자 외, 「지역사회와 연계한 교육의 공공성 강화 방안 연구(RR2021-26)」, 『한국교육개발원』, 2021.
박채형, 「교사의 전문성에 관한 거시적 논의와 미시적 논의」, 『도덕교육연구』34-1, 2022.
배화순, 「사회과 교육내용에서의 OECD Education 2030 역량 반영 분석」, 『시민교육연구』 53-4, 2021.
서경혜, 「역량기반 교육과정의 딜레마」, 『교육과정연구』38-4, 2020.
성열관, 「수업방해 행위 및 방해학생들의 유형과 특징」, 『교육학연구』59-2, 2021.
소경희 · 최유리, 「국가교육과정 문서에 함의된 교사 전문성 담론의 변화와 특징 고찰」, 『교육과정연구』40-2, 2022.
송수연, 「고등학생의 '학생 주도 역사 수업 경험'에 관한 내러티브 탐구」, 『歷史敎育』161, 2022.
임철일 외, 「교원 양성기관의 에듀테크 활용 실태 분석 및 에듀테크 분류 체계」, 『컴퓨터교육학회 논문지』26-4, 2023.
정신영 · 한용진, 「거짓말에 대한 교육적 고찰」, 『교육철학연구』39-2, 2017.
정윤리, 「교사교육과정의 실천 과정과 의미 탐색에 관한 실행연구」, 『한국교원대학교 석사학위논문』, 2022.
한진상 · 김민, 「고등학생이 거짓말하는 이유와 교사들의 대응방식에 대한 현상학적 연구」, 『한국교육학연구』16-3, 2010.

2. 단행본

2022 개정 총론 주요사항 설정 연구팀 외, 『2022 개정 총론 주요사항 마련을 위한 연구 공청회 자료집』, 교육부, 2021.
강원도교육청, 『관계중심 생활교육 운영 매뉴얼』, 2018.
강원도교육청, 『현장체험학습 운영매뉴얼』, 2020.
경기교육연구소, 『교사생활 월령기』, 에듀니티, 2017.
경기도교육청, 『2020 민주시민교육 정책 추진 계획』, 2020.
경기도교육청, 『2020 찾아가는 위기학생지원 연수 자료집』, 2020.
경기도교육청, 『2020 혁신교육 추진 기본 계획』, 2019.
경기도교육청, 『배움중심수업 2.0 기본문서』, 2016.
경기도교육청, 『회복적생활교육 매뉴얼』, 2014.
고유라 외, 『예비 교사를 위한 온라인 수업 100문 100답』, 학교도서관저널, 2020.
교육과정디자인연구소, 『교사 교육과정을 디자인하다』, 테크빌교육, 2020.
교육과학기술부, 『게임 · 인터넷 · 스마트폰 올바른 사용을 위한 생활지도 매뉴얼 중등용』, 2012.
교육부 교육과정정책과, 『2022 개정 교육과정 총론 주요사항(시안)』, 2021.
교육부 외, 『학교폭력 사안처리 가이드북』, 2022.

참고
문헌

교육부, 『2020년 인성교육 시행계획』, 2020.
교육부, 『고교학점제 연구학교 운영안내서』, 2019.
교육부, 『교육부 개인정보보호 업무사례집』, 2014.
교육부, 『민주시민교육 활성화를 위한 종합계획』, 2018.
교육트렌드2022 집필팀, 『대한민국 교육트렌드 2022』, 에듀니티, 2021.
그림책사랑교사모임, 『그림책 학급운영』, 교육과 실천, 2019.
김병섭 외, 『우리들의 랜선 독서 수업』, 서해문집, 2021.
김성우 외, 『유튜브는 책을 집어삼킬 것인가』, 따비, 2021.
김태현, 『교사, 수업에서 나를 만나다』, 좋은교사, 2019.
김현수, 『교사 상처』, 에듀니티, 2014.
김현수, 『중2병의 비밀』, 알피코프, 2021.
김홍겸 외, 『이상한 학교』, 교우사, 2022.
김효수 외, 『나와 공동체를 나세우는 수업나눔』, 좋은교사, 2019.
남승종 외, 『철학하는 교사 사유하는 교육과정』, 기역, 2019.
노리나 허츠(홍정인 옮김), 『고립의 시대』, 웅진지식하우스, 2021.
대구광역시 서부교육지원청, 『자살위기개입매뉴얼』, 2014.
대전광역시교육청, 『현장체험학습 운영매뉴얼』, 2020.
도날드 쇤(배을규 옮김), 『전문가의 조건: 기술적 숙련가에서 성찰적 실천가로』, 박영스토리, 2018.
도종환, 『흔들리지 않고 피는 꽃이 어디 있으랴』, RHK, 2014.
따돌림사회연구모임, 『학급혁명 10일의 기록』, 살림터, 2019.
로베르타 골린코프, 캐시허시-파섹(김선아 옮김), 『최고의 교육』, 예문아카이브, 2018.
마사 누스바움(우석영 옮김), 『학교는 시장이 아니다』, 궁리, 2011.
막스 베버(이상률 옮김), 『카리스마적 지배』, 문예출판사, 2020.
박상준, 『코로나 이후 미래교육』, 교육과학사, 2021.
부산광역시교육청, 『콕! 찝어서 살펴보는 온라인 수업 백서』, 2020.
서울초등상담연구회, 『초등 상담 백과』, 지식프레임, 2016.
서울특별시 교육청교육연구정보원, 『학교교육을 통한 세계 시민교육 안착 방안』, 2017.
서울특별시교육청 민주시민생활교육과, 『알아두면 쓸모있고 소소해 보이지만 중요한 것들』, 2022.
서울특별시교육청, 『코로나19를 함께 극복해 나가는 세계시민교육』, 2020.
소담고등학교 에세이팀, 『혁신고, 가도 될까? 소담고 5년의 기록』, 살림터, 2022.
송수연·구영모, 『사이다 수업』, 박문각, 2021.
송형호 외, 『교사119 이럴 땐 이렇게』, 에듀니티, 2020.
신영복, 『더불어 숲』, 돌베개, 2015.
오욱환, 『교사 전문성 - 교육전문가로서의 교사에 대한 논의 -』, 교육과학사, 2018.
우리교육, 『교실 속 갈등 상황 100문 101답』, 우리교육, 2013.
우리교육, 『교실 속 딜레마 상황 100문 101답』, 우리교육, 2013.
우리교육, 『중등 빛깔이 있는 학급운영』, 우리교육, 2004.
우리교육, 『초등 학급운영』, 우리교육, 2005.
유네스코 아시아태평양 국제이해교육원, 『세계시민교육학교만들기』, 2018.

유네스코 아시아태평양 국제이해교육원, 『유네스코가 권장하는 세계시민교육 교수학습 길라잡이』, 2015.

유영식, 『교육과정 문해력』, 테크빌교육, 2018.

윤홍균, 『자존감 수업』, 심플라이프, 2016.

이명섭 외, 『교육과정-수업-평가-기록 일체화 실천편』, 에듀니티, 2017.

이상우, 『지혜로운 교사는 어떻게 학부모 상담을 하는가』, 지식프레임, 2021.

이수현 외, 『해 보니까 되더라고요』, 새로온봄, 2022.

이영근, 『초등학급운영 어떻게 할까』, 보리, 2016.

이치열 외, 『전환기교육, 천 개의 해방구를 상상하며』, 민들레, 2022.

이해인, 『꽃이 지고 나면 잎이 보이듯이』, 샘터, 2016.

이혁규, 『한국의 교사와 교사 되기』, 교육공동체벗, 2022.

전라남도 교육청, 『학생정신건강의 이해』, 2011.

정유진, 『학급운영시스템』, 에듀니티, 2015.

정호중, 『흔들리지 않는 학급운영의 비밀』, 피와이메이트, 2022.

제인 넬슨(김성환 옮김), 『학급긍정훈육법』, 에듀니티, 2014.

조안나 외, 『교육을 위한 메타버스 탐구생활』, 지노, 2022.

최선경, 『행복한 교사가 행복한 교실을 만든다 중등 학급경영』, 테크빌교육, 2022.

캐롤 앤 톰린슨(홍완기 옮김), 『개별화수업 1: 실천편』, 교육을 바꾸는 사람들, 2021.

테레사 라살라, 『학급긍정훈육법: 활동편』, 에듀니티, 2015.

토드 로즈(정미나 옮김), 『평균의 종말』, 21세기북스, 2018.

파커 J. 파머(이종인 옮김), 『가르칠 수 있는 용기』, 한문화, 2013.

한국교육개발원, 『스마트폰·인터넷 중독예방 교사 지도안』, 2013.

한국교육개발원, 『인성교육의 일반 이해』, 2015.

한국교육개발원, 『초·중등학교 민주시민교육 활성화를 위한 방향과 과제』, 2019.

한국교육개발원, 『학생자치활동 활성화 방안』, 2012.

한국자살예방협회, 『학생자살 위기 대응 매뉴얼』, 2012.

한지우, 『AI는 인문학을 먹고 산다』, 미디어숲, 2021.

행정안전부·한국인터넷진흥원, 『2019년 개인정보보호 상담 사례집』, 2020.

EBS 다큐프라임 미래학교 제작진, 『미래학교』, 그린하우스, 2021.

EBS 제작팀, 『당신의 문해력』, EBS BOOKS, 2021.

PD 코리아, 『학급긍정훈육법: 실천편』, 교육과 실천, 2018.

OECD, Technical Report: Curriculum Analysis of the OECD Future of Education and Skills 2030, 2020, OECD.

OECD, Thte future of education and skills: Education 2030, 2018, OECD position paper.

참고
문헌

3. 인터넷

2022 개정 교육과정 현장소통 포럼, "1차 포럼_ 2022 개정 교육과정에 바란다",
2022개정 교육과정 현장소통지원단, 2022.8.5., https://www.youtube.com/
watch?v=kRpoBmIS0Oo

김신영, "'MZ세대라고 통칭하지 마세요' … M세대는 '실속', Z세대는 '편리'", 조선일보,
2021.7.18., https://www.chosun.com/economy/economy_general/2021/07/18/5AC
ZGXJ46JEETN7J6SBWAONR7E/

남인우, "가정, 언어, 소통교육 '삼중고' 다문화 중학생 학업중단 2배", 서울신문, 2019.11.26.,
https://n.news.naver.com/mnews/article/081/0003046426

이상서, "[새 동포·다문화 정책]③ "이젠 다문화2세 교육에 초점 맞춰야", 연합뉴스,
2022.3.11., https://www.yna.co.kr/view/AKR20220225145600371

이주희, "21세기 교사에게 필요한 역량과 정책적 지원방안은?", 주오이시디 대한민국 대
표부, 2016.3.4., https://overseas.mofa.go.kr/oecd-ko/brd/m_20809/view.
do?seq=1204898

정세진, "동문명부·인트라넷·졸업앨범…줄줄새는 개인정보, 사실상 무방비", 머니투데이,
2022.9.24., https://news.mt.co.kr/mtview.php?no=2022092314244993823

Anya Kamenetz, "How To Raise Brilliant Children, According To Science", NPR,
2016.7.5., https://www.npr.org/sections/ed/2016/07/05/481582529/how-to-
raise-brilliant-children-according-to-science

e-나라지표, "취학률 및 진학률", 교육부, 2021.12.30., https://www.index.go.kr/potal/
main/EachDtlPageDetail.do?idx_cd=1520

PBS NEWS Weekend, "2022 National Teacher of the Year Kurt Russell discusses
the joys and challenges his job", 2022.5.1., https://www.pbs.org/newshour/
show/2022-national-teacher-of-the-year-kurt-russell-discusses-the-joys-
and-challenges-his-job/

Taylor Mali, "What Teachers Make", https://taylormali.com/poems/what-teachers-make/

경기도교육청 학생중심교육과정(https://more.goe.go.kr/)
교육부 통통 평화학교(http://tongil.moe.go.kr/)
교육정책네트워크 정보센터(https://edpolicy.kedi.re.kr/)
교육통계서비스(https://kess.kedi.re.kr/)
국가법령정보센터(https://www.law.go.kr/)
국가통계포털(https://kosis.kr/)
인성교육지원센터(http://insung.kedi.re.kr/)
푸른나무재단(https://btf.or.kr/)
학교안전공제회 학교안전사고보상지원시스템(https://www.schoolsafe.or.kr/)
한국도박문제예방치유원(https://www.kcgp.or.kr/)
한국생명존중희망재단(https://www.kcgp.or.kr/)